Biblioteca de Derecho Procesal

Marco de Cristofaro
(Director)

Carlos Antonio Agurto Gonzáles
Sonia Lidia Quequejana Mamani
Benigno Choque Cuenca
Manuel Enrique Valverde Gonzáles
(Coordinadores Generales)

JEREMY BENTHAM

Tratado de las Pruebas Judiciales

Edición al cuidado de
Carlos Antonio Agurto Gonzáles
Sonia Lidia Quequejana Mamani
Benigno Choque Cuenca

Ediciones Olejnik

Título: Tratado de las Pruebas Judiciales.

Primera Edición en Ediciones Olejnik: 2020.

Ediciones Olejnik
Huérfanos 611, Santiago-Chile
E-mail: contacto@edicionesolejnik.com
Web site: http://www.edicionesolejnik.com

ISBN: 978-956-392-717-7

Diseño de carátula: Ena Zuñiga

Diagramación: Hayden Méndez, yiset_mendez@hotmail.com

Impreso en Argentina 2020 Printed in Argentina

Índice

Libro primero
Las pruebas: nociones generales

Libro segundo

De las seguridades o garantías del testimonio

Libro tercero

De la obtención del testimonio

Libro cuarto
De las pruebas preconstituidas

Libro quinto

De las pruebas circunstanciales

LIBRO SEXTO

DE LAS PRUEBAS INFERIORES ACEPTADAS A FALTA DE OTRAS MEJORES O COMO MAL MENOR

Libro séptimo

De la exclusión de las pruebas

Libro octavo

De lo improbable y de lo imposible

Libro noveno

De la búsqueda de la producción y de la conservación de las pruebas

LIBRO PRIMERO

LAS PRUEBAS: NOCIONES GENERALES

CAPÍTULO I

DE LAS RELACIONES ENTRE LA LEY Y EL PROCEDIMIENTO Y ENTRE ESTE Y LAS PRUEBAS

Objeto de las leyes. Distinción de las leyes sustantivas y de las leyes adjetivas. Toda decisión del juez se refiere a un punto de hecho o a un punto de derecho, tanto en lo civil como en lo penal. Idea general del procedimiento como arte de administrar las pruebas.

El objeto de las leyes cuando son ellas lo que deben ser, es producir, en el más alto grado posible, la felicidad de la máxima cantidad de personas: pero sean tales leyes buenas o malas, solo pueden obrar creando *derechos* y *obligaciones:* los derechos, que contienen todo lo que hay de bueno y agradable, todo lo que representa goce y seguridad: las obligaciones, que contienen todo lo que es aflictivo y oneroso, todo lo que es molestia y privación, pero donde el mal se encuentra compensado con exceso por el bien que resulta. He aquí, por lo menos, la característica de las leyes buenas; las malas son las que crean obligaciones supérfluas o más onerosas que útiles.

Esas leyes no tendrían ningún efecto si el legislador no créase al mismo tiempo otras leyes, cuyo objetivo es hacer cumplir las primeras: son las leyes de procedimiento.

Para señalar la distinción entre unas y otras, denominaremos a las primeras *leyes sustantivas,* y a las segundas *leyes adjetivas.*

La obra final del juez consiste en una *decisión,* sea cualquiera el nombre que se le otorgue: juzgamiento, sentencia, secreto, precepto, o mandato.

Cuando un particular se dirige al juez, es para reclamarle una decisión, que no puede referirse sino a un punto de hecho o a un punto de derecho. A un punto de hecho, cuando se trata de saber si estima que el hecho que se le somete es verdadero o no; en ese caso la decisión no puede tener otra base que las pruebas. A un punto de derecho, cuando se trata de saber cuál es la ley aplicable a tal o cual materia, qué derecho concede o qué obligación impone en determinado supuesto. El demandante requiere un pronunciamiento de naturaleza positiva consistente en que se le ponga en el goce de un derecho; y al contestar la demanda, el demandado solicita un pronunciamiento de naturaleza negativa, consistente en que no se le someta a la obligación que su adversario le quiere imponer.

Todo lo dicho se refiere tanto a la ley penal cuanto a la comúnmente llamada ley civil; porque, ¿de qué se trata en lo penal?, de decidir si cierto hecho, llamado delito, está probado o no y, en consecuencia, si el individuo acusado debe ser sometido a la obligación de sufrir la pena correspondiente a ese hecho.

Para todos esos problemas, el juez tiene el deber de obtener todas las pruebas de una y de otra parte, de la mejor manera posible, de compararlas y de decidir después su fuerza probatoria.

Así, pues, el arte del proceso no es esencialmente otra cosa que el arte de administrar las pruebas.

Capítulo II

Objetivos del procedimiento

Son cuatro. Rectitud en las decisiones. Celeridad. Economía. Eliminación de obstáculos supérfluos.

Distinción entre el fin directo y los fines colaterales. Inconvenientes accesorios de procedimiento: 1) dilaciones; 2) vejaciones; 3) gastos. Rectitud en las decisiones. Conformidad a la ley. Justicia abstracta. Lo que se entiende por tal. Su peligro. Carácter de una buena ley de procedimiento. Carácter de una norma falsa: toda norma que fuerza al juez a pronunciarse en contra de su persuasión. Critica del procedimiento dirigido, no con objeto de disminuir los inconvenientes accesorios, sino de aumentarlos. Dificultad de alcanzar los fines colaterales. Ignorancia e indiferencia del público sobre la desgraciada suerte de los litigantes. Cuál es la causa.

Todas las reglas del procedimiento deben dirigirse a estas cuatro finalidades: 1) rectitud en las decisiones; 2) celeridad; 3) economía; 4) eliminación de los obstáculos supérfluos.

La rectitud en las decisiones constituye el fin directo; los otros tres no son sino objetivos colaterales. Se trata de evitar inconvenientes accesorios conocidos con el nombre de *plazos, vejaciones y gastos;* bien entendido que se trata de plazos, de vejaciones y de gastos innecesarios o en los cuales prepondere el daño, es decir, que hecho el balance de sus efectos el mal sobrepase al bien. Lo que yo entiendo por *rectitud en las decisiones,* es su conformidad con la ley, puesto que sobre la ley se regulan los temores y las esperanzas de los ciudadanos. La ley representa una expectativa. El público quedará satisfecho si la decisión del juez se ajusta a esa expectativa; si la contraría, se habrá establecido un principio de seguridad y, en casos importantes, una alarma proporcional.

Se puede concebir fácilmente una justicia *abstracta,* que es la que parecerá tal a los ojos de un juez infalible, conocedor de todas las circunstancias de la causa; pero, distinguir esa justicia abstracta de la justicia legal, constituye una pretensión vana y peligrosa que entregarla al juez a las fantasías de su imaginación y le haría perder de vista su verdadera guía, que no es otra que la ley. La ley adjetiva, es decir, la ley de procedimiento que únicamente será buena en tanto concurra al cumplimiento de la ley sustantiva.

¿Qué es una regla falsa en materia de procedimiento? Es una regla que tiende a colocar en contradicción la decisión del juez y la ley; que constriñe al juez a pronunciarse en contra de su íntima persuasión, a sacrificar el fondo a la forma, a juzgar como hombre de ley de muy distinta forma que lo haría como hombre privado. En este caso, el arte queda condenado por los artistas: son ellos mismos quienes se acusan porque al convertirse en jueces no dejan de ser hombres. La manera de actuar puede ser constreñida, pero la forma de pensar no lo puede ser: la conducta pertenece al oficio, el sentimiento a la naturaleza. Si el juez, de acuerdo con las reglas del procedimiento, absuelve al acusado a quien cree culpable según los términos de la ley; si hace perder a un ciudadano un derecho que, conforme con su persuasión, la ley quería conservarle; en una palabra, si el negocio lleva a un desenlace contrario al que habría tenido según la integridad de un juez libre, se puede estar seguro de que aquellas reglas son malas.

En todas esas hipótesis lo que la ley sustantiva promete a los ciudadanos, la ley adjetiva le quita, los medios de obtenerlo; los dos aspectos de la ley están en oposición uno con otro.

Sin embargo, no hay que deducir de estas observaciones que sea necesario abolir todas las formas y no tener otra regla que la voluntad de los jueces: lo que se necesita evitar son las formas, las reglas que colocan al juez en la necesidad de pronunciar una sentencia contra su propia convicción, y que hacen del procedimiento el enemigo de la ley sustantiva. Por otra parte, veremos cuáles son las verdaderas garantías que se deben dar a los testimonios y a las sentencias.

En cuanto a los fines que he llamado colaterales, de celeridad, economía y eliminación de obstáculos supérfluos, queda todo dicho con su solo enunciado: mas adaptar el procedimiento a dichos objetivos y conformar a ellos la práctica es una labor que requiere por parte del legislador una habilidad y una firmeza extraordinarias, porque en esa carrera hay que luchar, más que en ninguna otra, contra seductores intereses. No hay nada de sátira ni nada de exageración, es decir, que el procedimiento parece haber estado dirigido hacia fines absolutamente contrarios y como con el deseo de multiplicar los gastos, las dilaciones y las vejaciones, mediante el agregado de todo lo que puede hacerlo ininteligible. Esos vicios no han sido, sin embargo, el efecto de un plan adoptado por los tribunales: han sido la consecuencia de aquellos intereses de que acabo de hablar, de aquellos intereses seductores que no han tenido ningún freno, porque la opinión pública estaba muda o impotente sobre los abusos que su ignorancia le impedía enjuiciar, o era indiferente sobre la suerte de los litigantes, individuos dispersos que no forman una clase, que cambian todos los días, cuyos pleitos son odiosos y que no pueden ni siquiera hacer comprender sus quejas más legítimas.

Capítulo III

Del modelo natural al procedimiento legal

Examen de una máxima que recomienda retrotraer las constituciones políticas populares a sus antiguos principios. El procedimiento primitivo preferible.

Cómo se ha ido estropeando gradualmente. Modelo natural del procedimiento. El tribunal doméstico del padre de familia. Oposición entre ese procedimiento y el procedimiento técnico o legal. Puntos fundamentales del procedimiento doméstico o natural.

Se ha hablado frecuentemente de la pretendida necesidad de someter las constituciones políticas y sobre todo las constituciones populares a no sé qué operación que debe surtir el efecto de volverlas a sus antiguos principios. Se ha discutido acaloradamente acerca de esta idea, como si ella contuviese el secreto maravilloso del rejuvenecimiento de los Estados. Tal máxima solo se fundamenta en el prejuicio vulgar, favorable a los tiempos viejos, prejuicio que debe toda su fuerza a una falsa manera de contemplar la edad del mundo, tomando su infancia por su madurez, como si la sabiduría, en lugar de estar en razón directa, debiera estar en razón inversa de la experiencia. ¿Cuál sería el resultado de esa operación tan alabada? No sería otro que el de volver de tiempo en tiempo a la barbarie primitiva. Ciertamente que no ha sido por restablecimientos periódicos sino por mejoras sucesivas, como la Gran Bretaña ha alcanzado el grado de libertad y de prosperidad de que goza. Eso es lo que ha sido demostrado por el más sabio y el más imparcial de sus historiadores, con gran desesperación de los hombres de partido que prefieren fundar la libertad sobre viejos títulos que deberla a los progresos de la experiencia y de la razón.

Hay, no obstante, una rama de la legislación respecto de la cual me parece que los siglos primitivos presentan ventajas: esa rama es el procedimiento. Sin remontarnos al de Grecia o al de la antigua Roma, en la misma Inglaterra, el procedimiento que es ahora tan complicado, empezó siendo sencillo. Se encuentran huellas en la historia: se puede seguir el progreso de ese arte maléfico: se retrocede al origen de esas reglas tan enojosas y tan poco razonables, de esa variedad de tribunales, cada cual con su sistema y que multiplican extrañamente las cuestiones de competencia, de esas ficciones pueriles que mezclan sin cesar la obra de la mentira con la investigación de la verdad. La historia de esa jurisprudencia es la contraria a la de otras ciencias, en las que se va siempre simplificando el proceder de los predecesores. Las artes se perfeccionan produciendo mejores efectos por medios más fáciles, en tanto que la jurisprudencia se ha estropeado multiplicando los medios y disminuyendo los efectos.

Es verdad que la simplicidad en el procedimiento primitivo no representaba un mérito fundado sobre la razón. No hay para qué loar en esto a la antigüedad, ni por antigua ni por sabia, ya que se trataba de una sabiduría negativa, de un resultado de la ignorancia. El deseo de eludir las leyes ha producido las sutilezas de la *chicana;* el deseo de prevenir los artificios del fraude ha obligado a recurrir a expedientes particulares. A medida que el enemigo inventaba nuevos ataques, los constructores de la ley inventaban, por su parte, nuevas defensas; pero se han dejado seducir por la finura de su propio ingenio, y han multiplicado las reglas en una materia que requería muy pocas. El modelo antiguo se ha perdido; su simplicidad, que constituía su característica más hermosa, ha sido despreciada.

Es necesario hoy volver a ella; pero, para no abandonarla, es preciso conocer las razones que la justifican. No vayamos a pedir a la historia la explicación de lo que ha sido el procedimiento en los tiempos antiguos; no nos perdamos en investigaciones eruditas: el modelo natural de un buen procedimiento lo tenemos mucho más cerca; está al alcance de todo el mundo y es inalterable. Un buen padre de familia, en medio de los suyos, regulando sus disputas es la imagen de un buen juez. El tribunal doméstico constituye el verdadero tipo del tribunal político. Las familias han existido antes que los Estados; existen en los Estados mismos. Hay en ellas un gobierno, leyes que han de ser ejecutadas, discusiones que se han de decidir. Tienen un método para llegar al conocimiento de los hechos y ese método no se halla en los libros. El legislador primitivo, el sentido común, ha enseñado al primer padre de familia y ha enseñado también a todos sus sucesores. Sin embargo, la revelación de ese sistema de procedimiento, siempre seguido y siempre ignorado, representa en la legislación un verdadero descubrimiento. El hombre del campo lo sigue por instinto; el hombre de ley se aparta por erudición. Yo soy como el lapidario que descubriese un diamante en el guijarro pisoteado durante siglos. El código que proclamo reúne el mérito de la antigüedad con el de la novedad: contiene una práctica universal y una innovación sin ejemplos.

Más el hombre de ley, ¿puede ignorar lo que todo el mundo conoce? Evidentemente no; pero es necesario distinguir en él dos seres extraños, uno al otro: el hombre natural y el hombre artificial. El hombre natural puede ser amigo de la verdad; el hombre artificial es su enemigo. El hombre natural puede razonar con justeza y con simplicidad; el hombre artificial no sabe razonar sino con la ayuda de sutilezas, de suposiciones y de ficciones. El hombre natural puede buscar sus fines por el camino recto; el hombre artificial no sabe llegar al suyo sino por desviaciones infinitas, y si tuviese que preguntaros: *¿qué hora es?*, o: *¿qué tiempo hace?*, empezaría por poner dos o tres personas entre vosotros e inventaría cualquier cuestión de astrología y emplearía algunas semanas o algunos meses en escritos y en problemas preliminares.

En el seno de su familia, el hombre de ley vuelve por la fuerza del buen sentido a este método sencillo, del que se aleja en el foro por la locura de la erudición.

No está lo suficientemente deformado por las prácticas judiciales como para aplicarlas a sus asuntos domésticos. Retorna a sus máximas con su traje de ceremonia y las abandona cuando se lo quita. Si se quisiese representar una demencia, pero una demencia triste e ininteligible, bastaría suponer un abogado inglés que quisiera trasladar a la vida común las ficciones, las reglas y la lógica del foro.

Veamos ahora cuáles son los rasgos más destacados de ese procedimiento doméstico o natural. El padre de familia, desde el momento en que se promueve una discusión entre personas que dependen de él, o que ha de decidir en un caso de contravención de sus órdenes, hace comparecer ante él las partes interesadas, les permite declarar en su propio favor; exige una respuesta a todas sus preguntas, incluso en su perjuicio; y considera su silencio como una confesión, a menos que perciba los motivos que pueden incitar al inocente a callarse. Hace el interrogatorio en el lugar mismo; la contestación es dada inmediatamente después de cada pregunta, sin que se conozca la que ha de venir a continuación. No excluye ningún testigo: escucha todo, reservándose la apreciación de cada testimonio, y no se pronuncia de acuerdo con el número, sino de acuerdo con la calidad de los testigos. Permite a cada uno de ellos hacer de corrido su narración, a su manera, y con expresión de las circunstancias necesarias para obtener la cohesión de todo. Si hay contradicciones, las confronta inmediatamente, carea una con otra y de esa oposición surgirá la verdad. Trata de llegar rápidamente a una conclusión, a fin de no fomentar los gérmenes de disensión en su familia; y puesto que los hechos recientes son más fácilmente conocidos y probados, no concederá aplazamientos sino por razones especiales.

He ahí la idea general del procedimiento directo o natural: quienes conocen el procedimiento técnico o legal, saben hasta qué punto se parece a aquél y sobre todo hasta qué punto se diferencian. El procedimiento que ha regido durante tanto tiempo en la mayor parte de Europa, ofrece un absoluto contraste desde todos los puntos de vista. No se necesita abusar del paralelismo para hacer del procedimiento doméstico el tipo exclusivo del procedimiento legal, aun cuando existen diferencias esenciales. De la sola circunstancia de que un Estado es más grande que una familia, se derivan otras dificultades para comprobar los hechos, para encontrar testigos, para poner en seguridad a los prevenidos. Además, un juez no es un padre: tiene una responsabilidad pública, debe dar satisfacción con sus sentencias a otros y no a sí mismo. Se hace preciso, pues, rodear a los tribunales judiciales de diversas garantías que no son necesarias en el tribunal doméstico.

Capítulo IV

De la prueba en general

Definición. Dos hechos distintos contenidos en la prueba: el hecho a probar y el hecho probatorio. Extensión del campo de la prueba. La aplicación a todas las circunstancias de la vida. Del arte de observar. El arte de probar se muestra en el foro con mayor esplendor.

¿Qué es una prueba? En el más amplio sentido de esa palabra, se entiende por tal un hecho supuestamente verdadero que se presume debe servir de motivo de credibilidad sobre la existencia o inexistencia de otro hecho.

Por lo tanto, toda prueba comprende al menos dos hechos distintos: uno, que se puede llamar el *hecho principal,* o sea aquel cuya existencia o inexistencia se trata de probar; otro denominado *hecho probatorio,* que es el que se emplea para demostrar la afirmativa o la negativa del hecho principal.

Toda decisión fundada sobre una prueba actúa, por tanto, por vía de conclusión: *dado tal hecho, llego a la conclusión de la existencia de tal otro.*

Se sigue de esta definición que las cuestiones relacionadas con la prueba tienen mayor extensión de lo que se piensa. Se presentan aún en circunstancias de la vida, en que ni siquiera se piensa que se está siguiendo un procedimiento lógico o, por así decir, judicial: el manejo de los asuntos domésticos se desarrolla enteramente sobre pruebas; nuestras más frívolas diversiones suponen las más sutiles aplicaciones.

Mirad un cazador; estas ligeras marcas sobre el césped, aquellas ramas quebradas, esas huellas sobre el suelo, estas materias imperceptibles que hieren su olfato, todo ello, ¿es prueba suficiente de que la presa perseguida ha pasado por allí? Está ejerciendo el arte de juzgar sin conocer sus principios; razona por instinto, exactamente igual que Monsieur Jourdain escribía en prosa sin saberlo. El salvaje, ¿qué digo?, incluso el animal saca de un hecho las conclusiones de otro. Juzga según reglas. Montesquieu habría dicho: según leyes naturales.

Para las ciencias físicas se ha hecho un tratado del *arte de observar.* Es un tratado de las pruebas aplicado a un fin particular. Es el arte de sacar conclusiones justas de un hecho con respecto a otro: se trata de saber si todos los hechos observados se corresponden entre sí. En materia de administración, de legislación, es evidente que no se puede proceder más que por vía de conclusión, o sea, sobre pruebas. El arte de recoger los hechos, de comprobarlos, de colocarlos en el orden debido para que se esclarezcan mutuamente y se deduzcan sus enlaces y sus consecuencias, constituye la base de la ciencia administrativa y legislativa.

En todos los casos la prueba es un medio encaminado a un fin.

Dentro de una acepción común, el arte de la prueba parece particularmente aplicable a la práctica de los tribunales; allí está su punto sobresaliente; allí es donde adquiere la mayor importancia, donde parece que existe o que puede existir con el método más perfecto. Efectivamente, en una causa judicial todo concurre a mostrar ese arte con mayor resplandor: los hechos se formulan en pro y en contra, la acusación y la defensa se confían a profesionales ejercitados en ese género de esgrima; se ve a los adversarios avanzar y retroceder en un campo estrecho, a medida que un hecho se prueba o se desvirtúa. En fin, la sentencia se confía a hombres a quienes se quiere creer tan superiores en sabiduría como en dignidad, hombres dedicados por su profesión a valorar imparcialmente los hechos y a no dejarse llevar por las ilusiones.

A continuación, veremos que si hay causas que tienden de modo natural a perfeccionar en los tribunales el arte probatorio, ha habido desgraciadamente otras muchas que han contribuido a pervertirlo.

Capítulo V

De los hechos considerados en orden su efecto legal

Dos aspectos a considerar en una causa. La cuestión de hecho y la cuestión de derecho. Definiciones. Hechos afirmativos y hechos negativos. Hechos internos y hechos externos. Hechos probados y hechos observados. Hechos físicos y hechos psicológicos. Hechos directos y hechos indirectos. Hechos simples y hechos complejos. La culpabilidad es un hecho muy complejo. Análisis. Hechos incriminativos y hechos justificativos. En materia civil cada cuestión es compleja. Hechos colativos y hechos ablativos. Definiciones.

A fin de asegurarse de que actúa conforme a la ley, el juez, en todas las ocasiones, tiene que considerar dos puntos: uno es la *cuestión de hecho;* el otro es la *cuestión de derecho.* El primero consiste en cerciorarse de que tal hecho ha existido en un determinado lugar y en un tiempo cierto. El segundo consiste en asegurarse de que la ley contiene una disposición de esta o aquella naturaleza, aplicable a ese hecho individual. La cuestión de hecho se decide por las pruebas. Todo gira alrededor de los hechos. Un hecho afirmativo es aquel que se expresa por una proposición afirmativa: Roberto ha sido muerto; Jacobo ha matado a Roberto. Un hecho negativo es aquel que se expresa por una proposición negativa. De dos hechos, uno afirmativo y su correspondiente negativo, uno ha existido necesariamente en un tiempo y en un lugar dados. Por lo tanto, de dos proposiciones, una afirmativa y otra negativa, una de ambas es necesariamente verdadera.

Los hechos nos son conocidos por los sentidos; pero en los sentidos hay que distinguir entre los sentidos externos y los sentidos internos. Por los sentidos internos se informa el hombre de los hechos que solamente se presentan en su espíritu; por los sentidos externos se informa de todos los demás hechos.

Los hechos que percibo en mí son los relativos a lo que se denomina experiencia en sentido estricto; los hechos que percibo como sucedidos fuera de mí son los relativos a lo que propiamente se llama *observación.* Por experiencia sé que la quemadura produce dolor; por observación sé a cuántos grados de temperatura se desarrolla la vegetación.

El hecho *físico* es el que se manifiesta a nuestros sentidos externos; el hecho *psicológico es* el que se produce en el espíritu: el disparo de fusil que mata a un hombre, es un hecho físico; la intención de quien lo ha disparado, es un hecho psicológico.

El hecho psicológico, oculto en el interior del hombre, únicamente puede probarse por hechos físicos, que son como la aguja del reloj. Tratándose de un hurto, la intención de apoderarse de la cosa y de usarla, junto a la conciencia de no tener ningún derecho sobre la cosa tomada: he ahí dos hechos psicológicos que se prueban, sea por las manifestaciones del individuo, sea por sus precauciones para huir o para ocultar el objeto robado, etc.

Un hecho puede tener efecto legal, es decir, puede servir como medio de prueba en forma directa o indirecta: directa si se encuentra inmediatamente ligado al hecho que se quiere probar; indirecta si se encuentra más alejado.

El hecho de haber detenido a un hombre en el momento del hurto o de haberle visto entregar a su camarada el objeto robado, representan hechos directos; el hecho de encontrar en su poder el objeto después de un intervalo de tiempo, representa un hecho indirecto. El descrédito lanzado sobre un testigo de cargo por las contradicciones en que ha incurrido, constituye otro ejemplo de un hecho que obra indirectamente.

En teoría se puede concebir un hecho de absoluta simplicidad; por ejemplo, la existencia de un átomo en estado de reposo, una percepción instantánea del espíritu.

En la práctica no ocurre nada semejante; un hecho de que se habla como de un hecho único, no es sino una agregación de hechos.

El hecho de la culpabilidad de un hombre con relación a tal o cual delito es, en realidad, un complejo de hechos que puede resolverse ante todo en los siguientes:

1) que ha cometido tal acto;
2) que tal acto está acompañado de unas u otras circunstancias;
3) que había una ley prohibitiva de ese acto en esas circunstancias;
4) que no había ninguna ley permisiva de ese acto en las circunstancias en que fue cometido.

Es evidente que no cabría declarar a un hombre culpable o inocente sin responder a varias cuestiones tanto de derecho como de hecho.

Todos los hechos que constituyen cargo contra el acusado se llaman hechos *incriminativos o inculpativos;* todos los que van en su descargo se llaman hechos *justificativos o disculpativos.*

En materia que no sea penal, cada cuestión resulta compleja.

Para establecer tal o cual derecho y tal o cual obligación correlativa, es preciso examinar un gran número de hechos. Esos hechos se dividen en dos clases: los *hechos colativos,* es decir, los sucesos que sirven para establecer un derecho, y los *hechos ablativos,* es decir, aquellos que entrañan la cesación de un derecho.

Hechos colativos de derecho. Jacobo reclama a Pedro cien escudos entregados a este en préstamo. Pedro niega el préstamo: Jacobo prueba que tal día, en tal lugar, en tal dinero y a tal tasa de interés, le ha entregado los cien escudos.

Hechos ablativos de derecho. El préstamo de cien escudos está reconocido, pero Pedro sostiene haberlos devuelto. Jacobo niega la devolución: Pedro prueba que tal día, en tal lugar, en tales monedas, le ha reembolsado los cien escudos con sus intereses a tal tasa.

Capítulo VI

Las diversas especies de pruebas

Prueba. Palabra engañosa. Significación estricta. Los hechos probatorios pueden clasificarse en ocho divisiones, de acuerdo con la diversidad de su fuente, de su naturaleza, o del modo de presentarlas: 1) pruebas obtenidas de las personas o de las cosas; 2) pruebas directas o indirectas, es decir, circunstanciales; 3) testimonio personal voluntario o involuntario; 4) pruebas por declaración o por documento; 5) pruebas por escritos casuales y por escritos preconstituidos; nota sobre esa palabra nueva en jurisprudencia; 6) independientes de cualquiera otra causa y pruebas prestadas; 7) pruebas originales y no originales; 8) testimonio perfecto y testimonio imperfecto. Sentido restringido de la palabra perfecto. La imperfección está en la fuente o en la forma. Por qué las pruebas no deben ser tratadas en ese orden. No hay más que dos divisiones bien delimitadas: las pruebas *directas* y las pruebas *indirectas*.

No se puede escribir acerca del tema que nos ocupa con ese método didáctico que avanza poco a poco sin anticiparse jamás. Al hablar de una clase de prueba, habrá necesidad de hablar de otra clase que todavía no ha sido tratada, y de adelantar proposiciones cuya demostración vendrá más tarde. Es preciso, pues, presentar aquí un cuadro general de todas las pruebas y definirlas o describirlas en cuanto haga falta para dar una noción preliminar; mas cada clase de prueba no será bien conocida hasta después que se haya leído el libro particular que la concierne. La aridez de estos capítulos de definiciones quedará bien compensada por la claridad que esparcen sobre el resto de la obra.

Hemos explicado ya lo que se debe entender por *prueba.* Esa palabra tiene algo de engañador; parece que la cosa llamada así tiene fuerza suficiente para determinar el convencimiento. Sin embargo, no se debe entender por tal sino un *medio* que se utiliza para establecer la verdad de un hecho, medio que puede ser bueno o malo, completo o incompleto.

Los medios probatorios se diferencian unos de otros lo bastante como para formar clases o modalidades que pueden recibir designaciones particulares.

Primera división. Según que la fuente de la prueba provenga de las personas o de las cosas: prueba personal, prueba real.

La prueba personal es aquella que está suministrada por un ser humano y comúnmente se le llama testimonio. La prueba real es aquella que se deduce del estado de las cosas.

Segunda división. Prueba directa, prueba indirecta o prueba circunstancial.

El testimonio puede referirse inmediatamente al hecho principal: Pablo ha visto a Juan cometer el delito en cuestión y entonces la prueba es directa. El testimonio puede referirse a algún hecho que no sea el delito mismo, pero que se encuentre tan ligado a él que, establecida la existencia del segundo, resulte una presunción más o menos fuerte de la existencia del primero.

Se ha cometido un robo en la casa de *A;* su criado ha huido en la noche del robo. Esta huida constituye una prueba circunstancial contra él.

Todas las pruebas reales son circunstanciales.

A es acusado de haber expandido moneda falsa; en su casa se han encontrado diversos instrumentos que sirven para fabricar moneda, o recortes y raspaduras de metal. Estas son las pruebas reales y circunstanciales contra él.

Diversos autores, hablando de esta clase de pruebas, las han llamado *presunciones,* añadiendo diversos epítetos: presunciones urgentes, presunciones vehementes, presunciones débiles, etc.

Tercera división. Según el estado de la voluntad del testigo deponente: testimonio personal voluntario, testimonio personal involuntario.

Testimonio personal voluntario es aquel que se presta a simple pedido del juez, o incluso antes de todo requerimiento, sin ninguna amenaza ni ningún medio coercitivo.

Testimonio personal involuntario es aquel que se arranca por medio del rigor o del constreñimiento, o aquel que se pone en evidencia no por un acto de la voluntad, sino a despecho de la voluntad misma y pese a todos los esfuerzos en contrario; es el efecto de emociones internas que se manifiestan en la conducta, los gestos, la fisonomía del testigo. Tales signos tienen la condición de pruebas circunstanciales.

Se ha cometido un crimen. El acusado ha hecho diversas manifestaciones acerca del hecho principal; si esas manifestaciones son consideradas verdaderas, su naturaleza es la del testimonio directo y se conocen con la denominación de *admisiones o confesiones.* Si se las considera falsas, entran en la categoría de las pruebas circunstanciales: las mentiras, las evasiones, los esfuerzos por engañar, proporcionan las presunciones del delito.

Cuarta división. La prueba en cuestión puede haberse producido con ocasión de la causa en trámite o con anterioridad a la misma, independientemente de ella y sin intención de servirla. De ahí las pruebas por *deposición* y las pruebas por *documento.*

Quinta división. Pruebas por *escritos casuales y* pruebas por *escritos preconstituidos.*

El testimonio que se aporta en un juicio y que no fue hecho para el mismo, es decir, con intención directa por parte de su autor de que fuese empleado como prueba jurídica, puede denominarse prueba por *escrito casual:* tales serán las cartas, las notas, un diario privado, etc.

Al testimonio aportado a un juicio, consistente en un escrito auténtico, que ha sido hecho con arreglo a ciertas formas legales para ser empleado eventualmente con el carácter de prueba jurídica, se le puede denominar *prueba preconstituida.*

Mas es preciso distinguir cuidadosamente la prueba preconstituida *ex parte,* es decir, por una sola de las partes, como un libro de comercio, de la prueba preconstituida *a partibus,* es decir, por las dos partes interesadas, como un contrato. La primera clase podría llamarse *prueba semipreconstituida.*

Sexta división. Pruebas independientes de toda otra causa, Y pruebas *prestadas.* Si el testimonio producido se ha traído de una causa anterior, o si se refiere a declaraciones prestadas ante otra autoridad judicial, sea del mismo país, sea de un país extranjero, tal prueba recibe la denominación de prueba *prestada.*

Es preciso tener una expresión particular para designarlas, porque hay muchas observaciones que hacer sobre ese género de pruebas. Pero no es aquí donde las debemos situar.

Séptima división. Testimonio original y no *original.*

El testimonio es original cuando el testigo que depone ante el juez sobre el hecho cuestionado es la misma persona que estuvo presente en el tiempo y en el lugar de que se trate y que captó con sus sentidos las percepciones que está refiriendo.

El testimonio puede ser llamado *no original* cuando el testigo declarante no habla por su propio conocimiento, sino que relata lo que ha dicho otra persona que se supone estuvo presente en el tiempo y en el lugar de que se trate y refirió los hechos inmediatamente después de haberlos percibido.

Igual distinción se aplica a los escritos: son ellos originales y no originales, es *decir, copias.*

Octava división. Testimonio *perfecto* y testimonio *imperfecto.*

No es necesario que esa forma de perfección lleve aparejada, como si se tratase de una perfección absoluta, la total imposibilidad de error. No se refiere aquí sino a una perfección relativa, es decir, la que resulta de la ausencia de imperfecciones que nos es dado conocer y evitar.

Si existe alguna imperfección en la fuerza probatoria de un testimonio, estará ella originada, bien en la fuente de que proviene, bien en la forma según la cual se ha prestado.

La imperfección se encuentra en la fuente misma del testimonio, cuando el espíritu del testigo se halla mal dispuesto hacia la verdad. Si la falta se refiere a su estado intelectual, puede emanar de la concepción, del juicio, de la memoria o de la imaginación. Cada una de esas facultades puede ser defectuosa hasta el punto de afectar a todo lo que expresa. Si la falta se refiere a su estado moral, a su voluntad, la causa se encuentra en ciertas razones que en esa ocasión impelen al testigo a mentir con una fuerza superior a los motivos ordinarios que actúan generalmente en favor de la verdad.

La imperfección está en la forma, casi diría en el *molde*, en que el testimonio se ha vertido, cuando esta forma excluye una u otra de las pruebas por las cuales se verifica su mérito, asegurándose que es exacto y completo.

Esas pruebas, esas seguridades, esas garantías del testimonio serán expuestas con el mayor detalle. Toda clase de pruebas, si no pueden someterse a una o a otra de tales garantías, se clasificarán en la categoría de las pruebas inferiores. En cualquier supuesto no las rechazamos, ya que hay casos en que es necesario admitirlas a falta de otras mejores, y otros en que son útiles por su condición de *indicios*. Lo que resulta esencial es conocer su naturaleza.

La ausencia de una o de otra de dichas garantías sitúa una prueba en la categoría de las pruebas inferiores. Esas garantías faltan, sea por la naturaleza de las cosas, sea por culpa de los tribunales que no las admiten. Ya veremos lo que se debe pensar de la negligencia de los legisladores y de los jueces que, en los muchos casos en que pueden obtener pruebas regulares y completas, voluntariamente las hacen descender de ese estado de preeminencia a la categoría degradada de las pruebas mutiladas e inferiores.

Las ocho divisiones principales proporcionan todo el conocimiento relativo a la materia del testimonio; pero si se quisiese tratarlas en ese orden, se incurriría en frecuentes repeticiones.

No hay nada más que dos clases bien diferenciadas; las pruebas *directas* y las pruebas *indirectas*. La primera clase comprende el testimonio oral de un testigo presencial, así como las pruebas preconstituidas; la segunda clase comprende las pruebas reales y circunstanciales, y las pruebas no originales.

CAPÍTULO VII

DE LOS FUNDAMENTOS DE LA PERSUASIÓN POSITIVA O DE LAS RAZONES DE CREER

La fe que damos a los relatos de terceros es un resultado de la experiencia. Experiencia de que la gran mayoría de las aserciones es verdad. Nota. El crédito al testimonio es un sentimiento innato, según algunos filósofos. De la experiencia de las aserciones falsas nace la disposición a dudar. *Creer* en el testimonio es la disposición general; *no creer es* la excepción. Utilidad de esta disposición. Asimilada a la que nos hace creer en la existencia del mundo material.

¿Cuál es la causa de la persuasión producida por el testimonio y por qué creemos en la información dada por otro?

La respuesta más corriente a esta pregunta es la que se inclina por la *experiencia.*

En el comercio habitual de la vida, el sí y el no, concernientes a una multitud de hechos, se presentan en una infinita variedad de formas. Frecuentemente comprobamos que las aserciones sobre la existencia de tales o cuales hechos están de acuerdo con la verdad. Como en el pasado ha sido cierto el testimonio en la mayoría de los casos, tenemos tendencia a fiarnos de él en el presente y en el futuro. De ahí, en una palabra, la disposición a *creer.* Por otro lado, se han dado casos, y esos casos no son muy raros, en que hemos comprobado que los testimonios eran engañosos: de ahí, la disposición a dudar o a no *creer.* Mas, como las aserciones verdaderas llevan mucha ventaja a las falsas, la disposición a creer es el estado habitual y el no creer constituye caso de excepción: para negarse a creer siempre hace falta una causa especial, una objeción particular.

Si fuera de otro modo, las cuestiones sociales no marcharían; todo el movimiento de la sociedad estaría paralizado; no nos atreveríamos a actuar, porque el número de hechos que caen bajo la percepción inmediata de cada individuo no es más que una gota de agua en el vaso, en comparación a aquellos que no pueden ser conocidos nada más que por referencias de otros.

Se cree en el testimonio humano por la misma razón que se cree en la existencia de la materia, es decir, en virtud de una experiencia general confirmada por la de cada individuo. Si actuáis siguiendo la presunción de que el testimonio humano, la mayor parte de las veces, es conforme a la verdad, continuaréis haciendo lo que hasta ahora habéis hecho; el curso de vuestra vida seguirá su ritmo normal. Si actuáis siguiendo la presunción de que ese testimonio es siempre falso, os sentiréis detenidos desde los primeros pasos, cual si estuvieseis en un país perdido o en un desierto. Si actuáis como si ese testimonio fuese mucho más a menudo falso que verdadero, sufriréis en todos los aspectos de vuestra existencia y la continuación de vuestra vida, despojada de todos sus encantos, no será más que un suplicio.

Igualmente, con relación al mundo material, si actuáis como si la materia existiese, viviréis como habéis vivido; y si tratáis de actuar como discípulos de Kant o de algún otro filósofo alemán, será mucho peor que el no creer en el testimonio humano. Si no os apartáis ni ante el carro que avanza ni ante el río que tenéis delante, destrozaréis o ahogaréis un gran filósofo.

La persuasión concerniente a la existencia de la materia no tiene límites ni excepciones; mas la persuasión que concierne a la veracidad del testimonio humano tiene límites, y límites muy variables.

Conviene observar ahora que hay una vinculación natural entre la creencia y la simpatía. Se cree fácilmente a quienes amamos y no se nos pasa por la imaginación que quieran engañarnos; sentimos el placer de pensar como ellos y así se aumenta el recíproco afecto.

Capítulo VIII

De los fundamentos de la persuasión negativa o de las razones del no creer

1) Sospecha relativa al testigo. 2) Contra-testimonio especial. 3) Improbabilidad de los hechos alegados. Improbabilidad en el orden físico. Remisión al libro VIII. Improbabilidad en el orden moral. Contradicción aparente entre el acto imputado al individuo y sus predisposiciones habituales. Las leyes del mundo moral son menos conocidas que las del mundo físico.

Progreso realizado en el conocimiento del mundo moral y, por consecuencia, en la investigación de las pruebas judiciales.

Cuando una narración de hechos se presenta al juez bajo la forma de testimonio, el detalle de cada circunstancia puede ser objeto de un juicio afirmativo o negativo: en una palabra, el juez la cree o no la cree.

Ya hemos dicho que para creer, para justificar una creencia, no se necesita una razón especial; la confianza ha sido adquirida de antemano por la veracidad del testimonio en general. Para no creer, para justificar la no creencia, hace falta una consideración determinada, se necesita una razón.

Esa razón, en último análisis, será siempre una de las causas que hacen sospechosa la fidelidad o la exactitud del testimonio.

1) *Sospecha relativa al testigo.* Esta sospecha implica la existencia de diferentes causas psíquicas, morales o intelectuales, que llevan a considerar su testimonio como falso, inexacto o incompleto.

2) *Contra-testimonio especial.* Es decir, testimonio opuesto e incompatible con el del primer testigo. Suponiendo la fuerza probatoria del contra-testimonio igual en todo a la del testimonio, destruirá a este en el efecto y en la práctica.

Supóngase que el hecho cuestionado estuviese afirmado por uno y negado por dos, sin objeción especial en contra de la veracidad de ninguno, la razón que llevaría a creer lo dicho por el primero actuaría igualmente en favor de los segundos; pero la fuerza que actúa sobre la persuasión del juez en el sentido de la negativa se halla en este caso en proporción de dos a uno.

Si el contra-testimonio es comparativamente inferior al primer testimonio, la fuerza de este no queda destruida, sino únicamente disminuida. Lo mismo sucede en el caso de que las aserciones opuestas no sean absolutamente incompatibles. *A* ha sido visto por *P* y no ha sido visto por *N* en determinada habitación: ¿hay incompatibilidad absoluta entre esas dos declaraciones? Ello dependerá de las circunstancias, de la extensión del local, del número de personas, de la permanencia más o menos larga de los diversos actores, etc.

3) *Improbabilidad de los hechos alegados.* Los hechos contrarios al curso natural de las cosas se denominan improbables. Están combatidos por una especie de *contra-testimonio general.*

Cuando se habla de curso natural, hay que distinguir los hechos físicos y los hechos psicológicos, pero lo improbable puede encontrarse en unos y en otros.

El juez no puede formar su juicio sobre lo improbable sino de acuerdo con el conjunto de hechos que se le han presentado en el curso de su vida. Si el hecho afirmado le parece incompatible con aquel conjunto de hechos cuya existencia le asegura su experiencia personal, el hecho afirmado deberá ser incluido por él en la categoría de los hechos increíbles.

Remito al último libro de esta obra todo lo que se refiere a lo improbable y a lo que se denomina lo imposible dentro del orden físico.

Las pruebas psicológicas son las que se deducen de ciertos actos indicadores de tal o cual estado anímico del agente cuya conducta se examina, bien sea en un momento dado, bien sea en cierto período de tiempo.

Se considera, por ejemplo, hasta qué punto su intención encaja en los efectos eventuales de su acto, así como si tenía conciencia de las diversas circunstancias de que esos efectos dependían y de qué motivos lo animaban.

Se considera el carácter del individuo, es decir, sus hábitos y sus disposiciones: las costumbres formadas por una sucesión de actos, y las disposiciones resultantes de la naturaleza particular de su sensibilidad.

Pero ese estado del espíritu, esa parte interna del hombre, solo pueden ser conocidos por hechos materiales, por actos externos. De ahí que toda prueba psicológica dependa en último análisis de una prueba física.

¿Qué es, pues, lo improbable psicológico o moral? Se entiende por tal que las acciones imputadas al individuo no concuerden con sus intenciones conocidas por otros actos, con sus hábitos, con sus disposiciones manifestadas en el curso ordinario de su vida. Se podría designar por el vocablo *inconsistencia* las diversas clases de improbabilidad de dicha naturaleza.

Non bene conveniunt nec sede morantur in una.

En el orden físico lo improbable alcanza a veces ese grado superlativo que se llama lo *imposible; en* el orden psicológico o moral no se considera que dicho grado más elevado exista en la escala. "Es improbable que tal hombre actúe así", se oye decir todos los días, pero no se dice que "sea imposible", y si se dice, cada cual entiende que se trata de una figura retórica. Nadie ha tomado al pie de la letra la frase de una antigua novela: "Antes se desviaría el sol de su curso que Fabricius del camino de la equidad".

La expresión metafórica de *leyes de la naturaleza,* nacida de la conformidad de los hechos naturales entre sí, no se ha extendido a los hechos psicológicos y morales. Se oponen a ello dos razones fácilmente apreciables: en primer término, las irregularidades y los desórdenes a que está sujeto el microcosmos humano, el mundo intelectual y moral; y en segundo lugar, la dificultad de conocerlo bien. Nos cuesta trabajo observarnos a nosotros mismos, desentrañar los principios de nuestras acciones; y mayor dificultad tendremos para observar lo que pasa en el espíritu de nuestros semejantes. Conocemos mejor el mundo material, y las ciencias físicas, en lo que se refiere a la certidumbre, presentan grandes ventajas sobre las ciencias metafísicas.

Sin embargo, aunque menos sensibles en ese aspecto de los conocimientos humanos, los progresos han producido ya efectos destacables. Analizar los motivos, discernir los diversos grados de intención, desembrollar las causas que influyen sobre la sensibilidad, valorar un testimonio frente a otro, sopesar un testimonio particular contra una probabilidad general, representan operaciones que suponen un gran estudio del corazón humano. A medida que esos conocimientos psicológicos fueron desarrollándose, se han abandonado aquellos medios singulares y extravagantes a los que se tenía que recurrir para la investigación de las verdades legales: las ordalías, los combates judiciales, los juramentos expurgatorios, las torturas. Los procedimientos han dejado de ser un juego de azar o escenas de juglería; los lógicos han reemplazado a los exorcistas y a los verdugos; el hombre vigoroso que habría defendido cien injusticias con el hierro en la mano, no se atreve a afrontar, en presencia del público, las miradas inquisitorias de un juez.

CAPÍTULO IX

CAUSAS PSICOLÓGICAS DE LA VERDAD O DE LA FALSEDAD EN EL TESTIMONIO. EXAMEN DE LAS FACULTADES INTELECTUALES Y DE LAS DISPOSICIONES MORALES, EN SU RELACIÓN CON EL TESTIMONIO

La fidelidad del testimonio depende de dos cosas: 1) el estado intelectual del testigo: 2) su estado moral. Las disposiciones morales están comprendidas en dos principios: 1) veracidad; 2) atención. Los oponentes respectivos: 1) mendacidad; 2) temeridad; 3) negligencia. La mendacidad obedece a dos causas: 1) existencia de un interés seductor; 2) hábitos de falta de probidad. El interés es de una de estas dos clases: 1) interés personal, 2) interés producido por las simpatías o las antipatías. Parcialidad. Cómo la parcialidad influye sobre la atención. Las facultades intelectuales: 1) de la percepción y de las causas que pueden hacerla imperfecta; 2) del juicio. El error no procede de los sentidos, sino del juicio viciado por precipitación, por ignorancia o por opiniones falsas. De la imbecilidad. De la locura; 3) de la memoria: lo que más contribuye a conservar el recuerdo de los hechos es su importancia absoluta o su importancia con relación al individuo. De los falsos recuerdos; 4) de la expresión. Errores en el testimonio resultantes de la incapacidad del testigo para expresar sus ideas. Ejemplo, efectos de la timidez; 5) de la imaginación: distinción entre los casos en que nos engaña y en los que no nos engañan ilusiones de infancia. Creencias populares. De la inclinación a lo maravilloso. Efectos del miedo. Efectos materiales producidos por la sola fuerza de la imaginación. Utilidad práctica del estudio del hombre intelectual y moral.

Un tratado de las pruebas quedaría incompleto si no presentase la visión anatómica, por así decirlo, del espíritu humano. Es necesario considerar separadamente cada una de sus facultades, a fin de conocer en qué estado deben encontrarse para reflejar bien la verdad y hasta qué punto cada defecto de índole intelectual o de índole moral puede repercutir en el testimonio. Esto nos podría llevar a cuestiones de una metafísica abstracta, que no nos son necesarias. Cualesquiera hayan sido las circunstancias de nuestras vidas, siempre hemos tenido un gran interés en conocer el valor del testimonio humano, puesto que se mezcla sin cesar con todo lo que hacemos y con todo lo que pensamos. En consecuencia, hemos procurado separar más o menos los caracteres de lo verdadero y de lo falso y los grados de la verosimilitud. Somos, por lo tanto, metafísicos sin saberlo, y este aspecto de nuestra ciencia se funda en las observaciones familiares.

La fidelidad del testimonio, es decir, su exactitud y su integridad, depende de dos cosas: el estado de las facultades intelectuales del testigo y su disposición moral, o sea, de su entendimiento y de su voluntad. Las facultades intelectuales comprenden ordinariamente cuatro puntos principales: la percepción, el juicio, la memoria y la imaginación. A los efectos que estamos tratando, se precisa añadir un quinto punto: la expresión, considerada, a mi entender, como la facultad de representar por la palabra lo que pasa en el espíritu.

I. DE LAS DISPOSICIONES MORALES

Con relación a nuestro tema, las disposiciones morales se asientan en dos bases primordiales: la veracidad y la atención. Hay que añadir sus contrarias respectivas: la mendacidad, la temeridad y la negligencia. La temeridad se manifiesta en forma positiva por la palabra: la negligencia se muestra negativamente por el silencio. El testigo temerario, al impulso de sus conjeturas, expresa sin intención de engañar más de lo que sabe y más de lo que ha visto; el testigo negligente detenido por pura pereza del espíritu no se toma la molestia de reunir los hechos y las circunstancias y omite muchos que habría encontrado poniendo un poco de interés.

Hay veracidad en el testigo cuando se empeña sinceramente en dar su testimonio, y en que la conclusión que de él se derive sea conforme al estado real del caso.

La voluntad de mentir obedece a dos causas: 1) la existencia de un motivo seductor, es decir, de un motivo que se relacione con el interés del testigo; 2) la existencia de un hábito que lo predispone a ceder a ese interés, o sea, un hábito de falta de probidad.

La palabra interés debe ser tomada en sentido amplio. Comprende no solo el interés propio y personal, sino también el constituido por simpatías y antipatías respecto a otras personas consideradas individualmente o por clases. Es a esto a lo que se llama parcialidad.

Como la voluntad no puede ejercerse, al menos con cierto grado de energía, si no se siente interiormente, la mentira es inseparable de la conciencia de sí mismo; pero en cuanto a las desviaciones de la verdad, resultantes de las parcialidades del testigo, de sus prevenciones favorables o desfavorables, existen a pesar suyo y dan a todo su testimonio un matiz generalmente falso.

Cuando no hay en absoluto intención de mentir, la falsedad en las circunstancias de un relato proviene de ordinario de la falta de atención.

La parcialidad puede influir sobre la atención. Aquel que tiene desviado el espíritu, o una determinada prevención, se inclina por completo a ver en un hecho lo que le halaga; no ve lo que es, sino lo que quiere ver.

Cuanto obrase en un sentido contrario, se le escaparía. Es así como los judíos oponían un proverbio vulgar a todo lo que les decían de Jesucristo: "¿Qué puede venir de bueno desde Nazareth?".

Cuando la falta de atención proviene de la ausencia de interés, es decir, de que no existe ningún motivo para empeñarse en dar un testimonio exacto y completo, la falsedad resultante debe atribuirse a causas morales y no a causas intelectuales.

II. De las facultades intelectuales y en primer término de la percepción

Suponiendo al testigo en la disposición moral más favorable a la verdad, el mérito de su testimonio dependerá del estado de sus facultades intelectuales. Una imperfección en una u otra de esas facultades traerá aparejada una imperfección correlativa en el testimonio. Tratándose de la percepción, el juez debe considerar las causas de error provenientes de ese origen, por ejemplo: si no falta al testigo ninguna de las condiciones necesarias para oír bien, si no existen circunstancias que hayan podido ocasionar engaños, si las palabras que reproduce fueron pronunciadas en un idioma que le es o no familiar, si no ha hecho más que oír de pasada frases poco claras y entrecortadas o si les ha prestado una particular atención. Estas observaciones y muchas otras deben entrar en la apreciación de un testimonio.

El sentido de la vista está sujeto a causas de error que le son propias. Hay que conocerlas. Es necesario que el testigo haya estado situado en una posición que le permitiese ver la totalidad del objeto. Diez personas que contemplan la misma escena, la misma riña, en estado de confusión, verán los objetos muy diferentemente. Hay en la conformación de algunos individuos ciertas particularidades que es necesario tener en cuenta: los hay que no distinguen determinados colores, o que no son impresionados por los mismos como el común de los hombres. La facultad de reconocer los rasgos de la fisonomía varía singularmente según las personas.

Los otros sentidos, el tacto, el olfato, el gusto, de menor actividad, también se encuentran sometidos a alteraciones, a diferencias fisiológicas que pueden influir sobre la veracidad o la falsedad del testimonio.

Cicerón describía al abogado consumado presentándolo como absorbido por el estudio de todas las ciencias que eran conocidas en su tiempo. Si no hay ninguna que no pueda serle necesaria, dada la variedad de las causas en que está llamado a intervenir, con mayor razón el juez deberá ser un hombre de conocimientos universales. Ya veremos, al hablar de lo *imposible,* que no puede ser extraño a las ciencias filosóficas más elevadas; pero hay por lo menos una cuyo estudio le es esencial y que hasta el presente no se cursa en las facultades de derecho: *el estudio del hombre físico y moral.* Es a él, mejor que a nadie, a quien corresponde decir: *humani a me nihil alienum puto.*

III. Del juicio

Pasemos ahora al juicio. Sería muy de desear que el testigo pudiese circunscribir su deposición al relato puro y simple de lo que ha impresionado sus sentidos: pero existe una ligazón tan íntima entre la impresión causada en el órgano y el acto de formar el juicio, hay una rapidez tan prodigiosa en la sucesión de una a otro que, a menos de emplear una atención muy analítica, la distinción entre sentir y juzgar apenas se percibiría.

¿Pueden engañarnos los sentidos? Es esta una cuestión que ha sido agitada por todas las escuelas de lógica. El error es solo un atributo del juicio. Para ser engañado hace falta haber establecido un juicio falso, un juicio más o menos contrario al hecho. En tanto que el juicio no se mezcla con la sensación, ella no es susceptible de error; pero en cuanto el juicio se mezcla con la sensación, el error resulta posible. Una impresión se recibe o no, y en tanto nos limitemos a declarar el hecho, no cabe el error.

Una sensación parecida a la de la luz puede haber sido producida por una causa diferente, como un ligero golpe cuando se tienen cerrados los ojos, o por una corriente galvánica; mas es el juicio quien determina que la causa de la sensación ha sido otra, ya que la sensación es la misma.

Cuando se extrae la catarata a un ciego de nacimiento, a una edad en que el juicio ya está formado, le parece que todos los objetos están a igual distancia o sobre el mismo plano. La imagen que se refleja en su retina no puede diferenciarse de la que se forma en el fondo del ojo de una persona que ha adquirido gradualmente el arte de ver. Es, pues, su juicio lo que falla y no su sensación. No es sino por gradaciones, por un ejercicio continuado de su razón al comparar la sensación producida por un objeto a cierta distancia y por el mismo objeto a distancia mayor, como el juicio ha adquirido el arte de colocar los objetos a la distancia que les corresponde.

El juicio puede estar viciado por precipitación, por ignorancia o por falsas opiniones. Los errores de precipitación son comunes a todo el mundo. Los que resultan de opiniones falsas son los más corrientes y tendremos ocasión de volver a ocuparnos de ellos. Los errores de ignorancia son los más fáciles de despejar. Se ve, ante todo, por la condición de las personas, por su edad o por el estado de su espíritu, si el objeto sobre el cual aportan su testimonio se encuentra por encima de la esfera de sus conocimientos.

Un químico ve en una sustancia un veneno peligroso; una criada puede no ver sino un polvo inofensivo. Una planta rara a los ojos de un botánico, no será otra cosa que una mala hierba a los de un labrador. El mineralogista descubre un rico mineral donde el labriego no ve sino una pesada piedra. Igual distinción se halla en todas las ocupaciones humanas y en todas las ciencias.

El idiotismo o la imbecilidad son atribuidos al juicio, bien por la debilidad y la confusión de las percepciones o por la falta de atención resultante de la falta de interés, o bien por una extremada imperfección de la memoria. Constituye un estado permanente que se ofrece con gran exactitud al conocimiento del juez.

La locura, que se muestra desde tantos aspectos y que tiene tantas causas diferentes, es menos un debilitamiento de las facultades intelectuales que una perversión, un desarreglo en sus operaciones. Esa enfermedad difiere en sus grados y en sus efectos. No hay un criterio exacto para reconocerla ni una escala fija para medirla.

IV. De la memoria

Otra causa de inexactitud en el testimonio es la falla de la memoria, que puede faltar bien por debilidad en los actos de percepción, bien por el transcurso del tiempo.

La exactitud de la concepción con respecto a un hecho representa un límite máximo y no admite gradaciones; pero no ocurre lo mismo en cuanto a su vivacidad y de ella depende la nitidez de la reminiscencia pasado mucho tiempo.

La importancia del hecho es lo que mejor contribuye a la vivacidad de la concepción. Mas esa importancia es susceptible de infinitos grados por encima y por debajo del término medio. Hay hechos, los más numerosos, tan poco importantes que pasan como sombras sin dejar ningún rastro en la memoria. Hay otros cuya importancia absoluta o relativa para el individuo es tan grande que, a menos de suponer una decadencia casi total de las facultades por razón de edad o de enfermedades, no es creíble que se hayan podido borrar de la memoria en ningún tiempo. Preguntad a un hombre si se ha casado, si ha visto caer a alguien asesinado bajo sus ojos, si su padre, con el cual vivió veinte años, era o no ciego y no habrá ningún espacio de tiempo que pueda arrojar sobre semejantes hechos ni la sombra de una incertidumbre.

La importancia de un hecho puede estar en el hecho mismo o en alguna asociación. Una mancha de sangre en un determinado lugar puede ser el indicio de un homicidio; un cuchillo de cierta apariencia puede indicar la persona del homicida. Esas circunstancias, unidas en el espíritu a la idea de ver un crimen atroz, adquieren para el testigo una mayor importancia. Tomadas separadamente, no representarían nada y se olvidarían inmediatamente después de percibidas. En la tienda de un carnicero, ni los cuchillos ensangrentados ni los regueros de sangre excitan en ningún grado la atención.

El olvido no es el único defecto de que es susceptible la memoria; hay otro: los recuerdos erróneos, los falsos recuerdos, si se les pueden llamar así. Sin la menor intención de apartarse de la verdad, sin tener la mínima conciencia de su error, se puede tener un recuerdo supuesto, no solamente falso en determinada circunstancia, sino falso en su totalidad.

Sin embargo, de acuerdo con mi propia experiencia, y con la de las personas a quienes he podido consultar acerca de este punto, me parece que esos recuerdos supuestos son débiles e inconcretos; van acompañados de alguna duda y difieren de los hechos puramente imaginativos en que han sido deducidos de algún hecho real, rozando la verdad por alguna circunstancia.

Otra prueba de que esos recuerdos supuestos son más débiles está en que al comunicarlos a algunas personas conocedoras de los sucesos de que dichos recuerdos forman parte, su creencia adquiere una especie de autoridad sobre la nuestra: empezaremos por dudar, y si su aseveración es categórica, nos sentimos trastornados e incluso impulsados a creerlos más que a nosotros mismos; contrariamente a lo que sucede cuando nuestra evidencia interna es hasta cierto punto clara, ya que entonces cualquier testimonio externo que la combata carece de influencia. Hay una gran cantidad de hechos sobre los cuales nos sentiremos inquebrantables aún cuando todo el género humano se pusiese de acuerdo para desmentirlos.

Un pretendido recuerdo puede ser falso en alguna circunstancia por adición o por sustitución. Este último caso es el más natural y el más común, y se compone de dos formas opuestas de falsedad, la obliterativa y la fabricativa: una parte de la escena que estaba grabada en la memoria ha sido borrada y un nuevo objeto ha sustituido a la pintura original.

Dos causas hay que pueden refrescar la memoria y hacerla más viva en el momento del testimonio.

Una tiene lugar mediante las relaciones intermediarias, cuando se trata de sucesos que se ha tenido ocasión de relatar frecuentemente, sobre todo si se ha hecho por escrito, operación que excita la atención y que ofrece más exactitud que un relato de viva voz.

Otra resulta de nuevos incidentes, de esos incidentes que, ligados al hecho cuestionado, lo recuerdan por asociaciones que le son inseparables.

V. DE LA EXPRESIÓN

Llegamos ahora a otra causa que puede hacer inexacto el testimonio: la impropiedad de la expresión. La representación de un hecho puede ser fiel en la memoria del testigo; si la reproducción que él ofrece en su discurso es incorrecta, la verdad quedará disimulada por su lenguaje, tanto como podría serlo por su ignorancia. La dificultad de expresarse claramente puede desnaturalizar su testimonio.

Las aberraciones derivadas de la incapacidad de expresión pueden ser mayores que las aberraciones resultantes de la memoria. Un recuerdo imperfecto puede tener muchos trazos conformes con la verdad, pues conserva todavía una base firme y sólida que el testigo no puede olvidar. Pero un modo viciado en la expresión puede dar un sentido completamente opuesto a la verdad. La confusión en las ideas no tiene límite y el giro inadecuado de las frases puede llegar al extremo de convertir la declaración en todo lo contrario a lo que estuvo en la intención del deponente. En el idioma inglés bien hablado, dos negaciones son equivalentes a una afirmación, mas en el lenguaje vulgar no ocurre así; las negaciones redobladas siguen conservando su sentido negativo. En el idioma francés y en todas las clases sociales, dos negaciones carecen de fuerza afirmativa.

Por otro lado, esa clase de error es mucho menos frecuente que el proveniente de la falta de memoria. Además, tal defecto se descubre pronto a los ojos de un hombre experto, por lo menos cuando resulta de frases oscuras y equívocas; el testigo que balbucea puede ser ayudado por preguntas y por observaciones que le proporcionen los medios de corregirse a sí mismo, mientras que una falla en la memoria puede escapar a la observación, sin que haya medios de remediarla.

En el testimonio oral, la timidez suele ser la causa más frecuente de inexactitud en la expresión. Los grados pueden variar indefinidamente según la disposición particular del individuo, su temperamento, su condición y sus costumbres más o menos privadas. Todas las causas productoras de la timidez afectan principalmente a las personas jóvenes solteras desde la edad de la pubertad hasta algunos años después.

En último análisis, quizá la timidez no sea otra cosa que una sensibilidad excesiva a las tres garantías tutelares: la política, la religión y la moral, pero sobre todo esta última.

La timidez aumenta considerablemente por la publicidad del examen, y el error que puede nacer de esta causa en el testimonio es uno de los inconvenientes que hay que tomar en consideración frente a las ventajas preponderantes de esta seguridad o garantía fundamental.

VI. DE LA IMAGINACIÓN

No me refiero a esta facultad nada más que en la relación que puede tener con el testimonio. Sus efectos respecto a los hechos reales son siempre contrarios a la exactitud y con frecuencia incluso el error resultante no es una simple desviación de la verdad en algunas circunstancias, sino una creación de hechos falsos en su totalidad. Esto sucede cuando la imaginación hace el papel de la memoria, es decir, cuando ocupa el lugar del recuerdo.

La misión ordinaria de la imaginación consiste en representar hechos que jamás han existido, en combinar imágenes, sucesos que están almacenados en la memoria, y reunirlos como nos place, para nuestra diversión y la de otros. Pero quien hace ese empleo de su imaginación, ni se engaña ni trata de engañar. Los novelistas, los cuentistas y otros poetas deben ser alineados entre los bienhechores de la especie humana y no entre los falsos testigos.

La misión extraordinaria de la imaginación consiste en tomar por realidades sus propias invenciones.

En un espíritu débil, por ejemplo, en un niño, la simple idea de un objeto puede confundirse con la persuasión de su existencia.

Todos tenemos una noción de ese estado de falsa creencia por lo que sucede en los sueños, donde las ilusiones se presentan como realidades. Hay una edad donde la distinción entre el estado de vigilia y el estado de sueño es todavía muy débil, y el niño puede ocasionalmente confundirse. Tal error puede subsistir todavía en edad más avanzada, sea por estado de enfermedad, sea por opiniones religiosas, sea por efecto de alguna emoción extraordinaria.

El escéptico Hume ha fundado sobre ese principio una parte de su sistema. Nuestra persuasión de la existencia de un objeto, no es, según él, nada más que un cierto grado de vivacidad en la idea producida por ese objeto. ¿Por qué especie de fotómetro, ese grado de vivacidad que constituye la persuasión de que una cosa existe será distinguido de las impresiones más débiles que no están seguidas del mismo juicio?

Si en la edad en que el discernimiento no está formado la simple idea de un objeto puede obrar sobre el espíritu como una prueba suficiente de su existencia, ¿qué no sucederá si esa persuasión está preparada por opiniones populares?

En efecto, la opinión popular actúa en favor de una creencia establecida como cuerpo de pruebas, todas indirectas, todas muy vagas, pero que toman su fuerza de su número. La cantidad de testigos parece compensar todas las garantías de que carece. Y añadamos a eso que la fuerza de las aserciones está siempre en proporción directa a la inverosimilitud del hecho afirmado, lo mismo que por instinto natural se realiza mayor esfuerzo para vencer una mayor resistencia.

Si se quiere profundizar en el corazón humano, se encontrará una disposición secreta a creer en lo maravilloso, como si con ello se extendiese nuestro poder y nos dotase de medios sobrenaturales.

Mas, por otra parte, cuando se trata de aquellos seres de pura creación, la razón no queda en libertad de valorar el testimonio: el miedo se entremezcla, la duda parece peligrosa, se teme ofender a esos agentes invisibles, porque hay numerosas historias propaladas entre el público acerca de las venganzas que han ejercido sobre los incrédulos.

He aquí las diferentes causas que han producido las creencias en los espectros, en los aparecidos, en los posesos, en los demonios, en los vampiros, en los magos, en los hechiceros, en todos esos seres pavorosos que ya no juegan ningún papel ante los tribunales, pero que todavía hacen sus apariciones en las chozas.

Entre las funciones extraordinarias de la imaginación, existe una que es precisamente la inversa de la que acabamos de hablar. Nos referíamos a hechos no existentes atestiguados como hechos reales: pero hay hechos reales que la imaginación produce y que solo por ella existen. La historia de la medicina contiene una multitud de ejemplos de esta clase: enfermedades detenidas o curadas por la influencia de una persuasión del espíritu, de una simple y pura persuasión, sin ningún fundamento en la acción de las causas naturales. *Fit medicina fides*. No hago sino recordar aquí el magnetismo animal, que tan numerosos partidarios tuvo en la capital de Francia, y los tractores metálicos que, aproximadamente en la misma época, estuvieron tan en boga en Inglaterra.

Por ahí se ve que, independientemente de toda creencia sobrenatural, puede haber grandes efectos producidos por el solo poder de la imaginación.

Esta consideración analítica de las causas de inexactitud en el testimonio puede conducir a resultados útiles.

1) Claramente se ve en qué casos debe especialmente desconfiarse del testimonio y hasta qué punto los errores son o no evitables.

2) Se encuentra el principio lógico de la distinción entre la falsedad culpable, aquella que tiene conciencia de sí misma, y la falsedad inocente, aquella que proviene de alguna debilidad en las facultades intelectuales.

3) Cuanto más se hace resaltar las diferentes causas de inexactitud, mejor se provee al juez de los medios para discernir los casos en que la mentira existe.

Capítulo X

De la sanción natural. Su actuación en favor de la verdad

Pena natural en cuanto a la mentira. La tarea de la invención es más penosa que la de la memoria. Influencia de esta causa en favor de la verdad. El deseo de evitarse un trabajo (la pereza) hace al testigo negligente. Utilidad del interrogatorio para vencer esa indolencia.

Decir que la sanción natural obra en favor de la verdad, es decir que, abstracción hecha de las penas políticas y religiosas, e incluso de la vergüenza y del desprecio, hay una pena que se sitúa al lado de la mentira, una pena que no es de institución humana, que actúa inmediatamente sobre el testigo y lo predispone a decir la verdad cuando no existe un contramotivo superior. Esta pena consiste en el esfuerzo, en el trabajo mental que exige la mentira. La verdad se ofrece por sí misma y viene a los labios del testigo. Se requiere una especie de violencia, de lucha, para apartarla y sustituirla por la falsedad opuesta. Ahora bien, se evita naturalmente el sendero escabroso, se toma el camino más fácil; el motivo que a ello nos impulsa es el *amor a la comodidad,* motivo que, a menudo, actúa a pesar nuestro, pero cuya influencia es mayor de lo que comúnmente se cree. Veamos cómo procede en el caso del testimonio.

Relatar un hecho tal como se presenta al espíritu es obra de la memoria; relatar como hecho real circunstancias que no han existido en absoluto es obra de la invención. Cualquiera que sea el grado de trabajo vinculado a las operaciones de la reminiscencia, cuando se trata de expresar hechos reales, siempre es mayor el de combinar hechos imaginarios. En una palabra, el trabajo de la invención es más penoso que el de la memoria.

Tal es el caso, en general, para la exposición de los hechos más sencillos; pero la verdad de esta observación es mucho más sensible cuando se trata de hechos complicados y múltiples, como lo son de ordinario aquellos que constituyen el objeto del testimonio jurídico.

He ahí, pues, cómo se evita un trabajo, quien expresa la verdad pura y simple; y de ese modo, por la sola fuerza de la sanción natural, lo verdadero prevalece habitualmente en el testimonio; la mentira solo se introduce ocasionalmente y siempre por efecto de algún interés especial.

Pero esta diferencia entre la facilidad de lo verdadero y la dificultad de lo falso, ¿no resulta demasiado minuciosa para explicar tan grande efecto? ¿No es dar demasiado ascendiente a una causa sutil y ligera? A ello respondo que quienes hiciesen esta objeción no habrían reflexionado bastante sobre la naturaleza del espíritu humano. Este amor a la comodidad el cual, para vituperarlo, se da el nombre de pereza, es una inclinación más fuerte de lo que se cree: su acción sobre nuestro espíritu se nos escapa. "Si consideramos atentamente su poder —dice La Rochefoucauld— veremos que en todas las circunstancias se adueña de nuestros sentimientos, de nuestros intereses y de nuestros placeres; es la rémora que posee la fuerza de detener las naves más grandes".

Debemos añadir que a esta inclinación natural, demasiado poco observada, se debe casi por completo la potencia de los hábitos, porque resulta más cómodo conservarlos que cambiarlos. Todo el sistema de nuestra conducta está determinado por fuerzas casi imperceptibles. Se construyen balanzas tan sensibles que la quingentésima parte de un gramo las hace inclinarse a un lado o a otro: pero la quincemilésima parte produciría el mismo efecto de no ser por el rozamiento y la fuerza de la inercia.

Observemos, sin embargo, que la misma disposición natural, es decir, el deseo de evitar un trabajo, un esfuerzo, presenta una tendencia a hacer incompleto el testimonio cuando el caso exige un grado particular de atención para recordar todas las circunstancias. El testigo negligente y perezoso narra todo lo que se presenta con facilidad a su memoria y no toma el trabajo mental necesario para acordarse de todos los detalles del hecho. De fiarnos únicamente de la tendencia natural, el testimonio quedaría demasiado sujeto a esa imperfección.

Es ahí donde se presenta la gran utilidad del interrogatorio, ese importante auxiliar del cual tendremos mucho que hablar en el libro siguiente. Por parte del interrogador ha de existir, por supuesto, un interés suficiente para vencer la indolencia del testigo y obtener de él respuestas que hagan completo su testimonio.

Hasta aquí hemos supuesto un testigo que no tenía ningún interés contrario a la verdad. Es en ese estado de neutralidad donde actúa la tendencia natural en el sentido favorable que hemos explicado, pero si existiese algún motivo opuesto, algún motivo seductor, el caso sería muy diferente. No hay ningún interés, por débil que sea, que no pueda superar esa fuerza de la tendencia natural y producir un testimonio absolutamente falso.

Capítulo XI

De la sanción moral o popular, o del honor. S u actuación en pro y en contra de la veracidad

Necesidad universal de la verdad. La opinión pública pronunciada contra la mentira. Excepciones: 1) desvío de la verdad por deber; 2) por bondad; 3) por cortesía; 4) en el caso de que un hombre no tenga derecho a la información que solicita. Dos intereses de honor diferentes cuando ha sido cometida una falta: vergüenza en cuanto a la confesión, vergüenza en cuanto a la mentira.

Nuestra dicha, por así decirlo, depende en cada momento, mucho más de lo que pudiera creerse, del estado de nuestros conocimientos. Nuestras acciones toman tal o cual dirección según sea lo que sabemos sobre las cosas o sobre las personas; mas nuestros conocimientos propios y personales son casi siempre insuficientes para dirigirnos. Frecuentemente necesitamos recibir los de nuestros semejantes. Incluso en los asuntos más importantes, no podemos adoptar una determinación si no es sobre el testimonio de otro, y ese testimonio no es válido nada más que cuando es verdadero. Las falsas informaciones nos colocan en peor estado que la ignorancia.

Se advierte así el rango que la veracidad debe tener entre las virtudes, puesto que sirve a un interés general y constituye el lazo de unión social.

Como esa verdad es igualmente sentida por todos, trae como consecuencia que en las relaciones de hombre a hombre, salvo algunos casos excepcionales, la sanción popular se pronuncie fuertemente contra la mentira.

Las excepciones son muy pocas y pueden dividirse en tres normas principales:

1) Desviación de la verdad por deber, en los casos en que la verdad podría producir un daño, en tanto que la falsedad no ocasionaría ninguno, como, por ejemplo, si se engaña a un loco o a un asesino armado que pregunta por dónde ha pasado el hombre a quien quiere hacer su víctima.
2) Desviación de la verdad por humanidad o *beneficencia,* como en el caso de un médico que, por evitar crueles angustias a un enfermo o a su familia, hace concebir esperanzas que él no siente.
3) Desviación de la verdad por urbanidad o por *cortesía,* que también viene a ser una beneficencia aplicada a intereses inferiores, como cuando se atenúa una crítica o se exagera una alabanza a fin de dar ánimos.

Hay un caso en que puede estar permitido desviarse de la verdad. Cuando un hombre carece de derecho a obtener la información que pide, no hay obligación de dársela. Lo que debamos a otros, tiene como límite lo que nos debemos a nosotros mismos.

Con tales excepciones, que se han de tomar en un sentido más bien restringido que amplio, la veracidad constituye una obligación estricta. Se puede juzgar de la fuerza de la sanción moral sobre este punto, con solo considerar la nota de infamia que universalmente se hace recaer sobre el mentiroso. Es cosa conocida que, entre todas las injurias, no hay ninguna que contenga una provocación más violenta que ese reproche.

Tal imputación, como todas las demás, resulta tanto más insoportable cuanto más merecida sea, y por ello se ve frecuentemente en un individuo reunir el carácter de matón con el de embustero: cada una de esas personalidades protege a la otra.

Quien no responde sino por medio de un desafío a una falsa inculpación de mentira, cambia su reputación de hombre veraz por el placer de la venganza o por fama de valiente.

Sin embargo, si el honor proscribe la mentira, no conduce menos a disimular los vicios y las malas acciones que son consecuencia. La primera preocupación es ocultarlos: negarlos frente a una acusación cuando uno se hace la ilusión de poder disimularlos, constituye, por lo menos, una predisposición común.

He ahí, pues, dos distintos intereses del honor que actúan contradictoriamente en el corazón humano cuando se sale de la línea del deber: vergüenza por la confesión y vergüenza por la mentira.

Luchando entre esas fuerzas opuestas, ¿qué hará el individuó? Confesará o mentirá según lo que en ese momento le parezca de mayor interés para él; según que triunfe uno u otro temor: el temor de pasar por culpable de la falta en cuestión o el de pasar por mentiroso si es descubierto. El dilema, cualquiera que sea el momento, puede sumergir en la mayor perplejidad y el miedo de verse en una situación tan cruel es, para quien sabe reflexionar, una de las más poderosas salvaguardias de la virtud.

Hay un caso particular en que la veracidad no puede esperar la misma ayuda de la sanción popular: una corporación, un partido, una secta, una profesión, pueden tener intereses comunes a todos sus miembros pero contrarios al cuerpo nacional; y a cada asociación de esta naturaleza corresponde una porción de la sanción popular. Habrá, pues, falsedades acreditadas o toleradas para proteger a la pequeña sociedad contra la grande.

Se ha observado desde hace mucho tiempo que rige entre los ladrones una especie de honor y de fe; pero ese honor no es ni más ni menos que una predisposición a defender el interés que los une. La gran comunidad tiene su sanción popular, que abarca todos los intereses: las diversas comunidades de ladrones, de contrabandistas, de malhechores conocidos o desconocidos, también tienen una porción de la sanción popular para ellos y solo para ellos.

Si la sanción moral actúa con fuerza en favor de la verdad en las relaciones de hombre a hombre, en el comercio ordinario de la vida, se aplica con mayor fuerza todavía al testimonio judicial y guarda proporción con la importancia de las causas, con la solemnidad de la ocasión, con la reflexión que hay derecho a esperar de quien es llamado a influir sobre las decisiones de los jueces y sobre los primordiales intereses de la sociedad.

Capítulo XII

De la sanción religiosa

Admirable dirección de los preceptos evangélicos en favor de la verdad. Extraña desviación en la práctica para todo cuanto se relaciona con los intereses temporales de la Iglesia. De la doctrina de los equívocos y de las reservas mentales. De la ceremonia del juramento y de si es más útil que perjudicial. De los indios y de los casos singulares en que la falsedad está permitida por sus códigos religiosos.

La sanción religiosa, tanto si es tomada de la ley mosaica como si se la considera desde el punto de vista del cristianismo, es favorable en alto grado a la veracidad del testimonio. La ley es formal y en ella no hay ninguna restricción ni ninguna excepción: *que tu sí sea sí, que tu no sea no,* son las palabras del Señor. Si se aceptan en su sentido literal, en el sentido claro y evidente que presentan sus palabras, llega nada menos que a prohibir el juramento a sus discípulos, pero lo hace para dar a la más sencilla afirmación igual fuerza que al juramento mismo.

Si ese precepto contiene algún defecto, es el de ser demasiado general, demasiado exclusivo; es el de no admitir aquellas modificaciones que antes hemos enunciado y que la moral reclama. Se argüirá que esas excepciones están sobreentendidas en todas las reglas generales; pero es eso lo que permite a los intérpretes buscar pretextos para explicar, comentar, alterar el sentido y hacer irreconocibles las leyes primitivas.

Si de la doctrina del Evangelio se pasa a la práctica del cristianismo, nos encontraremos asombrados de no hallar ninguna conformidad entre una y otra; incluso existe una oposición que merece la pena explicar. En todas las circunstancias en que el interés aparente de la religión y el interés real de sus ministros ha permitido tender un velo sobre la impostura, la sanción religiosa no ha ofrecido el menor obstáculo. Durante siglos, la historia de la Iglesia no presenta otra cosa que los anales de la mentira: los fraudes piadosos estaban consagrados por las más altas autoridades; los falsos milagros, los falsos santos, las falsas reliquias, los falsos evangelios, las actas falsas de los concilios, las falsas decretales, las falsas donaciones, las falsas revelaciones y apariciones apoyadas por los testimonios de los doctores, de los obispos, de los pontífices más reverenciados, en una palabra, todas las falsedades imaginables parecían legítimas para todas las sectas, y en nombre de la religión más enemiga de la mentira, la verdad se encontraba proscrita de la tierra.

Se estableció, en principio y de hecho, que los papas podían desligar a los individuos del juramento de fidelidad a sus soberanos. Se estableció igualmente, en principio y de hecho, que no se estaba obligado a respetar lo prometido a los herejes, y costó mucho esfuerzo arrancar al concilio de Constanza la condenación de esa máxima.

Fue aproximadamente en esa misma época cuando los casuistas establecieron la doctrina de los equívocos y de las reservas mentales. No citaré sino un solo pasaje que equivaldrá a todo un volumen: "Se puede jurar —decía el más célebre de esos doctores— que no se ha hecho una cosa, aunque se haya hecho efectivamente, siempre que, en el pensamiento de uno mismo, esté la idea de que no se hizo en determinado día, o antes de haber nacido o imponiendo alguna otra circunstancia parecida sin que las palabras de que nos servimos tengan ningún sentido que lo dé a entender; lo que resulta muy cómodo en muchas ocasiones y es siempre justo cuando se hace necesario por razones de salud, de honor o de bien".

OBSERVACIONES SOBRE LA LEY INDIA RELATIVA AL TESTIMONIO

De todas las religiones conocidas, la india es la única que en su código religioso (suponiendo que sea bien conocido y que esté bien traducido) concede, en ciertos casos, autorización expresa para el falso testimonio; y entre los numerosos casos que han obtenido ese particular privilegio hay muchos que, a los ojos de un europeo, resultan muy desconcertantes.

He aquí un ejemplo de esos permisos en un caso jurídico:

Falso testimonio exculpativo en favor de una persona acusada de un delito sancionable con pena de muerte. Hay, sin embargo, excepciones: 1) cuando el delito consiste en el homicidio de un brahmán; 2) (lo que viene a ser lo mismo), en dar muerte a una vaca; 3) mientras está bebiendo vino, si quien comete tal delito es de la clase de los brahmanes.

"Cada vez que un testimonio verdadero pudiese privar de la vida a un hombre, si el falso testimonio le puede salvar, está permitido, y para lavar su culpa cumplirá el *poojeeh sereshtee;* pero aquel que ha matado a un brahmán o a una vaca, o que, siendo de la casta de los brahmanes, ha bebido vino o cometido alguno de los delitos considerados como particularmente odiosos, no está permitido dar un falso testimonio para salvarle la vida".

Veamos ahora otros ejemplos en que la falsedad se encuentra autorizada, relativos a cuestiones que no son jurídicas:

> "Si una persona cualquiera puede conseguir un casamiento mediante un falso testimonio, ese falso testimonio está permitido; e igualmente si el día del casamiento este corriere peligro de no celebrarse por faltar la entrega de algunos objetos, ya que, en tal caso, cuatro o cinco falsedades carecen de consecuencia; o si el día del casamiento un hombre promete dar a su hija diversos

ornamentos y no lo puede cumplir, tales falsedades, dichas con la intención de que el matrimonio se realice, están permitidas".

"Si un hombre, acuciado por un deseo carnal, miente a una mujer; o si su propia vida estuviese expuesta, o todos los efectos de su casa en riesgo de perderse, o si se hace para beneficiar a un brahmán, en todos esos casos la falsedad está permitida".

Capítulo XIII

De la sanción legal; y de cómo obra en pro y en contra de la verdad del testimonio

Las penas contra los testigos falsos. Fáciles de establecer, difíciles de ejecutar. Insuficiencia de ese medio, si no está apoyado en un buen sistema de procedimiento. Observaciones sobre los vicios de la práctica judicial más común y sobre su tendencia a favorecer la mala fe. Perfeccionamiento gradual a ese respecto.

Si para prevenir el falso testimonio bastase con advertir las penas en que incurre el falso testigo, la labor del legislador sería bien sencilla. Mas este delito es de los que menos se prestan a la acción directa de la ley. La pena no obra sino proporcionalmente a la certeza de su aplicación y, desgraciadamente, en el caso de que nos ocupamos es muy difícil que convenga a un testigo falso, sobre todo si se limita a engañar a la justicia mediante declaraciones mutiladas. En casos importantes y tratándose de un testigo necesario, los medios de seducción pueden ser mucho más fuertes que la probabilidad del castigo. De acuerdo con todas estas consideraciones, hay que convenir en que las penas legales serían un medio muy insuficiente si no estuviese sostenido por un buen sistema procedimental: la forma del interrogatorio es una garantía más segura y un proceder más eficaz para obtener la verdad que las amenazas más severas de la ley.

Si se recorriese la historia de los tribunales para destacar todas las prácticas que han sido establecidas en perjuicio de la verdad y para ruina del verdadero derecho y de la inocencia, nos encontraríamos con un cuadro desolador. En muchos casos ha habido más error que mala fe, pues siguiendo el camino contrario a los intereses de la justicia se creía servirla. Pero conviene confesar que los legisladores, tímidos por ignorancia, han dejado que los hombres de ley adquieran un imperio absoluto sobre el procedimiento: y estos, habiendo visto en todas las cuestiones judiciales un medio provechoso, se han aplicado a multiplicar las demandas injustas, las defensas injustas, los aplazamientos, los incidentes, los gastos. Cuanto más oscuro y complicado ha sido el sistema, más necesarios han resultado sus servicios. Los tribunales de justicia han estado poblados de leguleyos que devoraban a los desgraciados litigantes: ficciones legales, nulidades, formas superfluas, embustes privilegiados, han cubierto el campo de la ley. Y el desventurado a quien se oprime, obligado a reivindicar sus derechos, comprueba frecuentemente que la reparación de una injuria es mucho más ruinosa que la injuria misma.

Se dirá que ése es un tópico ordinario de declamación. Convengo en ello, pero esas declamaciones están basadas en los hechos. Es verdad que, para sentar la verdad de tales hechos, haría falta desarrollar detalladamente la marcha inicua y tortuosa de la mayor parte de los procedimientos. La dificultad de poner el mal en evidencia es lo que más contribuye a mantenerlo. Los hombres de ley se han puesto a cubierto de los ataques envolviéndose en el misterio, e incluso han pretendido convertir en título de gloria esa oscuridad que, a semejanza de la sombra del manzanilla, expande el veneno a su alrededor.

Felizmente, del seno de la magistratura y del foro, se ha levantado la voz de hombres virtuosos que han orientado a los legisladores y que han arrojado las semillas de la reforma. Ya empiezan a notarse los efectos en gran parte de Europa, y es de esperar que no esté lejano el tiempo en que el procedimiento oral y público habrá ganado su causa contra los genios maléficos de la jurisprudencia medieval.

CAPÍTULO XIV

LO QUE CONSTITUYE LA FUERZA MEDIA DE UN TESTIMONIO

Patrón de probabilidad. Fuerza media utilizable como término de comparación. Un único testigo irreprochable, debidamente interrogado, que responde pertinentemente y a quien ningún otro contradice.

Como los jueces están siempre llamados a determinar cuál es el grado de fuerza probatoria de un testimonio, o a decir entre testimonios opuestos cuál es el más fuerte, sería deseable poder contar con un patrón o una medida de probabilidad que sirviera de término de comparación, y a la cual se atendría uno para decidir que un testimonio dado está por encima o por debajo de ese término medio.

Pero, ¿dónde encontrar ese grado de fuerza ordinario o esa medida de comparación? Lo encontraremos en un individuo, uno solo, tomado al azar entre la clase media, de inteligencia común, de una probidad que no dé lugar a ninguna objeción, que declara como testigo del hecho de que se trata (hecho que, por otra parte, no es improbable en sí mismo), que habla pertinentemente de todas sus circunstancias y que presta su declaración de acuerdo con las formas más convenientes para asegurar la veracidad.

Un testimonio así prestado, si no está compensado por un testimonio contrario, encontrará al juez naturalmente dispuesto a creerlo.

Sin embargo, se sabe por experiencia que si un testimonio de esta naturaleza ha sido cierto en la mayoría de los casos, existen otros en que ha resultado falso.

Tenemos, pues, ahora, una medida nominal de comparación para estimar la fuerza de las pruebas. Hablaremos de una prueba de fuerza media cuando alcanza esa medida, de fuerza superior cuando se eleva por encima, y de fuerza inferior cuando está por debajo.

Cuanto más grados de fuerza haya en las pruebas, deducción hecha de cuanto esté en contra, más seguro será su efecto para obrar sobre la convicción del juez y para legitimar su decisión a los ojos de quienes hayan seguido la causa con interés.

Capítulo XV

De las circunstancias por las cuales se aumenta la fuerza probatoria

Dada la fuerza media, es susceptible de aumento: 1) por la calidad superior de los testigos; 2) por su número; 3) por la adición de pruebas reales o circunstanciales; 4) por las pruebas preconstituidas. Si testigos igualmente dignos de fe declaran en sentido contrario, ¿cómo se aprecia la fuerza probatoria?

Considerada así la fuerza media, veremos que es susceptible de aumento, según la fuente de que emane el testimonio.

1) Habíamos tomado un testigo de clase común y de nivel común por sus facultades intelectuales y morales. Supongamos ahora un testigo que pertenezca a una clase superior, de una condición que permita presumir una educación más cuidada, mayor responsabilidad, más sensibilidad para el honor, en una palabra, un testigo conocido; no ofrece dudas de que la *calidad* del testigo influye en la fuerza de su testimonio.

Tal es el motivo de la importancia que se ha dado en la práctica al testimonio *oficial* en general, y en particular al de aquellas personas revestidas de funciones judiciales.

2) Otra fuente de aumento en la fuerza probatoria, fuente más segura, es la del número de los testigos. Este modo de acrecentamiento puede calcularse con precisión aritmética; pero lo que no resulta posible es determinar en qué consiste una proporción equivalente entre un número de testigos ordinarios y un número más reducido de testigos de calidad superior.

Si en lugar de declarar en el mismo sentido, los testigos respectivos se dividen unos a favor y otros en contra, suponiendo que tengan el mismo valor, la manera de medir la fuerza probatoria será casi tan sencilla como en el primer caso. Si están de acuerdo, se toma el total de los testimonios; si están divididos, se toma la diferencia. (Se cuenta lo que queda, deducción hecha de los testigos contrarios).

Una tercera fuente que aumenta hasta un grado indefinido la fuerza probatoria del testimonio es la adición al mismo de la clase de pruebas denominadas *pruebas materiales y pruebas circunstanciales.*

En cuanto a las pruebas *preconstituidas* debe observarse que no son, en el hecho, más que un testimonio oral presentado mediante un escrito, pero un testimonio revestido de todas las cualidades que le dan una fuerza superior.

Capítulo XVI

De las circunstancias por las cuales se disminuye la fuerza probatoria

El testimonio cae por debajo de la fuerza media: 1) por las imperfecciones intelectuales o morales que debilitan la credibilidad del testigo; 2) por la omisión de una u otra de las formas tutelares que aseguran la bondad del testimonio. Catálogo de las pruebas de especie inferior.

La fuerza probatoria de un testimonio puede estar disminuida: 1) por la fuente misma de que emana, y 2) por la forma en que se obtiene.

1) La *fuente.* La credibilidad del testigo disminuye por todas las circunstancias que denuncian alguna imperfección en sus cualidades intelectuales o en sus cualidades morales. No hemos de volver sobre lo que se ha dicho a este respecto en el capítulo IX.

2) La *forma.* En la práctica de los tribunales se observa una variedad de procedimientos empleados como medios de *seguridad:* en efecto, aplicados al testimonio, aumentan la probabilidad de obtenerlo exacto y completo e iluminan al juez sobre el carácter de la deposición. Entre estas salvaguardias se pueden citar el juramento y las penas del falso testimonio, la publicidad, el interrogatorio de viva voz, las respuestas impremeditadas, el careo, etc. La reunión de todas estas seguridades constituye la forma más ventajosa mediante la cual puede obtenerse la prueba; y tratándose de la forma solamente, la *omisión* de tal o cual de esas seguridades tendrá por efecto disminuir proporcionalmente la fuerza probatoria del testimonio y situarlo en la especie inferior.

Las pruebas a las cuales no pueden aplicarse esas seguridades son las siguientes:

1) Las pruebas circunstanciales Son aquellas que resultan, no del testimonio de las personas, sino de la existencia de ciertos hechos: hechos distintos del hecho principal que se halla en cuestión, pero que tienden a establecer la existencia de ese hecho principal.

2) Las pruebas reales, es decir, toda prueba obtenida de la naturaleza de las cosas; es una rama de las pruebas circunstanciales.

3) El testimonio por *afidávit,* es decir, sin interrogatorio.

4) El testimonio casual por escrito, como notas, cartas, etcétera.

5) El testimonio oral no original: rumor.
6) El testimonio escrito no original: copias.
7) El testimonio librado *alla in causa,* es decir, en una causa distinta de la que está en cuestión.
8) El testimonio fundado en referencias relativas a una cosa, es decir, con referencias acerca del estado de una cosa sin presentar la cosa misma.

Capítulo XVII

Modos de expresar diferentes grados de persuasión

Dos hechos reconocidos: 1) que nuestra persuasión es susceptible de diversos grados de fuerza; 2) que esos diversos grados detienen una gran influencia sobre nuestras acciones. Ejemplo, las pruebas, los seguros. Qué importa al juez conocer los distintos grados de persuasión de los testigos. Defecto del lenguaje ordinario para expresarlos. Conveniencia de recurrir a un método más preciso. Idea de una escala dividida en diez grados ascendentes para la afirmativa, descendentes para la negativa. Utilidad sensible de ese método preciso. Ejemplo de los errores en que pueden caer los jueces a falta de ese método para apreciar los testimonios. El empleo de esa escala, al ser dejado a la voluntad de los testigos, no acarrea ninguna dificultad. Primeramente será de uso poco frecuente y se hará más familiar por el progreso. Ejemplo de las ciencias físicas, en las que se aspira a una precisión siempre mayor. Admisión de la inutilidad de ese método para los testigos poco sinceros. Casos particulares en que resulta de sensible utilidad: 1) pluralidad de jueces y reparto igual de votos; 2) apelación; 3) demanda de remisión de pena; 4) testimonio de perito.

Nadie puede ignorar que la persuasión es susceptible de diferentes grados de fuerza o de intensidad. En un caso decimos *me inclino a creer,* en otro, creo; en otro, *sé.* Pero estas palabras están muy lejos de expresar todos los matices intermedios, desde la simple probabilidad hasta la certeza moral.

Otro hecho igualmente notorio es que esos diversos grados de que es susceptible nuestra persuasión tienen una gran influencia sobre nuestra conducta; digamos mejor que todas nuestras determinaciones dependen de ellos. Se ve una sensible aplicación de los mismos en las *apuestas:* el que apuesta juega a uno contra uno, a uno contra dos, contra tres, contra diez, según las distintas apariencias de probabilidad. Los *seguros,* que son especies de apuestas, se hacen a un interés más o menos elevado, según que el acontecimiento en cuestión parezca más o menos probable.

Si se consigue expresar los diversos grados de fuerza conjetural de las apuestas y los seguros, ¿no se podría llegar a expresar de igual modo los diversos grados de fuerza probatoria de los testimonios? Y si se puede, ¿no sería de desear que se hiciese?

Cada elemento de prueba judicial está sujeto a variaciones de cantidad y de grado. Las pruebas circunstanciales, tendientes a probar el hecho principal, son susceptibles de todos los grados de fuerza en el espíritu del juez. La prueba testimonial no lo es menos: la impresión que produce en el tribunal depende en gran parte de la fuerza de persuasión que posea el testigo; y esta fuerza de persuasión es muy variable según la naturaleza del hecho, el estado de sus facultades, la distancia de los acontecimientos y muchas otras circunstancias.

Puesto que, en los casos ordinarios, y siempre que no haya motivo de sospecha, la persuasión del juez es proporcionada por la del testigo y a ella se amolda, ¡Cuán importante sería encontrar una manera según la cual el testigo pudiera expresar con exactitud los diversos grados de persuasión que experimenta!.

Lo que nadie puede negar es que a este respecto el lenguaje ordinario sea bien estéril y defectuoso. Yo *sé, yo creo, yo tengo motivo para creer que el hecho ha ocurrido de tal manera o aproximadamente así;* y ahí terminan todas las gradaciones. Los mismos jurisconsultos no han sabido encontrar nada mejor.

El lenguaje de los matemáticos ofrecería dos modos diferentes: el primero, perfectamente exacto, es el que expresa la doctrina de las probabilidades, pero no es aplicable al testimonio.

El segundo es el que, tomando la cantidad más alta posible como cantidad finita, la divida en partes iguales, como una *circunferencia* que se divide, por grande que sea, en trescientos sesenta grados, o como una escala que tiene un punto fijo desde el cual se parte para establecer grados ascendentes o descendentes.

Detengámonos en este último modo, que nos ofrece el medio de expresión más simple y más usado.

Representémonos materialmente la imagen de una escala dividida en diez grados: tiene un lado positivo, sobre el cual se inscriben los grados de persuasión positiva (es decir, que afirman la existencia del hecho en cuestión) y un lado negativo, sobre el cual se inscriben los grados de persuasión negativa (es decir, que niegan la existencia del mismo hecho); en la base de la escala está el 0 (cero) mediante el cual se denota la ausencia de toda persuasión a favor o en contra.

Tal es la simplicidad de este modo de expresión que, para emplearlo, no hay ni siquiera necesidad de imaginarse materialmente una escala. El testigo dice: mi persuasión está diez grados o cinco grados del lado positivo, diez grados o cinco grados del lago negativo: lo mismo que, hablando de la temperatura indicada por el termómetro, se dice: el mercurio está diez grados por encima o por debajo de cero.

Tres personas que se presentan como testigos pueden optar entre tres declaraciones: 1) creo que el hecho existe; 2) creo que el hecho no existe; 3) no tengo ninguna opinión sobre la existencia o no existencia del hecho. Se les pregunta cuál es el grado que mejor expresa su persuasión; al inclinarse cada uno de ellos por la afirmativa, indica el número uno, es decir, el grado más bajo posible.

Tomemos ahora, respecto al mismo hecho, otros dos testigos (me refiero siempre a testigos dignos de fe): la persuasión de cada uno de ellos está al máximo, en el grado 10.

La persuasión de estos puede estar del mismo lado que la de los tres testigos anteriores, o del lado opuesto.

Supongámosla del mismo lado, es decir, por la afirmativa: de 30 grados posibles, los tres primeros testigos solo han provisto tres: de los 20 grados, los dos últimos han provisto el total.

Supongamos que su persuasión hubiese estado del lado contrario: los tres testigos solo habrían provisto tres grados por la afirmativa, mientras que los dos testigos habrían provisto veinte por la negativa.

Observemos ahora la variación que el espíritu del juez debe experimentar, según que posea o no los medios de conocer y anotar las diferencias que existen en la fuerza de persuasión de los testigos.

Si esas diferencias son inapreciables, el juez no puede decidir más que por el número de testigos de una y otra parte: en el caso imaginado, su decisión será que *el hecho existe.*

Si esas diferencias son apreciables, siendo la fuerza de persuasión de los testigos la que sirve de guía al juez (¡y qué mejor guía puede tener!), su decisión será que *el hecho no existe.*

Esto en lo que concierne a la posición del testigo. Si pasamos a la de los jueces, encontraremos las mismas diferencias. Entre tres jueces, la fuerza unida de sus grados de persuasión puede ser menor que la de los otros dos jueces.

La falta de un modo exacto que exprese la fuerza real de un testimonio la expone, hasta el presente, a quedar eternamente desconocida y erróneamente representada.

Por la misma causa, la fuerza real de la opinión de los jueces ha quedado expuesta a ser mal calculada y mal apreciada.

Si esta escala de los grados de persuasión fuese adoptada, me parece que podrían afirmarse las tres proposiciones siguientes:

1) que sería empleada sin confusión, sin dificultad, sin inconveniente;

2) que si bien al principio no sería de uso frecuente, se haría más familiar a medida que la instrucción general hiciese mayores progresos:

3) que la necesidad de usarla no se haría sentir en gran número de casos, sino solamente en las causas de mayor importancia.

Primera. Siendo optativo el uso de este instrumento, no entraña ninguna vejación, ningún embarazo para los testigos. Un hombre no reclamará la escala a menos que sepa cómo utilizarla. Si no hace uso alguno de ella, el efecto de su testimonio será como si hubiese señalado el número 10, o sea, el grado más alto. Si quiere utilizarla, señala el número 9 o algún grado inferior.

Segunda. El uso sería al principio poco frecuente porque presenta una apariencia científica. Pero la exactitud aumenta igual que la atención; y a medida que la atención de los hombres se fija más sobre un objeto, los descubrimientos se multiplican, la ciencia se extiende y la práctica marcha lentamente en pos de las huellas de esa atención. Sigamos los progresos del espíritu humano; siempre se busca dar a medidas antiguas un grado adicional de perfección. El electrómetro, el calorímetro, el fotómetro, el audiómetro, sin hablar de muchos otros, son invenciones de nuestros días. La justicia, ¿necesita, pues, menos precisión que la química?

Ya hemos visto que, en el curso ordinario de la vida, nada es más común entre los hombres que expresar su grado de persuasión sobre tal o cual hecho con la precisión más rigurosa.

El amor a la justicia no es un principio suficientemente fuerte en el común de los hombres para producir un grado de atención igual al que emplean en el cálculo de las apuestas y de los seguros. Pero no poder obtener cuanto se desea, ¿resulta una razón para descuidar semejante ventaja parcial? ¿Y puede negarse que por medio de esta escala se alcanzaría un grado de exactitud superior a cuanto se ha visto hasta el presente?

Aquí se presenta una objeción espaciosa que es necesario examinar. "Un testigo —se dirá— puede abusar de este medio para representar su persuasión en un grado más bajo y disminuir así la fuerza probatoria de su testimonio, contra la verdad y, no obstante, sin riesgo. Si hubiera vertido su declaración del lado *falso,* la falsedad habría podido ser descubierta en el curso del procedimiento y él se habría expuesto a las penas de la ley. Pero volcando su testimonio del lado *verdadero,* en lo más bajo de la escala, en el punto 1, cuando hubiera debido estar en el más alto, puede debilitarlo en nueve décimas, sin peligro para el mismo. Reducción que, en caso de haber varios testigos de ambos lados, podría inclinar la balanza."

A esto contesto que, si bien en ese caso es cierto que el testigo se pone a cubierto de la pena, no obtiene en cambio el efecto que se propone. La fuerza de las contrapruebas, que hubiera sido suficiente para demostrar el falso testimonio si hubiere vertido su declaración del lado falso, lo será igualmente para demostrar la insinceridad al situarla en lo más bajo de la escala, del lado verdadero. Esta rebaja en el grado de su persuasión no tendrá su efecto correspondiente en la fuerza probatoria de la suma del testimonio.

Todo cuanto se puede decir a este respecto es que, en el caso de que el testigo se halle expuesto a la influencia de un interés seductor, no hay que esperar ningún buen efecto de esta medida más exacta de los grados de persuasión, porque no se puede contar con una adhesión, escrupulosa por su parte, a la verdad.

Pero hay gran número de casos donde no existe ningún interés seductor, ninguna inclinación al disimulo, ninguna repugnancia por parte del testigo a declarar su verdadero grado de persuasión. Por el contrario, como buen ciudadano y como hombre honesto, encuentra en ello una satisfacción.

No hay prueba más segura para la sinceridad que recurrir a esta escala. Si con ella se otorgase al juez o al testigo la facultad de aumentar su poder, la objeción estaría bien fundada; pero sin temor se les puede dejar la facultad de reducirla.

Pasemos ahora a algunos casos particulares en los cuales la aplicación de este instrumento sería de sensible utilidad:

1) *Pluralidad de jueces e igual reparto de opiniones.* La suposición con que se actúa en este caso es que la fuerza de su persuasión se encuentra en el mismo punto y, por parte de cada uno de ellos, en el máximo. Al ser empleado el instrumento tal vez se vería que, en cada caso, la fuerza de persuasión no era la misma y que, en lugar de la aparente igualdad, había una fuerza preponderante de persuasión por parte de uno u otro.
2) *Apelación.* Cuando los jueces de apelación, en una cuestión de hecho, no oyen a los testigos mismos o cuando pueden presumir, como en efecto ocurre, que la repetición altera la conducta del testigo y, por así decir, el color del testimonio, podría ser muy útil a los jueces superiores conocer cuál ha sido la diferencia de grados de persuasión de los jueces de primera instancia.
3) *Perdón.* Habiendo sido pronunciada la condena, la cuestión para el tribunal está en saber si se dirigirán al soberano para la remisión de la pena. Una de las causas que mejor justifica el ejercicio de ese poder es la duda que se presente sobre la culpabilidad del acusado; esa duda procede a veces de una información posterior a la condena, pero más a menudo se encuentra en el corazón de los jueces; su persuasión no es fuerte por igual y la diversidad de opiniones es evidente, aunque sus grados de fuerza no sean conocidos.

   Incluso si no se quiere adoptar para la decisión judicial el principio de juzgar de acuerdo con la suma de los grados de persuasión, sino por el número de votos, aquel sistema se podría practicar a efectos del perdón.
4) *Testimonio de perito.* Ya se trate de un experto nombrado por el juez, ya por las partes, resulta indudable que nada puede ser más favorable a la justicia que presentar testigos de esta especie; testigos esclarecidos que tengan la posibilidad de expresarse con la precisión que el tema requiera.

CAPÍTULO XVIII

¿SE PUEDE PRONUNCIAR UN JUEZ SOBRE UNA CUESTIÓN DE HECHO, SEGÚN SU PROPIO CONOCIMIENTO, SIN OTRAS PRUEBAS?

No. Las excepciones son más aparentes que reales. Esas excepciones se aplican a cuatro casos: 1) Aquel en que el juez ha sido testigo inmediato del hecho, en su tribunal, en presencia del público; 2) No aparece ningún testigo de una u otra parte; pero los hechos son establecidos por la admisión de las partes; 3) Los hechos en cuestión son demasiado notorios para requerir una prueba especial; 4) Los hechos son declarados falsos sobre la sola base de su extremada improbabilidad. Aclaraciones sobre cada uno de aquellos casos de excepción, mediante las cuales se los trae a la regla general: la obligación de la prueba.

La cuestión propuesta en el epígrafe parece a primera vista muy singular. La respuesta que surge naturalmente es por la negativa. Un juez no puede pronunciar una decisión sobre una cuestión de hecho, mientras ese hecho no se encuentre establecido por escrito, o probado por testigo, y discutido en presencia de las partes por ellas mismas.

No obstante, hay casos en que esa regla parece admitir excepciones.

1) El juez mismo ha sido testigo del hecho: la transgresión, por ejemplo, se ha cometido ante sus ojos cuando actuaba como juez.

2) No hay ningún testigo ni de una parte ni de otra, pero los hechos están establecidos por la admisión expresa o tácita de las partes.

3) Los hechos en cuestión son demasiado notorios para que requieran una prueba especial.

4) Los hechos aducidos por una de las partes se declaran falsos en función únicamente de su extrema improbabilidad.

Cada uno de esos casos exige una explicación por separado.

1) El juez ha sido testigo inmediato del hecho. ¿Qué otra cosa mejor puede desear para su persuasión? Cualquier otro testimonio, ¿no le dejará más dudas que el suyo?

Esta observación sería decisiva si solo a él tuviera que satisfacer, pero su persuasión no significaría nada si no estuviese acompañada por la del público. No basta con que su decisión sea justa, sino que es necesario que además lo parezca. Si el delito se ha cometido *públicamente,* toda la audiencia le suministra testigos. ¿Por qué, entonces, dispensarlo del procedimiento normal, si no hay distancias, ni gastos, ni dificultad para oír a los testigos sin levantar la sesión?

Si el delito no ha sido *cometido públicamente,* sino *intra priuatos parietes,* nada habría más peligroso que dejar que se confundiesen los oficios de testigo y de juez.

En materia civil hay casos en que esa facultad no tiene peligro y aún ofrece una ventaja real. Cuando las partes no se ponen de acuerdo con respecto a la situación del lugar del hecho ni sobre las pruebas materiales que de su conocimiento se obtienen, podrá el juez oír a los testigos; pero si puede trasladarse al lugar y ver por sí mismo, habrá economía de gastos de tiempo y mayor seguridad.

2) Decisión basada en las admisiones de las partes. En este caso la ausencia de testimonio es más aparente que real. Las admisiones de las partes son, de hecho, testimonios con distinto nombre.

Cuando la admisión es expresa, en tanto representa una declaración de la parte contra sus propios intereses, toma el nombre de confesión. No es solamente una prueba, es, por lo general, la prueba más segura, la más digna de fe; bien entendido que esa declaración no ha de contener nada en contra de los intereses de un tercero.

Cuando la admisión no es expresa, tiene la naturaleza de las pruebas circunstanciales: el silencio, la incomparecencia, etc.

3) Decisión sobre hechos notorios. Este caso requiere grandes precauciones. ¿Qué es la notoriedad? Cuestión difícil de resolver. ¿Dónde está la línea divisoria entre un hecho suficientemente notorio y el que no lo es? Y aún cuando, con respecto a determinado hecho, la persuasión general esté suficientemente establecida, ¿lo estará también con relación a tal o cual circunstancia importante del mismo hecho? Lo que es notorio a los ojos de uno, ¿lo será también a los de otro? Un hecho considerado como notorio por el demandante, ¿no podrá parecer dudoso al demandado y hasta al mismo juez? La palabra notoriedad en materia judicial resulta precisamente muy sospechosa. Es un pretexto muchas veces utilizado cuando no hay asomo de prueba o cuando la prueba se hace demasiado difícil.

Sin embargo, hay casos en que los hechos son tan notorios que ni la parte adversa se atrevería a negarlos sin exponerse a una imputación de mala fe. Para ahorrar gastos, vejaciones, demoras, se podría exigir a la parte una declaración a fin de que reconociese esos hechos como verdaderos. La vergüenza le impediría negarse a ellos; pero la petición de dicha declaración tendrá que ser formulada en regla.

En efecto, cuando ni una ni otra parte tienen duda, ¿de qué sirve la obligación de probar los hechos? ¿Por qué no sustituir con su admisión la prueba? Todo eso responde a sistemas que contemplan intereses distintos a los de la justicia.

4) La improbabilidad de un hecho puede por sí sola servir de base a la decisión, que lo rechaza, pese al testimonio en favor de ese hecho.

Por ejemplo, si se declara que un hombre ha entrado en una habitación completamente cerrada pasando por el ojo de la cerradura.

¿Puede el juez denegar la acción y rechazar el testimonio? Evidentemente sí. Pero mirándolo bien, su decisión negativa, que no parece fundarse en ningún testimonio, se halla, por lo contrario, apoyada en un conjunto de hechos notorios, en una especie de contra-testimonio universal. Os rechazo, dice él porque sostenéis un hecho incompatible con hechos mejor establecidos. Poniéndolos fuera de debate, no hago sino enunciar el juicio público que os acusa de impostura o de imbecilidad.

No quiero decir con esto que no haya casos en que el mejor partido a tomar ha de ser el de escuchar a los testigos, interrogarlos con las formalidades más severas. Puede ser que todos estén de acuerdo, mas el interrogatorio pondrá en evidencia su incapacidad, su demencia o su mala fe. Si son impostores, pronto se los verá desconcertarse y contradecirse. Si han sido engañados, se descubrirá el fraude y la maquinación que se ha empleado para equivocarlos.

Libro segundo

De las seguridades o garantías del testimonio

Capítulo I

Modos de transgresión en el testimonio

1) Falsedad positiva; 2) falsedad negativa; 3) omisión esencial; 4) confusión. Esas transgresiones pueden tener lugar tanto en el caso de un testigo honesto como en el de un testigo fraudulento. No hay línea de demarcación entre esas dos clases; de ahí la necesidad de someter a todos en general a las mismas garantías. Margen que se puede dejar a los jueces para casos particulares.

Aunque todos los modos de transgresión en el testimonio sean conocidos y no haya nada nuevo que decir al respecto, no por ello deja de ser necesario señalarlo, dado que son la base de un sistema de precauciones por parte del legislador. Mas en esta cuestión, como en muchas otras, los peligros son fáciles de descubrir. Los medios para obviarlos no resultan tan sencillos.

Para llegar a una decisión acertada, el testimonio debe tener dos cualidades: ha de ser exacto y completo, que no contenga nada más que la verdad y que contenga toda la verdad, es decir, que sea una representación justa de todos los hechos esenciales a la causa.

Un testimonio puede ser inexacto de dos maneras: 1) por *falsedad positiva,* si el testigo afirma un hecho que, en realidad, no ha existido; 2) por *falsedad negativa,* si niega un hecho que realmente existe. En otros términos, un testimonio es inexacto por falsa afirmación o por falsa negación.

Un testimonio es incompleto cuando no representa un hecho esencial que ha existido realmente: falso por omisión.

En todos esos casos, la transgresión puede ser inocente o vituperable: inocente si no es intencionada: vituperable si el testigo tiene conciencia de su falta, lo que supone también que conoce la importancia de su transgresión, es decir, su influencia probable sobre el resultado de la causa. Su transgresión toma entonces el carácter de mentira.

Pero hasta el simple error no está exento de reproche ni cuando el deponente habría podido evitarlo concediendo a su testimonio el grado de atención que estaba obligado a darle. Tal falta de atención puede nacer de dos causas: de una negligencia perezosa o presuntuosa, o de un motivo oculto que la desvíe, a pesar suyo, de la averiguación de la verdad.

La transgresión exenta de mala fe puede reputarse a la temeridad, y el testimonio resultante es un testimonio imprudente o temerario.

A esas desviaciones de lo que debe constituir un buen testimonio hay que añadir otra que yo llamo confusión, a falta de un término más preciso.

La confusión puede ser efecto de la incapacidad, de la ignorancia del idioma o de la precipitación, pero es el recurso más frecuente de la mala fe y uno de sus medios de éxito más seguros.

Hay casos en que una declaración confusa puede producir el mismo efecto que una falsa exposición. Deja en un modo de evasión: el declarante tiene recursos el espíritu igual idea falsa que una aserción expresa, aun cuando lo más frecuente es que sea un modo de evasión: el declarante tiene recursos para hablar sin decir nada y sin exponerse a la peligrosa impresión que el silencio, un silencio absoluto, no dejaría de producir en su disfavor.

El éxito que pueda alcanzar un lenguaje confuso depende mucho del volumen del conjunto, cuando se trata de documentos escritos. No tomando sino una frase, si es vaga, oscura o insignificante, se descubre inmediatamente el defecto; pero, a medida que el volumen aumenta, la transparencia disminuye, y como el trabajo del espíritu se va haciendo más difícil conforme se va prolongando, el autor de ese desconcierto puede tener la esperanza de que el aburrimiento producirá la postración y de que la luz no podrá nunca penetrar en esas tinieblas.

El gran arte de la evasión no puede desplegarse favorablemente nada más que por el lenguaje escrito. Tomando las declaraciones de viva voz, el declarante más sutil no podría ir muy lejos porque, desde sus primeras tentativas, se le interrumpe, no se le permite urdir la trama tras de la cual pretende ocultarse, y si persiste en sus expresiones equívocas u oscuras, su mala fe le traiciona y sus respuestas evasivas se vuelven en su desventaja más de lo que haría el silencio.

RESULTADO PRÁCTICO

De esas cuatro formas de transgresión (falsa afirmación, falsa negación, omisión y confusión) no hay ninguna que no pueda darse en un testigo de buena fe, igual que en uno de mala fe. La distinción entre la buena y la mala fe, no es menos esencial para los resultados prácticos.

1) Las garantías no son las mismas en los dos casos. Supongamos, por ejemplo, la buena fe; el modo de interrogar podrá ser muy distinto, pues se obtendrán muchas ventajas ayudando al testigo con sugestiones, llevándolo de la mano a fin de lograr el testimonio más exacto y más completo posible. Supongamos la mala fe: todos esos auxilios se aprovecharán como medios de engañar; se necesita aislar al declarante, abandonarlo a sí mismo, presentarle la cuestión de la manera más cruda y más imprevista, con objeto de distinguir lo que en su respuesta es obra de la invención y lo que es obra de la memoria.

2) La diferencia es todavía mayor para la aplicación de las penas. La transgresión de la buena fe no admite ninguna; acompañada de temeridad puede justificar, como toda clase de perjuicio hecho a otro, la aplicación de una indemnización pecuniaria; acompañada de mala fe, constituye uno de los delitos más graves que, por una asociación de ideas muy antigua pero muy mal fundada, como veremos en otra parte, ha recibido la denominación de perjurio.

Cuando la transgresión es de buena fe no existe ninguna mala voluntad que combatir, ninguna dificultad que vencer; la necesidad de precauciones se reduce a poca cosa. En caso de mala fe, existe una voluntad perversa que actúa contra la ley, una voluntad que tiene su origen en una intención fraudulenta, una voluntad que hay que atacar con toda la energía posible y contra la cual las fuerzas más poderosas estarán demasiado expuestas al fracaso.

Si el legislador, distanciado de los casos individuales, pudiera trazar una línea de separación entre los testigos probos y los testigos ímprobos, su tarea sería bien cómoda. Desgraciadamente esta demarcación no es posible; podrá decir de tal hombre que actuará probablemente de mala fe, como en el caso de un cómplice, de tal otro que actuará probablemente de buena fe, como en el caso de un testigo oficial. Pero no hay seguridad. Tiene que tomar las mismas precauciones hacia todos o dejar un margen al juez para que pueda, según el conocimiento, particular de cada caso, adaptar su conducta a las circunstancias.

Por lo mismo que no hay ningún individuo respecto al cual pueda el legislador, desde su posición, estimar que su testimonio estará siempre exento de mala fe, no hay ninguno tampoco que, eventualmente, no deba meter, un poco antes o un poco después, a todas las garantías encaminadas a asegurar la fe del testimonio.

Capítulo II

De las seguridades o garantías que hacen al testimonio digno de fe

Garantías o medidas a adoptar para obtener un testimonio exacto y completo. El testimonio puede ser exacto sin ser completo. En ese caso, la exactitud puede ser nociva. Ejemplos. Las garantías son internas o externas: las internas están en la forma misma del testimonio; las externas, en las normas judiciales que deben influir sobre la veracidad de los testigos. Enumeración de las garantías internas. Que el testimonio sea: 1) responsivo; 2) particularizado; 3) claro; 4) reflexivo; 5) impremeditado; 6) no sugerido de manera indebida; 7) ayudado por sugestiones lícitas. Enumeración de las garantías externas: 1) penas legales; 2) vergüenza; 3) interrogatorio por todas las partes interesadas; 4) contra-testimonio; 5) proceso verbal (acta); 6) publicidad; 7) examen privado.

Con respecto al testimonio oral, ¿cuáles son los medios a emplear para mejor otorgarle la confianza y para reducir a su mínimo efecto las causas de decepción que pueden extraviar a la justicia? Tal es el problema que debemos resolver.

La perfección del testimonio está en ser *exacto y completo*. Pero no hay que tomar esas palabras en un sentido absoluto: hay hechos ciertos que no tienen ninguna importancia para la causa; hay omisiones completamente indiferentes. Aquellas dos cualidades no se refieren sino a los hechos que pueden influir sobre el juicio.

Puede ocurrir que un testimonio sea *exacto* sin ser *completo*. En tal caso, la exactitud, en lugar de ser causa de seguridad, puede tener una tendencia perjudicial; inspirará al juez un grado de confianza que se hará extensivo a todo el testimonio, y que no se deberá más que a una parte.

Supongamos un testigo único que tenga que exponer dos hechos de la clase de las llamadas pruebas circunstanciales. Uno de ellos, considerado aisladamente, decisivo para el demandante, y el otro, decisivo para el demandado. El testigo, por su posición o por su carácter, está dispuesto a responder exactamente a las preguntas y nada más. Examinado por el juez, las preguntas que le son formuladas tienden por su naturaleza, sea por inadvertencia, sea con intención, a obtener exclusivamente los hechos favorables a una de las partes. La consecuencia se presenta por sí misma.

Supongamos que las preguntas son formuladas no por el juez sino solo por el demandante o solo por el demandado: es de presumir que las preguntas tenderán a señalar los hechos favorables a la parte que interroga y que los hechos favorables a la parte que no interroga no serán señalados.

Estas dos cualidades, la exactitud y la completitud (permítaseme por una vez este término necesario) son, pues, de similar importancia y constituyen la esencia de un buen testimonio.

Hay otras cualidades, que llamo secundarias, porque no son sino el medio de producir aquellas dos cualidades primordiales. Ante todo, haré su enumeración; luego las repetiré en detalle.

El testimonio debe tener, en cuanto sea posible, los caracteres que a continuación se expresan. Debe ser:

1) *Responsivo: o* sea obtenido mediante preguntas hechas al deponente.
2) *Particularizado:* o sea especial, individualizado y circunstancial hasta donde la naturaleza de la cosa lo exija.
3) *Claro:* nada oscuro ni equívoco, tanto en orden a los hechos como a la expresión.
4) *Reflexivo:* es necesario que el declarante tenga el tiempo y el auxilio necesarios para recordar los hechos y exponerlos sin precipitación.
5) *Impremeditado:* ello resulta del interrogatorio repentino e imprevisto; pero un testimonio impremeditado parece incompatible con un testimonio reflexivo. Veremos hasta qué punto se los puede conciliar; es una de las grandes dificultades del arte judicial.
6) *No sugerido de manera indebida:* es decir, que el testigo no debe ser ayudado y guiado en sus respuestas por sugestiones que le muestren el camino para engañar al juez.
7) *Ayudado por sugestiones lícitas:* es decir, por preguntas que no tengan otro fin que el de ayudar a su memoria. Hay una oposición entre estas dos reglas. Veremos cómo se las puede conciliar y en qué caso conviene sacrificar una u otra.

He ahí las cualidades *intrínsecas o internas* que constituyen un testimonio digno de fe. Veamos ahora cuáles son los medios legislativos o judiciales, los medios *externos,* que actuarán sobre el testigo para convertirlo en fiel, es decir, exacto y completo.

1) *Penas legales:* en los casos de testimonios intencionadamente falso.
2) *Vergüenza:* disposiciones destinadas a aplicar a los falsos testimonios las penas de sanción moral, caracterizadas por los vocablos desprecio, deshonor, menosprecio.
3) *Interrogatorio:* poder otorgado a todas las personas interesadas para dirigir al deponente cuantas preguntas sean pertinentes.
4) *Contra-testimonio:* admisión de todo testimonio opuesto al primero.
5) *Proceso verbal* (actas): redacción escrita de las deposiciones orales.
6) *Publicidad:* disposiciones destinadas a aumentar el número de personas que conozcan la deposición oral del testigo.

7) *Examen privado:* en caso de convenir que las deposiciones sean escuchadas en secreto o ante un restringido número de personas.

He ahí las seguridades o garantías internas y externas del testimonio. Pasemos a su examen individual.

Capítulo III

De las seguridades internas

1) Testimonio responsivo. Diferencia entre un testimonio espontáneo y el obtenido mediante interrogatorio. Superioridad de este. 2) Qué es un testimonio particularizado. Diferencia entre individualizar un hecho y circunstanciarlo. Ejemplo en un caso de homicidio. Las particularidades circunstanciales pueden ser ajenas al hecho principal. Ejemplo: Susana, defendida por Daniel. 3) Noción de un testimonio claro opuesto a un testimonio confuso. La confusión es más propia del testimonio escrito que del oral. Los efectos de la confusión son frecuentemente peores que los del falso testimonio. 4) Ventajas opuestas de un testimonio reflexivo y de un testimonio impremeditado. Los primeros son superiores. El tiempo para reflexionar es necesario a la verdad y a la defensa, 5) Ventajas de las sugestiones lícitas y peligro de las sugestiones indebidas. Distinguirlas es una de las grandes dificultades del arte judicial. Raramente son necesarias al testigo veraz únicamente para ayudar a su memoria. Siempre deseables para el testigo falso.

1. Testimonio responsivo

En su conjunto, un testimonio obtenido por el procedimiento del interrogatorio será casi siempre diferente, tanto en sustancia cuanto en forma, de un testimonio espontáneamente rendido por la misma persona, en la misma ocasión, sin el concurso de esa operación forzada. Ofrecerá, pues, un carácter de seguridad interna que nunca tendría sin ella.

Tan solo por el interrogatorio podrá ser particularizado y rodeado de todos los detalles característicos, un testimonio demasiado vago. Por el interrogatorio, se convierte en preciso un testimonio indistinto y se rasgan las nubes que lo envuelven.

Es por medio de interrogatorios adecuados, hechos sucesivamente por los adversarios y por los amigos, como el testimonio se hace exacto y completo. Es por el feliz empleo de ese instrumento en manos hábiles, como el testigo que tuviese la intención de engañar y de disimular la verdad se encuentra conducido a revelarla por sí mismo, al verse atacado con preguntas imprevistas a las que debe contestar inmediatamente, so pena de traicionarse por su silencio tanto como por sus contradicciones.

2. PARTICULARIZADO

Dentro del concepto de particularidad están comprendidas dos cosas: *individualizar y circunstanciar,* que se encuentran íntimamente unidas pero que son diferentes.

Una narración no puede servir de base a una decisión referente a un hecho dudoso mientras el hecho no sea individualizado, es decir, fijado y circunscrito en consideración al tiempo y al lugar.

Ticio ha matado a un hombre: tal relato no contiene todavía ninguna prueba, aunque sea repetido por cien testigos que se digan oculares: no daría base suficiente a un juicio que permitiese declarar a Ticio culpable de homicidio. Ticio ha matado a un inglés o a un francés, a un joven o a un viejo, a un hombre de estatura elevada o pequeña; ni siquiera una especificación de esa naturaleza es aún suficiente. Ticio ha matado a Sempronio: esto representa ya un gran paso, pero no es todavía el final. ¿En qué tiempo se ha cometido el hecho, qué año, qué mes, qué día, qué hora, en qué país, en qué provincia, en qué ciudad, en una casa, en un jardín, en una carretera? Hasta que esas preguntas no hayan sido contestadas, el hecho no estará individualizado, y mientras el hecho no esté individualizado, la prueba no alcanza el nivel de una prueba directa, está todavía en la nebulosa y no tiene sino el carácter de una prueba circunstancial.

¿Quis?, ¿quid?, ¿ubi?, ¿quibus auxilüs?., ¿cur?, ¿quo modo?, ¿quando?

Las dos primeras preguntas individualizan el hecho, las cinco restantes la circunstancian.

Tantas como sean las circunstancias, serán los criterios que permitirán descubrir la falsedad de un testimonio, falso en algunos puntos. De ahí que cuanto más circunstanciado sea el testimonio, más seguridad dará contra el error.

Las particularidades especiales son siempre peculiares y pertenecientes al objeto hacia el cual se dirige el testimonio. Tienden a mostrar que el hecho en cuestión pertenece a aquella clase de hechos a los cuales la ley ha querido agregar tal o cual consecuencia. Por consiguiente, si están presentes en la memoria, el declarante no debe omitirlas.

Las particularidades circunstanciales, en tanto se las considere distintas de otras, son aquellas que en sí mismas resultan extrañas al objeto en cuestión, pero que, sin embargo, pueden servir para sentar criterio respecto a la veracidad o a la exactitud del deponente. Aclaremos esa distinción con un ejemplo.

Tomemos el caso de Susana y de los ancianos, y recordemos, a título de particularidades especiales e individuales, todas las circunstancias que aquellos falsos acusadores habían imaginado como propicias para llevar al ánimo de los jueces la persuasión del crimen de la mujer a quien querían perder.

Pero a manera de prueba de su veracidad, Daniel sugirió una pregunta sobre una circunstancia extraña al asunto. Partiendo de la hipótesis de que el delito había sido cometido debajo de un árbol, y de que en la escena de la supuesta transacción había diferentes clases de árboles, pregunta a los falsos testigos de qué clase era el que había protegido con su sombra a los culpables. Habiendo sido interrogados los testigos en forma que no podían oírse ni concertarse para la respuesta, nombraron especies diferentes, y por esta contradicción acerca de un hecho manifiesto, descubrieron la falsedad de su testimonio.

Que el hecho hubiese pasado debajo de un árbol o en otra parte, o bajo un árbol de tal especie o de cual otra, eran circunstancias evidentemente ajenas respecto al delito; mas por la contradicción de los declarantes, se convirtieron accidentalmente en circunstancias especiales que sirvieron para caracterizar el fraude.

3. Claro

La claridad en la expresión es una cualidad negativa que, como la salud, se representa bajo una forma positiva: la salud de nuestro estado físico es la ausencia de toda enfermedad; la claridad del testimonio es la ausencia de ese mal que se llama *confusión*. Debe observarse que afecta principalmente al testimonio escrito puesto que, en el testimonio de viva voz, la confusión se impide en cuanto se presenta; a la primera palabra oscura se piden explicaciones, los equívocos se aclaran y el testigo se ve forzado a producirse en forma clara e inteligible.

Mientras un conjunto de testimonios sea confuso, no es ni general ni particular, ni verdadero ni falso. Hasta que se lo haya sometido a ese procedimiento único mediante el cual se pueda estar seguro sobre si la confusión es efecto del artificio o de una debilidad natural del espíritu, no se puede sacar ninguna conclusión. El testimonio confuso es peor que un falso testimonio o que la ausencia de todo testimonio, porque la falsedad lleva a menudo al conocimiento de lo verdadero y el silencio de un testigo puede proporcionar las indicaciones más útiles; pero un testimonio confuso, hasta tanto se vea que es intencional y por consecuencia equivalente al silencio, no puede conducir a ninguna conclusión.

4. Reflexivo e impremeditado

Estas dos cualidades están, a primera vista, en oposición directa y se excluyen mutuamente. El tiempo que debe acordarse para rememorar puede ser utilizado para inventar: en lugar de concentrarse para poner orden y claridad en la exposición de los hechos ciertos, el testigo puede aprovechar el intervalo que se le concede para presentarlos bajo un disfraz especioso o para coordinar hechos enteramente falsos.

Apremiando a un testigo y rehusándole el tiempo para rememorar, se puede impedir que produzca un testimonio exacto y completo; dejándole la facilidad de preparar sus respuestas, se corre el riesgo de favorecer su fraude.

La conducta a seguir para conciliar estas dos cosas tan poco compatibles es, como ya he dicho, una de las grandes dificultades del arte judicial. Sin embargo, hay algún medio de separar el bien del mal.

No hay hombre alguno que no haya sentido la necesidad de concentrarse para ayudar a su memoria ni aún en circunstancias en que la idea de engañar no podía ni siquiera presentarse a su espíritu.

Pero en lo que se refiere a la medida de tiempo necesaria para esta rememoración, tratándose de un deponente, no existe, por así decir, ningún límite asignable. Ticio, ¿es deudor de Sempronio y por cuánto? La respuesta a esta pregunta, respuesta formulada con perfecta seguridad y veracidad por parte del testigo, puede no requerir ni siquiera un cuarto de minuto; puede ocurrir también que exija una semana, un mes, un año. Ticio y Sempronio son ambos negociantes, hay entre ellos cuentas múltiples y complicadas; hay transacciones hechas en países extranjeros. ¿Qué tiempo se requiere para hacer todas esas búsquedas?

Entonces, e incluso después de producir el testimonio, puede ser necesaria la petición de tiempo para rectificar las declaraciones; la memoria peca por olvido o por error. Un deponente percibe que su testimonio era inexacto e incompleto y reclama plazo para un testimonio ulterior.

Para casos contingentes de esa naturaleza, la práctica criminal de la mayoría de los países de Europa había establecido procedimientos conocidos en francés con el nombre de confrontación y en la ley de Escocia con el de *repetición*. Era un recurso pero tenía poca extensión.

5. SUGERIDO Y NO SUGERIDO

El testimonio será tanto más digno de confianza cuanto más ayudado haya sido por sugestiones lícitas y menos por sugestiones indebidas. La finalidad de las sugestiones es lo que constituye su diferencia.

Estas dos cualidades parecen incompatibles. Veremos en el libro siguiente qué precauciones deben tomarse para admitir lo que es bueno en sí y para rechazar lo que está mal.

Que cada cual consulte su propia experiencia; de ello resultará la convicción de que hay casos en que se necesita ayudar la propia memoria con la de los demás, no solamente sin ninguna intención fraudulenta sino incluso cuando esta intención no puede existir.

En un falso testimonio, lo que haya de falso es de la propia invención del testigo o de invención ajena.

El inventor, cualquiera que sea, ha de haber tenido una base de hechos ciertos para trabajar sobre esos materiales.

Para un testigo verídico, el conocimiento de hechos distintos a los que se presentan a su memoria no es de ninguna utilidad. ¿Por qué? Porque todos los hechos ciertos están de acuerdo unos con otros y siendo ciertos esos hechos no pueden ser contradichos por otros hechos que también son ciertos.

Para un testigo falso, por lo contrario, el conocimiento de cualesquiera hechos distintos a los que él conoce es indispensable; su capital de información nunca es demasiado grande, incluso nunca lo es bastante. ¿Por qué? Porque cada hecho cierto que tenga sensible relación con el caso en cuestión resulta un escollo en el que irán a destrozarse esos hechos falsos, si no lo viesen.

Está claro, pues, que existe un interés en recibir todas las informaciones posibles sobre el hecho en cuestión; todo conocimiento de la verdad le es útil para adaptar a ella su novela; las falsedades que se le sugieran no pueden serle útiles salvo que se adaptasen a su fábula mejor que las que pueda obtener de su propia invención.

He ahí el verdadero punto de vista bajo el cual era necesario mostrar la importancia de un testimonio no sugerido. La dificultad está en prevenir las sugestiones indebidas, sin perjudicar las sugestiones legítimas.

Lo cierto es que en cada instancia hay un período durante el cual no es posible privar a un testigo de la facultad de recibir sugestiones de afuera; es igualmente cierto que hay otro período en el cual es posible suprimirle esa facultad y por consiguiente poner su testimonio al abrigo de este motivo de engaño.

El punto preciso en que se puede empezar a poner en marcha este sistema de precaución será más claramente señalado cuando examinemos el interrogatorio en su aspecto de seguridad externa.

Capítulo IV

De las penas del falso testimonio

El delito proviene de un interés natural o de un interés artificial. Su gravedad varía según la naturaleza de los casos a que se aplica. Es necesario que la pena pueda variar asimismo. La alarma producida por el falso testimonio es menor en los *casos ordinarios,* que la que resulta de los fraudes o imposturas privados. Por qué. Para hacer una buena ley penal hay que establecer distinciones en las falsos testimonios. Ellos son inculpativos o disculpativos con relación a otros, o con relación al propio testigo. En lo civil, hay falsedad colativa o ablativa, etc.

De todas las garantías que contribuyen a la veracidad del testimonio, la más fuerte es la pena legal, absolutamente necesaria para asegurar la preponderancia a los motivos tutelares cuando se hallan en conflicto con los motivos seductores.

El falso testimonio puede provenir, o de un interés natural, sea producido por los afectos y por los odios del testigo, o por un interés artificial, como el creado mediante dádivas, promesas o amenazas. Según el medio que se emplee para inducirlo a mentir, el testigo estará sobornado o intimidado.

El delito de falso testimonio es susceptible de variación, de acuerdo con la naturaleza del daño resultante. Contiene, de hecho, una escala de delitos más o menos graves. La lengua o la pluma del falso testigo puede ser un instrumento mortífero tan poderoso como el hierro o el veneno, por lo cual no se puede poner en un mismo plano al testigo falso cuando se trata de un asunto de algunas monedas, que cuando esté en riesgo el honor de un individuo, su estado, su vida o la totalidad de su fortuna.

Ya que el delito puede variar indefinidamente, es necesario que la pena varíe igualmente a fin de que guarde proporción con la gravedad del caso.

La elección y la cuantía de la pena correspondiente a esos delitos exceden de los fines de esta obra. Me limitaré a decir, primero, que la pena debe aplicarse a cada falsa aserción que tenga por objeto procurar pérdida o provecho a una de las partes; segundo, que la pena debe aplicarse a las falsas alegaciones de las partes en *materia civil,* lo mismo que a las falsas deposiciones de los testigos extraños. Puede decirse, es verdad, que la mentira no necesita aquí una pena especial, porque tiene una pena natural en el efecto que produce sobre el espíritu de los jueces en contra de la causa que es defendida mediante las falsedades; pero este temor no sería por sí solo suficiente freno.

Tiene aquí su lugar natural una observación tendiente a limitar la pena.

La alarma producida por tal clase de fraude, cometido en público y ante los ojos del tribunal, no es *ordinariamente* tan grande como la alarma producida por un fraude cometido en la clandestinidad. En el caso de una impostura que se urde contra mí, en mi vida privada, no tengo otra defensa que la de mi propio juicio; mas en el supuesto de un falso testimonio en un procedimiento jurídico, me siento protegido por la experiencia de mis abogados y de mis jueces.

Sobre esta materia, no se hará nunca una buena ley si no se establecen previamente todas las diferencias correspondientes.

Hay que distinguir el falso testimonio en materia penal y en materia no penal.

En lo penal hay falso testimonio inculpativo y disculpativo.

Hay falsedad inculpativa con relación a otro y con relación a uno mismo. Esta última, por muy improbable y muy rara que parezca, no es, sin embargo, un caso puramente imaginativo, porque, ¿qué actos de inconsecuencia y de extravagancia no tendrán ejemplos en la naturaleza humana? Por otra parte, la barbarie de las leyes criminales, la tortura, los sufrimientos de las prisiones, han inducido frecuentemente a confesiones falsas.

En cuanto a la falsedad disculpativa, respecto a otros o a uno mismo, es tan natural como frecuente. Quien no mienta nada más que en su propia defensa, tiene la excusa del miedo y sus embustes pueden servir para completar la prueba del delito, pero no deben constituir circunstancia de agravación.

En materia no penal, hay que hacer también distinciones respecto a las clases de falsedad, aun cuando no se las pueda enunciar claramente sin emplear expresiones hasta el presente poco usadas.

Hay falsedad colativa y falsedad ablativa. La primera tiende a conferir un derecho a quien no le es debido; la segunda a quitárselo a quien le es debido.

Hay falsedad onerosa, tendiente a imponer una obligación indebida; y falsedad liberadora, tendiente a exceptuar de una obligación debida.

Capítulo V

De las penas que se aplican a la falsedad por temeridad

Falsedad temeraria; 1) en una inferencia mal deducida de un hecho cierto; 2) en una aseveración hecha de acuerdo con una referencia falsa. Diversos grados de temeridad. Razón para considerarla punible, aunque mucho menos que la falsedad intencional.

Existe, como ya hemos visto, una estrecha relación entre percibir y juzgar. Tan estrecha que, con frecuencia, resulta difícil distinguir entre la sensación y la inferencia que de ella se derivan. Cuando una persona habla pura y simplemente de acuerdo con sus percepciones, se trata de un testimonio *directo;* pero si va más lejos, si se apoya en juicios que ha deducido de sus percepciones, ya no puede ser igual su seguridad. Su testimonio participa de la naturaleza de la prueba circunstancial y su fuerza probatoria será mayor o menor según que su juicio parezca más o menos sano.

Así como hay casos en los cuales la relación entre la percepción y la inferencia es íntima, hay otros en que no lo es, pudiendo concebirse todos los grados imaginables de distancia. Las aspas de un molino de viento parecieron a Don Quijote los brazos de un gigante; mas el juicio puede ser erróneo sin estar originado por la locura, e incluso sin que se pueda concluir que el testimonio del hecho sea falso, aun cuando la conclusión que haya sacado el testigo sea sospechosa.

Hay falsedad por temeridad en los dos casos siguientes:

1º) Cuando el testigo, partiendo de un hecho que cae en el campo de sus sentidos, afirma la existencia de algún otro hecho principal, su persuasión no está entonces fundada en otra cosa que en la ligazón que él imagina entre el hecho accesorio que ha visto y el hecho principal que admite por inferencia.

Probándose que el hecho principal es falso, la inferencia también queda probada como falsa, y el testimonio resulta falso por temeridad.

2º) También hay falsedad por temeridad cuando la persuasión del testigo se funda en el dicho de un tercero y ese dicho resulta falso.

Igual que entre un hecho y otro puede haber grados infinitamente variables de conexión, puede haber diversos grados de temeridad.

¿Por qué la falsedad por temeridad de parte de un testigo debe ser castigada cuando produce los mismos efectos que la mentira?

La pena es necesaria para fijar la atención de un individuo acerca de lo que constituye su deber. Si la falta de atención, sin falsedad positiva, estuviese al abrigo de toda pena, no habría nada más cómodo que abandonar la carga de la reflexión y librarse a la indiferencia natural del hombre. Se procedería descuidadamente siempre que interesara el descuido. Una nodriza podría dejar morir de hambre al niño lactante, con solo alegar: *no lo había pensado.* Se necesita, pues, un motivo que obligue a pensar. Y ese motivo, para una finalidad tan importante como es el testimonio, no puede ser otro que el temor a una pena legal.

Sin embargo, es muy importante observar que la temeridad no produce ni con mucho la misma alarma que la falsedad intencionada. De ahí que para recordar a un hombre ligero su deber de prestar atención en su testimonio, no se necesita una amenaza tan fuerte como la que se requiere para atemorizar a un falsario. Son estas las dos poderosas razones que justifican la reducción de la pena, pues incluso habrá casos en que la amonestación del juez resulte suficiente.

Capítulo VI

Razones para sustituir con la expresión falso testimonio la de perjurio

Vinculación facticia entre el testimonio y el juramento, Tres inconvenientes de esta asociación: 1) impunidad del falso testimonio no juramentado; 2) identidad de pena para delitos muy diferentes; 3) exclusión de testigos que, por motivos de religión, se niegan a jurar.

El falso testimonio ha recibido en el uso corriente la denominación de *perjurio.* El primero de esos términos es el nombre propio del delito; y el segundo lo ha sustituido por una vinculación facticia entre el acto de declarar y la ceremonia previa del juramento.

Digo *vinculación facticia* porque el mal existe, y existe en toda su fuerza, independientemente del juramento. El falso testimonio deberá castigarse aun cuando no se haya empleado el juramento. Para penar a Pablo por un falso testimonio que ha costado la vida a Pedro, no es necesario que haya prestado ante la justicia juramento de no mentir; como no lo sería, para castigarlo por un homicidio directo, haberle exigido anteriormente el juramento de no asesinar.

Pero en la práctica de la mayor parte de los tribunales, la mentira jurídica no es punible sino en el caso de que, por ese añadido accidental, se haya convertido en perjurio.

Esto ha producido tres resultados perjudiciales:

1) Habiéndose transferido la idea del delito al perjurio, ha sucedido que, en los casos de mentira simple, el delito ha parecido menos grave y no se le ha atribuido ninguna pena: es como una autorización virtual concedida al falso testimonio.

2) Una falsa escala ha producido una falsa medida. Como la ceremonia del juramento es la misma en todos los casos, su profanación por una mentira se ha considerado siempre como el delito mismo; pero es esta una noción muy exagerada. Siendo susceptible de variar indefinidamente el daño que puede resultar de un falso testimonio, hace falta que la pena pueda también variar para que guarde proporción con el delito.

3) Resulta de ahí otro efecto accidental e imprevisto. Para castigar a una persona como perjura, es preciso que haya consentido en el juramento; mas hay sectas que, por motivos religiosos, lo han repelido. Obligarlos a él

representaría un acto de persecución. Castigarlos, en caso de mentira, como si el juramento hubiese tenido lugar, habría sido muy razonable, pero ello equivaldría a derogar la costumbre, que ordinariamente sustituye a la razón. ¿Qué se ha hecho? Hay tribunales en materia criminal que no admiten su testimonio. Se priva así al público del beneficio de su testimonio: se priva a ellos mismos de la protección de la ley; se los deja expuestos a las injurias, poniendo al servicio de la justicia una condición que su conciencia no les permite cumplir.

Capítulo VII

De la vergüenza

Más eficaz en muchos casos que la pena legal. Ejemplo sacado de los tribunales daneses de conciliación. Depende mucho de la mutua presencia de las partes.

La vergüenza —el sentimiento natural de la vergüenza— actúa como garantía de la veracidad del testimonio, cuando el declarante advierte que el desprecio de tal individuo o de tal clase de individuos será la consecuencia de cualquier falsedad por su parte.

En cierto sentido, la vergüenza ofrece una ventaja sobre la pena legal: esta no puede aplicarse nada más que a las transgresiones muy visibles y mediante formas procesales que permiten a los culpables mantener la esperanza de sustraerse a ella. La vergüenza, en cambio, se acopla a todos los grados de transgresión, a las evasiones, al silencio, a toda la conducta del declarante. La vergüenza es una pena inmediata que comienza con el delito.

No obstante, esta pena presupone, de parte del testigo, un fondo de sensibilidad moral, un cierto grado de probidad. *Nemo dignitate perditae parcit.* La justicia está obligada a solicitar el testimonio de gran número de individuos en quienes la vergüenza hace poca mella. Si los testigos vienen de algún distrito lejano, si no se encuentran rodeados de personas de su conocimiento, si tienen algún interés en mentir, el freno de la vergüenza sería por completo insuficiente.

Sin embargo, la vergüenza ejerce una gran influencia sobre la clase más numerosa, o sea, sobre todos aquellos que no están depravados. Se han conocido tribunales donde no existía el juramento ni había penas legales, y en los cuales el honor era la única garantía del testimonio. Tales han sido en Dinamarca los tribunales conocidos con el nombre de *oficinas de conciliación,* que alcanzaron un crédito tan generalizado que a su decisión se sometían mayor número de causas que a todos los tribunales regulares juntos.

El sentimiento de la vergüenza depende mucho de la presencia mutua de las partes. Se teme al movimiento, al gesto, a la mirada, al grito de la verdad que va a acusar a la mentira. Fue a ese modo de recoger el testimonio de viva voz, presentes los adversarios, a lo que las oficinas de conciliación danesas debieron principalmente su éxito. Pero para dar a ese móvil toda la fuerza que debe tener, hace falta la *publicidad.* De ella hablaremos pronto.

Capítulo VIII

Del interrogatorio

Su necesidad en los casos de mala fe, y también en los de buena fe, para obtener un testimonio completo. Uso que se hace de una respuesta falsa y hasta del silencio. Casos de excepción: 1) si el interrogatorio entraña una dilación que causa un mal irreparable; 2) o un gran vejamen a los testigos; 3) o inconvenientes oficiales. Precauciones que se han de adoptar en los casos de excepción del interrogatorio.

Cuanto más evidente sea la importancia de esta operación, más superfluo resultará hacer esfuerzos para demostrarla.

¿Por qué, pues, empeñarse en una tarea de esta naturaleza? La razón parecerá excesiva cuando pasemos revista a los numerosos casos en que la práctica judicial ha excluido este medio de seguridad.

Su utilidad es manifiesta en el caso de un demandado de mala fe; pero, como ese caso puede presentarse en toda causa individual, es el que exige mayor atención.

El interrogatorio es sobre todo necesario al testimonio para que sea *completo.* El temor a la pena y a la vergüenza tienen más influencia sobre los testigos para impedirles mentir que para inclinarlos a decirlo todo: la pena alcanza a la mentira pero no puede alcanzar al olvido real o simulado. Se es juzgado por lo que se dice, pero es muy difícil serlo por lo que se omite; sería necesario para ello poder asegurarse de que el deponente ha tenido tal o cual percepción, que la ha conservado en su memoria, que se ha presentado a su espíritu y que ha tenido conocimiento de su importancia.

Por el interrogatorio, y solamente por ese medio, un deponente de mala fe se ve forzado a abandonar sucesivamente todas sus posiciones.

Si una respuesta es cierta, sirve como testimonio directo; si es falsa, está expuesta a la contradicción interna y externa. Y, en cuanto la falsedad es descubierta, actúa como prueba de carácter y de predisposición y, en consecuencia, como prueba circunstancial.

Si el resultado es el silencio, el silencio absoluto, este actúa también como prueba circunstancial.

Si el testimonio es poco claro, frívolo, ininteligible, a menos que sea la consecuencia de una manifiesta debilidad de espíritu, esa confusión es el equivalente del silencio.

No es posible imaginar un caso en que la facultad de interrogar sea objeto de indiferencia absoluta, ni siquiera con el testigo más veraz, más circunspecto, más ilustrado, ni aun con el que tenga un interés más directo en la causa. Necesita ser interrogado para aclarar circunstancias cuya importancia se le escapaba y requiere la inteligencia de un interrogador experto para ayudar la suya propia.

En una palabra, sin el interrogatorio, toda persona interesada en el descubrimiento de la verdad depende enteramente del deponente.

¿Es posible que haya sistemas procesales en los que se admita un testimonio desprovisto de esta garantía y en los que ese testimonio producido por el mismo individuo sea excluido si él se encuentra presente para responder? En un procedimiento semejante, ciertamente, se ha tenido en vista otra cosa que la búsqueda de la verdad.

1. EXCEPCIONES

Si la fidelidad del testimonio fuese el único objeto a considerar, no se debería nunca renunciar a la forma interrogativa; pero en ciertos casos sería peligroso, y traería inconvenientes preponderantes, hacer del mismo una regla indispensable.

1) La dilación necesaria para el interrogatorio podría algunas veces causar un daño irreparable. Por ejemplo, cuando hay que prevenir la expatriación de un demandado, la exportación de la propiedad que está en su poder, el rapto de una mujer con fines criminales, la destrucción de diversos valores mediante operaciones clandestinas o violentas.

2) Hay otros casos en los cuales la ventaja estaría más que contrarrestada por las vejaciones y los gastos. Por ejemplo, en un caso extremo, si la sede de la judicatura que debe pronunciarse está en Londres o París y el testigo en la India.

Pero debe haber unas condiciones vinculadas a la exención de testimoniar: en lugar de ser absoluta ha de ser suspensiva. Si el inconveniente cesa, el interrogatorio debe tener lugar ante el pedido de la parte interesada o del juez.

En ese caso, el deponente que testimonia sin ser interrogado debe ser debidamente advertido de que está siempre sujeto a interrogatorio subsiguiente; y esta advertencia ha de estar impresa en el margen mismo del papel de oficio sobre el que transmite su testimonio por escrito.

2. SOBRE QUIÉN DEBE RECAER EL INTERROGATORIO

Toda persona cuyo testimonio se recibe debe estar sometida a ser interrogada sobre dicho testimonio; y las razones que demuestran la conveniencia de esta medida para los testigos no se aplican con menos vigor a las partes mismas.

El testimonio oficial constituye un caso en el cual la necesidad del interrogatorio, en cuanto es seguridad contra la mentira, está en general en su mínimum, mientras que los inconvenientes colaterales podrían estar en su máximum.

Pero, a menos que un empleo oficial purifique a un individuo de todas las enfermedades morales e intelectuales a que está expuesta la naturaleza humana, la exención de esta obligación a título de empleo público no debe producirse nunca sin condición ni definitivamente, ni en casos en que se trate de penas graves.

Capítulo IX

Acta de las declaraciones verbales

Indicación de los casos en que no es necesario que las declaraciones se escriban. Utilidad de las actas. Fijan el testimonio; hacen a los testigos más escrupulosos; son un freno para los jueces; una salvaguardia; útiles en caso de apelación. Conservan las pruebas para otras causas, no siendo necesarias ante el jurado inglés. Son indispensables en el procedimiento canónico.

¿Se consignarán por escrito las declaraciones verbales? Me propongo demostrar en este capítulo que esta práctica ofrece grandes ventajas; pero en el libro siguiente se verá que no debe hacerse de ella una regla absoluta y que no debe aplicarse sino a los casos más importantes y menos numerosos.

Las declaraciones de un testigo o de un reducido número de testigos pueden mantenerse nítidas y claras en el espíritu del juez, pero si los testimonios se multiplican, si los hechos se complican y se contradicen, es de temer que formen una masa confusa y oscura si no constan por escrito. La sustancia de las cosas a menudo depende de las palabras, y si una palabra esencial es olvidada, o resulta confusa, o está en discusión, ¿sobre qué se basará la decisión? En el primer momento todo depende del testimonio mismo, pero después todo depende de la permanencia que se le otorgue; si no ha sido fijado por escrito, está cada vez más expuesto a alterarse o perderse; si en su origen fue exacto y completo, pronto deja de serlo.

La utilidad de este medio no se limita a conservar el testimonio, sino que tiene una influencia saludable sobre el espíritu de los testigos; estos se tornan más escrupulosos en sus declaraciones cuando saben que nada habrá de adulterarse o perderse. Y si esta precaución es buena, incluso para el testigo honesto, puede decirse que es necesaria para el testigo de mala fe o simplemente parcial. Las palabras que se esfuman no dejan huella suficiente para castigar el falso testimonio o, cuando menos, ofrecen demasiadas probabilidades de impunidad.

El testimonio escrito ofrece, además, una gran seguridad contra los errores o las prevaricaciones de los jueces. Si no queda nada, si todo se va en palabras, ¿qué poder tienen las reclamaciones de la parte condenada? ¿Qué será de sus quejas para contrarrestar las aseveraciones de un hombre público a quien el poder y la autoridad conceden un crédito facticio, independiente de todo mérito personal? Pues bien, las declaraciones escritas son un freno contra el favoritismo o la enemistad.

Esta seguridad no es menos preciosa para un juez íntegro. Si se levanta un clamor público o se forma una nube de prevenciones o calumnias contra él, encuentra en la existencia del testimonio escrito los medios para rechazar la mentira o disipar el error.

La utilidad de las declaraciones escritas se manifiesta especialmente con relación a las apelaciones.

Si en todos los casos hubiese que empezar nuevamente por escuchar a todos los testigos, ¡cuántas pruebas se perderían por fallecimiento, por ausencia, por fuga de unos u otros! ¡Cuántos gastos, vejaciones, pérdida de tiempo e inconvenientes irían aparejados a esta segunda exhibición del testimonio!

No olvidemos una ventaja colateral resultante de la permanencia de las declaraciones: los testimonios producidos en una causa, a menudo pueden contener medios de prueba para otras causas; y, lo que es mejor todavía, un hecho bien establecido en un proceso puede servir para prevenir otros procesos. Es un depósito siempre útil al objeto de la confrontación y de las referencias.

Si pasamos de estas observaciones generales a su aplicación práctica, encontraremos que, en el juicio por jurados, según el procedimiento inglés, no hay necesariamente declaración escrita. El juez toma sus notas para uso propio, que le sirven de guía en el resumen que presenta a los jurados; pero, con respecto a estos, no es menester que quede algún documento escrito de las declaraciones que han servido de base a su decisión. Hace siglo y medio los jurados eran todavía responsables de su veredicto y existen varios ejemplos de persecuciones rigurosas; pero actualmente se ha establecido el principio de que están exentos de toda responsabilidad.

En la forma procesal que la ley canónica introdujo en Europa, las declaraciones escritas eran cuestión de necesidad. El juez A, que reunía las pruebas, no pronunciaba la sentencia. El juez B, que pronunciaba la sentencia, no había escuchado un solo testigo y tomaba su decisión basándose en las declaraciones escritas.

Capítulo X

De la publicidad

l) Mejora el testimonio. Atención excitada, mendacidad intimidada, subordinación desconcertada; 2) puede abrir nuevas fuentes de pruebas; 3) crea un espíritu público; 4) llega a su máximum de utilidad para los jueces, como estimulante, como freno, como correctivo de los defectos de carácter, como llamada constante al tribunal del público. Insuficiencia de todos los demás métodos, tales como las penas, los requerimientos judiciales, la vigilancia del soberano. Sin publicidad, nada de confianza real a la justicia. Tribunales secretos siempre odiosos, a menudo calumniados, sin que tengan derecho a quejarse. El secreto incompatible con el honor del juez. Argumentos en favor del procedimiento secreto: 1) la publicidad entrega al acusado al desprecio público, incluso en caso de acusación falsa; 2) da a los cómplices los medios de conspirar para arrebatar al culpable; 3) previene a los que se hallan comprometidos en la causa para que se den a la fuga; 4) los instruye sobre lo que deben hacer para sustraer pruebas o para proporcionar informes al acusado o para intentar una falsa coartada; 5) el acusado se servirá del interrogatorio público para instruir a sus cómplices sobre los diversos medios de ocultar sus pruebas; 6) la publicidad puede hacer desistir a varias personas de presentarse como testigos; 7) se corre el riesgo de debilitar el respeto hacia las decisiones de la justicia al someterlas a la opinión pública; 8) las costumbres no pueden sino resentirse por las revelaciones del procedimiento. Refutación de cada uno de esos argumentos.

La publicidad es la más eficaz salvaguardia del testimonio y de las decisiones que del mismo se derivaren: es el alma de la justicia y debe hacerse extensiva a todas las partes del procedimiento y a todas las causas, con excepción de un escaso número, del que se tratará en el capítulo siguiente.

1) En lo que se refiere a los testigos, la publicidad del interrogatorio estimula en ellos todas las facultades del espíritu que concurren para producir una exposición fiel y en particular la atención, tan necesaria a la tarea de la reminiscencia. La solemnidad de la escena los inmuniza contra su ligereza o su indolencia: hay personas a quienes esa solemnidad puede turbar en razón de su timidez natural, pero esta predisposición, sobre la que no cabe engañarse,

no actúa sino en el primer momento y no aporta elementos desfavorables a la verdad.

2) Pero el buen efecto de la publicidad influye sobre la veracidad del testigo. La mentira puede ser audaz en un interrogatorio secreto, mas es difícil que lo sea en público e incluso es extremadamente improbable por parte de cualquier hombre que no sea un depravado completo. Todas las miradas dirigidas sobre un testigo lo desconciertan si tiene un plan de impostura: percibe que la mentira puede encontrar un contradictor en cada uno de los que lo escuchan. Tanto una fisonomía que le es conocida como otras mil que no conoce, lo inquietan por igual y se imagina, a pesar suyo, que la verdad que trata de ocultar surgirá del seno de esa audiencia y lo expondrá a los peligros del falso testimonio. Se da cuenta de que hay, al menos, una pena a la que no podrá escapar: la vergüenza en presencia de una multitud de espectadores. Es cierto que si pertenece a una clase abyecta se salva de la vergüenza por su misma abyección, pero los testigos de esta clase no son los más numerosos y se está en guardia, naturalmente, contra su testimonio.

3) La publicidad tiene otra ventaja general: atrayendo la atención sobre tal o cual causa pueden resultar diferentes medios de pruebas que habrían permanecido sepultados de haberse ignorado la causa. Incluso, a menudo se han encontrado en la audiencia personas que, conocedoras de algún hecho relativo a las declaraciones, han transmitido a los jueces informaciones útiles. Esto no se hace siempre de manera directa: se habla con los vecinos, trata uno de parecer informado y se tropieza en ese pequeño círculo con algún oficioso que transmite al juez lo que acaba de oír, prestando una declaración inesperada.

4) La publicidad en el procedimiento puede también tener un efecto muy saludable, creando una conciencia pública con relación al testimonio y formando así, en este punto esencial, la instrucción de los individuos. Las discusiones sobre las cuestiones jurídicas entran desde ese momento en el curso de las ideas corrientes y el público se acostumbra a tener mayor interés en sus resultados. La naturaleza y las reglas del testimonio, las diversas especies de pruebas y sus grados de fuerza probatoria, se conocen mejor, incluso en los ambientes en que menos se espera.

Los efectos de la publicidad llegan a su máximum de importancia cuando se consideran en relación a los jueces, ya sea para asegurar su probidad, ya sea para otorgar a sus sentencias la confianza pública.

Esta publicidad les es necesaria como estímulo, en una carrera llena de penosos deberes, en la que se requieren todas las facultades de la inteligencia y toda la actividad del espíritu: en la que cada día de abandono significa un triunfo para la injusticia y una prolongación del sufrimiento para el inocente.

Les es necesaria como freno en el ejercicio de un poder del que es tan fácil abusar. Existen defectos y vicios que es indispensable prevenir. Los defectos provienen del carácter y la publicidad no lo cambia, pero un juez, ante una audiencia numerosa, se atreverá menos a dejarse llevar por su impaciencia, por su humor, por ese despotismo de conducta que intimida a abogados y testigos, por esas diferencias de consideración, halagüeñas para unos y humillantes para otros. Se conducirá ante los ojos del público con una dignidad sin altivez y mantendrá un sistema de igualdad sin bajeza. Pero cualquiera que sea el efecto de la publicidad sobre la parte externa del juez, ha de ser saludable para la justicia de sus decisiones. Hay un llamado continuo de su tribunal a la opinión pública. Los espectadores serán otros tantos testigos interesados que observan todos sus pasos y pesan todas sus palabras. ¿Cómo escapar a las miradas desconfiadas y vigilantes? ¿Cómo atreverse a cualquier tergiversación en campo abierto cuando se lleva cuenta de todos sus pasos? Aunque llevase la injusticia en el corazón, sería justo a pesar suyo, por estar en una posición en la que no puede hacer nada sin suministrar pruebas en contra de sí mismo.

¿Con qué podría sustituirse la publicidad? ¿Con apercibimientos, con severas leyes contra la prevaricación? Son necesarios, sin duda, pero consultando a la experiencia veremos que esos métodos se han prodigado en todas partes y en todas partes han resultado poco eficaces. ¿Qué significan esos apercibimientos y esas penas? No son sino una advertencia al juez inferior para que esté a bien con el juez superior. Ahora bien, la manera de estar a bien con él, no es hacer justicia sino hacerla en la forma que le sea más grata. Su primera virtud será una complacencia política. Pero para estar a bien con el público, el único medio es hacer justicia: el sufragio nacional tan solo existe a ese precio.

El espíritu de cuerpo siempre hará penoso al superior el castigo de un colega. El público siente una simpatía natural hacia los oprimidos, pero los hombres que desempeñan un cargo son de otra especie y no obstante su odio personal, manifiestan siempre una simpatía entre ellos cuando se trata de mantener su autoridad.

Por otra parte, ¿de qué sirve apelar de un juez que puede prevaricar en secreto ante otro que puede hacerlo en la misma forma? Si se hacen públicas las diligencias del primero, no se necesita al segundo y si se mantienen secretas las diligencias del segundo, apenas ofrece mayor seguridad que el primero.

Y en la apelación, ¿qué es lo que se lleva a un tribunal superior? Después de todo no es otra cosa que el esqueleto del procedimiento. El alma del examen no se encuentra sino en las sesiones donde comparecen las partes y los testigos: es allí donde las inflexiones de la voz descubren los sentimientos del corazón y donde los movimientos de la fisonomía pintan el estado de ánimo.

La audiencia es la verdadera corte de apelación donde las decisiones del tribunal se juzgarán y apreciarán en su justo valor. Lo que un tribunal superior no haría sino a base de muchos gastos y lentitud, y de manera imperfecta, esa gran reunión de público lo ejecuta sin dilación, sin gasto y con una probidad incorruptible: porque la probidad del pueblo, que nace de su interés ofrece la mayor seguridad que puede obtenerse.

Las miradas del soberano, ¿reemplazarían a las del público? Sería tanto como preguntar si el príncipe tiene la posibilidad de revisar todos los procesos. Dejemos aparte el interés de los tribunales, el peligro del favoritismo, la improbabilidad de que un ministro que ha elegido un mal juez confiese el error de su elección y le inflija un castigo que repercutiría sobre sí mismo. ¿Quién guardará *a los guardianes?* Es una pregunta que se repite sin cesar mientras no se pueda fiar en la nación misma.

Hemos visto, en el siglo XIX, a Federico de Prusia y Catalina de Rusia entregarse con el celo más encomiable a reformar los tribunales de justicia, a desterrar de ellos la venalidad, a vigilar a los jueces, a hacerse rendir cuentas de los principales asuntos, a castigar las prevaricaciones manifiestas. Su vigilancia tuvo poco efecto, sus buenas intenciones se vieron defraudadas, su intervención misma no transcurrió sin inconvenientes. ¿Por qué? Porque a sus tribunales les faltaba la publicidad y sin ella todas las precauciones imaginables no son sino telarañas.

Si la publicidad es necesaria para asegurar la probidad del juez, no lo es menos para fundamentar la confianza del público. Supongamos, contra toda verosimilitud, que una justicia secreta fuese siempre bien administrada, ¿qué se ganaría con ello? Apenas nada. La integridad estaría en el corazón de los jueces y la injusticia se pintaría sobre sus frentes. ¿Cómo el público podría conceder el título de *justos* a hombres a quienes ve adoptar una conducta en la que solo la injusticia puede triunfar y la probidad no puede sino perder?

La utilidad principal de la justicia real es producir la justicia aparente; ahora bien, en aquel supuesto, no existiría más que la real, cuya utilidad es limitada y en cambio no existiría la aparente, cuya utilidad es universal. La raíz estaría en la tierra y el fruto no brotaría. De *non apparentibus et de non existentibus eadem est ratio.* Esta máxima escolástica estaría plenamente verificada en este caso.

Todos los hechos están de acuerdo con esos principios. Cuanto más secretos han sido los tribunales, más odiosos han resultado. El tribunal de la Vehme, la inquisición, el consejo de los diez, han deshonrado a los gobiernos que los adoptaron. Tal vez se les ha imputado infinitamente más crímenes de los que han cometido, pero los partidarios del secreto son los únicos que no tienen ningún derecho a quejarse de la calumnia. Sea cual fuere el rigor con que se los juzgue, no se sería injusto a su respecto. Observemos sus propios principios. Si tienen ante sí un acusado que trata de ocultar sus andanzas, un litigante que quiere disimular algún título o un testigo que se niega a responder, se las arreglan para deducir siempre contra ellos las consecuencias más graves. La inocencia y el misterio nunca van juntos, y quien se oculta está más que a medias convicto. He ahí el principio según el cual actúan. ¿Por qué no servirse de dicho principio contra ellos mismos? Su conducta ¿no ofrece idénticas apariencias de culpabilidad? Si fuesen inocentes, ¿tendrían miedo de parecerlo? Si no tuviesen nada que temer de las miradas del público, ¿por qué se encerrarían en un recinto de tinieblas? ¿Por qué harían del palacio de justicia una cueva tan secreta como la de los ladrones? Y al hacerles reproches injustos, ¿pueden quejarse? ¿No está en sus manos hacerlos cesar?

Me cuesta trabajo concebir cómo puede haber jueces que quieran privarse, en un ministerio que exige rigor, del gran apoyo de la opinión pública; me cuesta igualmente concebir que se pueda utilizar un lenguaje como este: "Creed ciegamente en mi integridad pues estoy por encima de toda debilidad, de todo error, de toda tentación; yo soy mi propia caución; conceded una fe implícita a virtudes sobrehumanas". El verdadero honor de un juez consiste en no reclamar jamás tal confianza, en rechazarla si se le quisiese acordar, en ponerse por encima de las sospechas impidiéndolas nacer y en dar a todo el público la custodia de su virtud y de su conciencia.

¿Cómo se justifica el procedimiento secreto? No he encontrado sino algunas razones espaciosas en una obra publicada en Francia por M. Boucher D'Arcis. He aquí el resumen de sus objeciones:

1) "Sería tanto como dejar librado al desprecio público a un hombre que puede ser injustamente acusado". Ese caso es posible con respecto a cierto género de imputaciones contrarias a las buenas costumbres; pero el inconveniente se puede obviar mediante una excepción a la regla general. Fuera de ese caso, desde el momento en que la injusticia de la acusación quede demostrada, el acusado no merece otra cosa que la compasión y el respeto.

2) "Los malhechores harían causa común para sustraer de la mano de la justicia al culpable". Esta eventualidad, muy poco probable, tampoco la evitaría el secreto del procedimiento. Si los conspiradores tratasen de hacer desaparecer a su cómplice, lo harían al ser conducido desde el lugar de la detención a la prisión, o desde la prisión al tribunal. Pero, dentro del tribunal, el juez se encuentra demasiado bien rodeado para que exista el temor de semejante intento. No existe ejemplo alguno, ni siquiera en Inglaterra, de tribunales que no tengan a su alrededor fuerzas armadas.

3) "Esa publicidad, al advertir a los cómplices, les proporcionaría los medios de escapar". Pero esa advertencia, ¿no les habría sido dada ya por la captura del imputado o por la desaparición que la sigue? Además, por muy frecuentados que se suponga a los tribunales, no es de presumir que lo estén demasiado por los malhechores o por sus amigos. No es de ningún modo la mansión que les agrada. Las ideas que despierta en ellos dicho lugar son más de terror que de atractivo.

4) "Un ladrón acusado se serviría del interrogatorio público para indicar a sus cómplices el sitio en que se encontrarían los efectos robados, u otras cosas capaces de ser utilizados después como pruebas". Eso es tanto como suponer que los cómplices acudirán personalmente a la audiencia, aun a riesgo de que el acusado pueda tener algún interés en traicionarlos y de que diversas circunstancias del procedimiento puedan descubrirlos. Es suponer que un hombre custodiado encontraría el medio de tener una conversación secreta o de comunicarse por señales con esos mismos cómplices. Es suponer, en fin, que, en el caso de que les hablase claramente, habría de confesarse culpable para aprovechar la oportunidad de salvarlos. Tal género de heroísmo puede encontrarse entre los malhechores, pero sería tan raro que no bastaría para presentar una objeción sólida.

5) "La publicidad puede apartar a muchas personas de presentarse como testigos". A eso contesto que si se apartan por el temor de mostrarse en público desempeñando un papel odioso, ese temor habrá de ser mucho más fuerte respecto de un testimonio secreto que puede exponerlos más fácilmente a la calumnia. Y si se apartan por el temor a los cómplices o a los amigos del acusado, igual temor deberá obrar respecto de un testimonio secreto, puesto que de todos modos los testigos les son conocidos, aunque solo sea por la confrontación entre ellos y el acusado. Los testigos a quienes la publicidad intimida son aquellos a los cuales resulta más peligroso escuchar, aquellos que sentirán la tentación de prevaricar su secreto y que temen que su prevaricación no pueda resistir la plena luz.

6) "Se corre el riesgo de debilitar el respeto a las decisiones de la justicia, sometiéndola a la opinión pública: tribunal este incompetente desde todos los puntos de vista, por su ignorancia, sus prejuicios y sus caprichos. Dadnos un público ilustrado, dicen los jueces, y no temeremos sus miradas; lo que rechazamos es una multitud ciega y apasionada que quiera hacer la ley en lugar de recibirla".

Confieso que el hecho sobre el cual descansa esa objeción es verdadero en la mayor parte de las situaciones. La porción de público capaz de juzgar es muy pequeña, comparativamente, a la que no lo es. Pero la consecuencia que se desprende en la práctica es precisamente la opuesta a la que se quiere deducir.

El tribunal del público carece de luces para un razonamiento justo, luego, hay que sustraerlo al conocimiento de todo cuanto lo pondría en condiciones de juzgar mejor. Se establece su ineptitud para despreciarlo, y se parte de ese desprecio para perpetuar su ineptitud. Tal es el círculo en el cual se gira. Círculo tan vicioso en lógica como en moral. Eso es lo mismo que proceder con una nación como aquel tutor culpable que, queriendo ascender al trono de su pupilo, le hizo sacar los ojos para fundar sobre esa enfermedad un medio legal de exclusión.

Ese motivo, derivado del temor a los falsos juicios del público, ni siquiera lleva a la conclusión pretendida. El tribunal popular, no por inepto para juzgar, deja de juzgar. Impedirle juzgar es intentar lo imposible; mas se le puede impedir que juzgue bien, y todo cuanto se haga para sustraer de su conocimiento los procesos no tiende sino a multiplicar sus juicios erróneos. Ahora bien, los errores del pueblo, incluso las imputaciones que lanza contra los jueces, las ideas siniestras que se forma de los tribunales, la simpatía que muestra hacia los acusados, el odio a las leyes, todos esos males tan graves, son únicamente el resultado de suprimir la publicidad de las pruebas.

Cuando el tribunal del público se abstiene de juzgar es cuando, por exceso de ignorancia o de desaliento, cae en una indiferencia absoluta. Esa apatía representa, en ocasiones, el signo de la extrema desgracia. Es mil veces preferible que el pueblo juzgue mal, a que se desinterese por completo de los negocios públicos. Cuando cada uno se aísla y se reconcentra, los lazos sociales se disuelven. Desde el momento en que el público dice de los juicios "qué me importa", ya no hay otra cosa que amos y esclavos.

Se ha combatido todavía la publicidad de los tribunales en nombre del respeto debido a las buenas costumbres, alegando el peligro de admitir indistintamente una muchedumbre de auditores en causas que casi necesariamente requieren formular revelaciones indecorosas, adecuadas para corromper la inocencia o para alimentar una curiosidad depravada. Inclusive se ha pretendido que, en general, ese cuadro de vicios, de fullerías, de crímenes, no podía dejar de ser funesto en su publicidad, y envalentonar a quienes tienen malas disposiciones, haciéndoles ver demasiado bien cuántos medios hay de escapar a la justicia.

Esa objeción es justa en ciertos aspectos y mal fundada en otros.

Hay causas indecorosas en las cuales sería peligroso admitir la presencia de mujeres, de jóvenes y también del público en general. De eso hablaré en el capítulo siguiente.

Es de señalar, sin embargo, que los oyentes tienen muy poco que aprender, por lo menos en ciertas edades, sobre los detalles de esos vicios, y que las formas judiciales no los presentan desde un punto de vista que excite la imaginación ni que tienda a corromperla. Solo se los ve rodeados de todos los accesorios de ignominia que les dé la publicidad; y estoy convencido de que el más vicioso de los espectadores no saldría del tribunal sino con el espanto de poder verse sometido a una investigación tan deshonrosa.

Con respecto a los delitos de otra naturaleza, no hay nada que temer de la publicidad del procedimiento con relación a la moral. Por el contrario, desde que el templo de la justicia se ha abierto a todo el mundo, se ha convertido en una escuela nacional donde las lecciones más importantes son enseñadas con un grado de fuerza y de autoridad que no tienen en otras partes. Aquí la moral se funda por completo en la ley. La progresión del vicio al crimen y del crimen a la pena se presenta con ejemplos impresionantes. Querer instruir al pueblo con sermones es valorar demasiado el talento de los predicadores o la capacidad de los oyentes; pero, en un escenario jurídico, el aprendizaje es tan fácil como interesante. Lo que se aprende así no se olvida nunca. El precepto de la ley queda grabado en el espíritu con ayuda del suceso al cual se asocia. Las mismas ficciones teatrales, envueltas en todo aquello que puede mantener la ilusión, son débiles y fugitivas como las sombras en comparación con esos dramas reales que muestran en su triste verdad los efectos del crimen, la humillación de los culpables, la angustia de sus remordimientos y la catástrofe de su condenación.

Capítulo XI

Casos de excepción a la publicidad del procedimiento

Conveniencia de que, en ciertos casos, el procedimiento no sea público, sino privado. Condición indispensable que debe acompañarlo. Casos de excepción: 1) procesos por injurias personales o verbales; 2) procesos de familia; 3) procesos por violación, abusos deshonestos, etc.

Si no hubiese nada mejor que elegir e hiciese falta decidirse entre el procedimiento público o el procedimiento secreto, cualquier hombre capaz de reflexionar se decidiría por la publicidad absoluta. Las ventajas generales están todas a su favor.

La conveniencia del procedimiento secreto o, por mejor decir, del procedimiento privado, es solamente aplicable a ciertos casos y se apoya en razones particulares que constituyen excepciones.

Digo procedimiento privado y no procedimiento secreto porque, en efecto, en tales casos de excepción se trata de limitar la publicidad más bien que de excluirla. Se trata de no admitir oyentes si no es con el consentimiento de las partes, sea para su satisfacción, sea para la del juez.

Si en una causa cualquiera, el carácter secreto pudiese hacerse inviolable desde el principio hasta el fin sin que nadie tuviese poder para quebrantarlo, no habría ningún acto de opresión que bajo ese velo impenetrable no pudiese ser impunemente cometido; pero si se deja a cada una de las partes interesadas la facultad de admitir público en el tribunal, no habrá que temer ningún abuso. Un velo que pueda ser rasgado por la parte que se crea lesionada no podrá nunca servir de manto a la injusticia.

1) Entre esos casos de excepción, coloco primeramente las causas por injurias personales o verbales, cuando todas las partes estén de acuerdo con solicitar el secreto, y también en primera instancia solo con que haga esa petición una de las partes, con la salvedad de restablecer la publicidad en caso de apelación a solicitud de una u otra.

Por ese medio un tribunal de justicia podría ser convertido, según la necesidad, en un tribunal de honor en el que se podría litigar sin perder el honor.

2) Procesos de familia. No me refiero a causas puramente civiles sobre demandas pecuniarias o disputas de sucesiones: hablo de procesos entre

marido y mujer, entre padre e hijo, por malos tratos de una parte e inconducta de otra. Aludo, sobre todo, a causas por adulterio y a secretos de alcoba. Si en esas lamentables ocasiones la justicia cura una herida, la publicidad abre otra tan dolorosa como incurable.

El honor femenino, particularmente, es de una naturaleza tan delicada, que exige sustraer de la malignidad pública el conocimiento de las faltas cometidas por imprudencia, pero que pueden envilecer o lanzar a la desesperación a jóvenes bien nacidas.

Con relación a las mujeres cuya sensibilidad natural se encuentra acrecida por una educación cultivada, el mal de un procedimiento público es tan grande, que preferirían mejor sufrir prolongadas injusticias que recurrir a un remedio tan violento. Cuanto mayor fuese la delicadeza de sus sentimientos, más a merced de sus perseguidores se encontrarían.

La publicidad de las disputas de familia puede ser perjudicial de una u otra manera. Un padre, un tutor, un maestro, pueden haber cometido con su discípulo errores que no sean lo suficientemente graves para privarlos de su autoridad. Infligirles en público una censura, aunque solo sea una ligera reprimenda, constituye una tacha tan grande sobre su reputación, representa un triunfo tan completo para su joven antagonista que, desde ese momento, los sentimientos de respeto quedan anulados y un suceso de esa naturaleza repercute en menoscabo general de la potestad paterna. ¿Cuál es la consecuencia? Que, para evitar tan grave daño, para mantener una autoridad más necesaria aún a quienes la sufren que a quienes la ejercen, un tribunal de justicia hará oídos sordos a las quejas del joven y dará al superior una protección que no merece. En cambio, si transportáis la escena al despacho de un juez, podrá censurar los abusos de autoridad sin debilitar el principio, reprender a un padre sin humillarlo a los ojos de un hijo y disimular las órdenes dadas en secreto bajo la apariencia de una reconciliación voluntaria.

3) Los procesos por violación, incesto, abusos deshonestos, requieren igual reserva, tanto para el interés de las personas ofendidas como para el de las buenas costumbres. La avidez del público por ese género de procesos demuestra que los detalles vergonzosos, las revelaciones escandalosas, excitan más la curiosidad que la repugnancia. ¿Debe, entonces, extenderse la publicidad únicamente a lo que no interesa al público? ¿Qué interés puede tener en rasgar el velo que cubre desórdenes cuya notoriedad causa el mayor daño?

Si los tribunales deben ser considerados como escuelas de virtud y de moral pública, por lo menos se debe descartar a las mujeres y a la juventud en aquellas causas que pudieran lesionar la honestidad y el pudor.

Capítulo XII

Del juramento considerado como garantía

¿Ofrece una garantía en cuanto al testimonio? Análisis de su fuerza obligatoria. Depende de tres sanciones: la religión, la ley y el honor. Ineficacia de la sanción religiosa cuando está separada de las otras dos. Pruebas de hecho: juramento en las declaraciones de aduanas, juramentos en las universidades, juramentos en materia política. Supuesto sobre el cual descansa el juramento. Examen del juramento aplicado al testimonio. Efectos nocivos: 1) tiende a crear en los jueces una confianza indebida. Observación de Pothier sobre los juramentos deferidos a las partes. Precauciones con las cuales se defiere en Ginebra. Cuanto mayor es la experiencia de los jueces, menos se fían de los juramentos, 2) incita más al testigo mentiroso a sostener su mentira; 3) origina falsos testigos de profesión; 4) produce escándalo por la impunidad de los perjuicios; 5) evasivas y reservas mentales, o doctrina jesuítica a que ha dado lugar; 6) pérdida del testimonio de quienes se niegan a jurar, como los cuáqueros a los no adultos que no son admitidos al juramento. Suprimiendo el juramento, habría que establecer una declaración solemne. Por qué las sectas que no juran son más notables por su veracidad. Precepto de Jesucristo contra el juramento. Efecto que le atribuye. Efectos ilusorios de los juramentos mediante los cuales los malhechores se ligan entre sí. Lo que se debe pensar de los que ellos se imponen. Otro peligro del juramento. Introduce la autoridad de la Iglesia. El poder de desligar. Privilegio singular acordado por Clemente VI a Juan III, rey de Francia y a sus sucesores. Utilidad de la sanción religiosa independiente de la ceremonia del juramento. ¿Proporciona el juramento una garantía de la veracidad del testimonio? A juzgar por la práctica universal de los tribunales, la cuestión está resuelta en sentido afirmativo; mas, según la experiencia y la razón, se habría de resolver en sentido contrario.

La fuerza del juramento depende de tres sanciones: la sanción religiosa, es decir, el miedo a incurrir en castigos impuestos por Dios en la vida presente o en la otra; la sanción legal, o sea el temor a las penas previstas por la ley contra el perjurio; la sanción del honor, representada por el temor a la infamia que se añade a la mentira apoyada en el juramento.

Si toda la eficacia del juramento depende de la sanción penal y de la sanción del honor, resultará equivocada la eficacia que se atribuye a la ceremonia religiosa. En este antídoto contra la mentira, compuesto de tres ingredientes, hay dos que tienen una gran virtud, y un tercero que no tiene ninguna. He ahí la cuestión que se ha de examinar.

Si la sanción religiosa produjese el efecto que se le atribuye, lo produciría siempre, puesto que en todos los casos la invocación solemne al nombre de Dios es la misma y presenta iguales motivos de temor o, mejor dicho, de terror. Ahora bien, en las numerosas ocasiones en que el juramento no está asistido de otras sanciones, parece evidente que la sanción religiosa no le da ninguna fuerza.

Todos sabemos, por ejemplo, cual es el valor de los juramentos de aduanas, tan comunes en Inglaterra: simples fórmulas consideradas con idéntica ligereza por quienes los piden y por quienes los pronuncian.

En las universidades de Inglaterra se hace jurar a los alumnos la observancia de los estatutos académicos. Esos estatutos, redactados hace dos o tres siglos, no guardan relación con las costumbres y las necesidades de los tiempos actuales y han caído completamente en desuso. Los superiores eclesiásticos que exigen esos juramentos y los jóvenes que los prestan saben por igual que es imposible observarlos y que, en efecto, se los viola con perfecta impunidad. No se puede negar que la sanción religiosa está íntegramente, pero faltan las otras dos sanciones. Apenas se ha prestado, queda en el olvido; es nada más que una formalidad.

Considérense los juramentos empleados como instrumento político para ratificar la adhesión del pueblo a tal o cual forma de gobierno, a uno o a otro soberano. Las circunstancias cambian, el poder que había impuesto la ceremonia no es el mismo y no se piensa más en el valor del juramento. La sanción religiosa no tiene fuerza cuando desaparecen las otras dos sanciones.

Hay en el corazón humano un sentimiento confuso, pero justo, que, en el fondo, es un homenaje rendido a la religión y a la moral. El juramento arranca de la suposición de que Dios se compromete a castigar a quienes no lo cumplen; y si así fuere, bastaría que un tirano exigiese un juramento para que quedase el poder divino sometido a sus órdenes, convirtiéndolo en instrumento de opresión pública. Esta suposición es demasiado absurda, evidentemente, para que pueda ser sostenida. Es así como se ha establecido en la doctrina la existencia de juramentos nulos; pero, entonces, no es ya la ceremonia la que da fuerza a ese compromiso, sino su moralidad.

Pasemos ahora a los juramentos judiciales. Si el aspecto religioso no es el que contribuye a la garantía del testimonio, se desprende de ello que se debería suprimir por inútil, y todavía más si, en lugar de ser simplemente inútil, produjese efectos nocivos. Dedúcese también de lo dicho que se deberá dar, a las dos sanciones verdaderamente eficaces, la mayor fuerza que puedan recibir.

He dicho ya que el juramento judicial produce efectos positivamente nocivos. No pretendo enumerarlos todos sino señalar algunos de los que me causan mayor impresión.

1) Tiende a crear en el ánimo de los jueces una confianza indebida. ¿Sobre qué se basa tal confianza? Sobre la suposición, cuyo valor no pueden apreciar, de que el testigo es más sensible a la fuerza del motivo religioso de lo que pudiera serlo al interés que tenga en la causa. Se dirá que un testigo externo no tiene ningún interés, pero quienes hablan así solo piensan en los intereses pecuniarios, olvidándose de los intereses de partido, de afecto, de odio y de todas las demás pasiones que pueden actuar sobre la conciencia y supeditarla.

Con respecto al juramento deferido a las partes, me contentaría con citar la observación de un célebre jurista: "Durante los cuarenta años que llevo ejerciendo la profesión —decía— he visto deferir el juramento infinitas veces y no más de dos de ellas he visto que una parte haya dejado, por la santidad del juramento, de persistir en lo que había sostenido" (Pothier).

Se dirá, tal vez, que no se pide juramento decisorio por confianza en la parte, sino por necesidad, como sucede en los casos en que, por no haber ninguna clase de prueba posible, el demandante y el demandado quedan situados entre su pura aserción y su pura negativa. ¿Cabría denegar al demandante el único medio de prueba que le queda, o sea, esa apelación a la conciencia por la parte adversa?

Contesto que, en esos casos, en que no se trata de un procedimiento auténticamente judicial, sino de una especie de prueba semejante a la del hierro candente o a la del agua hirviendo, sería mucho mejor atenerse a una declaración solemne sometida a la pena del falso testimonio que acudir a un medio cuya fuerza es completamente desconocida.

Cuanto menos hábil o estudioso sea un juez, más hará descansar su pereza en la fe del juramento y mayor valor le concederá. Con tal de dar cumplimiento a las formas y de salvar su responsabilidad legal, descuidará lo esencial y se preocupará poco de examinar los caracteres intrínsecos de la veracidad del testigo.

A un juez experto no le inspira ninguna confianza el juramento. ¡Lo ha visto tantas veces prostituido por la mentira! Por eso toda su atención recae sobre la naturaleza del testimonio. Escudriña al testigo: examina su tono, su aire, la simplicidad de sus manifestaciones, o su dificultad, sus variaciones, su acuerdo consigo mismo y con otros. Hay síntomas que permiten apreciar la probidad de quien habla, pero no los hay para juzgar su religión. Cuanto más haya envejecido el juez en su oficio, menos creerá en la influencia del juramento, y desconfiará más todavía en asuntos civiles que en asuntos criminales.

Esto me permite preguntar: ¿cuál puede ser la bondad de una garantía que siempre se va debilitando en el espíritu de un juez a medida que se va haciendo más ilustrado y más experto?

2) El juramento propende, y así es natural que ocurra, a aumentar la persistencia del testigo en la mentira que ha proferido. Es cierto que, aun cuando no hubiese prestado el juramento, habría sentido vergüenza en desdecirse: pero esa realidad se hace todavía más fuerte cuando a la vergüenza se junta el temor de pasar por perjuro.

3) La fuerza que se ha dado a ese medio religioso ha creado un mal de mayor gravedad, consistente en que, por lo menos en varios países, se ha formado

una categoría de hombres baqueteados y desvergonzados que tienen por oficio jurar ante la justicia. Son perdularios a los cuales no les queda ningún freno religioso ni moral. No digo que suprimiendo el juramento se destruiría el falso testimonio: pero es evidente que si el testimonio juramentado adquiere mayor valor ante los jueces, ese sobrevalor representa una prima a favor del perjuro: resultará más caro sobornar a un testigo jurador que a uno no jurador. Ese mal alcanzaría su más alto grado en un sistema procesal que sometiese al juez a considerar como prueba suficiente el testimonio de dos o tres testigos jurantes. En ese caso, la elaboración del perjurio se haría a la puerta del tribunal.

4) En la única forma procesal equitativa, que es aquella que deja al juez la facultad de sentenciar de acuerdo con su convicción, sin contemplaciones al número ni al juramento de los testigos, se pretenderá ver frecuentemente un motivo de escándalo público. Ese escándalo resultará del hecho de que dichos testimonios jurados no hayan merecido ninguna fe a los jueces, pese a que todo el auditorio reconociese igualmente su falsedad. Ahora bien, ¿cuántas veces sucederá que tales perjurios sean castigados, en comparación a los casos en que no lo podrán ser? Cuantos más sucesos de ese género haya, más pruebas públicas habrá de la inmoralidad de los testigos y de su desprecio por la religión. Por lo menos la supresión del juramento pondría término a una profanación que constituye un ejemplo peligroso.

5) Entre los riesgos de esa pretendida garantía, hay que contar el de las sutilezas y evasivas en virtud de las cuales los testigos que tienen, por así decir, una seminconsciencia religiosa, se precian de eludir. No consideran la intención del acto, no se sienten ligados por las palabras que pronuncian, creen no jurar si las formas de la ceremonia no son exactamente aquellas que su superstición ha creado. Con un judío de esas características se tratará de saber si tiene el sombrero puesto y qué es un sombrero en su interpretación de la ley; si tiene entre las manos el verdadero libro por él respetado y en qué idioma está escrito. Un inglés tan poco escrupuloso como ese judío se quedará tranquilo con el perjurio si aplica los labios no sobre los Evangelios sino sobre su mano o su guante o sobre otro libro que no sea la Biblia. En la India los tribunales de justicia sufren las mismas dificultades con los mahometanos o los indios. La menor evasión de su ritual basta a sus ojos para anular la fuerza obligatoria del juramento. Y no se necesita llegar hasta Asia para encontrar las reservas mentales, las reticencias, las palabras pronunciadas en un sentido y entendidas en otro, o las palabras pronunciadas en voz baja que contradicen las proferidas en alta voz.

6) Cuando se hace de esa ceremonia una condición indispensable para testimoniar, se prescinde del testimonio de muchas personas, por ejemplo de aquellas a las que, también por principios religiosos, les está vedado jurar. Es ésa la razón de que en Inglaterra los cuáqueros no sean admitidos como testigos en materia penal, pese a ser un hecho reconocido que ninguna otra sociedad cristiana se encuentra más escrupulosamente adherida a la verdad. Asimismo, se rechaza el testimonio de los no adultos porque se les supone desconocedores de la fuerza del vínculo religioso, y ello aún en el caso de que, por su edad, no exista razón ninguna que permita dudar de su aptitud para testimoniar sobre el hecho cuestionado. Veremos en otro lugar hasta qué

punto esta exclusión de testigos es contraria a los fines de la justicia y cómo favorece la impunidad de los culpables.

He aquí las principales objeciones, deducidas de la experiencia, contra el empleo del juramento en el testimonio. Con respecto a testigos religiosos y morales, no hay ningún peligro en suprimirlo; y con respecto a testigos irreligiosos e inmorales, hay una ventaja evidente. Quizá se diga que entre esas dos clases bien diferenciadas hay una tercera muy numerosa, compuesta de hombres ligeros, vacilantes entre el bien y el mal, y a cuya conciencia y reflexión hay que hacer un llamamiento en el momento de prestar testimonio judicial. Sin duda es así, y por eso no se propone la abolición de toda solemnidad, ni tampoco que no se establezca diferencia alguna entre una declaración judicial y una conversación corriente. Pero no hay que olvidar ante todo que el lugar, la audiencia, la presencia del juez, todo ese aparato impresiona los sentidos y hace meditar al hombre más frívolo. El juez pregunta al testigo si su intención es decir toda la verdad, y después de su promesa puede, según la gravedad de las circunstancias, recordarle las obligaciones que la ley, el honor y la religión le imponen.

Obsérvase que las sociedades cristianas que no permiten el juramento son las más estrictas en lo que se refiere a la verdad; lo cual se explica fácilmente. En tanto que haya dos clases de declaración, una jurada y otra simple, se establecerá un paralelo entre las dos, elevándose la primera por encima de la segunda, y el delito tendrá dos grados: la mentira y el perjurio. La mentira parecerá menos grave, porque habrá un delito superior a ella. Mas cuando la abolición del juramento haya eliminado esa distinción, la mentira jurídica se destacará en toda su inmoralidad. La opinión pública hará la misma justicia.

Si nos acogemos a la autoridad que, para los cristianos, es superior a todo, no cabría ninguna duda. Ha dicho el Maestro: "No juréis: que vuestro sí sea sí y vuestro no sea no. Todo cuanto está de más proviene del espíritu maligno". No existe precepto más categórico, viéndose claramente que Jesucristo atribuía al juramento el efecto inmoral de corromper la verdad introduciendo distingos sutiles y sofísticos que sirven a los hombres como paliativos o excusas. La casuística explica su pérfido arte y la moral se oscurece.

No sabría presentar ningún ejemplo más convincente del peligro y de lo ilusorio del juramento, es decir, de los lazos que tiende a las conciencias poco despiertas, que el hecho bien conocido de que las asociaciones de malhechores acuden a ese medio para cimentar su unión en los proyectos criminales. Han encontrado ese instrumento creado por las leyes y se sirven de él para combatirlas. Se juran recíprocamente no revelar nada a los magistrados ni en un tribunal de justicia. Por más que se les diga que semejantes juramentos son nulos, no harán caso; o si hay un juramento nulo a sus ojos, es el segundo, que el juez les impone y que, según ellos, no destruye la fuerza del primero.

Con referencia al juramento exigido por los bandidos (por ejemplo el de no perseguirlos o denunciarlos), se han oído muchas opiniones distintas acerca de su fuerza obligatoria. Resulta evidente, por tanto, que darles algún valor es tanto como suponer que los más viles maleantes pueden poner los poderes divinos a sus órdenes, que tienen a su disposición el fuego celestial para dejarlo caer sobre quienes no ejecutan sus criminales designios. Basta el buen sentido para reconocer lo absurdo de esta suposición; y sin embargo, ese buen sentido falta a menudo, y el ciego respeto hacia el juramento protege, en las almas timoratas, los compromisos más contrarios al interés social.

Exigido el juramento, hay que aceptarlo como ceremonia religiosa que, con su cortejo de nociones eclesiásticas, variables según los tiempos y los lugares, puede estar en oposición con el poder civil; queda sometido a una autoridad extraña que pretende juzgar acerca de su validez y que puede destruirla. El perjurio en su calidad de pecado compete al tribunal que gobierna las conciencias; habrá satisfacciones sustitutivas, explicaciones fáciles y cómodas, medios de redimirse y de hacerse absolver. Durante algún tiempo fue admitido por la doctrina que el juramento hecho a los herejes no era obligatorio y que el Papa podía desligar a los súbditos de la fe jurada a sus soberanos, así como liberar a los soberanos mismos de sus compromisos más solemnes.

Haría falta escribir muchos volúmenes si se quisiese proporcionar pruebas históricas de todos los males que han resultado de la introducción de una ceremonia religiosa en actos que debían quedar exclusivamente dentro del dominio de la ley.

La proposición de que he arrancado, y que creo haber probado, es que el juramento no debe ser considerado como una garantía del testimonio.

Esto no se halla en contradicción con lo que he dicho en otro lugar (Lib. I, cap. XII) sobre la utilidad de la sanción religiosa como freno de la mentira. Pero hablo de la sanción religiosa interna y no de la externa; de aquella que actúa sobre el alma y no de la que consiste en levantar la mano y proferir ciertas palabras. El hombre en el cual la religión está de acuerdo con la moral ofrece una mayor seguridad, pero una seguridad que no arranca de la ceremonia del juramento. Los tratados de los cuáqueros de Pensilvania con los indios son los únicos que no fueron jurados y podrían ser también los únicos que nunca han sido violados.

Libro tercero

De la obtención del testimonio

Capítulo I

De los testigos

Efectos perniciosos de la impropiedad de los términos. La palabra *testigo* empleada en dos sentidos. Testigo presencial, testigo de referencia. No obstante la máxima, una parte a quien se interroga es un testigo. Al testigo extraño a la causa se le llama *testigo externo*. Declaración *espontánea:* sus ventajas, su insuficiencia.

La primera observación que tengo que formular únicamente se refiere al empleo de la palabra *testigo:* pero quienes han reflexionado acerca de las *ideas* saben bien cuánto dependen ellas de las *Palabras*. Los términos impropios son cadenas que ligan a los hombres a prácticas contrarias a la razón. Jamás el error es tan difícil de destruir como cuando tiene su raíz en el lenguaje. Todo término impropio contiene un germen de proposiciones engañosas. Forma una nube que oculta la naturaleza de las cosas y presenta un obstáculo, con frecuencia invencible, a la investigación de la verdad.

La palabra *testigo* se emplea para designar dos individuos diferentes o el mismo individuo en dos situaciones diferentes: *testigo presencial* es decir, que ha visto, oído, conocido con sus sentidos un hecho sobre el cual puede dar información si es interrogado; testigo de referencia, que expone ante un tribunal de justicia las informaciones que ha adquirido.

El nombre de *testigo* puede, pues, ser aplicado a las partes mismas interesadas en la causa, y también a todos aquellos a quienes se les da más comúnmente.

Resulta muy extraño que, después de haber oído la deposición o la confesión de una persona examinada por el juez, se niegue que haya actuado con el carácter *de testigo.*

Tal es la inconsecuencia del lenguaje: parece que existe una oposición natural entre esos dos caracteres de parte y testigo. *Nemo debit esse testis in propria causa.* Vieja máxima de jurisprudencia técnica, siempre repetida, aun cuando no tenga el apoyo de la razón ni la autoridad de la práctica; porque, en efecto, los casos en que se desecha abiertamente son, por lo menos, tan numerosos como aquellos en que se sigue. No hay hombre, como asimismo no hay juez, que tenga en cuenta esa máxima con relación a todo lo que pasa en el seno de su familia. Pero es tal la fuerza del prejuicio que los caracteres de parte y de testigo se consideran generalmente como incompatibles.

Sin embargo, entre esas dos clases de testimonio —el testigo parte en la causa y el testigo no parte— hay diferencias evidentes y las disposiciones o precauciones a tomar respecto a unos y otros no son las mismas. Conviene, por tanto, tener una denominación que los distinga y que recuerde constantemente esa diferencia esencial entre ellos. Se puede llamar al testigo extraño a la causa, con el nombre de *testigo externo;* y al que tiene un interés inmediato, con el nombre de *parte deponente.*

Se puede llamar declaración *espontánea* la de un testigo que expone en seguida y por propia iniciativa, sin la intervención de nadie, todo lo que sabe relacionado con la causa. Esa forma, la más sencilla de todas, es la más natural por parte del demandante o del demandado, puesto que cada uno de ellos tiene conocimiento de cuanto contiene su asunto.

Mas, de todos modos, puede suceder que el juez se vea en la necesidad de dar nacimiento al testimonio mediante una serie de preguntas, o que las partes mismas se las dirijan mutuamente, o traten de descubrir la verdad de los hechos por el examen de testigos externos. Todos esos procedimientos constituyen el *arte de obtener el testimonio.*

Capítulo II

Comparecencia de las partes desde la iniciación de la causa

Es el medio más eficaz de todos para abreviar. Sobre qué se funda la intriga de una novela. Comparación entre el novelista y el hombre de ley. Procedimiento francés. Su carácter. Presenta el modo más seguro de no llegar a la verdad. Ventajas de la comparecencia personal de las partes para la veracidad; para restringir el campo del proceso; para reconocer todas las piezas; para establecer claramente el objeto de las demandas; para prevenir las dilaciones insidiosas o inútiles. Caso en que es necesario dispensar de la comparecencia.

Si existe un medio de alcanzar a un mismo tiempo todos los fines que el procedimiento debe proponerse, es el que acabamos de indicar. Desde el principio de la causa hay que poner a las partes cara a cara frente al juez. Así se prevendrán los equívocos y se abreviarán los procesos. En una novela, en una comedia, el nudo de la intriga, el desamparo de los personajes, se funda en algún desprecio. Bastará una palabra, un acercamiento, una entrevista para hacerlo cesar. El arte del novelista consiste en aproximarnos incesantemente a ese desenlace, eludiéndolo el mayor tiempo posible. Pues bien, lo que constituye el arte del literato en la novela, constituye el arte de los hombres de ley en el procedimiento: su gran objetivo es mantener la confusión e impedir que las partes lleguen a una explicación auténtica.

"Si alguna vez un legislador se propusiese el problema relativo al modo más seguro de no alcanzar la verdad, el Código de Procedimiento francés le proporcionaría la solución en el título del *interrogatorio sobre hechos y artículos*. Para evitar a la parte el enojo de la publicidad, la molestia de un contradictor, para debilitar las consecuencias de sus tergiversaciones y la vergüenza del embuste, para suministrarle los medios de meditar reposadamente, de calcular sus respuestas, ese Código exige que sea interrogado en secreto, por un solo juez, fuera de la presencia de su adversario y que los hechos sobre los cuales ha sido requerido el interrogatorio le sean comunicados por lo menos veinticuatro horas antes."

El autor que cito, después de hacer presente todo lo que se puede temer de la función de los abogados que reemplazan a las partes, la inferioridad de su conocimiento de los hechos, los errores a que son inducidos por sus clientes, el deseo de disimular el lado débil y de presentar con los colores de la verosimilitud las aserciones más aventuradas, termina así sus observaciones:

"Poned a las partes delante del juez; obligadlas a que ellas mismas expongan a su manera los hechos; exigidles que respondan sin preparación a las preguntas que les sean dirigidas; recurrid, si en ello entrevéis la utilidad, al expediente de interrogarlas por separado y de carearlas en seguida, y pronto veréis cómo las nubes se disipan, los hechos se aclaran, la verdad se encuentra en todo su esplendor, tanto si las partes, de buena fe, se encuentran divididas por un equívoco y solo tienen necesidad de una intervención imparcial e ilustrada, cuanto si la penetración del juez ha advertido la mala fe de una de ellas a través de sus respuestas evasivas, sus reticencias, sus contradicciones y hasta de su silencio. Esta comparación personal obrará como un freno sobre aquel que, más susceptible al temor de la confusión que al sentimiento del honor, se atrevería a decir una mentira por boca ajena y no por la suya propia. Y si ese escrúpulo no lo arredra, si prefiere afrontar el peligro de la audiencia, en la dificultad de su papel, en las vacilaciones, en la angustia de que le preparen un interrogatorio sin salida y en la mirada escrutadora fija sobre él, en la inevitable necesidad de cortarse, de traicionarse, en la publicidad de la vergüenza, encontrará la pena que le espera."

Hagamos ahora la enunciación metódica de los diferentes principios de utilidad que el procedimiento debe obtener de esa medida.

Es necesario que las partes comparezcan:

1) para declarar cada una en su favor cuando el hecho sobre el cual versa la causa les es conocido:
2) para ser examinado cada uno por la parte adversa en sentido contrario:
3) para admitir todas las alegaciones de la otra parte que no se quieran contestar, y reducir así el campo del litigio;
4) para confesar y comprometerse a presentar los documentos y otras pruebas, si las hay, que estén en su posesión o poder;
5) para reconocer los documentos redactados o firmados de su puño y letra que le sean presentados a tal efecto por la parte contraria;
6) para formular claramente el objeto de su demanda y estar dispuesto a escuchar toda propuesta de transacción;
7) para verificar el elenco de las pruebas de toda clase, conocidas o supuestas, que el caso proporcione a una y otra parte, a fin de que no se omita ninguna necesaria y no se practique ninguna superflua,
8) para convenir los días de audiencia y evitar así los aplazamientos y los incidentes inútiles.

Se dispensará de la comparecencia: 1) cuando la parte sea extraña a los hechos de los cuales depende el proceso y así lo haya declarado; 2) cuando por razón de asuntos urgentes su comparecencia le sea más perjudicial que útil a la parte adversa; 3) cuando haya razón suficiente de excepción por causa de enfermedad, dificultades de viaje, caminos impracticables o peligrosos. Hay en ello un amplio margen que se ha de dejar a la prudencia de los jueces.

Capítulo III

De los abogados

Necesarios: 1) para restablecer la igualdad entre las partes litigantes con relación a la capacidad; 2) para equilibrar la desventaja relativa a la inferioridad de condición. Por qué no es posible confiarse a la protección del juez.

Se ha discutido si era conveniente, en un testimonio oral, admitir un abogado de profesión como representante de una parte.

Si se considera la relativa incapacidad que puede encontrarse en el demandante o en el demandado, por inmadurez de edad, vejez, incapacidades físicas, debilidad de espíritu, inexperiencia, timidez natural, inferioridad de condición, etc., parecerá demostrada la necesidad de admitir defensores profesionales.

Se dirá que quien ocupa el elevado sitial de la justicia debe, en esas como en otras ocasiones, llenar con relación a las dos partes la función del abogado y suplir lo que a una u otra falte.

Mas para ejercer ese protectorado hay dos condiciones necesarias: un conocimiento completo de todo lo que concierne a la causa y un celo suficiente para sacar de ella el mejor partido posible. Por parte de un juez no se puede esperar ni el mismo grado de información sobre cada caso individual ni el mismo interés en favor de cada litigante.

Suprimidos los abogados, cualquier agresor injusto tendría frecuentemente dos ventajas opresivas: la de un espíritu fuerte sobre un espíritu débil y la de un rango elevado sobre una condición inferior. En una causa de naturaleza dudosa o compleja, a menos de suponer a los jueces insensibles a las debilidades humanas, esas dos ventajas podrían resultar demasiado peligrosas para la justicia: e incluso en el caso de una perfecta imparcialidad dejarían expuesto al juez a sospechas odiosas.

Pero los abogados, salvo casos de corrupción sumamente raros en el sistema de la publicidad, no se niegan a nadie y son iguales para todos. Restablecen la igualdad entre las partes litigantes. Incluso la rivalidad que entre ellos existe los hace desplegar en cada ocasión, cualquiera sea su cliente, rico o pobre, grande o pequeño, ilustre o desconocido, toda la fuerza del talento que poseen y del que no pueden prescindir sin dañarse a sí mismos. El honor y el interés son aquí los auxiliares del deber.

Capítulo IV

De las diversas formas del interrogatorio

Cinco formas de interrogatorio: 1) oral y público; 2) oral y secreto; 3) público pero en ausencia de las partes; 4) oral y secreto, pero por comisarios de elección de las partes; 5) interrogatorio por escrito, o *forma epistolar*. En qué consiste la superioridad del testimonio oral: 1) *prontitud de la respuesta. La memoria es más pronta que la invención.* Restricción de este axioma. Respuesta a una objeción, 2) *preguntas formuladas una por una;* 3) *cada pregunta nace de cada respuesta;* 4) *presencia del* juez.

Las diversas formas del interrogatorio, más o menos utilizadas, pueden clasificarse en las cinco principales siguientes:

1) Interrogatorio oral, dirigido públicamente en presencia del juez entre las partes. Esta es la forma que corresponde al juicio por jurados.
2) Interrogatorio oral hecho por el juez secretamente, en ausencia de las partes. Esta forma todavía se sigue en una gran parte de Europa.
3) Interrogatorio oral hecho por el juez en ausencia de las partes pero públicamente. Tal es, en Inglaterra, el procedimiento que siguen los jueces de paz para la instrucción preliminar.
4) Interrogatorio oral por comisarios elegidos por las partes. Es el que se practica en Inglaterra en las comisiones libradas por la Corte del canciller para recoger los testimonios en ciertas causas.
5) Interrogatorio en forma *escrita.* Consiste en preguntas escritas formuladas a los testigos, que contestan por escrito.

Con la forma oral y la forma escrita, se puede efectuar una forma compuesta: *respuestas orales a preguntas escritas.*

Esto tiene lugar en el caso de que un tribunal, no pudiendo examinar a un testigo, lo haga interrogar por un juez en el lugar de su residencia.

La superioridad del testimonio oral descansa sobre cuatro puntos.

1) *Prontitud de la respuesta.* Cuanto más rápida sea ella, menos puede estar premeditada; y de ahí el grado de seguridad que presenta contra la mentira. Mentir es inventar, y conforme a la experiencia universal se puede establecer como axioma que *la memoria es* más *pronta que la imaginación,* más pronta para

los relatos enlazados que tengan carácter de verosimilitud y que puedan afrontar la prueba de un examen contradictorio.

Para que sea verdadero; es necesario que el axioma sea tan restringido porque sin esa restricción, hay muchos casos en que resultaría falso. Cuando la memoria, lucha contra el tiempo y trata de desenredar hechos complicados, vacila a cada paso, por así decir, y marcha tanto más lentamente cuantos mayores esfuerzos hace para ser exacta. La imaginación podría ir mucho más de prisa. Es esta una de las causas de la infidelidad de las narraciones en las conversaciones familiares; al fallar la memoria, la imaginación, que es más rápida, la suple.

En cuanto al grado de prontitud por parte del que contesta, no puede haber regla fija. En esto, como en la conversación, la naturaleza del caso indica el mayor o menor tiempo necesario para recordar un hecho determinado. Pero, en general, cuando un testigo comparece ante la justicia en virtud de una intimación jurídica, ha tenido tiempo de reunir sus recuerdos presentándose a la audiencia debidamente preparado.

Cuando la dilación en responder se prolonga más de lo normal, equivale al silencio; y ese silencio, en muchos casos, se vuelve en perjuicio de la persona interrogada, pues da nacimiento a la sospecha de reticencias engañosas o de disposición a la mentira. Y si una parte se obstina en callarse, se presume que es porque advierte el lado débil de su causa y porque duda de su derecho. ¿Podrá temerse que la marcha rápida del interrogatorio oral pueda causar una especie de aturdimiento al testigo y perturbar las funciones de la memoria? Esa objeción tiene bien poco fundamento en un procedimiento público, donde el individuo inocente se siente protegido desde todas partes. No habiendo delito, no hay peligro y no hay temor. Al no decir sino la verdad, no puede ser contradicho ni por él mismo ni por otros. La ansiedad es la compañera natural de la invención, así como la tranquilidad lo es de la memoria. Es cierto que el testigo más sincero puede cometer un error y corregirse a sí mismo. Pero, ¿es eso contradecirse? No; es, por lo contrario, mostrar su respeto por la verdad y adquirir el mayor derecho a la confianza. Habla a hombres que tienen la experiencia de tales errores momentáneos, de los que no hay por qué sonrojarse.

2) *Preguntas formuladas una a una.* Esta forma resulta naturalmente del interrogatorio oral, aun cuando no de manera necesaria, pero será bueno convertirla en regla general, ya que un interrogador puede, lo mismo en un tribunal de justicia que en una conversación, multiplicar las preguntas sin esperar las respuestas. Tal proceder es, en cierto sentido, absurdo, porque una hace olvidar la otra y el que tiene que contestar termina sin saber dónde se encuentra; y, en otro sentido, resulta peligroso, pues si el testigo ofrece una predisposición a engañar, se le ayudará a preparar un plan de respuestas formulándole aquella serie de preguntas y se le suministrarán informaciones sin las cuales habría fallado su inventiva. El mismo interrogador será quien apunte las respuestas.

3) *Cada pregunta nace de cada respuesta* Es este el camino lógico en el examen oral pero se podrá seguir otro. Después de cada pregunta el interrogador podría ser obligado a salir del tribunal y la respuesta sería dada en su ausencia. Pero, ¿de qué serviría eso?

Si se le oculta la respuesta, no sabrá en qué fundarse para seguir adelante y para lograr un testimonio exacto y completo. Se encontrará en el mismo apuro que un jugador de ajedrez, que no sabe el movimiento que debe hacer antes, de que su antagonista haya hecho la jugada.

Aun cuando por amistad el testigo estuviese tan deseoso de dar la información total relativa al hecho, como el interrogador de recibirla, podría ser sumamente nociva a este una regla que le impidiese fundar sus preguntas sobre las respuestas recibidas. Y si, en lugar de un testigo voluntario y verídico, se estuviese frente a un adversario reticente o mendaz, la situación sería todavía peor, por no existir el derecho de formular las preguntas tomando en consideración las respuestas.

Se pueden concebir casos tan simples que todas las preguntas pudieran estar preestablecidas, por cuanto cabría prever todas las respuestas; mas cuando se trata de un asunto un poco complicado, en que los eslabones se multiplican, ese plan se hace impracticable.

4) *Presencia del juez,* es decir, del mismo juez que pronunciará el fallo. Esta consideración será mejor examinarla en capítulo aparte.

Capítulo V

De la presencia del juez en el interrogatorio

Inconvenientes de separar las funciones de interrogar y de juzgar. 1) el juez que no falla sino de acuerdo con las piezas escritas, no puede estar seguro de que las actas recojan fielmente el testimonio oral ni de que ese testimonio haya sido exacto y completo; 2) se ve privado de la prueba circunstancial resultante del comportamiento de los testigos; 3) esa separación representa gastos y dilaciones: son necesarias dos operaciones, cuando una sola habría bastado. Interrogar y juzgar —se dice— son dos especialidades distintas. Error de esa opinión. Caso en que esas dos funciones han de estar necesariamente separadas: 1) testigos que no pueden ser interrogados directamente por habitar en lugares lejanos; 2) por la existencia de otros obstáculos; 3) por tratarse de pruebas tomadas de una causa anterior. Examen del caso de un tribunal colegiado en que hay un juez que ha asistido al interrogatorio, en tanto que los otros no lo han presenciado. ¿Por qué esas funciones han sido separadas? Falsa dignidad y comodidad de los jueces superiores.

Entiendo aquí por juez aquel a quien corresponde pronunciar la decisión. La función de examinar a los testigos, de reunir las pruebas, a menudo se confía a un simple comisario, a un juez informador, quien transmite por escrito las actuaciones al juez superior, el cual falla de acuerdo con el examen de los autos. Esta forma de proceder subsiste todavía en varios países e incluso en Inglaterra, en el tribunal eclesiástico y en los tribunales del almirantazgo.

La separación de esas dos funciones (la de reunir las pruebas y la de decidir) no presenta ninguna ventaja y abunda en efectos perniciosos. Cuando digo ninguna *ventaja,* quiero significar en beneficio de la justicia, porque, para los jueces, desde luego tiene varias.

1) El juez que no ha oído a los testigos, nunca puede estar seguro de que las actas representen fielmente el testimonio oral, ni de que este haya sido exacto y completo en su origen. En cambio, cuando tiene ante sí a los testigos y a las partes, percibe dónde resulta defectuoso su testimonio y mediante las preguntas que les formula obtiene los informes que le faltan. ¿Quién mejor que él puede saber dónde falla su propia convicción? ¿Quién mejor que él puede buscar el rasgo esencial, aquel que caracteriza a la verdad, aquel que más ha de influir en su decisión?

Cuando únicamente tiene para instruirse piezas escritas, no puede suplir ninguna omisión ni hacerse explicar lo que pueda resultar oscuro, ni salir de la duda en que puedan sumirlo unas declaraciones contradictorias.

2) El testimonio presentado en esa forma inferior se ve privado de la parte más instructiva, de esa prueba circunstancial que suma tanta fuerza al testimonio oral, aquella que resulta de la conducta de los testigos y de las partes. El juez no puede conocer por observaciones propias los caracteres de verdad tan vivos y tan naturales, relacionados con la fisonomía, con el tono de voz, con la firmeza, con la prontitud, con las emociones del temor, con la sencillez de la inocencia, con la turbación de la mala fe; puede decirse que se cierra a sí mismo el libro de la naturaleza y que se vuelve ciego y sordo en casos en que es preciso ver y oír todo. Sin duda hay muchas causas en que no hay necesidad alguna de los indicios que puedan resultar del comportamiento de las personas, pero es imposible juzgar de antemano.

3) Otro inconveniente de esta separación es el de acarrear inútilmente gastos, vejaciones, dilaciones, ya que se requieren así, en todos los casos, dos operaciones cuando hubiera bastado con una sola. Veamos la mayoría de las causas: si el juez que reúne las pruebas es el mismo que aquél a quien corresponde fallar, su decisión podrá ser inmediata, y si ambas partes están satisfechas se termina la causa; si una de las dos no lo está, habrá apelación.

Pero cuando las funciones están separadas, cualquiera que sea la fuerza del testimonio, no puede acabarse en primera instancia, sino que siempre hace falta una primera actuación por parte del juez instructor y una segunda en el tribunal que decide.

La presencia del juez en el interrogatorio es, además, bajo los auspicios de la publicidad, la mejor salvaguardia para la observancia de todas las reglas legales; no se producirán ni las preguntas capciosas, ni los procedimientos que puedan intimidar a los testigos o a las partes; evitará los altercados de los abogados; pondrá un freno más poderoso a la mentira, porque la ley debe otorgarle el poder, en caso de falso testimonio, de aplicar una pena inmediata cuando hay una convicción inmediata.

Quienes quieran justificar este sistema de separación, quizá dirán que tal individuo competente para reunir las pruebas no lo es para decidir, porque se trata de dos especialidades distintas.

Es un error. En el acto de reunir las pruebas, todo se relaciona con la decisión; la prueba no es sino un medio y la decisión el fin. El cerebro que no está capacitado para una cosa, no lo está para la otra. Se necesita un hombre muy ilustrado para elegir entre numerosos testimonios el que resulte esencial. Si un juez de instrucción es poco hábil, se deja engañar y pierde el hilo de las pruebas; si se las da de agudo y sutil, es todavía peor porque recurre a medios insidiosos y pérfidos, y hiere así la primera ley de la justicia con pretexto de servirla.

I. DE LOS CASOS EN QUE LA SEPARACIÓN ES INEVITABLE

De que la judicatura no pueda ejercerse de la mejor manera, no se desprende que no deba ser ejercida aún en forma inferior.

1) Habrá casos en que las partes y los testigos no estén sometidos al poder del tribunal que debe fallar. En los casos de expatriación existe una barrera infranqueable; en los casos de exprovinciación pueden presentarse dificultades más o menos grandes.

2) También puede ocurrir que, si bien no existan razones físicas que impidan la comparecencia de una parte o de un testigo ante la justicia, existan razones de prudencia que se opongan a ello para evitar dilaciones, vejaciones y gastos, cuando el inconveniente que resultase fuese preponderante.

3) Puede ocurrir también que un conjunto de testimonios que fue reunido en tiempo lejano para otra causa, entre las mismas partes o partes distintas, contenga elementos aplicables a la causa actualmente en cuestión y que la comparecencia de los testigos se haya hecho impracticable.

II. MODIFICACIONES DE QUE ES SUSCEPTIBLE EL SISTEMA DE SEPARACIÓN

La separación puede ser total o parcial. Total, si ninguno de los miembros que forman parte del tribunal que falla ha asistido a las diligencias de reunir las pruebas; parcial, uno o varios de ellos han asistido a las mismas.

Si la separación es total, el mal existe tal como lo hemos presentado; si no es más que parcial, se halla en un plano algo diferente: 1) el juez que ha visto a los testigos puede comunicar sus observaciones a los demás; 2) puede rectificar lo que hubiese de inexacto e incompleto en los trámites escritos y contestar las preguntas de sus colegas; pero todo ello depende de su capacidad y de su voluntad.

De hecho, un tribunal de esta naturaleza se compone de jueces, entre los cuales uno es muy competente y los demás de competencia imperfecta, en una decisión en que todos toman parte por igual.

¿Se dejarán llevar por el más instruido? Una decisión que, de hecho, pertenece a un solo autor goza, en caso de que fuese errónea, del apoyo de todos sus colegas, que oponen una muralla de defensa contra la censura pública o que dan a la iniquidad una falsa apariencia de justicia.

Si mantienen una opinión opuesta a la suya tendremos, en tal caso, un número de jueces comparativamente peor informados, oponiéndose con éxito al único entre ellos que ha obtenido sus informaciones acerca del hecho en su fuente verdadera.

III. CAUSAS DE ESTA SEPARACIÓN

No son difíciles de encontrar. No es el deseo de pronunciar una decisión más pura y más imparcial lo que ha llevado a esta separación, sino una idea equivocada de la dignidad o la tendencia natural a evitarse la parte más penosa y menos brillante del trabajo.

Decidir es una operación que no exige sino el tiempo que se le quiera conceder; pero todo cuanto se refiere a oír a los testigos, a reunir las pruebas, es una serie de actuaciones que no pueden llevarse a cabo sin concederles un tiempo considerable.

Los testigos son gente de todas clases y, como la gran mayoría del pueblo se compone de personas ignorantes y sin educación, no constituyen el tipo de sociedad a que un juez está habituado; son mala compañía. Sin duda es más agradable recibir esos mismos testimonios por escrito y oírlos comentar por abogados, hombres corteses y bien educados, que quitan las espinas y facilitan los asuntos.

CAPÍTULO VI

¿LE ESTARÁ PERMITIDO AL TESTIGO CONSULTAR NOTAS?

Ventaja. Ayudan a la memoria. Inconveniente. Respuestas premeditadas en sustitución de las respuestas espontáneas. La exclusión de las notas es un mal cierto. Su admisión es un mal posible. Precauciones que se han de adoptar al permitir el empleo de notas. Cuestiones previas que han de proponer. ¿Se deben excluir las notas que no sean de puño y letra del testigo?

Esta pregunta puede parecer extraña. El testigo a quien se rehúsa la facultad de consultar su memorándum, su diario, sus cartas, la reclama como absolutamente necesaria para su memoria y afirma que, sin esa ayuda, le es imposible producir un testimonio exacto y completo.

Pero, por otra parte, lo que se desea es obtener una respuesta pronta y no premeditada; si se le concede la facultad de consultar sus anotaciones, se pierde en parte la ventaja del interrogatorio vivo y apremiante, que no deja a la mala fe el tiempo de meditar.

Sin embargo, la balanza no se equilibra entre estos dos inconvenientes, porque, excluyendo las anotaciones, habrá casos en que el daño que se produzca será cierto (por daño, quiero significar un testimonio inexacto e incompleto), y admitiendo las anotaciones, no habrá sino una simple posibilidad de error, la posibilidad de que un testigo pueda valerse de esa facilidad para escapar al peligro de las preguntas imprevistas.

Puesto que la conveniencia de esa ayuda depende, no de la clase de las causas, sino de las circunstancias de la causa en cuestión, no le es posible al legislador trazar una línea; debe dejar que el juez se pronuncie sobre la exclusión o admisión de las anotaciones.

La admisión no será rechazada en los casos complicados, en asuntos de contabilidad que requieren una exactitud muy especial, ni en las causas que giran alrededor de acontecimientos cuya madeja solo puede desenmarañarse mediante fechas, ni a testigos cuya memoria parezca insegura, ya sea por efecto de la edad o por la turbación que pueda resultar de la solemnidad de un tribunal de justicia.

No obstante, este permiso solo será otorgado bajo condiciones que disminuyan el peligro.

La facultad de interrogar quedará intacta para el interrogador: podrá ejercerla antes, durante y después. El propio juez, antes de autorizar la lectura de un memorándum, podrá obtener de la pura memoria del interrogado lo que esta pueda darle; podrá hacerse entregar las notas o acordar la comunicación de las mismas a las partes interesadas; podrá ordenar su depósito ante la justicia y fijar un día para someterlas a un interrogatorio especial.

Si la lectura de las notas ha sido autorizada para recordar al testigo los hechos que ha visto, las palabras que ha escuchado, debe exigírsele que luego de haber, en cierto modo, refrescado su memoria, afirme recordar directamente los hechos o las palabras. Debe colocarse esta afirmación bajo la garantía de las mismas sanciones que el testimonio ordinario y, si titubea, los hechos alegados en las notas no deben contar para nada.

Frecuentemente ocurrirá que con el memorándum de un hecho o de una serie de hechos habrá, además de las particularidades concernientes al hecho en cuestión, otras que no interesen a la causa y cuya revelación sea perjudicial para el interrogado. Que tenga cuidado el juez, porque debe ser una obligación legal para él, y ciertamente lo es moral, el no exponer a los testigos a vejámenes de esta naturaleza.

Puede ocurrir también que las notas, los escritos, presentados por una persona ignorante o de escasa inteligencia, contengan distintos rasgos de los cuales saque partido un abogado para poner en ridículo al testigo y exponerlo al desprecio. Es un delito contra la reputación de un individuo, del que se hace cómplice el juez si lo deja cometer en su presencia sin reprimirlo.

Mediante algunas preguntas previas, el juez podrá apreciar mejor el carácter del memorándum.

¿Cuándo fueron tomadas esas notas? ¿Fue poco tiempo después de la transacción que relatan? ¿Cuál fue el motivo que lo impulsó a tomarlas? ¿Son el original o una copia? ¿Son de su puño y letra o de otro? Si son de otro, ¿cómo han caído en su poder?, etc.

Pero, se dirá, permitir que un interrogado recurra a notas que no son de su puño y letra, ¿no es lo mismo que permitir a un testigo sobornado que presente un relato falso redactado por su sobornante?

Esta objeción lleva nada menos que a hacer prohibir la admisión de las notas en todos los casos en que sea posible, porque si un tercero puede haber inventado una fábula para el testigo, este puede haber inventado una para sí mismo; si un tercero puede haber redactado y escrito para sí una falsa declaración, el testigo puede haberla transcrito con su puño y letra y presentar como original lo que no es sino una copia.

Si se rechaza totalmente esa ayuda, resultará que un testimonio verdadero puede quedar excluido, en tanto que un testimonio falso será admisible. Un bribón con buena memoria puede retener la ficción que ha inventado, mientras que una persona decente con mala memoria puede recordar muy imperfectamente sus propias percepciones y observaciones.

Capítulo VII

De las preguntas sugerentes

La pregunta sugerente tiene lugar cuando la respuesta está indicada en la propia pregunta. Peligro de ese modo de interrogar. Es necesario, sin embargo, en algunos casos, 1) para abreviar; 2) para ayudar a la memoria. Correctivo contra el abuso.

Una pregunta es *sugerente* cuando el hecho real o supuesto que el interrogador espera y desea ver confirmado con la respuesta se indica al interrogado mediante la pregunta. ¿No es su nombre tal o cual? ¿No vive Ud. en tal lugar? ¿No está Ud. al servicio de fulano o mengano? ¿No ha vivido Ud. tantos años en su casa?

Bien se comprende que, bajo la forma interrogativa, puede comunicarse al interrogado, con cierto disimulo, cualquier clase de información. Puede preparárselo sobre la manera como debe responder a las preguntas que van a serle formuladas; y el interrogador, fingiendo ignorar, fingiendo solicitar una instrucción, la da él mismo en lugar de recibirla.

La pregunta sugerente no siempre es contraria a los fines de la justicia; incluso es admisible en ciertos casos, sea como medio de celeridad, sea como una ayuda prestada a la memoria.

I. Primera base de admisión: medio de celeridad

Cuando la pregunta sugerente no es sino un medio de abreviar, sin proporcionar al interrogado ninguna facilidad para el engaño, se supone que resulta tan inocente como útil.

En los ejemplos precedentes, el hecho indicado por la pregunta es un hecho ya conocido por el interrogado; la sugestión nada le enseña, ni le proporcionaría ninguna ayuda si tuviese intención de mentir.

Cuando no se recela de ninguna mentira, las preguntas sugerentes pueden ser muchas más que las de los ejemplos citados. Hablo de acuerdo con la práctica. No se teme el hacer conocer al interrogado hechos de los cuales no se sospecha pueda o quiera este abusar.

II. SEGUNDA BASE DE ADMISIÓN: AYUDA PRESTADA A LA MEMORIA

Ya hemos visto al hablar de las notas que hay casos en que la memoria necesita ser ayudada. Si se sugiere a un testigo honesto un hecho que olvida, un nombre, una circunstancia, se reproduce en su espíritu toda una serie de recuerdos; es como el despertar de un enjambre de ideas dormidas. El sistema excluyente ha sido llevado mucho más allá de lo que la prudencia requería.

¿En qué casos la información sugerente puede ser perjudicial?. Únicamente en aquellos en que el testigo está dispuesto a utilizarla para sostener un plan de mentiras; pero si se desea preparar al testigo, se tratará más bien de darle esas informaciones antes del interrogatorio, cuando puede hacerse sin despertar ninguna sospecha, y no durante el interrogatorio mismo, donde ese estilo artificioso no escaparía a la observación de los jueces. Es menester encontrar un abogado que se preste a esta maniobra, que se muestre en el aspecto de un hombre sobornado y que se deshonre con muy pocas probabilidades de triunfar, porque, para el éxito de este fraude, habría que contar con la inepcia de los abogados contrarios y con la incapacidad de los jueces o su connivencia.

Puede asegurarse que tales abusos no ocurrirán jamás, o no llegarán muy lejos, en todo tribunal que admita la publicidad.

Sin embargo, debe establecerse como regla general que, durante el interrogatorio, ninguna información podrá ser comunicada por el interrogador al interrogado, como pretexto de ayudar a la memoria, sin autorización expresa del juez.

Puede también afirmarse que ninguna sugestión de esta naturaleza tendrá lugar sino después que el declarante haya terminado su declaración; de esta manera se obviará el inconveniente de las interrupciones y se tendrá el testimonio completo, en su pureza original, antes que haya podido recibir algún tinte falso mediante sugestiones externas.

Capítulo VIII

De las personas que tendrán derecho a interrogar

Utilidad de extender ese derecho a todos aquellos que tienen un interés en la causa y que pueden suministrar informaciones: 1) el juez (comprendido el jurado); 2) las partes: 3) los abogados de las partes; 4) los testigos externos. Denegar a una parte el derecho de interrogar equivale a rechazar al representante natural de ese interés. Peligro de admitir que los testigos interroguen. Tres casos en que puede ser conveniente: el de una contradicción manifiesta entre los testigos; el de que un testigo haya sido lesionado por un falso testimonio; el de que quiera defender su reputación de veraz.

¿A quién debe otorgarse el derecho de interrogar? A toda persona que pueda ejercerlo en servicio de la justicia, es decir, a todo individuo que tiene un interés legítimo en la causa y que puede suministrar informaciones.

Cada interrogador admitido, suponiéndole las condiciones requeridas, representa una garantía más para la fidelidad del testimonio.

Esas condiciones se encuentran naturalmente reunidas en las siguientes personas: el juez (incluyendo al jurado), las partes, los abogados de las partes y, en ciertos casos, los testigos externos.

Los declarantes se clasifican en cuatro categorías: los demandantes, los demandados, los testigos de los demandantes y los testigos de los demandados.

Cada declarante puede, pues, tener siete interrogadores Por ejemplo, el demandante puede ser interrogado: 1) por el juez y el jurado; 2) por su abogado; 3) por el demandado o su abogado: 4) por uno de sus propios testigos; 5) por un testigo del demandado; 6) por un codemandante o su abogado; 7) por un testigo del codemandante.

De ahí que, *mutatis mutandis,* para cuatro clases de declarantes, teniendo cada uno de ellos siete interrogadores posibles, la multiplicación arroja un total de veintiocho casos a considerar.

Si cada interés en juego debe estar representado en la persona de un interrogador, se desprende lógicamente que habrá tantos ejemplos de inconsecuencia y de sinrazón, cuantos sean, de entre esos veintiocho interrogadores, los que dejen de usar tal derecho.

Todo se puede esperar de la libre facultad de interrogar y nada se puede temer. Quien solicita una exclusión, no puede desearla nunca sino para un fin contrario a la justicia, a menos que pueda motivarla en uno de esos inconvenientes colaterales que hemos señalado: las dilaciones, los gastos o las vejaciones apreciables y manifiestas.

¡Admitir que los testigos pregunten! Esto requiere una explicación.

En los casos ordinarios, no hay ninguna razón para conceder tal derecho a los testigos externos, que no tienen ningún interés en la causa. Si se les concediese, podrían abusar fácilmente. Los debates podrían ser cortados por interpelaciones continuas y saturados de cuestiones heterogéneas. Un demandante o un demandado de mala fe, podría citar un número ilimitado de testigos confabulados con él, que con solo valerse de ese privilegio ocasionarían dilaciones sin fin.

Por lo tanto, no es ése un derecho que haga falta otorgarle. Es únicamente una facultad que podrá ejercer con permiso y bajo la fiscalización del juez, o a instancias de las partes.

Veo tres casos en los cuales pueda resultar conveniente.

1) Cuando hay una contradicción manifiesta en la declaración de dos testigos externos, y el juez considera que puede ser aclarada mediante una conversación libre entre ellos. Si no hay manera de conciliarios, una de las dos declaraciones es necesariamente falsa.

2) Aun cuando sea muy de desear que un testigo externo carezca de interés personal en la causa, puede suceder todo lo contrario. Y si ese testigo oye afirmar un hecho cuya falsedad puede probar, pero que, admitido como verdadero, le resultaría perjudicial, ¿en qué se podría basar una negativa a escucharlo?

3) Pero, además de ese interés casual, puede tener otro en mantener su reputación. "Si lo que el testigo actual afirma es cierto, lo que yo he dicho es falso, y por ello pido interrogarlo." Es este un derecho natural de defensa; y nadie dejará de advertir el partido que la justicia puede obtener para sí misma. Comprendo la objeción. "Eso es sembrar procesos sobre procesos." Convengo en ello. Mas el inconveniente se limita a la persecución inmediata de un falso testimonio; y asiendo la ocasión por los pelos, en el momento que la prueba esté completamente dispuesta, tal vez se necesiten menos minutos para juzgar el asunto que días se hubiesen precisado si hubiese sido diferido. La conducta de los antagonistas se encuentra todavía representada en el espíritu del juez con sus colores auténticos. No hay ningún tiempo para inventar pretextos, para captar testigos, para sobornar. Y cuanto más pronta sea la convicción, más saludable será como ejemplo y como freno.

Capítulo IX

Examen amistoso u hostil. Afectos que se suponen entre los que preguntan y los que contestan

La función del juez se facilitaría si pudiese conocer las disposiciones amistosas u hostiles de los testigos. Los indicios naturales de esas disposiciones son el interés y la simpatía. Los indicios aparentes resultan a veces engañosos. Puede haber un interés *secreto* más fuerte que el interés *declarado,* o una colusión con la parte contraria. Reglas del foro inglés fundadas sobre presuntos afectos: 1) no se puede desacreditar al testigo propio; 2) ni hacerle una pregunta sugerente. Error que sirve de fundamento a esas reglas. Ese caso no admite ningún aspecto positivo. ¿En qué casos se puede permitir el examen de la condición de un testigo? Grave equivocación de la ley romana que concedía únicamente a los jueces la facultad de interrogar.

Si hubiese un criterio por el cual se pudiese conocer la disposición del testigo hacia la parte que es objeto de su testimonio, la labor del juez resultaría muy facilitada: 1) estaría en guardia contra las causas de decepción y sabría de qué lado se habría de temer la mentira y lo que debe atribuir a la parcialidad propicia o contraria; 2) vería la finalidad de las preguntas sugestivas mediante las cuales se trata de guiar a los testigos o de tenderles un lazo, y podría cortar de raíz las dilaciones que no tienen otro objeto sino servir a una de las partes a costa de la justicia.

El interés y la simpatía son indicios naturales de los sentimientos entre los declarantes y la parte que les pregunta.

Pero ese indicio, por muy natural que sea, está lejos de ser infalible. ¿Por qué? Porque los motivos *latentes o descubiertos,* pueden estar contrarrestados por los motivos *ocultos* de una fuerza superior.

Es cierto que si he elegido mis testigos, los habré tomado entre quienes son mis amigos o, por lo menos, entre aquellos que considero neutrales. Mas esta presunción está muy sujeta a resultar falsa. No siempre sucede que la parte pueda elegir los testigos, e incluso lo contrario es más corriente.

Supongamos que el testigo interrogado por mi abogado o por mí es mi codemandante; he ahí un caso en que se puede presumir que sus afectos me son altamente favorables, puesto que, en lo relativo a la causa en cuestión, existe entre nosotros una comunidad de intereses declarada.

Aunque esta probabilidad sea muy grande, puede también fallar: 1) si el interés declarado que une a ambos codemandantes se halla equilibrado por un interés *secreto* que enfrenta el uno al otro; 2) si existe una colusión entre el interrogador y la parte contraria a la suya.

De ello se desprende que las reglas inflexibles fundadas en estas suposiciones de afecto, a menudo serían contrarias a la verdad y perjudiciales para la parte a quien se entorpecería en su facultad de interrogar.

Esta necesidad es un asunto muy enojoso porque la tranquilidad de un tercero se ve comprometida por una averiguación en la que todos los riesgos están contra él. Ese medio es triste también, en razón de la incertidumbre de tal averiguación y de las dilaciones que puede acarrear. ¿Habrá que contentarse con imputaciones generales? Eso sería exponer el honor de los ciudadanos a los ataques contra la inocencia, tan peligrosos como poco concluyentes. ¿Se exigirán hechos articulados? Eso sería enclavar un proceso dentro de otro y tales procesos accesorios pueden hacerse más numerosos y más embarazosos que la causa principal.

Sin embargo, esta necesidad, por desgraciada que sea, puede existir. Hay casos en que la declaración de un testigo prevaricador no presenta ningún carácter intrínseco de falsedad y en que a la parte interesada no le quedará otro medio para prevenir su efecto, que atacar al testigo mismo, como indigno de ser creído.

Este poder de tachar al testigo es, sobre todo, necesario en los casos en que la parte se ha visto forzada a recurrir al testimonio de una persona cuyas inclinaciones no le son favorables.

Esto puede ocurrir todos los días. Si ultrajado por alguien, me veo reducido a utilizar el testimonio de su amigo, de su amante, de sus servidores, únicos testigos de la querella, los cuales no estarán bien dispuestos a mi favor, es preciso que yo disponga de un freno para contenerlos.

La ley romana, desconfiando de todas las partes, no les permitía interrogarse recíprocamente. Encomendaba esa función exclusivamente al juez.

Este sistema era defectuoso, en muchos aspectos, incluso suponiendo en el juez el máximo de integridad.

1) Defectuoso con respecto al celo que se deriva del interés: es evidente que el del juez, en términos generales, no puede ser el mismo que el de las partes.

2) Defectuoso con respecto a los conocimientos positivos pertenecientes a cada causa individual: es de presumir que las partes que hacen de ella el objeto principal de su preocupación tienen, en general, superioridad sobre el juez.

Tal es el estado de cosas, suponiendo en los magistrados la más absoluta probidad: pero si tienen parcialidad en la causa, el derecho exclusivo de interrogación les proporciona un medio extraordinario para favorecer a una de las partes a expensas de la otra. Con frecuencia se ha observado que los jueces, por consecuencia misma de su situación, por su hábito de ver criminales y de inclinarse a creer fácilmente en el delito, están, en general, prevenidos contra los acusados y revelan ese sentimiento por una forma de interrogar severa y hostil. En las acusaciones políticas, corrientemente se les ha reprochado una disposición servil para prestarse a las miras del gobierno, disposición que se explica fácilmente, sea por motivos ambiciosos o una simpatía natural entre todas las autoridades. "El poder dice un hombre de ingenio hace los jueces a su imagen."

La jurisprudencia inglesa es la primera en que se han obviado todos esos peligros, dando a las partes mismas la facultad de interrogar a los testigos; y es eso lo que ha dado a esa jurisprudencia un término apropiado a ese efecto: *cross examination*, examen contradictorio.

Capítulo X

Comparación de las diversas formas del interrogatorio

Comparación entre la forma oral y la forma escrita. Respecto a esta última, la ventaja está del lado de la mala fe. Abuso a que se presta la forma oral por la licencia en que pueden incurrir los abogados. Todos los puntos de comparación entre las diversas formas se reducen a observar cómo se aplican las diversas garantías.

I. Comparación de la forma oral y de la forma escrita

1) Esas dos formas son iguales en el aspecto de la *particularidad.* No hay preguntas que no puedan formularse por escrito o de palabra; no hay circunstancia a la cual no pueda llegarse de una u otra manera.

Pero, en los hechos, hay una gran diferencia, incluso a este respecto; la facilidad de interrogar a un testigo presente, conduce a detalles en los cuales no se pensaría cuando se redactan las preguntas por escrito.

2) Con respecto a la permanencia o a la fijación de las palabras, el testimonio oral, tomado taquigráficamente, no será inferior a la forma escrita.

3) Partiendo del supuesto de la capacidad y la buena fe del testigo, habrá una ventaja muy grande y muy sensible en la forma escrita, en lo que se refiere a la exactitud y a la plenitud del testimonio, en cuanto esas cualidades dependen de la reflexión debida y honestamente aplicada a recordar todos los hechos y a situarlos en su verdadero orden. No hay lugar a las imperfecciones de un interrogatorio súbito, a la turbación que puede alterar momentáneamente la memoria, a las transposiciones involuntarias de hechos y de circunstancias. Es ése, sin duda, el motivo principal que ha hecho prevalecer esta forma en un número considerable de casos. Pero esta ventaja, se ha dicho, depende de la supuesta buena fe del testigo porque si tiene alguna disposición para la mentira, la forma escrita le concede grandes facilidades, no solamente porque dispone de tiempo suficiente para meditar y combinar sus respuestas, sino también porque la serie misma de las preguntas que se le formulan es un hilo que lo guía, que le muestra el fin a que se quiere llegar y le sugiere las instrucciones con las cuales se orienta.

Si es de mala fe, el expediente a que recurrir será menos la mentira, por la cual puede fácilmente comprometerse, que el estilo oscuro y el género nebuloso, que escapa a la convicción, porque en ello el artificio no hace sino imitar la incapacidad natural de un entendimiento opaco y confuso.

Amontona palabra tras palabra, lanza los temas en el más completo desorden, se extiende sobre lo que no se le pregunta, se calla sobre todo lo que se quiere saber, da falsos colores a la verdad misma; en una palabra, trata de escaparse en la oscuridad. Quienes conocen los escritos de los litigios no encontrarán exagerada esta representación.

En la forma oral, las digresiones de astucia o de ignorancia son detenidas desde los primeros pasos. Toda expresión confusa es señalada. Si el interrogado persiste en sus frases vagas o equívocas, proporciona un indicio desfavorable a su causa o a su carácter. Una oscuridad prolongada y afectada sería equivalente al silencio.

Una ventaja que pertenece a la forma escrita consiste en estar completamente exenta de un inconveniente con el que se puede tropezar en la forma oral en perjuicio del testimonio. Me refiero al caso en que un abogado, viendo que un testigo honesto declara de manera contraria a sus miras, adopta para con él un tono arrogante, trata de intimidarlo, de turbarlo imputándole contradicciones y consigue a veces convertirlo en oscuro e ininteligible.

Digo un testigo honesto porque no se toma naturalmente esta actitud con el que se sospecha que no lo es. Se tiene buen cuidado de no advertirle. Para dar tiempo a que la falsedad brote y se manifieste, el abogado hábil no demuestra ninguna sospecha; lo deja hablar y comprometerse más y más hasta que, por fin, lo sorprende en alguna contradicción de la que no puede salir.

Este inconveniente, lejos de ser esencial a la forma oral, no es sino un abuso y este abuso no puede producirse más que en la medida en que el juez mismo lo tolere y se haga cómplice. No es de temer que se trate de intimidar a los testigos en el sistema del jurado, en que esa manera de actuar sería más perjudicial que útil a una causa.

II. COMPARACIÓN DE LAS DEMÁS FORMAS

Todos los puntos de comparación se reducen a observar cómo las distintas *seguridades* se aplican a tal o cual forma.

Interrogación pública por las partes ante el juez. He ahí los tres puntos cardinales mediante los cuales puede apreciarse el mérito de cada forma. Si falta uno u otro, falta una medida proporcional de seguridad.

Respuestas repentinas; preguntas hechas una por una; preguntas derivadas de las respuestas y *toda la actuación conducida por la autoridad del juez.* He ahí las seguridades secundarias que pertenecen exclusivamente a la forma oral. Podrían existir sin publicidad, pero no tendrían la misma fuerza; no se aplicarían con el mismo celo; se producirían negligencias; distracciones, efectos inevitables del hábito y del aburrimiento.

Se vale más cuando se es contemplado, ha dicho un poeta que conocía bien el corazón humano.

En ese monstruoso sistema en que se han separado las dos funciones, la de interrogar y la de fallar, en que el superior pone los remos y el timón en manos de un inferior, es decir, delega en él lo que tiene de más difícil y laborioso el procedimiento, para reservarse a sí mismo la tarea más agradable y brillante, toda la atención pública se dirige hacia ese juez superior. El personaje secundario, que trabaja en la intimidad del gabinete, se preocupa tan poco del público como el público de él. Para extraer la verdad del pozo en que se oculta, tiene que realizar muchos esfuerzos; en cambio, no requiere ninguno para dejarla donde está. Si tiene un salario fijo, abreviará el trabajo cuanto pueda sin comprometerse. Si se le paga proporcionalmente al número de audiencias o al volumen de los escritos, su interés actuará en sentido contrario y será fértil en expedientes para prolongar los asuntos.

Capítulo XI

El testimonio obtenido mediante la forma escrita ¿podrá servir de base para un fallo en aquellos casos en que la forma oral sea impracticable?

En materia penal, nunca. En materia civil, muy rara vez: solo en el caso de que los testimonios sean dignos de toda confianza. Reserva de apelación y de los medios de reparación.

Supongamos unos testigos expatriados o completamente inválidos, o situados en circunstancias en que su comparecencia ante la justicia sea impracticable: no hay otro medio para obtener su testimonio que la forma escrita. Su declaración así recibida, mediante esa forma inferior, ¿podrá fundamentar un juicio definitivo?

La respuesta a esta pregunta dependerá de la importancia de las causas, y el criterio de esta importancia se encontrará en la distinción entre lo penal y lo civil.

En materia penal es evidente que si se pudiera fallar a base de testimonios no sometidos al interrogatorio en la forma oral, no habría ya seguridad.

No ocurre lo mismo en lo civil, que permite la apelación y deja siempre subsistentes medios de reparación.

Pero, incluso en los casos civiles de calidad menos importante, sería contrario a toda justicia el constreñir a un tribunal a emitir un fallo basado en pruebas de esta naturaleza.

Ya hemos visto en qué consiste su inferioridad; pero hay que observar, además, que, con respecto a testigos ausentes, estos podrían estar situados en circunstancias tales que no les alcanzase en grado suficiente la acción de la justicia; es decir, que en caso de falso testimonio no se podría disponer de sus personas.

Con la ayuda de un testigo falso o de una banda de testigos falsos situados en París o en Hamburgo, un individuo en Londres podría probar, contra otros individuos en Londres, falsas deudas de cualquier valor imaginable: los testigos falsos no correrían ningún peligro.

Por otra parte, prohibir a los jueces que emitan una decisión basada en pruebas de esta naturaleza, aun tomando todas las precauciones convenientes, es lo mismo que privarlos, en determinados casos, de la facultad de hacer justicia y forzarlos a rechazar testimonios tan dignos de confianza, que la propia parte contra la cual actúan se avergonzaría de manifestar la menor duda.

Este es también el mismo principio que, en general, ha dictado el sistema de las exclusiones. Se han abierto los ojos sobre el peligro de los falsos testimonios y se han cerrado sobre el de carecer de testimonios. Y, sin embargo, este peligro es mayor que aquél, porque un falso testimonio no acarrea necesariamente un fallo equivocado; incluso es muy raro que no se advierta o sospeche la existencia de aquél. Pero cuando falta el testimonio, no puede suplirse con la sagacidad de los jueces, y la consecuencia necesaria es un fallo erróneo.

Capítulo XII

Del interrogatorio escrito: cómo aplicarlo ventajosamente

Su inferioridad natural. Garantías secundarias que se le pueden dar: 1) que el declarante no hable sino en primera persona. Origen de la costumbre opuesta; 2) que los párrafos sean cortos y estén numerados. *Divide et impera,* máxima lógica.

No ofreciendo el interrogatorio escrito todas las garantías de la forma oral, no debe nunca emplearse con preferencia. Pero, puesto que hay casos en que resulta indispensable, hay que ver cómo debe aplicarse.

Agreguémosle dos correcciones que le servirán como garantías secundarias:

1) Que el declarante no hable nunca sino en primera persona.

2) Que las preguntas y respuestas se dividan en párrafos cortos y numerados, de manera que su correspondencia sea fácil de apreciar.

I. Que el declarante hable en primera persona

Hago notar, con respecto a esta regla, que la misma se opone a la práctica generalmente establecida en el sistema técnico. El que contesta no habla sino en tercera persona: *el demandado ha dicho, el demandado ha hecho,* etc., en lugar de decir: *he dicho, he hecho, etc.*

El origen de esta costumbre tan ridícula, tan rara, se remonta a los tiempos en que el arte de escribir era un monopolio de los letrados, de los hombres de leyes. Los declarantes que debían hacer una narración por escrito se dirigían a un abogado, que lo redactaba por ellos, y el escrito, firmado o no por los declarantes, se convertía en una especie de prueba de referencias.

La ayuda de un hombre de ley no dejaba de ser útil. Entregado a sí mismo, un individuo de condición común no sabe atenerse al tema, sino que omite lo esencial y se pierde en lo accesorio. El hombre de ley, en atención a su propio crédito, reprime esos rodeos y trae el tema a su punto principal. He ahí una ventaja sensible: pero, en cambio, no hay ninguna en dar al discurso una forma indirecta, en contar lo que ha dicho el declarante en lugar de hacer que hable él mismo.

Por el contrario, tiene un grave inconveniente. La responsabilidad del testigo disminuye a sus propios ojos: lo que dice, no lo dice ya en su nombre, sino en nombre de otro, y de otro más hábil que él, que conoce mejor lo que hay que callar y el giro que debe darse a las cosas. Ya no es a él a quien se dirige la censura, si la hay; ya no es su conciencia la que responde por lo que se escribe. Lo que otro dice por mí, es más o menos de su incumbencia; lo que yo digo en mi nombre, es exclusivamente de la mía y soy el único responsable.

Tal vez parecerá sutil esta distinción, pero a poco que se reflexione se verá que es justa.

II. Párrafos cortos y numerados

¿Por qué párrafos cortos? La fábula de los haces, frágiles separadamente e inflexibles colectivamente, proporcionaría una respuesta emblemática pero fácil de entender.

Divide et impera: máxima de tiranía, si se quiere; pero es una máxima de lógica y de una gran importancia. Se hace uno dueño de un tema dividiéndolo. Un litigante de mala fe trata de salvarse mediante la confusión de un testimonio muy extenso; deja sin respuesta las preguntas; y cuantas más cosas inútiles amontona, más difícil resulta darse cuenta de lo que omite y de lo que es esencial. Cuando se le presenta una serie de preguntas bien claras y numeradas, cada respuesta debe referirse a su número; la confrontación es inmediata y toda la atención se dirige a un solo punto; la insuficiencia de una respuesta en seguida se pone de manifiesto. Y un litigante que se encuentra ante la censura de su juez, se contiene por pudor y por temor.

Las preguntas toman naturalmente la forma de una oración corta y simple. Si en vez de ser simple, la pregunta resulta compleja, se ve en seguida y se ve también cómo hay que descomponerla para reducirla a proposiciones simples. Cuando quien formula la pregunta desea una respuesta clara, se halla dispuesto a formular una pregunta clara y diáfana; pero si tiene algún motivo para embrollar y prolongar los asuntos, formula sus preguntas de manera oscura y complicada y eso mismo se convierte en un índice de su mala fe.

Lo mismo que las preguntas dan origen a las respuestas, las respuestas, a menudo, dan origen a nuevas preguntas, pero en esas explicaciones sucesivas, frecuentemente es necesario referirse a las que han precedido. Imaginemos en qué dificultades podemos vernos, a cuántas repeticiones nos vemos forzados, si no tenemos el hilo de los números para guiarnos en ese dédalo.

¿Quién podría creer que se esté obligado a demostrar cosas tan simples? ¿Quién podría creer que se desespere de hacerlas adoptar?

CAPÍTULO XIII

DE LAS ACTAS O REDACCIÓN POR ESCRITO DE LAS DECLARACIONES

Este procedimiento está reservado a los casos importantes. En lo civil. En lo penal. Lo que el acta debe contener. Precauciones a tomar en el procedimiento secreto para la exactitud de las declaraciones escritas. Seguridad muy imperfecta.

Hemos visto en el libro precedente (cap. IX) las diversas ventajas que se pueden obtener de la conservación de los testimonios mediante la escritura.

Así como no hay ningún caso en que esa forma de consignar las pruebas deje de servir a los fines directos de la justicia, no lo hay tampoco en que no se deba emplear; pero esa actuación representa gastos, dilaciones y vejámenes. Por parte del demandado, habrá frecuentemente una gran repugnancia a ese procedimiento, que constituirá una carga demasiado pesada para él.

Es necesario, pues, reservarla para casos importantes, dejando que el juez la ordene, de oficio o a instancia de parte cuando esté fundada en razón grave y, sobre todo, ofreciera hacerse cargo de los gastos.

Los procesos por deudas, por injurias personales y otros asuntos en que no hay dudas ni sobre el hecho ni sobre la ley, son los que menos requieren esta especie de garantía. Comparativamente a las causas de otra naturaleza, estas están en una proporción de diecinueve de cada veinte. Las que pueden requerir esa especie de permanencia son, en lo civil: primero, los pleitos relativos a bienes inmuebles; segundo, a los testamentos, y tercero, al estado civil de las personas; y en lo penal, los delitos sancionados con penas corporales aflictivas.

En esas actas ¿se deben consignar las preguntas hechas a los testigos, así como sus respuestas, o solamente las respuestas? Existen a este respecto diferentes costumbres; mas parece que, en muchos casos, es imposible conocer todo el valor de la respuesta o la verdadera intención de quien contesta si no se conoce la pregunta que le ha sido formulada. Es esencial que esas actas contengan todas las alegaciones de las partes, todos los pasos que han dado y se indiquen todas las piezas del testimonio escrito que han sido exhibidas, presentando las listas de testigos que fueron examinados por las dos partes y, en los asuntos importantes, reseñar no solamente las palabras, sino también los incidentes característicos, tales como los gestos, las exclamaciones, la lentitud en las respuestas y, en fin, los demás síntomas que permiten juzgar la actitud de los testigos o de las partes. Lo escrito deberá ser firmado, al final de la sesión, por el juez y algunos de los asistentes.

En el procedimiento secreto, en que el juez que reúne las pruebas no es el que pronuncia el fallo, cada declaración ha de ir firmada por el testigo mismo. Se trata de una garantía necesaria a la exactitud del sumario, pero esa garantía resulta muy imperfecta y deja subsistente muchos motivos de desconfianza.

En el procedimiento público, tan solo un taquígrafo podrá seguir de manera exacta y completa todos los aspectos del testimonio. El arte de la taquigrafía debería ser considerado como parte indispensable de los conocimientos de un secretario judicial.

Capítulo XIV

De la incomunicación

Razones para incomunicar al acusado. En qué casos. Razones en contra; 1) pena grave infligida a un individuo que puede ser inocente; 2) peligro de privarlo de sus medios de defensa. La incomunicación debe ser corta: hasta el interrogatorio; no más allá, pues pasado ese término es inútil y perjudicial. Casos en que se puede llegar hasta la incomunicación de los testigos.

Si se quiere privar a un acusado de todas las sugestiones que podrían ayudarlo a engañar a la justicia, si se quiere impedir que reciba de sus cómplices, o que proporcione a los mismos, informaciones de las cuales pueda resultar un plan de impostura bien concertado entre ellos, no hay, de acuerdo con la naturaleza misma de las cosas, sino un solo medio: mantenerlo incomunicado.

Mas ese procedimiento está sujeto a dos objeciones muy fuertes: 1) la incomunicación representa ya una pena considerable infligida a un individuo que puede ser inocente; 2) la privación de toda comunicación con el exterior puede privarlo de sus medios de defensa y da ocasión a sus enemigos para que destruyan sus pruebas justificativas.

Si esa clausura absoluta se prolongase hasta el día de la audiencia definitiva, el más inocente de los hombres llegaría al tribunal sin haberse podido hacer aconsejar ni reunir sus pruebas, y no estaría en condiciones de enfrentarse con sus acusadores.

Ese inconveniente llegaría al colmo en ciertos y odiosos sistemas procesales muy fecundos en dilaciones facticias.

En el caso de que el supuesto delito sea lo bastante grave como para proceder al arresto inmediato del acusado, el único intervalo en que es necesario aislarlo es el que va desde su arresto hasta su interrogatorio, que, por toda suerte de consideraciones, debe ser practicado sin dilación. Si por la naturaleza del caso el interrogatorio no se termina en una sola sesión, la incomunicación debe ser prorrogada.

Desde que el individuo, en esa forma aislada, ha prestado su testimonio, las puertas de su prisión deben ser abiertas a todos aquellos a quienes desee consultar. Esta libertad, tan necesaria en la hipótesis de la inocencia, no da al culpable, como se cree comúnmente, facilidades para engañar a la justicia. Sus declaraciones se encuentran ya consignadas por escrito y no puede negarlas.

Las informaciones que pueda recibir de sus cómplices no serían suficientes para alterar esencialmente su relato fundamental. Podrá pretextar algunos errores, algunas omisiones, cambiar determinados detalles; pero su testimonio original es un elemento de comparación con el cual se confrontan todas las declaraciones subsiguientes. Y aún admitiendo la posibilidad de variaciones considerables, se vería fácilmente de qué lado se hallan las características de la verdad y de cuál las de la mentira.

Veamos ahora el caso de un testigo externo. Imaginemos que se trate de un cómplice o que, sin serlo, esté dispuesto a favorecer a toda costa con su testimonio al acusado. No puede, durante la incomunicación, concertase con él. Pero si tiene varios cómplices o varios amigos, pueden estos, si se los deja en libertad, concertarse entre sí y preparar un plan de impostura.

Por ello, las mismas razones que sirven para ordenar la detención con aislamiento del acusado, justificarían el arresto y la detención incomunicada de todos aquellos que se consideren como sus aliados.

¡Cómo!, dirán algunos, arrestar, incomunicar testigos cuya complicidad no se ha probado, únicamente porque se cree que están ligados por el interés o por el afecto al acusado, ¿no es tratarlos como si fuesen culpables?

Contesto a esto que la detención es una prevención y no una pena legal. Según ese razonamiento, el mismo acusado no debería ser arrestado en el primer período de la causa. Si lo puede ser por la simple probabilidad de que haya cometido un delito, los testigos suspectos pueden serlo igualmente ante la probabilidad de otro delito: el de favorecer al acusado en contra de la justicia.

Observemos, sin embargo, que tales detenciones únicamente se justifican en delitos tan graves que la sociedad misma tenga que buscar su convicción a ese precio.

LIBRO CUARTO

DE LAS PRUEBAS PRECONSTITUIDAS

CAPÍTULO I

NATURALEZA, ORIGEN Y USOS DE ESTE GÉNERO DE PRUEBA

Definición. Esta prueba es particularmente necesaria para comprobar los derechos sobre los inmuebles y sobre los servicios. Imperfección de las pruebas antes de que se inventase la escritura o de que fuese de uso corriente. De las personas para quienes esta prueba es necesaria. Su utilidad directa: 1) para terminar los procesos; 2) para evitarlos. Su utilidad colateral: 1) para los casos imprevistos; 2) para la documentación estadística.

Esta nueva denominación ya ha sido ofrecida a los lectores, juntamente con los motivos que han hecho adoptarla. Basta con recordar aquí que esta clase de pruebas se designa corrientemente con el nombre de *pruebas literales*.

Llamo *prueba preconstituida* a aquella en que la ley ha ordenado su creación y su conservación con anterioridad a la existencia de un derecho o de una obligación, hasta el punto de que la exhibición de esa prueba será necesaria para el mantenimiento de ese derecho o de esa obligación.

Siendo los derechos la fuente de cuantas ventajas se obtienen de la ley, es tan importante poseer las pruebas que aseguran esos derechos como los derechos mismos.

Con relación a los derechos que constituyen la propiedad de los objetos mobiliarios, tales como mercancías, vestidos, muebles, etc., la *mera posesión* presenta, por sí misma, generalmente hablando, prueba suficiente del derecho, sin que se precise recurrir a pruebas preconstituidas.

Cosa distinta ocurre con relación a los derechos que recaen sobre los inmuebles, y especialmente a aquellos que imponen obligaciones a unas personas frente a otras. En estos casos, la existencia del derecho en cuestión no puede ser asegurada ni expresada sino con ayuda de algún signo permanente y auténtico.

Antes que se inventase el arte de escribir o cuando era de uso poco extendido, todos los medios de fijar el recuerdo de los diversos sucesos que constituyen la adquisición de un derecho eran extremadamente imperfectos y precarios. El mérito principal de ese arte inestimable se ha hecho sentir en el empleo que se le ha dado para sustituir los signos fugitivos por pruebas permanentes inalterables.

A primera vista, la única persona interesada en obtener y en conservar la prueba necesaria para el mantenimiento de su derecho es la persona a quien ese derecho pertenece.

Pero, examinando las cosas más de cerca, se advertirá que hay muchas circunstancias en que otras personas están llamadas a compartir tales precauciones con el principal interesado, o incluso a ocuparse por él y en su lugar: 1) cuando no está en edad madura para dirigir por sí mismo sus asuntos; 2) cuando es necesario cuidar los intereses de una persona ausente o que todavía no ha nacido; 3) cuando el derecho en cuestión concierne por igual a gran número de personas. Las medidas a adoptar para comprobarlo y fijarlo podrían representar una carga que destruiría su valor si cada asociado tuviese que ocuparse de ello separadamente.

Hay otra circunstancia que bastaría por sí sola para no hacer recaer exclusivamente sobre el poseedor del derecho el cuidado de la prueba. No es él quien puede dar al derecho su pleno efecto en el caso de ser atacado. Se precisa una mano más fuerte que la suya. No puede ser protegido sino por la autoridad del juez, actuando conforme a las órdenes del legislador.

Corresponde, pues, al legislador determinar no solamente cuáles son los derechos a los que va a prestar sanción, sino también cuáles son las pruebas cuyo apoyo exige para la comprobación del derecho.

UTILIDAD DE LAS PRUEBAS PRECONSTITUIDAS

La utilidad de esas pruebas se manifiesta en servicios *directos* y en servicios *colaterales*. El servicio directo es el que se aplica a partes conocidas y determinables (Pedro o Pablo) que tienen un interés inmediato en el litigio, y consiste ese servicio en establecer de manera incontestable el derecho que ha sido atacado. Mas la mayor utilidad de las pruebas preconstituidas no está en poner fin al proceso sino en prevenirlo. Representan, valga la frase, una fuerza antilitigiosa. Ese servicio resulta tanto más perfecto cuanto que se presta constantemente sin que nadie lo perciba. Existiendo esas pruebas, mantienen, sin gastos y sin pleitos, aquellos derechos al abrigo de todos los ataques que no habrían dejado de producirse de no haber existido ese medio de dar a la prueba un carácter de perpetuidad.

El servicio colateral prestado por las pruebas preconstituidas se refiere a personas desconocidas e indesignables, a quienes la sucesión indefinida de los acontecimientos pone en situación de recoger diversas ventajas, de que habrían estado privadas si no se hubiese encontrado ese medio de dar a las pruebas dicho carácter de permanencia y de certitud.

Ya veremos que se puede obtener de ello grandes ventajas para la *estadística política* puesto que proporciona un conjunto de documentos acerca de los hechos más interesantes para la comunidad y más útiles para suministrar una base a la labor del legislador.

Se podrá apreciar también la utilidad de las pruebas preconstituidas, considerándolas no desde el punto de vista relativo a las partes sino a los tribunales. Los jueces obtienen, por ese medio, una seguridad completa en sus decisiones y una actuación rápida y firme, en lugar de las incertidumbres y los tanteos a que se verían reducidos si esa clase de pruebas les faltase. Y, además, sus funciones se hallan aligeradas o, en otros términos, el número de contiendas que se llevarían ante ellos queda muy disminuido por la tendencia antilitigiosa de esas pruebas, por el efecto casi insensible, pero continuado, que mantienen los derechos al abrigo de la duda y de la *chicaría*.

Capítulo II

De lo que la ley debe hacer con respecto a esas pruebas

¿Se debe exigir que, en todos los casos, los contratos sean escritos? Razón general en favor de esa medida. Casos de excepción. Formularios de los contratos. Vicios de los contratos en la práctica inglesa.

La ley ha de llenar cuatro objetos relativos a esta importante clase de pruebas:

1) Proveer a su establecimiento en los casos en que son de mayor utilidad.

2) Adaptarlas en cada caso al servicio que de ellas se espera.

3) Hacer que sus formas resulten fáciles, cómodas y tan poco dispendiosas como sea posible.

4) Establecer modos de publicidad en interés de terceros. Nunca puede haber inconveniente en multiplicarlas: porque del lado de la verdad, nada se pierde, y del lado de la permanencia, se gana siempre. Es una de las grandes ventajas de la civilización sobre la barbarie: en un pueblo civilizado todo se puede conservar porque todo se puede escribir.

También hay casos en los que se podrían excluir las pruebas orales en favor de las pruebas escritas, pero con dos condiciones indispensables; 1) que esa exclusión esté previamente determinada por la ley y no posteriormente por el juez; 2) que esas actuaciones se extiendan de acuerdo con las fórmulas establecidas por la ley. ¿Cuáles serán los actos respecto de los que no se pueda admitir nada más que la prueba preconstituida? Evidentemente, los contratos. Exigir que los contratos se hagan por escrito no atenta a la libertad de las personas. La ley pareciera decir a los ciudadanos: "No prestando mi sanción sino a los contratos escritos, no rechazo aquellos otros que hubieseis hechos y si tan solo los que podrían seros atribuidos falsamente. Así, lejos de debilitar y de circunscribir vuestras facultades, lo que hago es afirmarlas y extenderlas, ya que, para dar a un contrato cualquiera una calidad que le preste validez, no exijo más que una condición que depende de vosotros."

Al mismo tiempo hay que adoptar medidas para los contratos de poco valor y para los actos que haya necesidad de realizar súbitamente, sin tiempo para escribirlos. A tal fin, se nos ofrecen dos temperamentos: uno, no someter esa clase de contratos a la formalidad de una fijación por escrito; otro, permitir que la escritura, ya que no preceda al otorgamiento, la siga en un tiempo dado.

Mas para todos aquellos contratos respecto a los cuales la ley no admite prueba oral, se ha de redactar una lista completa y darle la mayor publicidad. No me es preciso demostrar la necesidad de esa precaución, pero sí recordarla, porque, en la práctica, casi siempre ha sido olvidada.

En todos los sistemas establecidos, la consignación por escrito se ha requerido para diversos contratos. Frecuentemente se ha hecho así en las actuaciones policiales y más frecuentemente todavía en las de índole financiera.

Me he referido a los formularios de los contratos. El desenvolvimiento de esta idea no corresponde al tema de las pruebas, sino al procedimiento. No sabría cómo expresarme para ofrecer una representación de todos los vicios que, en la práctica inglesa, contiene la redacción de tales documentos. Actas que requerirían pocas líneas aparecen amplificadas de una manera monstruosa, recargadas de palabras inútiles, de frases redundantes, de cláusulas supérfluas, no concediendo en toda su extensión ni un punto de reposo, ni un párrafo, ni una separación de partes; igual que esos logogrifos, convertidos en volúmenes, y que acaban resultando absolutamente ininteligibles para quienes más interesados están en descifrarlos. He ahí las formas que el genio de la *chicana* ha sabido inventar. Y el pueblo en general, precisado en una u otra ocasión recurrir a los tribunales, reducido a pagar caro ese pesado y oscuro fárrago, no sale del paso con solo ese tributo inicuo. Los desgraciados litigantes, sin ninguna culpa, se ven desposeídos de los derechos mejor adquiridos, tan solo porque una formalidad haya sido omitida o porque el enigma ha sido mal entendido.

DE LOS OBJETOS A QUE PUEDE APLICAR LA LEY LA PRUEBA PRECONSTITUIDA

Ese género de pruebas es susceptible de ser aplicado a los objetos siguientes:

1) Los hechos que ofrecen una representación legal: nacimientos, muertes, matrimonios, etc.
2) Los contratos. Entiendo por tales, todas las disposiciones que obran legalmente.
3) Los actos judiciales.
4) Los actos administrativos.
5) Los actos legislativos.
6) Los atestados sobre un hecho que acaba de pasar y que son redactados inmediatamente.
7) El registro de las copias.

Capítulo III

Aplicación de esta prueba a los hechos que surten efecto legal, a los contratos y a los testamentos

1) Importancia de los registros que acreditan los nacimientos, los matrimonios, los decesos. Muy imperfectos en Inglaterra, más aún en los Estados Unidos. Sucesivamente mejorados en Francia. 2) Formalidades a imponer a los contratos. Única, y verdadera razón para invalidar un contrato ilícito. Proposiciones sobre las cuales se apoya la fuerza de un contrato. Que la fuerza probatoria de un contrato no se extiende hasta los hechos colaterales que puede abarcar. 3) ¿Cómo asegurar la observancia de las formalidades en los contratos? Dos medios; uno natural, la sospecha; otro técnico, la nulidad. La sospecha obliga a las partes a realizar la prueba de la buena fe. La nulidad, principio ciego, inútil cuando el contrato tiene caracteres de improbidad, injusta cuando no existe ninguna razón para rechazarlo. 4) De los testamentos: objeción a la ley de Escocia que no admite los *testamentos en el lecho de muerte*. Distinción entre los testamentos regulares y los testamentos de necesidad.

I. Los hechos que producen efecto legal pueden dividirse en dos clases: 1) los hechos *genealógicos* (fallecimientos, nacimientos, matrimonios); 2) los hechos *misceláneos,* es decir, una multitud de hechos de los que importan conservar la prueba porque constituyen documentos estadísticos.

Los nacimientos, los matrimonios, las muertes, innecesario es decirlo, representan los hechos más importantes que se han de comprobar a fin de determinar el estado de los ciudadanos. ¿No es asombroso que en Inglaterra no se haya sentido esa necesidad? La Iglesia anglicana no deja constancia sino de los bautismos, los matrimonios y las inhumaciones de los anglicanos, excluyendo de los beneficios de ese registro a todos los demás miembros de la gran familia. Si bien no es este un reproche que se haya de hacer a la Iglesia, debe por lo menos hacerse al Estado. ¿Es que se considera a todos aquellos que nacen fuera de la religión predominante, como seres indiferentes, cuyo nacimiento, matrimonio y muerte no merecen la atención del legislador? Los Estados Unidos de América han tomado de la madre patria ese rasgo de insuficiencia. ¿Quién podrá determinar a cuántos individuos ha sido funesta tal negligencia?

II. Con relación a los contratos y con objeto de darles la fuerza que resulta de las pruebas preconstituidas, se han de hacer dos cosas: 1) imponer formalidades adecuadas a su naturaleza; 2) proveer a la observación de esas formalidades.

Tales formalidades se dirigen a diversos fines. Se trata de asegurar el cumplimiento de contratos lícitos, de prevenir su falsificación, de impedir que se hagan contratos ilícitos o de impedir su ejecución.

Un contrato puede ser considerado como ilícito cuando esté originado en la fuerza o en el fraude, comprendiendo en la idea de fuerza no solamente la violencia física, sino también la violencia moral, a la que se puede llamar intimidación. En la idea de fraude, también hay que incluir, no solamente el fraude positivo derivado de las palabras o de las acciones, sino asimismo el fraude negativo, la reticencia fraudulenta.

¿Por qué se ha de establecer una prevención contra tales contratos o por qué se ha de tratar de invalidarlos? No quiero analizar aquí todas las muchas razones que, como respuesta a esta pregunta, figuran en gran número de libros de jurisprudencia, porque solo puede darse una buena. Ella es: que deben considerarse esos contratos como dando lugar a un balance en que el mal es muy superior al bien que de los mismos podría resultar. Siendo ventajosos para una de las partes, serían perjudiciales para la otra o para un tercero. El carácter de fraude o de violencia en un contrato ha sido siempre considerado, y con razón, como una prueba concluyente de que era pernicioso en su objeto; pero partiendo de ese principio, si, por una excepción particular, un contrato que, en su origen, hubiese tenido ese carácter de reprobación, no produjese ningún daño, sino que el balance fuese favorable al bien, no habría ya razón suficiente para impedir su cumplimiento.

La fuerza de un contrato se apoya en dos proposiciones: una, que es conforme a mi voluntad en el momento en que lo firmo; otra, que es mi interés quien me determina a firmarlo y que ese interés no habría de llevarme a decir que quiero lo que no quiero. De esas dos proposiciones, la primera se aplica a todos los contratos sin excepción; la segunda, se aplica a todos aquellos que, en el momento de su otorgamiento, han podido parecer ventajosos para el autor. Pero esto alcanza, al menos, a todos los contratos recíprocos, puesto que ambas partes no tratan una con otra sino con vistas a un provecho: la obligación a que se someten es el precio del derecho que obtienen.

He aquí una observación importante. La fuerza probatoria de un contrato no se extiende a los hechos colaterales que pueda contener. Si yo consignase en un instrumento otorgado hoy en París, la manifestación de que ayer me encontraba en París, ¿haría fe el documento en lo que se refiere a tal hecho? Evidentemente, no; porque si tal efecto produjese, yo podría cometer hoy un asesinato y ponerme a cubierto del delito con solo otorgar un contrato expresando que, a tal hora, la del momento mismo del crimen, me encontraba a tantas leguas de distancia. Por eso un contrato reconocido como auténtico, no es válido como prueba sino para las manifestaciones que constituyen su esencia. Cualquier otro hecho incidental que contenga no pasa de ser un simple dicho que nunca puede alcanzar el nivel de la prueba verbal inmediata, ya que no está sometida a las mismas garantías.

III. Cuando las formalidades para los contratos han sido determinadas por la ley, se presentan dos medios para asegurar su observancia: uno *natural* es decir, tomado de la naturaleza de las cosas: otro *técnico,* o puramente artificial. Expreso el modo natural con una sola palabra: *sospecha.* O sea, la sospecha de falsedad o de carencia de probidad que se presume en un contrato en el cual no se han observado las formalidades prescritas. La omisión de esas formas, sancionadas por la autoridad pública, y que se supone han debido conocer las partes, excita lógicamente, por no decir necesariamente, el sentimiento de la duda, la suspicacia acerca de la buena fe de los contratantes. Y desde luego, será a ellos a quienes corresponda desvirtuar la sospecha, aportando las pruebas de su buena fe.

El segundo medio, el medio técnico, para hacer observar las formalidades prescritas por la ley, puede igualmente designarse con una sola palabra: nulidad.

La sospecha es tan conveniente, como perniciosa es la anulación. Si la anulación resulta justa, únicamente se podrá llegar a ella después de haberse adquirido la persuasión completa de que la omisión de las formalidades requeridas significa una prueba concluyente de la falta de probidad de los contratantes, o de la existencia de un delito de falsedad en el contrato. Mas, ¿qué se tendrá que pensar del principio inexorable de la nulidad cuando no exista aquella persuasión, o no pueda existir, o exista en toda su fuerza la persuasión contraria, o cuando se trate de contratos en los que las partes ignoren absolutamente las formalidades prescritas, cuando, cualquiera que sea el motivo, no se pueda, sin caer en injusticia, dejar de ejecutar un contrato que lejos de ser nocivo a los contratantes les resulta eminentemente ventajoso, o cuando la inejecución represente su ruina total?. *Inútil o injusto:* he ahí la única alternativa que presenta en todos los casos el decreto de nulidad. Inútil cuando existen razones suficientes para considerar el contrato como falto de probidad o como falso. *Injusto* cuando no existe ninguna razón de esa naturaleza.

Cabría establecer, en principio, que la presunción legal resultante de la omisión, solo podría ser destruida mediante prueba en contrario.

IV. Los testamentos, conforme a ese principio, requieren algunas consideraciones particulares. Si una persona ha hecho su disposición testamentaria con arreglo a las formas, ¿le estará permitido cambiarla, revocarla, hasta el último momento de su vida?

Por la ley de Escocia, no se admiten los que en Inglaterra se llaman *testamentos en el lecho de muerte.* Se ha creído, sin duda, que un hombre en ese estado no estaba en el uso completo de sus facultades, o que se encontraba sometido a la influencia o intimidación de otros, o engañado por quienes lo rodeasen.

Pero, por otra parte, una persona privada de poder testar en su lecho de muerte puede verse expuesta al abandono o a los malos tratos por parte de aquéllos en cuyo favor ha dispuesto legalmente de sus bienes. Careciendo de medios para castigar o para recompensar a quienes le sirven, queda a su merced; y la ley lo deja desamparado en circunstancias en que su vida puede depender de unos servicios cuyos medios de obtener se le quitan.

Esta consideración, independientemente de toda otra, parece concluyente en favor de la libertad dejada al testador hasta el último momento, cuando menos para disponer de una parte de su propiedad.

Si se considera la situación de una persona que, por su invalidez, se halla bajo la dependencia absoluta de quienes lo rodean, se advertirán ante todo las dificultades que se oponen al libre ejercicio de su voluntad. Esto sugiere, como regla conveniente, no sujetar los testamentos a más formalidades que las de los contratos ordinarios. No exigir, por ejemplo, mayor número de testigos.

En el caso de que un hombre estuviese rodeado por opresores interesados, que se confabulasen para sitiarlo en su lecho de muerte, podría hacer un testamento, igual que cualquier otro acto relativo a sus negocios; podría tener algún amigo fiel o un hombre de ley que acudiría a él sin ostentación, disimuladamente; y habida cuenta de la dificultad en que se vería para reunir varios testigos, mejor que exigir sería necesario recomendar su presencia simultánea al acto de otorgar el testamento.

Es, pues, con particular referencia a los testamentos donde la inobservancia de las formalidades debe producir el efecto de despertar las sospechas y no el de llevar a la anulación de una manera absoluta. Pero se debe establecer una diferenciación entre el testamento regular y el testamento de necesidad.

El testamento regular es aquel por el cual todas las formalidades exigidas por la ley han sido observadas. Un testamento en el que falte una u otra de esas formalidades, siempre que se juzgue que ha sido hecho libremente y que no contenga caracteres de falsedad, será considerado como un testamento de necesidad, bien porque el testador se encuentre en circunstancias en que no las haya podido cumplir, bien porque las ignore.

No he de insistir aquí acerca de un punto de mayor importancia que ha sido desarrollado en un tratado aparte sobre la promulgación *de las leyes*. Un papel de oficio, apropiado para los actos testamentarios, debe contener en sus márgenes todas las instrucciones, todas las reglas, todo aquello que puede guiar al testador para poner su acto al abrigo de toda sospecha y de toda alteración. Precisa suponer un hombre corriente y sugerirle todas las nociones relativas a ese respecto, recomendarle especialmente la designación exacta del tiempo y del lugar, la elección de los testigos, la especificación, de sus nombres, de sus domicilios, de su profesión, etcétera.

Los testamentos otorgados de palabra se harán cada vez más raros, a medida que el arte de escribir haga mayores progresos en el pueblo; pero como no se puede determinar el momento en que eso ocurrirá, es necesario prevenirlo. Parece que la primera precaución es la de exigir que sean escritos lo antes posible, con todas las circunstancias que puedan atestiguar la veracidad.

Capítulo IV

De los departamentos u oficinas públicas en relación con las pruebas preconstituidas que pueden suministrar

1) Usos directos e indirectos de esos registros; 2) grado de credibilidad que poseen. Consideraciones que invalidan esta credibilidad. 3) Medios de perfeccionar el mantenimiento de los registros oficiales. Obstáculos naturales para su buen mantenimiento, particularmente en materia de finanzas.

Los diversos departamentos administrativos, legislativos y judiciales donde se conservan los documentos escritos de todo lo que en ellos pasa, se convierten en depósitos de pruebas preconstituidas de todo lo que les concierne.

Esta cuestión presenta a consideración tres puntos:

1) Los usos a que pueden aplicarse esas pruebas.

2) Su grado de credibilidad.

3) Los medios de perfeccionarlos.

I. Esos documentos auténticos se han instituido para utilidad directa de los jefes de cada departamento, de los empleados del mismo y de todas las personas que tienen que tratar asuntos en ellos. Nada de esto requiere más amplio desarrollo. Es imposible concebir una administración de cierta importancia que pueda carecer de registros.

Con independencia de esa utilidad directa, la conservación de tales documentos ofrece otras posibilidades colaterales, que pueden ser judiciales o estadísticas: *judiciales* cuando, con ocasión de un proceso, el juez encuentra, en esos archivos, antecedentes aplicables a la causa cuestionada; *estadísticas* cuando proporcionan datos concretos, sea para la administración o para la legislación.

II. Cuando se trata de apreciar el grado de credibilidad que se debe reconocer a esos documentos oficiales, preséntense, ante todo, dos consideraciones a su favor: 1) *una responsabilidad indudable* por parte de quienes los preparan; 2) *una imparcialidad presunta.* Es decir, que se los supone exentos de motivos seductores, o sea de esos motivos de interés personal que pueden extraviar el entendimiento o la voluntad.

Sin embargo, no hay, que olvidar las consideraciones que actúan en sentido contrario.

Si bien es verdad, por una parte, que la responsabilidad es grande en atención a que los individuos de que se trata tienen mucho que perder, no es menos cierto, por otra parte, que el peligro que han de correr se encuentra disminuido a causa de las ventajas de su situación. Considérese la extensión de los asuntos de un departamento, la dificultad de llegar al conocimiento de todos los detalles, de captar en los volúmenes de los registros o en el pavoroso cúmulo de papeles, la realidad de los hechos; imagínese de cuántas maneras se puede despistar a quien persigue la verdad dentro de esos laberintos, cómo pueden sustraerse fácilmente de su vista piezas esenciales, dar a resultados falsos las apariencias más espaciosas, y se verá las pocas probabilidades que existen de penetrar en el secreto de las malversaciones, de sacarlas a la luz, de convencer a los hombres que ostentan el poder, y todavía menos de hacerlos castigar, ni siquiera disipando el prestigio que rodea a los altos cargos, a fin de exponer a esta clase de delincuentes a la censura de la opinión pública.

Si además se une a ese personaje principal cuya conducta se quiere escudriñar, una asociación de colegas, bajo el nombre de consejo, asamblea o corporación, todos los obstáculos se multiplicarán por la influencia de cada miembro, y el espíritu de cuerpo será de tal naturaleza que la persona atacada desde afuera, pero protegida desde adentro, encontrará en la opinión de los suyos la fuerza necesaria frente a la opinión exterior.

Incluso en relación a los empleados subalternos, su responsabilidad será más aparente que real, toda vez que hayan sabido hacerse necesarios y que hayan obrado de acuerdo con las orientaciones de sus jefes.

Síguese de ahí que, en todos los casos en que haya necesidad de recurrir a documentos o a testimonios oficiales con objeto de obtener la prueba de alguna transgresión cometida por un departamento público, es muy de temer que se logren eludir las investigaciones y que los testigos interesados en cubrir abusos, en los que frecuentemente han tenido participación directa, no sean dignos de mayor confianza que cualquier otro testigo.

Puesto que es de la mayor importancia poseer registros completos y fieles de todas las actuaciones de las oficinas públicas, es natural preguntar por qué medios se pueden conseguir.

No hay ningún misterio en ese arte. Todo depende del sistema adoptado en cada oficina para llevar los libros.

¿A qué fin se debe dirigir ese sistema? Este problema, bien considerado, se divide en dos: 1) ¿En qué orden se deben extender las operaciones habituales realizadas en determinado departamento para que se conserven las pruebas de cuanto pasa en él?; 2) ¿Cuáles serán los medios adecuados para que las informaciones resulten accesibles y las consultas fáciles?

La manera de llevar los libros debe adaptarse a los siguientes objetivos: 1) presentar separadamente, bajo títulos distintos, todos los actos del departamento de que se trate; 2) disponer las cosas de forma que puedan mostrar la relación de las operaciones habituales con el fin principal del establecimiento, poniendo en evidencia, por un lado, la naturaleza y el valor de los servicios prestados, y por otro lado, el trabajo y los gastos a que se ha adquirido ese servicio; 3) presentar igualmente, con relación a los empleados, el modo y la cuantía de sus respectivos servicios, la puntualidad de cada uno de ellos y, en una palabra, sus méritos y defectos.

El verdadero medio de perfeccionar la forma de llevar los libros de cada departamento es la publicidad, en todos aquellos casos en que, por la naturaleza de las cosas, no sea peligrosa o demasiado costosa. No se puede mantener por mucho tiempo la osadía de proporcionar al público resultados falsos o incompletos.

Quienes han tenido necesidad de recurrir a los libros de las oficinas públicas para encontrar informaciones exactas y completas, saben que los mejores no son todavía sino los menos malos.

No hay de qué asombrarse. Constituye un género de trabajo que no trae ninguna ventaja particular para quienes lo realizan, y que incluso se puede a veces volver contra ellos mismos, mediante la pérdida de algunos emolumentos secretos. Una especie de oscuridad en los registros, aumenta el poder de los empleados, puesto que se sienten tanto más necesarios cuanto menos perfectos sean los documentos escritos. Se los necesita porque son el suplemento de todo aquello que falta. Y, frecuentemente, los mismos jefes se encuentran por ello en completa dependencia de sus subalternos. Además, si los más hábiles, los más laboriosos, no tendrían de la claridad otra cosa que ganancias, los otros no tendrían sino pérdidas. El sistema que favorece la indolencia y el abuso representa una fuerza tan grande que si, al amparo de cualquier circunstancia favorable, se lo aleja, tiende habitualmente a recaer. Puede aplicarse a esta cuestión la frase de Montesquieu: "Se va hacia el mal por una pendiente insensible; no se remonta hacia el bien sino con esfuerzo."

En materia de finanzas, el sistema de la especialización, es decir, de la aplicación de las sumas a tal o cual servicio, es entre todos el más útil, el que mejor facilita la investigación y la prueba de todos los abusos. Es también el que más trabajo cuesta establecer y el que se quebranta con mayor frecuencia una vez que ha sido establecido.

Tal vez sería conveniente exponer ahora en detalle la forma en que los tribunales de justicia deberían llevar sus registros, a fin de organizar un archivo y una fuente de pruebas preconstituidas. Pero ese tema pertenece más particularmente a la organización de los tribunales y a las funciones de los secretarios.

Capítulo V

De las actas

Importancia del atestado levantado inmediatamente sobre los lugares para comprobar un hecho. Su crédito depende mucho de su autor. La ley debe declarar a quién acuerda su preferencia para redactarlo. No obstante se deja en libertad a todos. Peligro del principio de nulidad. Peligro de la ley francesa que, en el caso de los cobradores, acuerda demasiado poder a esas actas.

Entre las pruebas preconstituidas, hay que dar cabida a las actas, informes escritos levantados sobre el lugar, con objeto de comprobar hechos que han de surtir efectos legales y que han sido redactados inmediatamente con los requisitos prescritos.

Todo lo que se confía a la palabra está inevitablemente expuesto, al cabo de cierto tiempo, al olvido y a las falsas representaciones. Únicamente se pueden prevenir tales inconvenientes consignando las palabras por escrito en el mismo momento del suceso y dándoles así una existencia permanente.

En los asuntos en que hay varias partes interesadas, en que se trata de arreglos recíprocos y de comprobar hechos que deben producir en seguida efecto legal, esa precaución no se olvida nunca. No obstante, hay otros muchos casos en que resultaría ventajoso adoptarla y en que, por no haberla tomado, se pierde una fuente preciosa de pruebas.

La fe que habrá de merecer ese instrumento escrito dependerá de la manera como haya sido hecho. Si entre las personas conjuntamente interesadas en esa actuación, pero cuyos intereses son opuestos, alguna no ha tenido intervención, tal omisión será causa natural de suspicacia acerca de su fidelidad o exactitud.

El crédito de un acta dependerá mucho de la persona que lo dirija. Importa, pues, a las partes que han recurrido a ese medio de conocimientos, saber cuáles son los individuos que el legislador considera que están más calificados que otros para dar crédito a un escrito de esta naturaleza.

Será, por lo tanto, conveniente que la ley relativa a tal materia notifique dentro de cierto orden, las personas merecedoras de preferencia, sin quitar, no obstante, a los particulares la facultad de apartarse por razones o consideraciones especiales. Así, la ley establecerá como *secretarios ocasionales,* en primer término, al ministro del culto dominante, un funcionario público, un abogado, un procurador, etc. Se procederá con esa designación de acuerdo con la responsabilidad presunta de las personas y la probabilidad de su capacidad intelectual. El principio de anulación será sustituido para esta clase de prueba, igual que para las otras, por el principio de suspicacia; es decir, que en la propia ley se declarará que toda persona que extendiendo un atestado se haya desviado voluntariamente del camino marcado por el legislador para dar una preferencia indebida a algún otro individuo, suministra por ese solo hecho una causa natural y legítima de sospecha.

Como no hay nadie en ese sistema que no pueda ser utilizado en las funciones de *secretario ocasional*, corresponderá a los jueces estimar la credibilidad de su declaración. Si se admite el principio inflexible de la anulación, desechando todo atestado redactado por otras personas que no sean las autorizadas, se puede, en gran número de casos, privar a la justicia de las pruebas más importantes y ello sin razón alguna; porque después de todo, ese testimonio inmediatamente escrito es un freno para quienes lo han redactado y firmado; no se atreverán ya a apartarse de él y no podrán hacerlo sin traicionarse a sí mismos.

Se puede hacer una falsa acta, dirán. Sin duda se puede, pero no ofrece ninguna posibilidad mayor para el éxito del fraude. Supongamos que no haya acta del hecho en cuestión: el tiempo durante el cual puede avanzar el proyecto de la falsificación sin suscitar sospechas es el intervalo que transcurre desde el hecho hasta el momento en que se convierte en el tema de una investigación judicial. Ahora bien, en el caso del acta, habiendo ocurrido el hecho, se ordena a las partes dar conocimiento inmediato del mismo. Cuanto más rápida sea la comunicación del acta, más difícil será que pueda engañar si es falsa; cuanto más se difiera, más sospechas habrá hacia los hechos que declara.

Los progresos en esta materia han sido muy lentos. Antiguos estatutos acordaron a los jueces de paz de Inglaterra el derecho a levantar actas, trasladándose al lugar; era un buen, comienzo, pero la cantidad de hechos que podían obtenerse de esta manera era, comparativamente a las necesidades de la justicia, lo que una gota de agua al océano.

La ley francesa había dado mucha mayor extensión a esta operación, pero había introducido grandes abusos de poder. Daré un ejemplo: un acta levantada por un cobrador de impuestos era considerada como una prueba concluyente. ¿No era lo mismo que dar a ese testigo el poder de un juez y dárselo de una manera tanto más efectiva cuanto que estaba disfrazada?

Capítulo VI

Inscripción con relación a las copias

Acto original. Copia. Inscripción de la copia de los contratos. Utilidad de esta medida para prevenir los accidentes y los fraudes. Buena para emplearla en todos los actos, salvo los gastos, las dilaciones y los vejámenes. No hacerla obligatoria bajo pena de nulidad. Admitir las copias por extracto. Medios de ponerse al abrigo de todo error de copistas.

En un contrato efectuado de acuerdo con las formas prescritas, el papel o el pergamino que lo contiene constituye el acto original. Todo acto fundado sobre aquél, cuya existencia comprueba, constituye una prueba derivativa, y si las palabras del original se hallan transcritas sin alteraciones, constituye una copia.

Una medida comparativamente nueva con relación a los contratos, pero de gran importancia, es la de ordenar la inscripción transcripta en un registro público. Esta inscripción es una salvaguardia para las partes interesadas contra los diversos accidentes a que están expuestos los actos originales en manos de los particulares. Pero eso no es todo: resulta de una gran utilidad para los acreedores y compradores, que tienen un interés mayor en garantizarse de los actos por los cuales la propiedad sobre la que tienen derechos pudiera ser transferida clandestinamente de una persona a otra. Es, pues, también, una salvaguardia contra los fraudes.

No hablaré aquí de las utilidades fiscales que se han obtenido con esta medida, haciendo de la inscripción el objeto de un impuesto, ni de los conocimientos estadísticos que pueden obtenerse.

I. Su aplicación

¿A qué clase de actos o de contratos debe aplicarse la medida de la inscripción? Contesto que debe aplicarse a todos, salvo en los casos en que los inconvenientes superasen a las ventajas.

Los inconvenientes se presentan bajo tres aspectos principales: *gastos, plazos, vejámenes.* Los gastos son naturales o artificiales. Los gastos naturales son aquellos ocasionados por el trabajo de un copista y el mantenimiento de una oficina; los gastos artificiales son el impuesto y el precio del monopolio de un escribiente oficial. Bajo el aspecto de vejamen, hay que situar esa incomodidad especial derivada de la necesidad de revelar el estado de los negocios al hacer inscribir los actos que les conciernen. Como ejemplo de esta incomodidad especial podría citarse el caso de los testamentos y considerar si, con respecto a esos actos, el inconveniente de la inscripción es superior a sus ventajas.

La inscripción debe poder aplicarse a todos los actos, a pedido de las partes, pero no debe hacérsela obligatoria sino en relación a los actos en que importa conocer a terceros y en los cuales es necesaria la publicidad para prevenir el fraude.

II. MEDIO DE ASEGURAR LA INSCRIPCIÓN

En los casos en que esté prescrita la inscripción, ¿cuál será el medio de hacerla cumplir? ¿será el de declarar que el acto en cuestión resultará nulo si no se halla inscrito? La respuesta a este punto, lo mismo que a otros, dependerá de las precauciones que se hayan tomado para facilitar la ejecución de la ley y para darla a conocer a todas las partes interesadas. No debe empezarse por suponer la mala fe por parte de quienes faltan a esta formalidad; ello puede ser simplemente una consecuencia de la negligencia, de la indolencia y, más a menudo aún, de la ignorancia en que se está con relación a esta obligación. Ignorancia completamente disculpable en ese caso. Si se considera esa omisión como una violación a la ley, el castigo del delito deberá recaer sobre su autor y el verdadero autor, ¿quién es sino el hombre de ley que descuida advertir a las partes? Sin embargo, es su inocente cliente quien sufre; el verdadero culpable escapa a la pena.

Si la ley de los contratos fuese más clara, si sus formas fuesen fáciles y precisas, las partes podrían estar dispuestas a prescindir de la intervención de los notarios u otros oficiales públicos. Sería un mal fácil de obviar: insértese al margen del papel sellado una instrucción particular que advierta a los contratantes que la prescindencia de un notario será considerada como causa de *sospecha;* no hace falta más para inducir a los particulares a utilizarlos, sobre todo si sus servicios tienen un precio moderado, y si no los tienen, la culpa es del legislador.

III. INSCRIPCIÓN TOTAL O PARCIAL

¿Se debe exigir que los contratos se inserten en su totalidad o solo en parte?

Sería deseable que la transcripción se extendiese a la totalidad; pero, para evitar los gastos, habría que hacer excepciones, sobre todo respecto a los actos de poca importancia y sin interés para terceros. Podría limitarse a la indicación o a la inserción de las cláusulas principales.

Esto no podría tener lugar con relación a un contrato redactado de acuerdo con la forma inglesa. ¿Por qué? Pues porque, para insertar las cláusulas principales, es preciso que un contrato esté dividido en partes diferentes, Y un contrato inglés no presenta esas partes; es un conjunto, un caos en el que las cláusulas esenciales se encuentran tan diluidas, tan disueltas en una confusión de palabras, que se necesita un profesional para distinguir lo esencial de lo accesorio. Parecería que se hubieran tomado todas las precauciones posibles para hacerlos ininteligibles a todos aquellos que no han hecho el estudio particular de ese lenguaje técnico y de esas fórmulas.

IV. MEDIOS DE GARANTIZAR LOS ACTOS TRANSCRIBIBLES CONTRA TODO ERROR DE LOS COPISTAS

Sacar de un documento original una sola copia exenta de todo error es un problema que habría parecido insoluble si nos remontamos tres siglos. Hoy la multiplicación de copias absolutamente exactas, en número ilimitado, constituye un prodigio del arte, tan familiar que se disfruta de él sin reflexionar.

Mas con independencia de la imprenta, medio costoso, hay otros más expeditivos para obtener sin gastos copias que no dejan nada que desear. Así, en el acto de escribir, una misma mano, haciendo mover a un tiempo diversas plumas, traza por duplicado todos los caracteres. Así también, una hoja de papel colocada debajo de aquella otra sobre la cual se escribe, recibe una impresión exactamente igual. Hay otros medios conocidos, de los que se puede sacar partido para su aplicación al registro transcritivo, con solo detenerse a reflexionar.

Capítulo VII

Medios para distinguir entre un escrito original y otro no original, entre un original y una copia

Cuestiones de autenticidad. Caso de una carta firmada por mano desconocida. Es más probable que sea un original que una copia; ¿por qué? Caso de una carta no firmada. En qué varía la probabilidad. Cómo la naturaleza de las correcciones lleva a juzgar si un escrito es original o copia. No hay en absoluto regla segura, y si hubiese una positiva, el fraude calcaría su plan sobre ese hecho.

Vamos a entrar en el examen de algunas cuestiones difíciles que surgen naturalmente de la prueba preconstituida. Tales cuestiones son las relativas a la autenticidad.

I. Veamos, ante todo, un caso en que se trate de un escrito casual, por ejemplo una carta. Esa carta está firmada por mano desconocida. ¿Se trata de un original o de una copia? Aun cuando no pueda darse una respuesta cierta, hay mayor probabilidad de que sea original. ¿Por qué? Porque en el número total de cartas, las copias son muy pocas en comparación con las originales. Sin embargo, la fuerza de esa consideración depende de diversas circunstancias: 1) la importancia de las cuestiones a que se refieran las cartas, sean estas comerciales o no, relativas a asuntos privados o más o menos públicos; 2) la costumbre del país y su estilo literario en el tiempo en que se escriben.

Cuando se copia una carta, es bastante común, dejando aparte los casos de fraude, indicarlo así o hacer una marca con ese propósito. Pero esa precaución puede ser fácilmente omitida. Tengo a la vista una carta y la transcribo para mi uso; y como sé que es una copia, no tengo necesidad de darme tal información a mí mismo.

Si la carta no está firmada, tendrá ciertamente menor carácter de originalidad; pero, entre las personas que se escriben con familiaridad, esa formalidad se omite frecuentemente. También en esto hay que prestar atención a las costumbres del país; costumbres que pueden resultar de la naturaleza del gobierno. La firma en las cartas familiares es mucho más corriente en Inglaterra que en Francia.

II. No se trata de una carta sino de un memorándum escrito para mi uso personal. En el caso en que se haya hecho sacar una copia por otra persona, no será posible distinguir el original de la copia, a menos que se pueda acudir al autor o al copista, y dando por supuesto que ambas piezas están igualmente exentas de tachaduras y de correcciones.

Donde las tachaduras y las correcciones sean visibles, podrán servir para establecer conjeturas encaminadas a distinguir entre el original y su transcripción.

En un original, todas las variaciones arrancan de un cambio de pensamiento. Si una palabra está tachada y sustituida por otra, la palabra sustituida no tendrá ninguna semejanza física con aquella que se ha colocado en su lugar. Dicha diferencia será más frecuente todavía cuando estén tachadas varias palabras seguidas y reemplazadas por otras.

En una copia en que aparecen correcciones, si el error consistiese en la omisión de una palabra o de una serie de palabras, al no descubrirse el error sino después de estar terminada la línea, la corrección, o sea la inserción de las palabras omitidas, se hará comúnmente entre líneas. Si el error consistiese en la sustitución de una palabra por otra, se descubriría, por lo general, alguna semejanza física entre las dos, que habría motivado la equivocación del copista; por ejemplo, nómada por mónada.

En una palabra: en el original las correcciones indicarán un cambio que se ha producido en el pensamiento del escritor. En una copia las correcciones presentarán los caracteres de un error del transcritor.

Mas con relación a esas normas de apreciación, conviene esta observación que vale por todas las otras. Hay que guardarse bien de conceder a aquéllas una confianza implícita, y ello por dos razones: 1) porque, aparte del fraude, su fuerza probatoria es susceptible de diversos grados en más o en menos; 2) porque si hubiese una regla positiva a ese respecto, el fraude tendría en cuenta esa regla. En el estado normal de las cosas, un borrador original puede abundar en sustituciones y en interlineados, mientras que una copia se halla ordinariamente exenta de esos defectos. Pero si sobre tal punto hubiere una regla obligatoria para el juez, cuando alguien tuviese la intención fraudulenta de hacer pasar una copia por un original, la llenaría a propósito de variaciones y de tachaduras.

Capítulo VIII

De los medios de establecer la autenticidad de un escrito

Definición. Cuestión anexa a la de la autenticidad: la intención del autor. Tres pruebas directas para establecer la autenticidad de un escrito: 1) mediante el testimonio afirmativo de los signatarios; 2) por otros testigos; 3) por las partes. Pruebas circunstanciales: 1) por otros testigos; matices o grados de esta prueba; 2) posesión del escrito; 3) concordancia de este escrito con otros reconocidos como auténticos; 4) certificado extendido por un oficial público; 5) tenor o carácter del escrito. Necesidad de recurrir a los peritos; dudas sobre el peritaje de las escrituras.

Demostrar la autenticidad de un escrito es como demostrar que proviene de la persona a quien se atribuye y que no ha sido alterado.

Si se prueba que el escrito es auténtico, la única verdad que queda establecida es que el escrito procede de la persona a la cual se atribuye, ya que, por otra parte, el testimonio contenido en el escrito puede ser falso en todos sus aspectos, pese a ser auténtico. Como también sin ser auténtico, puede estar en todas sus partes acorde con la verdad.

Hay casos en que, desde el punto de vista práctico, es decir, para obtener de un escrito una utilidad judicial, no basta determinar quién sea el autor, sino que se precisa también conocer si ha sido redactado de acuerdo con su íntimo convencimiento y qué intención ha tenido al hacerlo.

La pregunta se reduce a esto: ¿Es suyo el escrito? Pero en muchos casos difiere el sentido de esa frase.

¿Es la expresión de un acto de su voluntad, verbigracia, su testamento? En tal supuesto, el escrito no será auténtico, no será suyo, si no va acompañado del deseo de que sea considerado como propio. Si ha revocado esa primera voluntad, dicho cambio deberá ser probado a su vez, y entonces aquel documento deja de existir porque ha sido reemplazado por el nuevo.

Si el escrito contiene una narración de sucesos, igualmente se necesita una prueba de que los ha reconocido como verdaderos y hace recaer sobre ellos el peso de su testimonio.

Después de esta distinción paso a ocuparme de los medios encaminados a reconocer si un escrito es o no auténtico. Afirmo que el camino a seguir es extremadamente simple. Las dificultades que a este respecto presenta la jurisprudencia inglesa no están en la naturaleza de las cosas, sino que son absurdos disfrazados de ciencia.

No hay ningún otro caso en que pueda apreciarse mejor la utilidad de la primera regla de procedimiento que hemos señalado: *la explicación inicial entre las partes, en presencia ana de otra y delante del* juez.

I. El demandante al demandado: "He aquí un acta, un escrito sobre el cual quiero fundar mi primera reclamación. ¿Qué tiene que decir? ¿Lo reconoce como auténtico o por qué razón le desconoce ese carácter?"

El demandado: "Lo admito como auténtico." El demandante continúa presentando sus títulos y sobre cada uno de ellos reitera la misma pregunta.

La parte contraria procede de idéntica manera. Y en un acta se registra en forma sucinta la sustancia de esas respuestas.

Aunque no he hablado más que del demandante y del demandado, entiendo que no se los debe privar de la facultad de hacerse acompañar por un abogado o por otro auxiliar de su elección, e incluso de hacerse representar en el caso de que su comparecencia personal no pudiese tener lugar sin producir un mayor inconveniente.

Procediendo de ese modo, se puede dividir la prueba en dos partes: una *provisional,* que es el simple hecho de presentar el demandante como auténtico el documento; otra *definitiva,* que es el hecho de que el demandado lo admita como tal.

Si el demandado hubiese sido una de las partes contratantes y hubiese firmado el contrato, su admisión de la autenticidad del escrito sería una prueba concluyente, inclusive para todas las otras partes interesadas salvo para aquellas que no hubiesen tenido ocasión de examinar y de oponerse a la prueba.

II. Pasemos ahora al caso contrario, o sea al de que la autenticidad de la pieza sea rechazada.

En el supuesto anterior, no había motivo ninguno para apelar a testigos externos. En este, inversamente, no puede descartarse, por superfluo, ningún testigo competente.

En apoyo del documento, la parte que lo exhibe debe desplegar todos sus esfuerzos para probar su autenticidad. La parte que lo rechaza debe desplegar, a su vez, todos los suyos para invalidarlo. A cada elemento de prueba proporcionado, por uno, el otro habrá de oponer todos los elementos del género contrario. En primer término las repreguntas, si hay testimonios verbales; después, todas las pruebas circunstanciales que el caso admita.

I. PRUEBAS DIRECTAS PARA ESTABLECER LA AUTENTICIDAD

1) Testimonio (afirmativo) de los testigos instrumentales, es decir, de las mismas personas que han puesto su firma en el acto.

2) Testimonio de otras personas que, sin haber firmado el acto como testigos, están en condiciones de suministrar pruebas de su autenticidad; por ejemplo, haber visto escribir el acto y firmar a las partes, o haber oído a estas reconocer en su presencia la autenticidad del acto, etc.

3) Testimonio de la parte en cuyo favor se ha redactado el escrito, declarando haberle hecho, escrito y firmado.

4) Testimonio de la parte contra la cual el escrito se ha producido, reconociéndolo como auténtico y no alterado.

II. PRUEBAS CIRCUNSTANCIALES

Se las puede clasificar bajo los siete principios siguientes, si bien esa catalogación no pasa de ser un ensayo que puede abrir el camino para perfeccionar esta rama de la lógica judicial.

1) El testigo declara estar persuadido de que el escrito que se le presenta es de puño y letra de la persona a la cual se atribuye. La base de su persuasión se encuentra en el hecho de haber visto, en una o en varias ocasiones, a esa persona en el acto mismo de escribir, así como en la semejanza que encuentra entre el escrito cuestionado y el que ha visto salir de su pluma. Esta prueba es susceptible de una gran diversidad en la fuerza probatoria. Denominación abreviada de esta prueba: *parecido de los caracteres de la letra,* inferido *ex scriptione olim visa.*

2) La base de la persuasión del testigo se encuentra en el hábito de ver un número indeterminado de escritos de la misma persona, con el convencimiento de que tales escritos provenían de su mano y de que, el que se le presenta, guarda parecido con ellos: *semejanza de la letra,* inferida *ex scriptis prius cognitis.*

3) El testigo declarante es un experto, un hombre a quien, por su profesión, se le requiere para el cotejo de los escritos y, principalmente, de las firmas. Comparando el escrito cuestionado con otros escritos que se tienen como extendidos por la misma persona a quien se atribuye el primero, declara su persuasión de que son semejantes.

4) El testigo declarante es la persona de quien se dice haber tenido el escrito cuestionado bajo su *guarda* y en su poder durante un tiempo determinado, comprendido en el mismo aquel espacio de tiempo en que el escrito se ha producido como medio de prueba. *Autenticidad* inferida ex *custodia.*

Pero, como todo escrito puede encontrarse de una u otra manera en las manos de un individuo cualquiera, la circunstancia de la posesión no prueba nada o casi nada por sí misma: no adquiere fuerza alguna sino en tanto y en cuanto esté apoyada en la presunción resultante del tenor del escrito. Por eso no se ha de conceder valor a ese género de prueba, sino en el caso de que la aparente antigüedad del escrito discutido excluya toda esperanza de encontrar testigos inmediatos que puedan atestiguar acerca de la letra del autor.

5) En apoyo del escrito en cuestión, se presenta otro escrito que ofrece un destacado acuerdo en gran número de circunstancias. Si este último es auténtico, puede servir para probar la autenticidad del primero, con tal de que dicho acuerdo no resulte de un designio intencionado, sino que sea efecto de una coincidencia natural. Autenticidad inferida *ex concordantia.*

6) Ningún testigo declarante. El escrito está en manos del juez y se halla acompañado de una nota oficial, es decir, de un visado o de un certificado librado por un funcionario público dedicado, en la época en que se otorgó

el documento, a examinar los escritos de esa naturaleza y a comprobar su autenticidad. *Autenticidad* inferida *ex visu oficiali.*

En este caso, el hecho probatorio tiene necesidad, a su vez, de ser probado. La nota precitada, ¿es verdaderamente del funcionario público a quien se atribuye? No se puede llegar a la prueba de ese hecho sino por otras pruebas circunstanciales, a menos que el mismo individuo estuviese todavía vivo y pudiese comparecer ante la justicia. Habría entonces prueba directa, que es la que siempre se debe emplear con preferencia, por ser la más conveniente y también, en último análisis, la única que resulta plenamente satisfactoria.

Si se puede hacer un acto falso, también se puede hacer un certificado falso. Pero cuantas más letras se hayan de imitar, más dificultades se tendrán que vencer; y la consecuencia de ello es que dichos certificados no están nunca desprovistos de cierta fuerza probatoria, añadiendo algo de valor intrínseco del acto mismo, según se puede deducir de su tenór.

7) Tampoco hay testigo declarante. El escrito está sometido al examen del juez. De acuerdo con su tenor, es decir, según la naturaleza y el carácter del escrito, infiere que ha sido hecho en la ocasión particular a la cual se afirma que hace relación, y que tiene por autor al individuo al cual es atribuido por la parte que lo presenta.

Es esto lo que con bastante frecuencia se llama prueba interna. *Autenticidad* inferida *ex tenore.*

Encuentro en la obra de un jurisconsulto, a quien ya he citado, observaciones relativas a este tema y que están apoyadas en una larga experiencia.

He aquí lo que dice sobre el *cotejo de letras:* "Este género de prueba parte de la suposición de que cada persona da a su escritura un carácter particular, y que se puede determinar por la semejanza o desemejanza de varios escritos si ellos son o no son de la misma mano; lo que no deja de presentar dificultades y peligros."

"Para esa clase de prueba, el legislador ha desconfiado de las luces de los jueces y ha preferido el arte de los peritos."

"Sin recurrir a los casos que se han hecho célebres por el error de los peritos, como el sucedido en Armenia, que hizo adoptar a Justiniano, en la Novela 75, nuevas precauciones, o el de los canónigos de Beauvais y del vicario de Jouarre, que nos presentan los decretistas modernos, la experiencia nos demuestra toda la insignificancia, la inutilidad, incluso lo absurdo de los informes de esas muestras de escritura a quienes se reviste con la autoridad de expertos. Describir minuciosamente, en lenguaje artístico, la forma y la posición de las letras, amontonar puerilmente expresiones técnicas, tomar como categórica una demostración que nada prueba, oscurecer con sus contradicciones más que aclarar con sus razonamientos, he aquí lo que hemos visto, no en una sola causa sino en casi todas aquellas en que, por defecto de la ley, ha existido la obligación de recurrir a dichos pretendidos expertos."

"Hemos dejado a los mismos tribunales la comparación de los escritos. Conjetura por conjetura, la de los jueces nos ha parecido preferible a la de los peritos. Creemos que se debe tener mayor confianza en su discernimiento, en su experiencia y, sobre todo, en esa responsabilidad que recae entera sobre ellos."

"No obstante, al pretender que cese la imposición a los tribunales de servirse de expertos obligatoriamente, no llegamos al punto de prohibirles su utilización...

"La comprobación mediante el cotejo de escritos, aislada de todo otro medio de prueba, ¿bastará para admitir como verdadero o para descartar como falso el documento presentado por una parte?

"Aquellos que se inclinan por la negativa, objetan que toda la autoridad de esa verificación proviene de un argumento poco convincente: el argumento *a simili et verisimili.* Hay mucha distancia —dicen— entre lo verosímil y lo verdadero: ser parecido no es ser idéntico."

"¡Apelan a la experiencia! Pero, ¡cuántas circunstancias hacen variar en la misma persona su letra y su firma! El tamaño de la pluma, la posición de la mano, la mayor o menor aplicación o costumbre, el estado de salud o enfermedad, el transcurso de los años, etc."

"Si a todas esas causas inocentes de variación se añade la que nace de una intención culpable, de un hábito adquirido de desfigurar la propia escritura, se comprenderá sin esfuerzo cuán fácil ha sido atribuir escrituras de una misma persona a manos diferentes."

"Por otra parte, el arte de imitar, de contrahacer los escritos y las firmas, se ha llevado en todos los tiempos a tan asombroso grado de perfección que toda diferencia entre el escrito verdadero y el contrahecho escapa al ojo más ejercitado, hasta al ojo del autor del primero. Los anales del foro ofrecen muy famosos ejemplos."

"Mas por conjetural e imperfecto que sea ese medio de prueba, el legislador pecaría por imprudencia prohibiéndolo."

"Su exclusión favorecería especialmente el fraude: alentaría a los falsarios, privando a la administración de justicia del único medio que, en muchos casos, tiene para descubrir el delito. Aumentaría, más todavía, las negativas al reconocimiento de los escritos, a que se entregarían los deudores deshonestos en cuanto tuviesen la seguridad de no poder ser desmentidos."

"¿Dónde se encontraría, al faltar ese medio de prueba, la fuerza de los instrumentos privados que no estuviesen otorgados ante testigos, o cuando estos hubiesen fallecido?

"Las convenciones no ofrecerían ninguna seguridad sino cuando estuviesen acompañados de formalidades y de una publicidad que no siempre permiten su naturaleza ni sus circunstancias.

"Esa obligación de guardar ciertas formalidades y esa desconfianza, que nos vendría impuesta por la ley, tendría la influencia moral más perniciosa por sus diarios efectos y produciría un daño de mayor gravedad que el que podría resultar de un posible error judicial en algún caso.

"Por añadidura, esos errores serían mucho más raros cuando la ley dejase al criterio de los jueces, etc.

Capítulo IX

De los medios de establecer la falta de autenticidad de un escrito

I. Cinco pruebas directas contra la autenticidad por el testimonio negativo de diversas clases de testigos. II. Cuatro pruebas circunstanciales: 1) diferencia de letra; 2) interés sospechoso por parte de quien ha tenido el escrito en su poder; 3) signos materiales de falsedad, obtenidos del papel, de la tinta o del sello; 4) indicios. Mención de hechos posteriores; empleo de palabras no utilizadas en la fecha del escrito; inserción de hechos falsos y reconocidos como tales por el autor del acta; discordancia del contrato con contratos precedentes; la no presentación de ese contrato en una época en que habría debido presentarse; diversidad de talento entre el trabajo y el autor a quien se atribuye; oposición de opinión; omisión singular de hechos que el autor ha debido conocer; diversidad del estilo y de la construcción de las frases. Clases de errores que no prueban la falsedad.

En toda cuestión relativa a la autenticidad de un acto, la presunción general está a su favor y puede decirse, comparando casos, que los de falsedad son extraordinarios. Pero, cuando se presentan, es preciso realizar una operación inversa a la que acabamos de trazar. Con algunas adiciones y algunas variaciones, los medios para destruir la autenticidad de un escrito son los mismos que sirven para acreditarla.

I. Pruebas directas contra la autenticidad

1) Testimonio negativo de las personas que aparecen mencionadas en el acto como testigos instrumentales.

2) Testimonio negativo de otras personas no mencionadas en el acto como testigos instrumentales.

3) Testimonio de la parte contra la cual se presenta el acto, negando haberlo escrito o firmado.

4) Testimonio de la parte que lo presenta, confesando que es falso o falsificado.

5) Testimonio de referencia, como es el de una persona que declara haber oído, de un testigo instrumental o de la parte en cuyo favor se ha producido el acto, que es falso o falsificado.

II. PRUEBAS CIRCUNSTANCIALES

1) *Desemejanza de las letras.* Atestiguada: 1) por un testigo que ha visto al pretendido autor del escrito en el momento mismo de escribir: 2) por un testigo que ha tenido otros medios de conocer su escrito; 3) por testimonio de expertos.

2) *Presunción contraria a la de la posesión.* El individuo que produce el escrito, como habiendo tenido su posesión o su guarda, o entre las manos del cual ha pasado, es aquel que, en caso de éxito, obtendría un beneficio con haberío forjado o falsificado. Tal circunstancia es siempre causa de legítima sospecha.

3) *Signos materiales de los que se desprenden indicios de falsedad.*

Esos indicios materiales provienen del *papel,* de la *tinta* o del *sello.*

Primero. Del *papel.* ¿Es este de una fecha de fabricación conocidamente posterior a la fecha del escrito? Prueba cierta de su falsedad. ¿La superficie presenta desigualdades de espesor producidas por raspaduras? Razón para suponer que ha habido falsificaciones. ¿Se ven en un renglón signos de borraduras que parezcan resultar del empleo de un disolvente aplicado a la materia colorante? Otra causa de sospecha. Estos dos últimos indicios se aplican al pergamino, a la vitela y a cualquiera otra sustancia de piel.

Segundo. La *tinta.* Si el color de la tinta, uniforme en todo el escrito, parece más fresco de lo que permitiría suponer la fecha del documento, habrá una causa natural para la sospecha. Pero no hay que fiarse demasiado de esa circunstancia, porque la calidad, la intensidad, la brillantez del color, pueden variar considerablemente entre dos tintas elaboradas en un mismo tiempo.

Si la apariencia de la tinta es diferente en diversas partes de un mismo escrito, habrá también motivo de sospecha, e incluso más fuerte en algunos casos. No obstante, se ha de hacer una distinción: si la tinta que sigue a la primera se emplea hasta el final, dicho cambio no da lugar a ninguna sospecha; la interpretación lógica es que al escribiente no le agradaba la primera o que cambió de pluma. El indicio adquiere fuerza considerable cuando la diferencia de tinta se presenta en las tachaduras o cuando aparecen aquí y allá palabras con diversa coloración. Una investigación más detenida hará descubrir tachaduras químicas o mecánicas y las palabras sustituidas podrán ser deducidas del contexto.

Tercero. *Signos o indicios de falsificación, derivados de* la *naturaleza o del tenor del escrito.*

Todo esto comprende un vasto campo en que la sagacidad del juez y de los abogados encuentra abundante empleo. Los indicios de falsedad que vamos a señalar han servido frecuentemente para destruir pretendidos actos y supuestos testamentos, provistos, por otra parte, de las más espaciosas apariencias de autenticidad. Ha sido por aplicación de esos criterios diversos cómo los sabios críticos de los siglos XV y XVI probaron la falsedad de múltiples actos y escritos con los que se había sorprendido la credulidad de las gentes en tiempos de mayor ignorancia. El estudio de sus obras debería ser considerado como una rama importante de la lógica judicial.

INDICIOS:

a) con frecuencia se reconocerá que un escrito es fingido por alguna mención directa a un hecho posterior a la fecha que lleva el escrito cuestionado, o por alusiones más o menos indirectas a hechos posteriores. Bajo la denominación de hechos, se comprenden aquí las personas, las cosas, las situaciones. El contrato supone la muerte de un individuo, o su matrimonio, siendo así que no murió o no se casó hasta algún tiempo después. El contrato supone un viaje que todavía no se ha realizado, o el ejercicio de una profesión o de un empleo que todavía no se tenían, o un lugar de residencia que en aquella época aún no era el de la persona de quien se trate. *Mención de hechos posteriores.* Primer indicio de falsedad.

b) En un idioma vivo, hay variaciones en las palabras o en el sentido de las mismas, o en la combinación de las frases, o en la ortografía, que permiten reconocer la fecha de un escrito y de las cuales pueden resultar legítimas sospechas de falsedad. Tal escrito presenta maneras de hablar que no han estado en uso hasta un tiempo posterior a la fecha de redacción. Esta norma de crítica, aplicada a las obras literarias, conduce muchas veces a investigaciones difíciles y dudosas; pero ofrece resultados muy seguros y en ocasiones decisivos respecto a los actos legales, redactados por prácticos que no se apartan fácilmente del lenguaje y de las formas de su profesión. Empleo *de vocablos que no han sido usados sino posteriormente a la fecha del escrito.* Segundo indicio de falsedad.

c) Se encuentran en el escrito hechos falsos que se presentan como verdaderos, hechos cuya falsedad no ha podido dejar de ser conocida por el autor; hechos, por ejemplo, incompatibles con otros hechos que no ha podido ignorar. Ese indicio no prueba, indudablemente, que el acto en cuestión sea falso o falsificado, pero afecta a la veracidad y a la probidad del autor y conduce de modo natural a la sospecha. *Aseveración de hechos falsos* y *conocidos como tales* por quien *ha redactado el documento en cuestión.* Tercer indicio de falsedad.

d) El contrato cuestionado contiene cláusulas incompatibles con otros compromisos anteriores adquiridos por la persona contratante o por personas de las cuales trae causa y cuyos actos no puede ignorar. Es evidente también que tal circunstancia no constituye un indicio de falsedad, salvo en tanto repercute en contra de la probidad del autor. Se ha de examinar, sin embargo, si no ha actuado en estado de ignorancia. *Discordancia del contrato con contratos precedentes.* Cuarto indicio de falsedad.

e) El escrito o el contrato de que se trate no ha sido presentado, no habiéndose hecho mención ninguna de él en circunstancias en que habría resultado lógico que la parte que debería aportarlo se hubiese servido de él, si hubiese existido. Este indicio no tiene valor, a menos que la parte interesada no hubiese podido ignorar la existencia del documento, o no tuviese razón especial para no utilizarlo. *Silencio o secreto con respecto al contrato en cuestión, en un tiempo en que hubiera debido darlo a conocer.* Quinto indicio de falsedad.

f) El escrito presenta, en su conjunto, cualidades manifiestamente superiores o inferiores al saber, inteligencia y moralidad que podrían esperarse de la persona a quien le es atribuido, según puede apreciarse por otros escritos de la misma persona. Este indicio es apenas aplicable a los actos legales ni a los contratos, estando limitado a los escritos casuales, como cartas, memorias o composiciones literarias que puedan ser objeto de algún procedimiento judicial, presentados como prueba en un juicio. *Diversidad de carácter en lo concerniente al saber, a la inteligencia o a la moralidad.* Sexto indicio de falsedad.

g) En el escrito cuestionado, las opiniones, los afectos, las inclinaciones manifestadas por el supuesto autor se hallan en oposición con todo lo que se conoce de él, según las informaciones satisfactorias sacadas de otras fuentes. Esto también está casi limitado a los escritos casuales, como en el caso anterior. *Oposición de afectos, de gustos, de opiniones.* Séptimo indicio de falsedad.

h) En el escrito en cuestión se observa que no se ha hecho ninguna mención a hechos o circunstancias que han debido atraer la atención del autor y que este no debería haber omitido, de haberlos conocido. Ni la ignorancia ni la omisión parecen naturales. Tal indicio no es ni con mucho de terminante, pero puede conducir a la sospecha. *Omisión de hechos que el autor habría debido mencionar.* Octavo indicio de falsedad.

i) En el escrito cuestionado, el estilo, la fraseología, la ortografía, no tienen ningún parecido con los del supuesto autor, como se puede probar mediante la comparación con otros escritos suyos indubitados. La idea contenida en el vocablo *estilo* resulta extremadamente vaga y los indicios que se desprenden lo son igualmente. Un escritor puede disimular sus características, pero ese género de disimulo no va muy lejos. Es asimismo en los testimonios obtenidos de los escritos casuales donde se puede aplicar esta regla de crítica. *Diversidad del estilo* y *de la construcción de las frases.* Noveno indicio de falsedad.

j) En el escrito en cuestión, presentado como documento auténtico y oficial, el estilo y la forma son esencialmente diferentes a los que se emplean en el departamento de que se trate. Esto es únicamente de aplicación a una clase de pruebas preconstituidas: a las que se obtienen de los registros públicos.

Hay también errores, por ejemplo errores de fecha que pueden deslizarse en los actos, sin que sirvan de argumento para tacharlos de falsos. Lo que indica que se cometió el error solo por inadvertencia es su carencia de finalidad y la inexistencia de provecho. Eso es fácil de descubrir cuando ha faltado la intención.

LIBRO QUINTO

DE LAS PRUEBAS CIRCUNSTANCIALES

CAPÍTULO I

DEFINICIÓN Y NOCIONES PRELIMINARES

Naturaleza de esas pruebas. Lo que las distinguen de la prueba real. No son sino una operación del juicio. Distinción entre hecho y circunstancia. Las circunstancias abarcan: 1) el estado de las cosas; 2) la conducta de las personas. El vínculo de las causas y de los efectos, principio sobre el cual reposa toda la fuerza de esas pruebas. Unanimidad que prevalece a ese respecto.

Distinción entre los hechos circunstanciales, corroborativos unos (que probabilizan el delito), invalidativos otros (que lo improbabilizan). Los primeros han atraído toda la atención de los juristas y de los legisladores. Los otros han sido con frecuencia descuidados. Ejemplo de un caso citado como una prueba plena y absoluta, por olvido de las circunstancias invalidativas. Utilidad de hacer un índice de las consideraciones invalidativas que se encuentran en cada prueba circunstancial, sea material, sea personal. Las pruebas circunstanciales siendo de un hecho a otro son más simples que la prueba directa en que hay que apreciar la moral del testigo.

Acabamos de ocuparnos de la prueba directa, o sea de la consistente en la declaración de un testigo que, con relación al hecho *principal* afirma pura y simplemente lo que ha llegado a su conocimiento por medio de sus propios sentidos, absteniéndose en cuanto sea posible de mezclar ninguna apreciación proveniente de su juicio personal.

La prueba *circunstancial* es la que se deduce de la existencia de un hecho o de un grupo de hechos que, aplicándose inmediatamente al hecho principal, llevan a la conclusión de que ese hecho ha existido. Esta conclusión es una operación del juicio. La distinción entre *hecho y circunstancia* es solo relativa a un hecho determinado. Todo hecho, con respecto a otro, puede llamarse una circunstancia. Que el día en que se ha cometido tal homicidio haya tronado o granizado es un suceso independiente por completo del hecho principal, pero que puede constituir una circunstancia digna de observar y que puede conducir a alguna prueba. Las circunstancias son, pues, hechos colocados alrededor de algún otro hecho. A efectos de nuestro razonamiento, pudiendo cada hecho ser considerado como un centro, cualquier otro hecho puede estimarse como situado en torno al primero.

Las circunstancias encierran el estado de las cosas o la conducta de las personas. Las cosas proporcionan lo que se llama *pruebas reales;* pero bien se argumente conforme a las cosas o conforme a la conducta de las personas, la naturaleza de esta clase de pruebas es siempre la misma, puesto que siempre se funda en la analogía, en el encadenamiento de causas y efectos. Por eso hemos dicho en el Lib. I, cap. III, que todas las pruebas materiales eran también circunstanciales.

La puerta de una casa ha sido forzada. El estado de la cerradura, las marcas de violencia, indican que la fractura se ha efectuado desde fuera; unos zapatos que no pertenecen a ninguno de los habitantes de la casa son encontrados en una oscura escalera; un zapatero del barrio reconoce haberlos vendido a un obrero que ha trabajado en el pueblo y que ha desaparecido; efectos robados, perdidos en el camino, conducen hasta una taberna en la que, según se averigua, ese hombre se ha detenido y ha cambiado una moneda de oro, etc. He aquí una mezcla de circunstancias obtenidas de las cosas y de la conducta del individuo, de todo lo cual se infiere que él ha podido ser el autor del delito.

Es así como, de la cadena ilimitada de causas y efectos, aun cuando no se conozcan en toda su extensión, se pueden seleccionar con bastante certeza algunos fragmentos destacados y pasar de un eslabón a otro. Se trata del encadenamiento de fenómenos tan naturales como el de la consanguinidad que liga a todos los hombres a un primer padre. El árbol genealógico de la especie humana está oculto a nuestros ojos, y lo estará siempre; unos y otros datos nos permiten trazar de manera satisfactoria la ascendencia de una familia, aun cuando ese hilo no nos lleve nunca demasiado lejos.

Determinar que un suceso da fe de otro suceso constituye un juicio fundado en la analogía, la que a su vez descansa en la experiencia. Pero es preciso confesar que ese juicio puede ser considerado como una manifestación del instinto, tanto por la prontitud con que obra, como por la dificultad de explicarlo y por la imposibilidad de encontrar reglas para conducirlo. Ese instinto que de manera tan útil guía a los hombres, los llevaría a la desesperación si no fuese casi uniforme en todos ellos.

En efecto, toda probabilidad se desvanecería y todo lo que se podría decir acerca de la ligazón de los fenómenos nos sería vano, si no se partiese de la suposición de que dos hechos que aparecen vinculados de cierta manera a los ojos de un individuo, han de aparecer ligados de igual manera a los ojos de los demás.

Las pruebas circunstanciales se hallan igualmente en materia civil como en materia penal. Difieren conforme a la naturaleza del caso y es verdaderamente infinita la diversidad de que son susceptibles. En un delito, por ejemplo, todas las circunstancias serán tan variadas como maneras hay de hacer nacer un mismo hecho. Un homicidio presentará apariencias por completo diferentes según que haya sido cometido con un arma cortante o con un arma de fuego, por medio del agua o del veneno, por sofocación, hambre, espanto, etc.

Con respecto a la existencia de un hecho principal, basta una prueba *directa,* cuando no existe objeción sobre la credibilidad del testigo, para que el hecho se considere como *probado.* Por lo menos, la aseveración de un solo testigo de esa condición está admitida en la ley inglesa como suficiente para determinar la persuasión del jurado y la sanción legal.

Si la existencia del hecho principal únicamente está apoyada en pruebas *circunstanciales,* me parece que se encontrarían pocos casos en Inglaterra donde una sola prueba de esa naturaleza haya parecido suficiente para considerar *probado* el hecho.

En el caso de reunirse varias pruebas circunstanciales, su conjunto podría permitir que el hecho principal se considerase como probado aun cuando, contemplada cada una de ellas separadamente, no representen sino una *probabilidad.*

Así como hay hechos circunstanciales en cuya virtud el hecho principal se hace muy probable, hay otros que lo convierten en menos probable.

Un hecho que disminuye la probabilidad puede ser llamado infirmativo.

Un hecho que aumente la probabilidad puede ser llamado corroborativo.

Toda la lógica judicial consiste en la lógica valoración de esas dos clases de hechos, o sea de los que hacen más probable el hecho principal y de los que lo hacen menos probable. Un error en esta valoración produce una injusticia. Si, en el caso de un delito, un solo hecho corroborativo queda omitido o evaluado por debajo de su valor, el culpable puede escapar a la pena que le corresponde. Si un solo hecho invalidativo es olvidado o evaluado por debajo de su valor, puede ser condenado un inocente.

La conducción de la causa consiste en probar los hechos criminosos. Mas con relación a los hechos infirmativos, o sea los que tienden a quitar probabilidades a aquéllos, no ofrecen la misma certidumbre: pueden existir o no existir. Es posible que escapen a la atención y hay demasiados ejemplos de casos en que no se les ha tenido en cuenta. Tomemos un hecho hipotético. Se ha encontrado en una habitación a un hombre muerto recientemente y cubierto de sangre.

Capítulo II

De las pruebas reales. Cuadro de sus principales modalidades

Las pruebas obtenidas de las cosas o del estado físico de las personas clasificadas en las siguientes modalidades. Cuerpos del delito. Instrumentos empleados en la ejecución del delito. Materiales destinados a servir al delito. Estado de los objetos circundantes. Cosas que sirven para individualizar al delincuente. Posesión de cosas consideradas como prueba del delito, en manos del imputado. Si la cosa misma no se halla a la vista del juez, no es sino una referencia: doble consideración que invalida las referencias. Las cosas están sometidas a la falsificación. Arte de hacer mentir a las apariencias.

Las pruebas especialmente llamadas *pruebas reales* pueden clasificarse con arreglo a las modalidades siguientes:

1) Cuerpos del delito: estado de la cosa que ha sido objeto del delito. Esto comprende no solamente las *cosas* propiamente dichas, sino también las *personas,* en cuanto pertenecen a la categoría de las cosas, es decir, a su estado físico, independientemente de las facultades intelectuales, como en el caso de marcas producidas por enfermedad o por violencia externa.
2) Frutos del delito.
3) Instrumentos utilizados en la ejecución del delito.
4) Materiales destinados a servir al delito.
5) Escondrijo de lo que ha sido cuerpo del delito.
6) Cuerpos circundantes que han sufrido algún cambio en su apariencia como consecuencia del delito.
7) Cosas que sirven para individualizar al delincuente por haber sido de su pertenencia o empleadas por él.
8) Posesión inculpativa de prueba real.
9) Posesión inculpativa de prueba escrita.

Observemos aquí que, para constituir una prueba real, la cosa misma que sirve de testimonio debe ser expuesta a la vista del juez que dicta el fallo; de lo contrario, la prueba en cuestión no es sino el informe de una prueba real: carece del carácter de originalidad; es análoga a una prueba de referencia. Además de estar sujeta a cuanto invalida toda clase de pruebas reales, lo está también a todo cuanto invalida en particular las pruebas fundadas en referencias.

Observemos también que, en varios casos, las pruebas reales requieren procedimientos científicos, es decir, que es necesario recurrir a hombres particularmente versados en tal o cual arte o en tal o cual ciencia para que ayuden a valorar la fuerza probatoria de una prueba real. La ciencia médica, por ejemplo, se aplica a una gran parte de esas pruebas. Y hay muchos actos falsos en que no debe decidirse con respecto a la prueba real sino luego de haber escuchado a los peritos.

No hay que olvidar que, si las pruebas orales son susceptibles de falsedad, las pruebas reales lo son de falsificación. Un mojón, considerado aisladamente, probaría, a no dudarlo, que el campo en litigio pertenece a Sabino; pero es Sabino mismo quien lo ha arrancado clandestinamente y cambiándolo de lugar ha fabricado, por así decir, una prueba falsa. Un cuchillo que lleva el nombre de Junio es encontrado en el corazón de un hombre asesinado; pero fue el asesino quien, para alejar de su persona las sospechas y hacerlas recaer sobre el inocente Junio, le robó furtivamente su cuchillo.

Capítulo III

De los hechos infirmativos aplicables a todas las pruebas reales

Dos grandes consideraciones infirmativas se aplican a todas las pruebas reales: 1) la apariencia puede ser engañosa, accidental: ejemplo de la urraca ladrona; 2) la cosa presentada como prueba ha podido ser falsificada. La falsificación de la cosa puede ser hecha: 1) como medida de precaución por el verdadero culpable; 2) como medida de precaución por una persona inocente; 3) por un tercero, con intención de hacer recaer las sospechas sobre un inocente, por enemistad contra él o por amistad hacia el culpable; 4) a manera de juego: ejemplo, la historia de José.

Hay casos en que existe una conexión necesaria entre el hecho principal y el hecho probatorio. Al probarse este, se prueba la existencia del primero. Pero exceptuados esos casos, no hay hecho testimonial que no tenga algún hecho infirmativo correspondiente.

Incluso hay hechos infirmativos que se aplican en común a todos los hechos incluibles en las pruebas reales.

1) *Accidente.* Las apariencias serán manifiestas, pero el hecho puede ser puramente accidental, fortuito, efecto del azar. La voluntad de un supuesto delincuente no actúa para nada, o si en algo actuaba, su acción no estaba dirigida a la producción del acontecimiento dañoso, sino que tenía una finalidad inocente; o, incluso, si tenía la intención de cometer un delito, no era el delito en cuestión.

Las causas célebres de todos los países están llenas de ejemplos en los que se ve cómo combinaciones puramente accidentales sitúan a los individuos bajo la sombra de las acusaciones más graves y algunas veces los arrastran a condenas cuya injusticia o error se descubre mediante otras casualidades.

El origen de la misa de la urraca en París se debe a uno de esos funestos accidentes. Se sabe que ese pájaro se apodera de cuanto está a su alcance y lo oculta con cuidado. Una urraca doméstica había acumulado monedas en el cofre de una pobre sirvienta, cuya llave únicamente ella poseía. Con esta sola prueba la sirvienta fue condenada y padeció el último suplicio. Pero al continuar los robos, el pájaro ladrón fue descubierto cuando ocultaba las monedas en el mismo cofre, introduciéndolas por un agujero que no había sido advertido.

2) *Falsificación de prueba real como justificación propia.* Es la hipótesis en que la cosa que sirve de prueba ha sido puesta por otra persona en el estado en que se encuentra, quien habiendo cometido el delito en cuestión, u otro, había arreglado las cosas de manera que las sospechas no recayesen sobre ella o le permitiesen disculparse.

3) *Falsificación de la prueba real en precaución por parte de una persona inocente.* Este caso, que no es tan raro, se produce cuando una persona que no es el acusado, temiendo por alguna circunstancia ser sospechada de un delito del que es inocente, altera la apariencia de *la cosa* trata de ocultarla o desnaturalizarla, con la intención de destruir los indicios que habría podido proporcionar si hubiese permanecido en su estado natural.

4) *Falsificación de pruebas reales por un tercero con intención calumniosa* Es el caso en que una persona extraña al hecho principal ha alterado la cosa con la intención de someter a un inocente a la imputación del delito, sea por enemistad contra el individuo en cuestión, o para encubrir al verdadero autor del delito.

5) *Falsificación de pruebas reales, en broma o por juego.* Es el caso en que, sin exponer al individuo acusado al peligro de una pena legal, no se ha querido sino hacerle sentir una alarma momentánea. La historia de José y de sus hermanos proporciona un ejemplo conocido por todo el mundo.

Capítulo IV

Posesión inculpativa de pruebas reales

La cosa, indicio del delito, encontrada en poder del acusado. Consideraciones infirmativas de esta prueba: 1) ignorancia del hecho de la posesión; 2) introducción clandestina de la cosa con intenciones inocentes o criminales; 3) introducción forzada e ilegal, es decir, la cosa puesta en poder del individuo contra su voluntad; 4) falta de identidad de la cosa, siendo tomado un objeto por otro, engaño; 5) servicio de justicia, es decir, un individuo que ha tomado la cosa con buen propósito.

Nada hay más familiar que la palabra *posesión.* Pero quienes la emplean no se dan cuenta de las dificultades en que se encuentran los jurisconsultos para definirla, así como tampoco de las variables y diferentes ideas que se le atribuyen. Sin entrar aquí en explicaciones que estarían fuera de lugar, bástenos recordar que la posesión de la *cosa* indicadora de una prueba incriminativa, se toma generalmente como indicio de delito con respecto al presunto poseedor. Por ejemplo, quien posee los efectos robados es inicialmente considerado como el ladrón o el cómplice del ladrón.

La fuerza probatoria de esa circunstancia varía según que la posesión sea *actual o antecedente:* actual, cuando la cosa en cuestión es encontrada en poder del supuesto delincuente; antecedente, cuando solamente se presume que ha estado anteriormente en su poder.

Hechos infirmatvos aplicables a la posesión

A la prueba procedente de esa circunstancia hay que oponer, uno a uno, todos los hechos invalidativos que le corresponden. Pueden ser de aplicación todos aquellos que acabamos de enunciar, pero hay también otros que le pertenecen especialmente.

1) *Ignorancia.* La situación de la cosa presenta tales caracteres, que permite decir que está o que ha estado en posesión del supuesto delincuente, pero que él mismo no ha tenido ningún conocimiento. Este caso encaja en cualquiera de los cinco casos desarrollados en el capítulo precedente.

2) *Introducción clandestina.* El presunto delincuente no ignora que la cosa está en su posesión, pero desconoce en absoluto cómo ha venido a parar a él.

3) *Introducción forzada.* El supuesto delincuente no ignora cómo se le ha puesto en posesión aparente de la cosa, pero se ha hecho así en contra de su expresa voluntad. Un hombre, por ejemplo, le ha sujetado por la fuerza las manos, mientras otro le metía un reloj en el bolsillo, a tiempo que un tercero se presenta expresamente, lo registra, saca el reloj y hace recaer sobre él las sospechas del robo.

Si se demuestra la fuerza empleada a tal fin, la prueba resultante de la posesión queda por sí misma destruida. Pero lo que puede ocurrir es que la posesión quede probada y la fuerza no.

4) *Falta de identidad de la cosa.* Esto se aplica de modo particular al caso de posesión antecedente. Se ve correr a un hombre y se cree que está huyendo. En el camino que ha recorrido se encuentra un pañuelo parecido al que se ha visto en sus manos; pero aunque parecido, no es el mismo.

La identidad puede establecerse por diversas señales intrínsecas de propiedad.

5) Servicio de la *justicia.* Una persona recibe la cosa en cuestión o la toma, con la intención de utilizarla en servicio de la justicia, como medio de prueba y para impedir que el delincuente se la sustraiga, la enajene o la desnaturalice. Tal puede ser el caso de un oficial de policía que actúe así por razón de su cargo, o el de cualquier otro individuo que cumpla voluntariamente la misma función.

Capítulo V

Posesión inculpativa de pruebas escritas

Un escrito que sirve de indicio al delito es encontrado en poder del acusado. Consideraciones infirmativas de esta prueba: 1) todos los hechos infirmativos ya mencionados, accidente, ignorancia, introducción clandestina; 2) mayor facilidad para deslizar un escrito donde se desea, que muchos otros objetos. Presunción particular de inocencia: la conservación del escrito por quien habría debido destruirlo. Si el escrito inculpativo es de puño y letra del acusado así como el encontrarse en su poder, esta prueba, por fuerte que sea, presenta algunas consideraciones infirmativas: 1) todas las que se refieren a la confesión oral; 2) la cuestión de la autenticidad; 3) la interpretación de intención.

Es hallado en poder de un individuo un escrito que contiene la confesión de un delito, y suponiéndolo autor de ese escrito, aún cuando no esté extendido de su puño y letra, se infiere que es culpable del delito en cuestión. Es ése el caso más simple y menos grave de posesión inculpativa.

Pero el escrito parece ser de su mano y está redactado en forma de memorándum para su uso, o en forma de carta ya dirigida y no enviada. La posesión, en tal caso, ofrece una presunción de culpabilidad más fuerte que en la hipótesis precedente.

Pero si el escrito inculpativo no es de su mano sino de otra persona que se dirige a él con carácter de cómplice o de acusador, ¿qué conclusión se podrá deducir en su contra?

Consideraciones infirmativas

Apreciada en sí misma y con independencia de cualquiera otra prueba, la simple posesión de un escrito inculpativo que no es de su puño y letra, prueba tan poco en contra del poseedor que apenas puede merecer el nombre de circunstancia incriminativa. No llega a ser una presunción sino una mera sombra. Todos los hechos invalidantes pueden aplicarse con mayor fuerza que en los demás casos. La introducción clandestina de un papel es más fácil que la de otros muchos objetos. Inclusive puede ser remitido por correo al individuo. Puede también enviarse a alguien que viva en la casa y encontrarse así en posesión de aquél sin que tenga el menor conocimiento.

"En tal ocasión, mi querido amigo, hemos fracasado en nuestra empresa" (la naturaleza de la empresa —un robo, un homicidio, una traición— aparecerá mencionada con alguna alusión que produzca sensación de un concierto delictivo): "disponte para tal día; nuestros amigos están advertidos; por tu parte, adopta tales precauciones; el éxito es seguro", etc.

De esa manera, si la simple posesión de un escrito pudiese constituir una circunstancia incriminativa, cualquier persona podría hacer que dicha prueba del delito se encontrase en las manos de otra. Desaparecería toda seguridad social.

Así, pues, la posesión de semejante escrito no prueba nada por sí misma, ni resultan de ella mayores presunciones que si hubiese sido interceptada en una oficina de correos. Toda la fuerza que esa circunstancia pueda tener provendrá de los indicios que el escrito suministre, de las precauciones adoptadas para guardarlo, de las condiciones personales del autor. En una palabra: de todas las pruebas vinculadas por modo natural con aquélla, cuando el acusado resulte culpable. Supongamos que el escrito incriminativo no tuviese el aspecto de haber sido escrito por un cómplice sino por un acusador: "Se ha comportado usted en tal negocio con evidente mala fe; su patrono le ha reprochado en mi presencia sus infidelidades; ha reconocido usted una falsedad, etc.".

Si un discurso de ese tenor, en lugar de ser escrito hubiese sido pronunciado ante el mismo acusado, habría podido obrar con gran fuerza contra él. ¿Por qué? Porque la circunstancia de estar presentes las dos partes, la acusada y la acusadora, proporciona el motivo de contradecir una imputación falsa y la ocasión de hacerlo. El silencio, en semejante caso, se toma por confesión, aún cuando haya todavía que hacer muchas reservas antes de llegar a conclusión tan absoluta. Mas con relación a un escrito inculpativo, al no estar presentes ambas partes ni tener la posibilidad de una contradicción inmediata, aunque se encuentre en poder de un individuo, esa circunstancia nada prueba en su contra. Si lo hubiese considerado peligroso contra él, lo habría destruido. Únicamente ha podido conservarlo por alguna razón encaminada a su seguridad.

Pasemos ahora a un caso más grave, en que el escrito inculpativo encontrado en poder de un individuo parezca de su mano. Si este último punto se halla suficientemente probado, parece que el escrito ha de ser equivalente a una confesión oral del mismo delito. Queda por saber si la confesión, aun salida de la boca del presunto delincuente, habría sido creída por el juez. Ya veremos en otra parte que esta prueba, aun siendo la más fuerte de todas, está sometida a gran cantidad de consideraciones infirmativas.

Cuando se han presentado casos de ese género, se han utilizado frecuentemente dos argumentos para invalidar la prueba resultante de la posesión.

El primero consiste en atacar la autenticidad del escrito atribuido al supuesto delincuente. El segundo consiste en demostrar que el escrito no es aplicable a un delito en general, ni al delito concreto de que se trate, o que es susceptible de una interpretación que lo justifique.

Capítulo VI

Oscuridad de la prueba real. Necesidad de aclararla mediante el interrogatorio

Las pruebas reales no son concluyentes por sí mismas. El interrogatorio, único medio de aclararlas. Las personas a interrogar varían según los casos. Ejemplo con relación a un escrito. Singularidad del procedimiento inglés. Dos máximas: una, que el acusado no debe ser interrogado; otra, que nadie puede ser testigo en su propia causa. La práctica a menudo es contraria a estas máximas.

Acabamos de ver que la fuerza probatoria de esas diversas circunstancias incriminativas, resultante de la situación de las *cosas* y de la *posesión,* está combatida por hechos invalidantes de común aplicación; y que las presunciones que de aquéllas se deducen son, con diversidad de grados, poco concluyentes.

Cuando se llega a los casos particulares, la primera cuestión que se presenta es esta: esos diversos hechos infirmativos, ¿se encuentran en ese caso?

Para esclarecer esas dudas, la naturaleza de las cosas no proporciona nada más que un medio, pero un medio generalmente eficaz y satisfactorio: el interrogatorio.

Si se trata de la posesión de un escrito, las personas a interrogar varían según los casos.

Si el escrito de tendencia incriminativa con relación al acusado es una confesión supuestamente escrita de su puño y letra, él es la única persona de quien, por medio del interrogatorio, se pueden obtener las aclaraciones necesarias.

Si el escrito que contiene indicios del delito no es del acusado mismo sino dirigido a él, hay dos personas a quienes interrogar: aquella que lanza la imputación y aquella que es objeto de la misma, es decir, el supuesto delincuente.

Si el escrito parece hecho por otras manos que las de la persona cuyos sentimientos se supone que expresa, como en el caso de una copia o de un dictado, hay otra persona más, es decir, el amanuense, de quien, con razón, pueden esperarse aclaraciones e informes.

En fin, para asegurarse lo más posible de que se han presentado todas las pruebas de esta naturaleza, de que ninguna se ha sustraído con o sin intención de perjudicar a una de las partes, hay una cuarta persona para interrogar, a saber: aquella que ha encontrado el elemento de prueba real de que se trata.

"Lo que usted presenta ante la justicia (ese escrito o ese instrumento), ¿lo ha encontrado usted en poder del acusado? ¿Se habían tomado precauciones para ocultarlo? ¿Lo ha encontrado usted en el lugar y en el momento por usted mencionado? ¿Ha juntado usted cuanto se relacionaba con la misma causa? ¿No ha sustraído usted nada?", etc.

Esas diversas fuentes de información, tan importantes, tan necesarias, han sido suprimidas en gran parte en el procedimiento inglés, en virtud de una opinión por completo particular de los hombres de leyes de ese país.

Dichos hombres tienen dos máximas: una, que nadie debe estar obligado a acusarse a sí mismo; otra, que nadie puede ser testigo en su propia causa.

En razón de la primera de estas máximas, no puede formularse ninguna pregunta al acusado, que tienda a establecer la existencia de un hecho incriminativo.

En razón de la segunda, el acusador es dueño absoluto de las pruebas que presenta: presenta lo que quiere, suprime lo que quiere, presenta la acusación, suprime la defensa: no tienen que formulársele preguntas porque no puede ser testigo en su propia causa.

Es cierto que estas máximas frecuentemente se violan en la práctica. Tomando la totalidad de los casos en que se observan y de aquellos en que se infringen, hay tal vez una cantidad igual por ambas partes; pero no obstante esas excepciones, todavía les queda suficiente fuerza para hacer mucho daño.

Este tema será ampliamente tratado en el Libro VII, bajo el epígrafe: *La exclusión de testimonio.*

Capítulo VII

De las circunstancias inculpativas anteriores al delito. preparaciones, atentados, declaraciones de intención y amenazas

I. Las pruebas resultantes de esas circunstancias anteriores al delito pueden ser infirmadas por consideraciones diferentes. 1) la intención diferente desde su origen al resultado; 2) la intención menos criminal que el resultado; 3) la intención cambiada, o arrepentimiento que había precedido a la consumación del delito; 4) la intención puede haber continuado, pero ha faltado el poder: ejemplo de un caso en que, a quien había querido cometer un asesinato, se le anticipa un asesino más diligente; 5) entre cómplices, uno de ellos excede la intención de los demás; por ejemplo, mata cuando los otros no querían sino robar. Digresión sobre la rudeza de las primeras leyes, que no distinguían los diversos grados de intención y de voluntad: la ley inglesa no es irreprochable en este punto.

II. Declaraciones de intención relativas a un delito. Las consideraciones infirmativas son las mismas que en el caso precedente; y, además, las palabras, al costar menos que las acciones, tienen menos fuerza como indicios. Las declaraciones son de naturaleza igual a las confesiones y en consecuencia sujetas a las mismas infirmativas.

III. Amenazas. Las mismas consideraciones que las arriba citadas; y, además, encerrando la amenaza una advertencia para la parte, puede presumirse que no ha tenido otra finalidad que la de provocar la alarma. Dos cosas probadas mediante la amenaza.

I. De las circunstancias infirmativas que se aplican

Estando el hecho del delito probado por las circunstancias que lo fijan sobre el imputado, quedan por examinar los distintos hechos invalidantes que pueden actuar en su favor.

1) *Intención diferente desde el* origen. En ese caso, el resultado previsto en la intención podía ser enteramente inocente, menos perjudicial, igualmente perjudicial o más perjudicial.

2) *Intención excedida por el resultado. A* quería inferir una herida a *B*: ha matado a B. En ese caso la atenuación no se aplica a todo el resultado sino solamente al excedente del resultado,

3) *Intención cambiada.* Es decir, en el intervalo transcurrido entre los preparativos del delito y su consumación, A había preparado un licor para envenenar a B que, en efecto, ha sido envenenado; pero en el intervalo, A había cambiado de propósito. La prueba del hecho infirmativo no puede actuar en favor de A, salvo que la nueva intención fuese menos maligna que la primera.

4) *Intención sin poder.* El crimen que el delincuente quería cometer, de hecho no ha sido cometido por él sino por otros.

5) *Entre cómplices, uno de ellos excede la intención común de todos.* Este caso muy común comprende los tres primeros y no difiere de ellos sino en relación al número de delincuentes.

Dos o tres hombres se ponen de acuerdo en un proyecto de robo. Uno de ellos, al realizarlo, comete, por su parte, intencionalmente, un homicidio innecesario al propósito común. Es este un caso en que los jueces no han creído que valiese la pena examinar si los cómplices del delito menor habían participado o no en el delito mayor.

En la rudeza de las primeras leyes, la atención del magistrado se dirige exclusivamente a los hechos físicos. No sabe discernir los hechos psicológicos, los diferentes grados de intención y de voluntad. Tal es todavía el estado de la legislación de China, donde no hay distinción entre el homicidio voluntario y el involuntario. Cuando se han producido accidentes en que los ingleses han sido víctimas de esa jurisprudencia grosera, estos han protestado contra la barbarie; pero antes de lanzar la piedra contra los jueces chinos, deberían haber examinado si, en muchos casos, no tenían que reprocharse la misma despreocupación.

II. DECLARACIONES DE INTENCIÓN. HECHOS INFIRMATIVOS EN RELACIÓN A TALES DECLARACIONES

Los hechos invalidantes que se aplican a los casos de los preparativos y de los atentados pueden aplicarse igualmente a las expresiones por las cuales el imputado hubiese declarado su intención de cometer un delito determinado. Esa intención puede haber sido diferente en su origen; puede haber cambiado, puede haber quedado sin efecto por falta de medios para llevarla a cabo, etc. Además, como las palabras cuestan menos que las acciones, como requieren menos reflexión, menos tesón que los actos preliminares, que exigen siempre algún esfuerzo y una cierta perseverancia, las conclusiones incriminativas que se pueden deducir de unas fases tienen menos fuerza, ofreciéndola mayor los hechos infirmativos.

Esas declaraciones son de la misma naturaleza que un testimonio confesional, o sea, que esa especie de confesión que se produce extrajudicial y espontáneamente. La única diferencia se relaciona con el tiempo: la confesión es subsiguiente al suceso, mientras que la declaración de intenciones es antecedente. De ahí que todas las consideraciones que invalidan las confesiones espontáneas, se apliquen igualmente a aquellos propósitos anteriores al delito.

Si el acusado alega que su intención era originariamente diferente, es lo mismo que si alegase que su declaración de intención de cometer el delito, que después fue cometido, era falsa. Y, suponiendo que ello sea así, tal declaración entrará dentro de los casos *de falso testimonio confesional, extrajudicial y espontáneo.*

Pero, ¿cómo puede conciliarse que la declaración antecedente fuere falsa, con la suposición admitida de que el delito haya sido cometido? Está claro que, en ese caso, el punto de discusión no puede ser otro que el relativo al presunto delincuente. Pero, en el delito actualmente cometido, lo haya sido con o sin la participación del supuesto autor, lo cierto es que la declaración de la intención de cometerlo puede haber sido falsa en el momento en que fue hecha. Esa clase de declaraciones de intención no están menos sujetas a posible falsedad que las declaraciones contrarias, es decir, las declaraciones de intención de abstenerse de tal o cual delito.

En el capítulo siguiente presentaremos los diferentes motivos por los cuales un hombre puede ser llevado a la confesión de un delito cometido o no cometido.

III. Amenazas. Hechos infirmativos en relación a las amenazas.

Amenazar con cometer un acto criminal es expresar la intención de cometerlo. Lo que tiene de particular la amenaza es que su autor no solamente declara la intención de cometerlo, sino que lo hace con el designio formal de que llegue a conocimiento de algún individuo, a fin de producirle una alarma proporcional al peligro.

Así, pues, todas las consideraciones que invalidan las declaraciones de intención con respecto a un delito que a continuación es realizado, adquieren todavía mayor fuerza en el caso de las amenazas, referentes a ese mismo delito.

En efecto, la amenaza tiene frecuentemente por objeto, no el delito mismo, sino tan solo el temor que ocasione. No contiene otra intención que suscitar la alarma. Se trata de un caso en que se verifica el estado que ha sido expuesto con estas palabras: intención *diferente desde el origen.*

El acusado puede decir: "La amenaza que he hecho es prueba de que no tenía el proyecto de ejecutarla. Si hubiese querido causar el daño, ¿habría empleado un medio contrario a ese fin, poniendo en guardia a mi enemigo? ¿Le habría advertido para que recurriese a todos los medios de protección que la ley le brinda o que dependen de él mismo?"

Esa consideración no deja de tener fuerza, pero no hay que aceptarla como concluyente. Las amenazas criminales son realizadas con demasiada frecuencia. La primera intención era atemorizar; mas los odios se inflaman, las provocaciones se suceden y, si la ocasión se presenta, el delito es cometido.

Obsérvese que la amenaza, por sí misma, prueba dos circunstancias incriminativas: 1) existencia de los correspondientes motivos; 2) existencia de la correspondiente predisposición, fuentes permanentes, ambas, de la clase de delito que corresponde a esos motivos y a esas disposiciones.

Capítulo VIII

De las confesiones extrajudiciales

Motivos que obligan a un culpable a hablar por propia iniciativa del delito en el cual participa. Distinción entre la confesión judicial y la extrajudicial. Confesión extrajudicial a conversaciones de cómplices: 1) por confidencia; 2) por jactancia; 3) por simple imprudencia; 4) por intención imprudente de disculparse; 5) por arrepentimiento o por miedo; 6) por el deseo de obtener alguna ventaja de aquellos a quienes se hacen esas confesiones extrajudiciales. Cómo se manifiestan esos propósitos: 1) revelación por parte de los confidentes; 2) revelación por los cómplices; 3) revelación por oyentes ocasionales; 4) apoderamiento de papeles o cartas. Hechos infirmativos: 1) relación incorrecta e incompleta; 2) relato mal interpretado; 3) relato mentiroso. Un hombre, ¿puede mentir contra sí mismo? Si, por jactancia. Es posible, incluso, acusarse falsamente de un delito grave, 1) por cansancio de la vida; 2) por perturbación del espíritu; 3) por afecto hacia un culpable a quien se quiere salvar; 4) por un sentimiento de religión o de patriotismo; 5) por una recompensa pecuniaria; 6) para prevenirse de una falsa acusación; 7) para ocultar un delito que se ha cometido por la confesión extrajudicial de un delito que no se ha cometido.

Entre las pruebas circunstanciales, no hay ninguna que requiera más atención que las procedentes de conversaciones ocasionalmente mantenidas por los acusados, referentes al delito por el cual se encuentran sometidos a la acción de la justicia.

Cuando el detenido es realmente culpable, parece que el partido más razonable, dada su situación, habría de ser un silencio absoluto. ¿Por qué, entonces, se arriesga a hablar? Simplemente, porque cree entrever sospechas ya formadas, o porque, en su inquietud, recurre a ese medio aventurado para prevenirlas. Pregunta tímidamente para saber qué es lo que se conoce o lo que se presume. No se atreve a callarse en presencia de quienes hablan con libertad acerca del hecho en cuestión. Lo cuenta él mismo para aparentar una seguridad de que carece. Y en esa mescolanza inevitable de lo verdadero y de lo falso, intercala en su relato circunstancias que solo de él podían ser conocidas y que constituyen el cepo en que habrá de caer.

Si la conversación relativa al delito ha sido iniciada por el propio delincuente, es muy probable que quienes lo oyen, sorprendidos por cuanto de oscuro y ambiguo suele haber en una narración alterada, le harán preguntas encaminadas a un mayor esclarecimiento y recibirán las correspondientes contestaciones.

Lo más probable es que esas palabras, bien se hayan obtenido libremente en forma de narración espontánea, bien estén integradas por preguntas y respuestas presenten una mezcla de pruebas directas y de pruebas circunstanciales.

Es preciso distinguir entre la *confesión y* las admisiones. En la práctica judicial, se dice que la confesión existe cuando el delincuente se inculpa directamente con sus propias palabras, hasta el punto de producir una convicción completa en su contra, Las confesiones son expresiones parciales de culpabilidad, trozos de prueba confesional, fragmentos sueltos, reuniendo los cuales se podría formar una cadena, pero mediante un procedimiento que tendría la naturaleza de las pruebas circunstanciales, establecidas en base a las verosimilitudes.

Esa clase de confesiones no deben ser consideradas nunca como equivalentes a una confesión, y por muy claras y decisivas que parezcan, el juez debe comprobarlas y completarlas, en cuanto sea posible, valiéndose del interrogatorio.

A esa condición, tal vez resulte conveniente añadir esta otra: las admisiones no deben ser consideradas como equivalentes a la confesión, sino en cuanto pareciesen suficientes para determinar la convicción, si hubiesen sido suministradas por otro testigo. La circunstancia de que provengan del acusado no debería obrar contra él con mayor fuerza que si proviniesen de otro. Pero juzgaremos mejor la conveniencia de la precitada condición cuando sopesemos las circunstancias que invalidan esta clase de prueba.

EXAMEN DE LOS MOTIVOS DEL TESTIMONIO PRODUCIDO CONTRA UNO MISMO Y EXTRAJUDICIALMENTE

Cuando un hombre hace libre y espontáneamente, fuera del tribunal, declaraciones encaminadas a inculparse de algún delito, se presentan lógicamente dos cuestiones: 1) a qué se puede atribuir una revelación de ese género: 2) por qué medios ha llegado al conocimiento de los tribunales.

Contestar a la primera de esas cuestiones es dar a conocer los diferentes motivos que pueden impulsar a un individuo a formular declaraciones que le son perjudiciales.

Contestar a la segunda es indicar las *causas de* divulgación, los incidentes particulares que han puesto a los jueces en conocimiento de declaraciones de tal naturaleza.

Hay testimonio contra uno mismo:

1) *Por complicidad.* Conversaciones mantenidas entre cómplices con relación al tiempo, al lugar, a los medios o a otras circunstancias de un delito proyectado o ya cometido.

2) *Por simple confidencia.* El delincuente, bien sea porque le interesa, o por la esperanza de obtener simpatía, hace revelaciones relativas al delito a una persona que no ha participado de él.

3) *Por jactancia directa.* El presunto delincuente, haciendo vanidosa ostentación del delito, cuenta voluntariamente el hecho, con mayor o menor detalle, a una persona de la que espera admiración o simpatía.

Este caso no es nada raro. Tiene lugar frecuentemente entre malhechores de profesión, aun cuando no se limita a dicha clase de personas. Cuando el pintor James fue ahorcado, en 1777, por haber incendiado un almacén de Portsmouth con el propósito de servir a la causa de los americanos insurgentes, la mayor parte de las pruebas fue de esa naturaleza. Quiso vanagloriarse de su acción ante personas a las que creía partícipes de sus mismos sentimientos.

4) *Por jactancia imprudente, o* sea sin calcular sus efectos. Animado por igual sentimiento de vanidad o de simpatía, un hombre cuenta algún acto que ha realizado y que en sí mismo no tiene nada de criminal, pero que contribuye a formar la prueba del hecho principal.

5) *Por simple imprudencia en la conversación.* Entusiasmado con un relato, sin intención vanidosa, un hombre acaba por contar algún hecho relativo a sí mismo, sin advertir que ese incidente tiene una relación necesaria con el hecho principal, es decir, con el hecho de su delito.

6) *Por deseo de disculparse mal entendido.* La inquietud del culpable es, ante todo, su mayor enemigo. Si se cree expuesto a la imputación del delito, o si ya las sospechas se vuelven contra él, busca los medios de justificación indirecta, introduce en sus conversaciones hechos que considera apropiados para descartar las sospechas y que producen el efecto contrario.

7) *Por arrepentimiento o por extravío de terror.* Puede ocurrir que el delincuente, presa de la angustia o del remordimiento, busque alivio en las confesiones, sea de manera confidencial cerca de sus amigos o de quienes cree que lo son, o con el propósito de que esas confesiones sean aportadas a la justicia como pruebas.

8) *Por interés superior.* Un hombre que persigue un provecho o alguna ventaja, revela un hecho que se convierte en prueba de su delito. Puede haber hecho la revelación sin medir las consecuencias y también midiéndolas, como sucedería, en el caso en cuestión, si el objeto perseguido fuese de un valor suficiente para compensar el riesgo corrido con el descubrimiento del delito.

Las causas de divulgación, es decir, las causas que llevan esas revelaciones privadas al conocimiento de la justicia, son tres:

1) La circunstancia de que haya un testigo auricular, que escuchase sin saberlo el delincuente, o contra el cual no se hubiesen tomado precauciones, como sería un niño o un transeúnte.

2) Papeles encontrados accidentalmente, interceptados o embargados.

3) Revelaciones hechas por quienes recibieron las confesiones del delincuente o por los cómplices, con o sin traición. No se puede hablar de

traición sino en el caso de que haya habido confidencia. ¿Qué efecto tiene la traición sobre la fuerza probatoria del testimonio? Será esta una cuestión a examinar.

CONSIDERACIONES INFIRMATIVAS CON RESPECTO AL TESTIMONIO EXTRAJUDICIAL CONTRA UNO MISMO

Es factible dividir en tres principios todas las consideraciones encaminadas a invalidar las consecuencias incriminativas que se pueden desprender de las precisadas confesiones extrajudiciales:

1) El testimonio puede haber sido mal interpretado; 2) puede ser incompleto; 3) puede ser engañoso.

Primero. Las palabras del individuo han sido mal interpretadas: si no tuvo la intención de decir lo que se le atribuye haber dicho; si ha hablado aludiendo a algún otro hecho que no sea el delito en cuestión; si el testigo ha tomado en serio lo que se dijo en broma; si el acto que se supone criminal era inocente en sí mismo.

Segundo. Las palabras pueden ser incompletas y por ello estar particularmente sujetas a falsas interpretaciones. El imputado habría hablado de alguna circunstancia que puede referirse o no al hecho principal; puede haber omitido cuanto habría dado la clave del suceso y que habría disipado todas las sospechas. Los hechos que faltan en una narración accidental e imperfecta pueden ser de tal naturaleza que cambien el carácter del hecho principal.

Tercero. Las palabras pueden ser falsas. Pero, se dirá, que no es probable que un hombre invente una mentira contra sí mismo y se exponga a sufrir la pena correspondiente a un delito del que no es culpable. Tal suposición, por muy extraña que al principio parezca, no tiene nada de imposible ni de exagerada y las relaciones entre los dos sexos ofrecen muchos ejemplos de esta especie de anomalía. Con una mujer soltera, un hombre tratará de hacerse pasar por su seductor, bien para apartar a los rivales, bien para determinar a los padres a aceptar el casamiento. Con una mujer casada, se recurrirá al mismo artificio para lograr un divorcio. Sin relación ninguna con el matrimonio, la vanidad constituye por sí sola una razón suficiente para que un hombre tenga empeño en envilecerse a los ojos de una clase social, con la esperanza de elevarse a los ojos de otra.

Pero el testimonio contra uno mismo puede ser falso por muchas otras causas:

1) Falso por cansancio de la vida, por los sufrimientos de una larga detención, por las penas que pueden conducir a un hombre desgraciado a desear ese género de suicidio mejor que otro cualquiera, en el caso de que se trate de una imputación que lleve aparejada una sanción capital.

2) Falso por enajenación mental o por errores que perturban la razón. Tales han sido las confesiones de sortilegios, de comunicación con los espíritus infernales, de pacto con el diablo, etc.

3) Falso por simpatía hacia un individuo a quien el acusado quiere salvar a su costa. El drama *El criminal honrado* está basado en un hecho histórico.

4) Falso por simpatía hacia el público. Sin buscar rastros en la historia, se puede recordar el episodio de Olindo y Sofronia en el *Tasso,* como ejemplo de una mentira magnánima, producida por el celo religioso o por el amor a la patria.

5) Falso para obtener una recompensa pecuniaria. Esto no es aplicable a los delitos de pena capital; pero, en los delitos inferiores, un hombre podría hacer recaer el delito y la pena sobre sí mismo a fin de librar al verdadero culpable, mediante un precio convenido. Se dice que este caso es frecuente en China.

6) Falso para librarse de otra acusación. En una de las últimas revoluciones de Nápoles, habiéndose prometido la amnistía a todos aquellos que acudieran a declarar que habían sido bandoleros, nombre que se daba entonces a un partido, muchos labriegos que jamás habían tomado las armas se declararon, por precaución, culpables para acogerse inmediatamente al beneficio. Era una falsa garantía para el caso de una falsa imputación.

7) Falso para ocultar un delito que se ha cometido, mediante la confesión de un delito que no se ha cometido. Es así como un hombre sorprendido de noche en una casa, confesaría un robo del que es inocente, antes que traicionar a la mujer por la cual estaba allí.

Todos esos casos son indudablemente raros en comparación con aquellos en que las confesiones constituyen verdaderos testimonios contra quienes las han hecho. Pero cuanto mayor sea la tendencia a considerar esta prueba como concluyente, más necesario será recordar los hechos que pueden invalidarla.

Hasta aquí nos hemos referido a las confesiones extrajudiciales, es decir, sin intervención de un juez y sin interrogatorio; mas hay una gran diferencia si se añaden esas dos circunstancias.

En nuestro ambiente, donde todo pasa al descubierto y bajo formas protectoras, apenas habrá otras confesiones que las imprudentes, hechas con intención de disculparse, y las confesiones por arrepentimiento. Precedidas de todas las pruebas del delito, producirán menos efecto sobre la convicción del juez que sobre la satisfacción del público.

Capítulo IX

Del testimonio contra uno mismo, obtenido judicialmente. Conexión íntima entre la falta de respuesta, la respuesta falsa, la respuesta evasiva y la confesión

La conciencia del delito produce por parte de la persona interrogada exclusivamente o sucesivamente los resultados siguientes: 1) silencio, equivalente en términos generales a la admisión. 2) falsas aserciones, hechos inventados cuya falsedad se manifiesta por las contradicciones. 3) respuestas evasivas. 4) confesiones. Vínculo natural entre una verdad y otra. Hechos infirmativos. Con relación al silencio y a las evasiones, su causa, no la conciencia del crimen sino el temor del juez. Con relación a las confesiones, pueden ser mal interpretadas, incompletas o falsas. Esas suposiciones infirmativas son muy poco probables, pero se dan casos en que se han producido. Comparación entre el interrogatorio jurídico y el interrogatorio doméstico o extrajudicial: 1) en este último, existe inferioridad de poder por parte del interrogador; 2) inferioridad de habilidad. Pero hay dos ventajas, el interrogador doméstico conoce mejor las circunstancias de detalle; 3) toma al acusado de improviso. Inferioridad del interrogatorio epistolar. Única ventaja que posee, que no es susceptible de alteración.

Como ya hemos dicho, el interrogatorio es el instrumento más eficaz para obtener la verdad, toda la verdad, de cualquier lado que se encuentre, y a él hay que acudir en los casos dudosos.

Su propiedad por excelencia es la de aclarar las dudas producidas o dejadas por las otras pruebas. Dotado de esa fuerza, el interrogatorio es tan favorable a la inocencia como desfavorable al delito. De ahí que produzca terror en el culpable, y confianza en quien no lo es.

Al abrirse la causa, encontrándose en suspenso el espíritu del juez entre la inocencia y el delito, ha de aplicar directamente el procedimiento del interrogatorio para llegar a uno u otro de los dos resultados opuestos. En caso de inocencia, por el testimonio disculpativo; en caso de delito, por las pruebas o las confesiones.

Mas las confesiones cuya manifiesta consecuencia es perjudicial al imputado, no se obtienen sino poco a poco y venciendo la natural repugnancia. Apremiado por preguntas directas, se le hace necesario tomar un partido.

Antes de resolverse por el que, evidentemente, es más peligroso, ensaya todas las salidas imaginables, tantea todos los caminos que le ofrecen alguna esperanza de evasión; pero si en realidad es culpable, ninguna de cuantas huidas falsas intente dejarán, bajo el examen de un juez ilustrado, de llevarlo a la situación de convicto. Porque nada hay más cierto ni más conforme con la experiencia que la seguridad de que un hombre en posesión de la verdad y de la inocencia no acude jamás a tales recursos ni persevera en ellos.

No disponiendo el acusado de ningún testimonio exculpativo, recurriría constantemente a un medio adecuado para frustrar el interrogatorio, si no temiese las consecuencias que podrían deducirse contra él. Ese medio sería el *silencio;* pero siendo el silencio en tal caso considerado generalmente como equivalente a una confesión, no se recurriría a él sino en último extremo.

Rechazado así de la fortaleza del silencio, en la que encontraría su más segura retirada, queda reducido al mero expediente de la invención, con objeto de despistar a sus interrogadores presentándoles hechos que, aunque falsos, ofrezcan las mejores probabilidades de pasar por verdaderos. Pero, además de difícil, ese medio de defensa es muy peligroso; porque tan pronto como un hecho así aventurado se encontrase en contradicción con algún otro hecho por él mismo declarado, o ya probado, sería juzgado como falso y mentiroso y vendría a resultar una nueva prueba del delito, todavía más fuerte y más convincente que el puro silencio.

Faltando la prueba disculpativa, el silencio tendría casi el carácter de una admisión. Una respuesta reconocida como tal, produciría un efecto peor que el silencio. ¿Qué le queda, por tanto? Lanzarse, en lo que sea posible, a las respuestas *evasivas,* es decir, contestaciones que, sin suministrar ninguna prueba en su contra y sin ser falsas o susceptibles de que se pruebe su falsedad, resulten extrañas al asunto en cuestión e indiferentes por su naturaleza.

Si todos esos recursos fallan o se agotan, no queda otra alternativa que el silencio o las confesiones parciales, las que pueden multiplicarse por medio del interrogatorio, hasta terminar en una confusión total.

Después de una pregunta que, procediendo de un superior, equivale a una orden de hablar, el silencio representa un acto de desobediencia, mientras que la confesión es un acto de sumisión. La desobediencia frente a un superior tiende naturalmente a irritarlo, y la sumisión a apaciguarlo. Por eso, el culpable, atemorizado, presume que con un silencio obstinado aumenta la severidad del juez, en tanto que una confesión puede predisponerlo más a la indulgencia.

La defensa de un culpable que busca todas las escapatorias posibles estará compuesta de verdades, de falsedades y de evasiones. A la falsedad, como más peligrosa, no se arriesga sino cuando las evasiones ya no son practicables y la verdad representaría una confesión del delito. Pero es tal la ligazón entre verdad y verdad, entre el hecho delictivo y los hechos accesorios del delito, que lo más frecuente es que, siguiendo ese hilo natural, una sola circunstancia bien comprobada conduzca a todas las demás.

"Varias verdades separadas —dice Fontenelle—, cuando son en bastante cantidad, ofrecen tan vivamente su relación y su mutua dependencia, que parecería como si después de haber sido desligadas violentamente unas de otras, tratasen de reunirse de modo natural."

Así, mediante el interrogatorio, el acusado, si es culpable, acabará por ceder, no ya a pesar de todos sus esfuerzos en contrario, sino incluso por sus esfuerzos. Silencio, evasiones, falsas respuestas, confesiones involuntarias, todo eso se transforma en prueba del delito. Todas esas circunstancias obran sobre el espíritu del juez, como otros tantos testimonios suministrados por el culpable en su perjuicio.

CONSIDERACIONES INFIRMATIVAS DEL TESTIMONIO CONTRA UNO MISMO OBTENIDO JUDICIALMENTE

Las consideraciones invalidantes para las confesiones judiciales son las mismas que para las confesiones extrajudiciales. Pueden ser mal interpretadas, incompletas o falsas.

Mas hay que convenir en que las dos primeras de tales suposiciones son muy débiles en caso de que el interrogatorio reúna todas las garantías requeridas y, especialmente, la de publicidad. No se trata ya de engañar al delincuente, de sorprenderlo, de inducirlo a hacer confesiones para luego abusar de ellas, de intimidarlo con la presentación de pretendidas contradicciones, de dar a sus declaraciones mayor alcance del que estuvo en su ánimo, o de prevalerse de su turbación y de su confusión para hacerlo caer en el lazo.

Con respecto a las causas de falsedad en las confesiones, conforme las hemos enumerado, deben ser consideradas como simples sugestiones en casos singulares que están dentro del orden de las cosas posibles, aunque poco probables.

DIFERENCIA EN CUANTO AL EFECTO ENTRE EL INTERROGATORIO JUDICIAL Y EL EXTRAJUDICIAL

Cada uno de esos dos modos tiene sus ventajas y sus inconvenientes, cuyo conocimiento es de gran utilidad práctica.

El interrogatorio privado o extrajudicial, como medio de obtener la verdad a través de unos labios que no quieren abrirse, es, en dos aspectos, de naturaleza inferior al interrogatorio judicial.

1) Inferior en el aspecto jurisdiccional. No estando el interrogado delante de un juez, se callará si le conviene callarse, sin temor a que su silencio pueda contener ninguna consecuencia decisiva en su contra; mientras que el juez puede continuar el interrogatorio en tanto lo crea necesario y hasta que el acusado haya proporcionado por completo todas las pruebas que se puedan esperar de él.

2) Inferior en el aspecto de la habilidad. El interrogador ocasional no tendrá, por lo general, la destreza que da la práctica y no siempre sabrá distinguir los puntos esenciales hacia los que se debe dirigir el examen.

No obstante, esa desventaja puede ser compensada, por ejemplo, por parte de un padre, de un jefe, de un ama de casa, ya que tienen un interés superior, una curiosidad penetrante y un conocimiento del detalle que pueden suplir a la experiencia y a la habilidad.

Otra circunstancia ventajosa para el interrogador doméstico es que ataca de improviso al supuesto delincuente. Preguntas apremiantes y bruscas no le dejan tiempo para preparar un plan de mentiras. Contrariamente, en el intervalo que transcurre entre el arresto y el interrogatorio judicial, el acusado tiene tiempo para meditar sus respuestas o para recibir las sugestiones de sus cómplices.

En cuanto a los interrogatorios dirigidos en forma escrita a un supuesto delincuente, a quien se pide una contestación también escrita, si es culpable, su respuesta estará combinada para producir la clase de decepción que le sea necesaria, puesto que tiene el tiempo preciso para meditar, arreglar e inventar. En esta forma escrita, raramente un hombre producirá un testimonio contra sí mismo.

Mas, por otra parte, ese escrito presenta la particular ventaja de llegar sin alteración a los ojos del juez. Son las palabras del delincuente mismo y no una simple referencia susceptible de modificarse al ser puestas en boca de otro testigo. Es muy raro que testimonios de esa naturaleza se produzcan en los tribunales. ¿Por qué? Porque el individuo así interrogado, al no hallarse en presencia del interrogador, se abstiene sin dificultad de contestar a cuestiones que le desagradan. En tal caso, el silencio se interpreta menos en su perjuicio, porque puede ser atribuido a motivos distintos del temor.

Capítulo X

Del miedo indicado por el estado de pasividad

Análisis del miedo. No es un hecho simple. Se manifiesta pasiva o activamente. Hay cuatro grados a considerar: 1) los hechos físicos y sensibles del miedo; 2) la emoción interna que se supone sea la causa de las efectos físicos; 3) la conciencia del crimen que se supone sea la causa de la emoción; 4) el delito mismo en este procedimiento en que se va de conclusión en conclusión: para cada grado existen consideraciones infirmativas. Síntomas físicos del miedo en tanto es producido por un supuesto delito: sonrojo, palidez, temblor, alteración de fisonomía, sobresalto, marcha irregular, suspiros, sudores, turbación de voz, etc. Los síntomas pueden provenir. 1) de simple indisposición del cuerpo; 2) de una emoción de dolor o de cólera, causada por el simple hecho de la acusación en el alma de un inocente. La emoción puede también provenir: 1) de la conciencia de algún delito cometido por el acusado, distinto del delito en cuestión; 2) de una grave inquietud del acusado, no por él mismo sino por el verdadero culpable, a quien conoce y que puede ser su hijo o su amigo; 3) de las consecuencias mismas del delito que lo afectan personalmente, aunque sea inocente; 4) del temor de ser condenado por un concurso de apariencias engañosas, no obstante su inocencia; 5) de la aprensión de las penas inherentes a un proceso criminal cuando, incluso, no temiese el resultado. Estas dos últimas causas dependen mucho de la opinión del imputado relativa a la justicia del tribunal y a la forma de procedimiento. La conciencia criminativa puede, incluso, existir sin el delito: 1) en un caso de perturbación de espíritu o de debilidad intelectual; 2) en el caso de una delincuencia habitual; un ladrón de profesión puede confundir los delitos cometidos en diversas épocas. Si los síntomas de miedo se refieren a un examen anterior al proceso, el juez debe examinar: 1) si el narrador es digno de fe; 2) si el imputado no había sido interrogado de manera ilícita y violenta; 3) si no es de natural tímido o de escasa inteligencia.

Hemos hecho mención de ciertos casos en que el hecho principal, el delito, no puede ser establecido con ciertas probabilidades, si no es por la intervención de diversos hechos que, en su conjunto, constituyen una cadena testimonial.

Esta expresión, tan justa como puede serlo una metáfora, nos lleva a considerar los hechos, en cuanto dependen unos de otros, como los eslabones que deben ser unidos para que la cadena se forme. Si falta uno solo de ellos, todos los demás se rompen.

El miedo, en el caso de un presunto delincuente, no es un hecho simple, sino un conjunto de hechos del cual es necesario separar sus partes. Ese miedo se manifiesta en el comportamiento activo o pasivo del individuo: activamente, cuando induce al individuo a adoptar precauciones para ocultarse o para destruir las pruebas de su delito; pasivamente, cuando actúa sobre él incluso contra su voluntad, y produce efectos que denuncian, a su pesar, los sentimientos que lo agitan.

La tranquilidad es la demostración de la inocencia y, en consecuencia, el miedo es el indicio del delito. He aquí una probabilidad fundada sobre la experiencia y sobre la naturaleza del corazón humano. Pero no pasa de ser una probabilidad, y para apreciarla en su justo valor, hace falta conocer todos los hechos invalidantes que se le agregan. Este análisis no ha sido hecho nunca.

Para deducir del miedo una consecuencia incriminativa es necesario, ante todo, considerar la naturaleza de la *ocasión;* porque sin eso, aún suponiendo incluso un miedo bien demostrado, esa emoción podría tener la causa más inocente y no probaría absolutamente nada.

Lo que aquí hay que entender por *ocasión* es la circunstancia en que se encuentra un hombre acusado del supuesto delito o a quien se considera como sospechoso de ser el autor.

El miedo, en tanto que se manifiesta a los ojos del juez por el estado pasivo del individuo, debe ser considerado como una cadena de hechos cuyos eslabones están unidos en el orden siguiente:

Primer *eslabón.* Los hechos que caen bajo los sentidos del juez, es decir, los síntomas del miedo, son todos de índole física: palidez, rubor, vacilación, temblor, etc.

Segundo eslabón. La emoción del miedo como hecho interno o psicológico, indicado por las apariencias externas. Se supone que tales síntomas son ocasionados por el temor a las consecuencias inherentes al delito.

Tercer eslabón. Conciencia criminosa, por cuanto el supuesto delincuente sabe que el delito ha sido cometido por él.

Cuarto eslabón. El delito.

Pronto veremos que es necesario conocer la cadena eslabón por eslabón porque, para cada uno de esos eslabones, hay consideraciones infirmativas que le son propias. La serie de consecuencias que sirven para unir esos diversos eslabones se produce de la manera siguiente: 1) de las apariencias físicas, consideradas como síntomas de miedo, se deduce la existencia de esa emoción: 2) de esa emoción se deduce la existencia de una conciencia criminosa; 3) de esa conciencia criminosa se deduce la existencia del delito.

Los síntomas físicos que son considerados como efecto del miedo, se pueden clasificar en el orden siguiente: 1) rubor; 2) palidez; 3) temblor; 4) desvanecimiento; 5) sudor; 6) evacuaciones involuntarias; 7) llanto; 8) suspiros; 9) sollozos; 10) convulsiones de los miembros o de la cara; 11) agitación de los pies; 12) exclamaciones; 13) vacilación; 14) tartamudeo; 15) sofocación de la voz.

Entre esos síntomas, los hay que son independientes de la voluntad, ya que esta no puede producirlos; en tanto que hay otros que pueden ser producidos por la acción de la voluntad, sin existencia de la emoción, tal como se ve en las imitaciones teatrales.

Muchos de esos síntomas pertenecen en común a tres clases de emociones: la del miedo, la de la tristeza y la de la cólera.

Consideraciones o probabilidades infirmativas

En la cadena psicológica sucede como en la cadena física. Es tanto más débil cuanto que en su composición entre un número mucho mayor de eslabones que la componen. ¿Por qué? Porque cada eslabón lleva consigo sus propias probabilidades invalidantes.

I) Hechos infirmativos inherentes a la primera conclusión, a saber: de acuerdo con los síntomas del miedo la existencia de la emoción del miedo.

La causa de esos síntomas no es el miedo: 1) Es una causa puramente física: por ejemplo, una indisposición corporal o una agitación nerviosa producida por una excesiva timidez; 2) es una causa mental, una emoción, pero una emoción de distinta naturaleza, tal como el dolor o la cólera, producidos en el acusado por el temor de que la acusación pueda afectar a su honor, pese a su inocencia.

II) Hechos infirmativos inherentes a la segunda conclusión, a saber: de acuerdo con la emoción, la existencia de la conciencia criminosa.

1) Conciencia realmente criminosa, mas no con relación al delito cuestionado, sino a otro delito diferente del que se acusa o sospecha al imputado.

2) Conocimiento de un delito cometido no por el acusado mismo sino por alguna persona ligada a él por vínculos de simpatía y sobre la cual la investigación actual puede despertar las sospechas y llevar a la condena.

3) Recuerdo de algún hecho que, sin constituir delito, puede haber sido o convertirse en fuente de alguna vejación para él o para alguna persona a quien esté vinculado por estímulos de simpatía.

4) Temor de sufrir el castigo a pesar de la inocencia. La fuerza de esta probabilidad invalidante depende mucho del carácter general del procedimiento bajo el cual se hace la investigación. ¡Cuántas comarcas en que los tribunales están mal organizados tienen formas tan bárbaras que el hombre más inocente no puede comparecer ante ellos sin terror.

5) Terror a las vejaciones inherentes a un proceso criminal, no obstante la inocencia. Esta circunstancia es más o menos invalidante, según sea el sistema procesal. "Yo emprendería la huida —decía una vez un jurisconsulto célebre—, si se me acusase de haber robado las campanas de Nôtre-Dame."

III) Hechos infirmativos inherentes a la tercera conclusión, a saber: de la conciencia criminosa a la culpabilidad.

Falsa conciencia criminosa.

Este error, se dirá, ¿es de tal naturaleza que no se dará jamás? ¿No constituye una singular paradoja pretender que un individuo pueda estar en situación de acordarse de un crimen que no ha cometido?

Un error de esa naturaleza puede existir no solamente por efecto de una anormalidad intelectual, sino también en el caso más corriente de una vida entregada al delito, sobre todo si el delito en cuestión es de fecha muy lejana.

Detenido y examinado por un robo en el cual no ha tenido parte, un ladrón de profesión podrá manifestar todos los síntomas del miedo; y confundiendo una hazaña con otra, podrá suponer que se acuerda de un acto en que no ha participado.

Tales son los hechos concebibles que pueden, en su carácter de probabilidades infirmativas, aplicarse a las presunciones que se derivan de los síntomas manifestados en presencia del juez.

Ahora bien, si el juez, en lugar de ser testigo de dichos hechos, no los conociese más que por el testimonio, de otro que declarase haberlos visto, su fuerza probatoria quedaría sometida a todas las consideraciones invalidantes que afectan a una referencia comparada con una prueba original.

Cuando ese quinto eslabón forma parte de la cadena, las siguientes circunstancias pueden aplicarse en carácter de probabilidades infirmativas.

1) El carácter más o menos sospechoso del interrogador, sea en cuanto a sus cualidades morales o a sus facultades intelectuales, de donde resulta un debilitamiento proporcional de la confianza por su testimonio.

2) El modo inconveniente o impropio de que se puede haber servido con respecto al presunto delincuente. Un interrogatorio acompañado de consideraciones extrañas y de amenazas ha podido producir síntomas de miedo que nada prueban en contra del acusado.

3) El carácter del acusado, su inferioridad respecto a quien lo ha interrogado, su disposición natural al miedo, o la debilidad de su inteligencia, así como tantas otras circunstancias capaces de producir los síntomas del *miedo* sin ninguna criminalidad.

Capítulo XI

Indicios derivados del comportamiento activo. Clandestinidad: sus diversas modalidades

La clandestinidad, en todas sus formas, es un indicio de miedo; pueden citarse siete modalidades: 1) clandestinidad para ocultar el hecho principal; 2) para ocultar la persona del delincuente. Disfraz; 3) para ocultar la participación del delincuente en los diversos actos del delito; 4) medidas tomadas para alejar testigos; 5) medidas tomadas para despistar testigos; 6) medidas tomadas para destruir o alterar pruebas materiales; 7) medidas tomadas para sustraer los documentos escritos que hubiesen podido servir de pruebas. Consideraciones infirmativas: 1) todas aquellas que se aplican al miedo; 2) las que se aplican a los preparativos. Intención diferente *ab initio*. Intención menos culpable. Intención exenta de reproche, aunque requiera el secreto; 3) clandestinidad a simple título de diversión; 4) defensa propia. Un hombre completamente inocente altera el estado de las cosas para alejar apariencias que podrían hacer nacer sospechas contra él.

Las circunstancias incriminativas de esta clase pueden clasificarse en las siguientes siete divisiones:

1) Clandestinidad para ocultar el hecho principal. Por ejemplo, eligiendo la noche para un acto que hubiese sido natural realizarlo de día, de no haberse tenido una intención delictiva; o bien eligiendo un lugar en que crea que no podrá ser visto por nadie, para un acto que, en caso de inocencia, hubiese sido naturalmente ejecutado en un lugar expuesto a la observación.

2) Clandestinidad para ocultarse, en el acto del delito, la persona supuestamente delincuente, como acontece en el caso de usar disfraz, que puede considerarse una especie de falsedad relativa a las pruebas materiales.

3) Clandestinidad para ocultar la participación del supuesto delincuente en el acto criminal. A ella se refieren, por ejemplo, en el caso de envenenamiento, las diversas precauciones adoptadas para ocultar los diversos actos mediante los cuales se ha preparado el veneno o se ha puesto en manos de la persona a quien se quiso envenenar.

4) Clandestinidad por medidas adoptadas para alejar a tal o cual individuo del lugar en que debe desarrollarse el acto delictivo, ante el temor de que el presunto testigo pasivo pudiera convertirse en testigo declarante.

5) Clandestinidad por las medidas adoptadas en las mismas circunstancias para engañar a una persona que fue testigo del delito.

6) Clandestinidad con relación a las pruebas reales, es decir, por el alejamiento, ocultación o destrucción de las pruebas reales comprometedoras. Esto puede suceder de varias maneras; sea, por ejemplo, modificando las formas externas, alterando la apariencia de las cosas, tirando a un pozo el arma que se ha utilizado en el crimen, haciendo desaparecer las marcas de sangre de un mueble o de un vestido, etc.

Esta forma de engaño puede ser considerada, con relación a las pruebas materiales, como análoga al soborno con relación a las personas. Las *cosas,* en este caso, son utilizadas en servicio del delincuente de la misma manera que las personas en el otro.

7) Clandestinidad en las medidas adoptadas para sustraer u ocultar documentos escritos que pudieran ser utilizados en calidad de pruebas.

Consideraciones infirmativas aplicables a la clandestinidad

La clandestinidad, cualquiera sea el método mediante el cual se realicen esfuerzos para obtenerla, es un indicio de miedo y, en consecuencia, todo cuanto hemos dicho sobre el miedo, como prueba de delito, se aplica igualmente a la clandestinidad.

1) Intención culpable pero que se aplica a otro delito.

2) Intención menos culpable.

3) Intención exenta de censura, no obstante requerir el secreto.

En el caso del miedo hemos visto que la emoción, aunque real, admitía dos consideraciones infirmativas: una causa física diferente, es decir, una indisposición corporal, y una causa moral diferente, o sea el dolor de un alma herida o la cólera.

En el caso de la clandestinidad, en lugar de esas dos consideraciones puede haber otra infamativa, que puede expresarse con la palabra *broma,* dado que la clandestinidad tiene por objeto provocar un juego, una diversión, un pasatiempo y no una especie de delito.

En una investigación jurídica no es probable que un caso de clandestinidad de esta naturaleza presente dificultades, es decir, que cueste trabajo distinguir entre una broma y un crimen; pero, alguna vez, han surgido procesos difíciles a raíz de juegos indiscretamente prolongados y en los cuales la explicación no se ha dado a tiempo: un hombre que se hace pasar por un aparecido es confundido con un ladrón o algo peor.

La falsedad relativa a una prueba real tiene una circunstancia infirmativa que le es propia, a saber: *la defensa de uno mismo.* El individuo inocente acude a ese arbitrio para descartar las apariencias que, habiéndose producido de modo natural o estando elaboradas por mano del hombre, tienden a hacer recaer sobre él alguna imputación criminosa, dadas las circunstancias en que se encuentre situado.

A fin de hacer recaer sobre un inocente la imputación de un homicidio, el homicida, de acuerdo con numerosos ejemplos que pueden presentarse, depositará el instrumento ensangrentado, o el traje manchado de sangre, o cualquier otro objeto que pudiera servir de prueba real en la morada o en poder de un individuo inocente. Si este, en tal caso, fue sorprendido al trasladar dichos objetos a otro lugar, a él y no al homicida será a quien se pueda imputar el artificio.

Capítulo XII

Otros indicios deducidos del comportamiento activo. Fabricación o supresión de pruebas por soborno o interceptación de testimonio

Fuerza de esas cuatro circunstancias infirmativas. Consideración que puede desvirtuarlas. Recelo de alguna malversación del mismo género por la parte adversa. Recelo de falso testimonio, o de venalidad por parte de los jueces.

Todos los actos de que hemos hablado tienen como finalidad impedir el *nacimiento* del testimonio, o suprimir las pruebas del delito. Los actos que ahora vamos a especificar tienen también ese mismo fin, pero suministran circunstancias incriminativas más graves, siendo muy raro que unas mismas circunstancias invalidativas puedan serles de aplicación.

1) Falsificación de pruebas reales o escritas, las cuales tratarían de inculpar al supuesto delincuente.
2) Soborno, consistente en el hecho de comprometer a una persona a prestar un falso testimonio encaminado a disculpar al presunto delincuente.
3) Interceptación de pruebas, adoptando medidas para evitar la comparecencia de un testigo cuyo testimonio se supone contrario al acusado o destruyendo documentos escritos u otras pruebas auténticas.
4) Resistencia a la busca o selección de pruebas reales.

Consideraciones infirmativas

Una consideración invalidante propia de esta clase de hechos puede designarse así: *temor de alguna mala acción del mismo género por la parte adversa.*

Para eso se ha de suponer que, en caso de inocencia, un hombre que espera prácticas fraudulentas y que no tiene ninguna confianza en los testigos, ni en los oficiales de justicia, ni siquiera en el juez, se cree obligado, para defenderse, a recurrir a los mismos procedimientos ilegítimos que se han de hacer valer en su contra. A efectos de que una consideración de esa naturaleza tenga algún valor atenuante, hay que presumir una depravación fuera de lo corriente en el carácter nacional o, por lo menos, en cuanto concierne a la administración de justicia.

Se dice que en ciertos países existen oficinas que facilitan *testigos*, igual que en las grandes ciudades se encuentran para la contratación de servidores domésticos o, en ciertos lugares de Italia, para proporcionar asesinos.

Es notorio que, en Turquía, muchas personas tienen como oficio actuar de testigos. Es una rama del comercio tan floreciente como cualquier otra.

Capítulo XIII

Otros indicios obtenidos del comportamiento activo

Esos actos incriminativos, en número de seis. Expatriación. Cambio de lugar en el mismo país. Desaparición. Transferencia u ocultación de propiedad. Práctica secreta con acusadores u oficiales de justicia. Consideraciones infirmativas. Recelo de vejámenes jurídicos, no obstante la inocencia. La fuerza de esta circunstancia infirmativa depende mucho del estado del procedimiento y de las rigurosidades previas. 1) Su fuerza es todavía mayor en los asuntos de partido y de pasión; 2) todos los actos de cambio de lugar pueden ser en principio presumidos inocentes y atribuidos a razones de salud, de negocios, de placer. Sobre todo si entran en el curso de las costumbres o de las ocupaciones del individuo.

De los actos que tienen por objeto sustraerse a la justicia

Los actos que permiten presumir que un acusado quiere sus traerse a la acción de la justicia pueden clasificarse en cinco va naciones:

1) *Expatriación.* Emigración a un Estado extranjero en el que los mandamientos judiciales de su país no serían ejecutados contra su persona.
2) *Exprovincialización.* Emigración a otro distrito judicial del mismo Estado, cuando ese cambio de lugar produce igual efecto, sea por cierto tiempo o definitivamente.
3) *Desaparición.* Cuando se sabe que el supuesto delincuente se oculta para evitar ser juzgado en la causa.
4) *Transferencia u ocultación de bienes.* Cuando el presunto delincuente traspasa sus bienes a otras manos o a otros lugares o los esconde para sustraerlos de una investigación o a un juicio.
5) *Relaciones secretas con los acusadores o los oficiales de justicia.* Se incluye en este apartado cuanto se hace o se intenta para corromperlos y desviarlos del cumplimiento de sus deberes respecto al acusado.

Son ésas las circunstancias incriminativas, universalmente consideradas como tales. ¿Por qué? Porque ellas son indicio de miedo. De ahí que los hechos invalidantes que hemos expuesto con relación al miedo sean de aplicación a todos los actos de esta clase.

Una consideración infirmativa se aplica en común a todos los arbitrios que tienen por finalidad evitar la comparecencia personal: *el temor a las vejaciones judiciales, no obstante la inocencia.*

Esa consideración será más o menos fuerte, según que el sistema procesal del país de que se trate sea más o menos apto para aterrorizar a quien lo ha de soportar.

La huida será, pues, una circunstancia más o menos incriminativa de acuerdo con el grado de rigor o la duración probable de la prisión provisional a que está expuesto tanto el inocente como el culpable.

La huida será una circunstancia más incriminativa bajo un procedimiento que admita fácilmente las sanciones penales, que bajo el que no las admita.

El miedo, incluso en el caso del inocente, puede ser todavía más fuerte cuando se trata de ciertas acusaciones que, lógicamente, permiten temer el efecto de las pasiones públicas o de las enemistades poderosas.

Hay determinadas situaciones en las que se tiene el temor de tener que luchar contra una opinión, un partido, una secta, un fanatismo político o religioso. Son tiempos aciagos en que nadie confía en la justicia para curar unos males de los que ella misma puede ser cómplice o víctima.

En el momento en que el Parlamento de Toulouse acababa de someter a Calas al suplicio de la rueda, ¿habría sido normal que Sirven, acusado del mismo delito, se atreviese a confiar en su inocencia y entregase su cuello al verdugo? ¿Podría considerarse su fuga como efecto de una conciencia culpable?

Con independencia de esas consideraciones, hay otras que hacen dejar en suspenso, de primera intención, el juicio desfavorable que puede resultar de la desaparición del presunto delincuente, o de su partida, rápida y clandestina. *Salud, negocios, diversiones,* he ahí otras tantas causas que pueden impeler a un hombre a expatriarse, a cambiar de provincia, a transportar sus bienes a otra parte e, incluso, a ocultar el lugar de su residencia. Todos esos actos, considerados en sí mismos y teniendo en cuenta todas las pretensiones de los hombres, no proporcionan la más ligera presunción de delito. Es, pues, necesario que se les junten otras circunstancias incriminativas, para que se pueda llegar a la conclusión de que son indicadores del miedo.

La presunción que resulte de esos actos será tanto más fuerte cuanto representen una mayor desviación de los hábitos ordinarios del supuesto delincuente.

En la hipótesis de un marino, de un mercader ambulante, de un obrero que ejerce su industria de uno a otro lugar, tales circunstancias podrán no tener ningún carácter sospechoso. Que un hombre de esa condición cambie de lugar, venda o transfiera sus bienes y se marche sin avisar a nadie, son actos que están en el curso de sus *ocupaciones habituales,* y esa consideración reduce a la nada la presunción de culpabilidad que sobre él recaería si estuviese en posición diferente.

En caso de delito, esos diversos actos de *expatriación y transferencia de bienes* están ordinariamente acompañados de clandestinidad; y para que resulten clandestinos no es raro advertir que el delincuente recurre a pretextos falsos con el fin de prevenir las sospechas o de engañar a aquellos cuyo testimonio puede temer.

Que esa circunstancia añade mucho a la fuerza incriminativa del acto en cuestión es una consideración que surge por sí misma.

Pero aun cuando la expatriación y la transferencia de bienes hubiesen tenido lugar abiertamente y sin falsos pretextos, no se seguiría de ello que tales actos careciesen de fuerza incriminativa, porque puede suceder que, habiendo sido ya determinado el cambio de lugar por razones de salud, de negocios o de placer, el delito se haya cometido a favor de esas circunstancias y teniendo en vista la especie de seguridad que ellas ofrecían.

Con respecto a los *medios de seducción* empleados con los acusadores y con los oficiales de justicia, constituyen una circunstancia incriminativa susceptible de los mismos hechos invalidantes que los relativos a los medios de seducción practicados con los testigos.

Capítulo XIV

Motivos, medios, predisposición, reputación, rango o condición; consecuencias que pueden deducirse

Conexión de esas circunstancias. Distinción entre motivo interno y motivo externo. Importancia de conocer el motivo externo o el objeto material, la ocasión, que ha podido inducir a cometer el delito. La probabilidad del delito se obtiene: 1) de la oportunidad o de las circunstancias favorables a la perpetración del delito; 2) de los motivos particulares que han parecido actuar sobre el imputado; 3) de sus predisposiciones o de su carácter, que lo hace particularmente susceptible de haber cedido a esos motivos; 4) de su reputación, que hace presumir que ha demostrado en su conducta predisposiciones análogas al delito; 5) de su condición o de su estado, que lleva a creer que ha podido ceder a la tentación. Observaciones sobre el grado de fuerza incriminativa de esas circunstancias.

La conexión entre esos diversos elementos es tan íntima, que apenas puede hablarse de alguno de ellos sin relacionarlo con los otros; pero en lo que se refiere a los acusados, los indicios que pueden obtenerse son muy variados e, incluso, discordantes, siendo unos, en algunos casos, incriminativos y en otros, disculpativos.

I. Motivos

Motivo es un término aplicado a una vaga designación de varios elementos que requieren ser distinguidos.

Significa, en general, todo *deseo* considerado como causa de acción: llamémoslo *motivo interno.*

Se emplea también para designar todo elemento material mediante el cual se excita el deseo: llamémoslo *motivo externo.*

Se ha cometido un acto de maldad: Ticio es sospechoso de haber tomado parte. *Pero, ¿cuál ha podido ser su motivo? Es* esta una pregunta cuya conveniencia no puede ser puesta en duda.

He aquí la serie de circunstancias que hacen conveniente esta pregunta.

Todo acto que tiene en su contra la fuerza de una de las sanciones tutelares, la de la naturaleza, la de las leyes, la del honor o de la religión, se hace más o menos improbable por consideración a las consecuencias penales o a otros males que le son inherentes. A menos que esta fuerza represora esté superada por una fuerza impulsiva superior, el acto culpable no es solamente improbable, sino que, moralmente hablando, resulta imposible.

Preguntar *cuál puede haber sido en ese caso su motivo,* es preguntar no cuál puede haber sido el motivo interno, sino cuál puede haber sido el motivo externo suficientemente fuerte como para producir tal efecto. No el motivo interno, porque todas las especies de deseos, o casi todas, son comunes a todos los hombres, sino, ¿cuál puede haber sido el motivo externo? En la posición en que Ticio está situado, ¿cuál puede haber sido el elemento capaz de excitar un deseo lo bastante fuerte como para vencer la resistencia combinada de las sanciones tutelares e impulsarlo al delito en cuestión?

Al perder probabilidad el hecho del delito por esta consideración infirmativa, que puede designarse con el nombre de *improbabilidad moral,* es menester poder oponerle alguna consideración de tendencia contraria lo suficientemente fuerte como para destruir esa improbabilidad.

La simple existencia de un motivo no es una circunstancia incriminativa. Que la situación de un individuo dado sea tal que haya podido someterlo a la acción de un determinado motivo, no prueba nada contra él, absolutamente nada. En el curso ordinario de las cosas, siempre que hay algunos bienes, todo hijo puede beneficiarse con la muerte de un padre. Sin embargo, en el caso de la muerte de un padre, la idea de atribuir esa muerte a sus hijos no se presenta al espíritu de nadie; y para que la misma surja, hace falta nada menos que una circunstancia extraordinaria.

II. Medios. oportunidad

Medios, es decir medios de realizar el delito en cuestión. Cuanto se ha dicho de los motivos parece aplicarse a los medios. Incluso se puede, en cierto sentido, clasificar los medios bajo la denominación de *motivos,* puesto que el poder de realizar es tan necesario como el deseo en la cadena de las causas productivas.

Por *ocasión* u *oportunidad* se entiende un determinado conjunto de circunstancias favorables, en un momento dado, para los medios de ejecución.

III. Predisposición

La *predisposición* es el resultado de los motivos

Se dice de un individuo que tiene tal *predisposición* según se estime que los motivos de tal clase tienen sobre su espíritu una influencia mayor que la influencia ordinaria de esos motivos sobre el común de los hombres. Si los motivos sociales, por ejemplo, se suponen preponderantes en su conducta, se le atribuye una predisposición benévola. Si se entrega habitualmente a la acción de los motivos antisociales, se le atribuye una predisposición malévola.

Siendo conocida la predisposición, da un carácter de improbabilidad a la imputación que le es contraria.

Cuando la predisposición indicada anuncia un grado muy elevado de fuerza en los motivos personales o antisociales, tiende a hacer probable la criminalidad de un imputado; pero, en general, una predisposición es apenas susceptible de pruebas jurídicas. Hacer de una *predisposición* el objeto de una investigación especial sería, bajo el nombre y en ocasión de una causa, emprender otra y quizá muchas otras. Hay, pues, que desconfiar enormemente de esos prejuicios fundados en alegaciones sin pruebas; y esas prevenciones son particularmente temibles en materia política y religiosa.

Pero ocurre a menudo que los indicios de una predisposición depravada se manifiestan directamente con el desenvolvimiento de las otras pruebas: esa circunstancia, en tal caso, produce naturalmente impresión y, si se prueba, tal vez no sea de desear que quede sin efecto.

Hemos visto que una investigación especial sobre las predisposiciones no era posible. Hay, sin embargo, casos en que puede llevar a algún resultado. De ello hablaremos en el artículo siguiente.

IV. Reputación

La predisposición de un individuo puede ser conocida por la opinión que se forman tales y cuales personas, quienes, por sus relaciones con él, han tenido ocasiones más o menos frecuentes de observarlo y de juzgar su carácter por su conducta pasada.

Una investigación sobre la reputación especial de un individuo, en tanto difiere de una investigación sobre sus predisposiciones, es todavía menos practicable a los fines de hacer probable el delito en cuestión por parte del supuesto delincuente.

¿Sobre qué debe examinarse al individuo acusado? Sobre los hechos que le han sido imputados en el acta de acusación y sobre los cuales solamente ha podido preparar su defensa; pero una investigación sobre su reputación sería una investigación sobre toda su vida y un medio de crear un montón de prevenciones mediante aserciones que no pueden ser regularmente probadas.

Hay, sin embargo, casos en que, con vistas incriminativas, no solamente la predisposición, en cuanto se halla indicada por los hechos, sino también la reputación, puede reclamar la atención del juez.

Los delitos que tienen por motivo la enemistad son aquéllos a cuyo respecto la reputación puede convertirse en un indicio incriminativo.

1) Delito de injuria personal. El autor del delito es desconocido. La reputación puede servir de indicio contra tal supuesto delincuente más que contra tal otro.

2) Querellas mutuas. El supuesto delincuente es una de las partes; las circunstancias se hallan más o menos envueltas en la oscuridad; ¿cuál, entre la parte adversa o el supuesto delincuente, según su *reputación,* es probablemente culpable?

V. Rango. condición

El rango puede ser considerado como un indicio de la predisposición y de la reputación de la clase a la cual pertenece el individuo en cuestión: la clase noble, la clase eclesiástica, o militar, o comerciante, etc.

Como circunstancia incriminativa, la consideración del rango es casi por completo nula. En todas las comunidades políticas, el rango más bajo comprende el mayor número de individuos. Otorgar a esta condición una presunción incriminativa sería mancillar a la inmensa mayoría de una nación.

Únicamente con el carácter de presunción disculpativa, en razón, como queda dicho, de la improbabilidad moral, es como resulta posible que esta circunstancia actúe con un grado considerable de fuerza.

Capítulo XV

Consideraciones oponibles a las cinco presunciones precedentes

1) Esas presunciones, admitidas en general, serían injuriosas para la clase más numerosa de la sociedad; 2) son combatidas por la presunción general en favor de la inocencia. Presunción fundada sobre la fuerza de las cuatro sanciones tutelares (la sanción natural, la sanción religiosa, la sanción moral o del honor, la sanción política o el temor de la ley, que actúan todas ellas, para apartar del crimen, y constituyen una prueba de inocencia en favor de todo individuo). Peligros de esas investigaciones sobre las disposiciones de los individuos. Peligro de las, investigaciones sobre la reputación. Casos particulares en que pueden servir de indicio: 1) injurias personales; 2) querellas. La condición. Circunstancia más fuerte como disculpativa que como incriminativa. Consideración general contra esas presunciones. La cantidad de errores conocidos a que han arrastrado a los jueces.

Los hechos invalidativos por los cuales se pueden contra balancear las probabilidades resultantes de las circunstancias susodichas no pueden designarse con ningún nombre en particular. La situación y la condición implican todas las presunciones incriminativas, pero ellas implican también todas las presunciones disculpativas.

Que haya habido la oportunidad más favorable y el motivo más poderoso para cometer cierto delito, son dos circunstancias que por sí solas no suministran la menor prueba de que la persona en la cual se reúnan haya cometido ese delito. De otro modo se tendría, por ejemplo, que hacer recaer la imputación de parricidio sobre cada hijo cuyo padre muriese dejando una propiedad que recae sobre ese hijo.

Es preciso partir de un punto fijo: *la inocencia se debe presumir.* No se trata de una de esas bellas máximas humanitarias que hacen más honor al corazón que a la experiencia de quienes la sostienen, sino de una máxima fundada sobre bases sólidas.

Las cuatro sanciones tutelares actúan con mayor o menor fuerza sobre todos los individuos para apartarlos del crimen. Por la sanción natural, el hombre siente repugnancia a cometer actos de maldad o de injusticia y, por añadidura, teme exponerse a la enemistad o a la venganza de aquellos a quienes habría ofendido: por la sanción política, teme a las penas legales; por la sanción de la opinión, teme perder la estima e incurrir en el reproche o el desprecio de la sociedad; por la sanción religiosa, teme las penas que la religión le anuncia para toda clase de crímenes, incluso en el caso de que hubiese escapado a la persecución de los tribunales humanos.

Esas cuatro sanciones obran, pues, como otros tantos frenos para contener a los hombres y desviarlos del delito. Pero esas cuatro sanciones pueden, por diferentes causas, fallar en sus efectos y que la tentación supere a los motivos reprimentes. Mas son casos excepcionales, porque en el curso ordinario de la vida, esas cuatro sanciones actúan con bastante regularidad y mantienen a los hombres en el cumplimiento de su deber. Constituyen, si puede decirse así, una prueba de inocencia en favor de todo individuo; y si me atreviese a emplear aquí una comparación mecánica, diría que tales cuatro sanciones hacen improbable el delito, como sería improbable que una balanza dejase de caer del lado en que tiene cuatro pesas conocidas, a menos que se empiece por probar que esas cuatro pesas han sido quitadas o que se ha puesto en el platillo opuesto un peso superior.

El efecto de esas sanciones es de tal naturaleza que, si se trata de juzgar los motivos que han podido llevar a la comisión de uno u otro delito, el menos malo de esos motivos es siempre el más probable. No sé si un Nerón constituye excepción a todas las reglas de la humanidad; pero, con respecto a Nerón mismo, me sentiría más inclinado a atribuir el incendio de Roma al deseo de ser su segundo fundador que al de gozar del horrible espectáculo del sufrimiento y de la desesperación del pueblo romano.

Por igual razón, cuanto más grande sea el delito para aquél a quien se imputa, mayor será su improbabilidad y más fuerte tendrá que ser la prueba que lo establezca.

Por lo tanto, el efecto y el empleo de esas circunstancias inculpativas, resultantes de la condición y de la situación especiales de un individuo, consisten en contrabalancear la presunción general de inocencia a que acabo de referirme.

Las cuatro sanciones tienden a *desprobabilizar el* delito, mientras que la tendencia de la situación especial es de *probabilizarlo.*

Entre diversas personas sospechosas, la circunstancia que se obtiene del motivo, del carácter, de la reputación, de la situación, indica, con respecto a una de ellas, un grado comparativamente superior de probabilidad.

Son estos los indicios que no se pueden descuidar. Cometido el delito, hay un culpable a quien buscar. La sospecha recae, en primer término, sobre aquel que tiene un motivo particular, un interés superior, una facilidad especial, una mala reputación o ha demostrado disposiciones análogas, etc.

Pero es necesario recordar también constantemente que esas presunciones se hallan extremadamente sujetas a resultar engañosas, que son tanto más débiles cuanto mayor sea el número de individuos que estén comprendidos en ellas, que las más grandes injusticias se han cometido por concederles una fe demasiado ciega, y que, en particular, hay que redoblar la desconfianza cuando se mezcla un sentimiento de partido o un prejuicio de secta. Hubo un tiempo en que todo judío acusado era siempre criminal. El asesinato jurídico de Calas fue, en gran parte, efecto de la opinión popular que imputaba a los protestantes el dar muerte a todos aquellos que, de entre ellos, querían abandonar su religión para ingresar en la católica.

Esas circunstancias, pues, no deben actuar jamás sino en el primer momento como meros indicios para dirigir las sospechas e individualizarlas; pero, hasta tanto que se unan a pruebas más fuertes, tienen muy poco valor.

CAPÍTULO XVI

REGLAS Y MÁXIMAS GENERALES SOBRE LAS PRUEBAS CIRCUNSTANCIALES

1) Regla de exclusión, en razón de los inconvenientes colaterales; 2) regla de admisión en los demás casos. Medio de valorar su fuerza probatoria: 1) por su conexión más o menos íntima con el hecho principal; 2) por la escritura de los hechos infirmativos, es decir, porque las suposiciones infirmativas no se les aplican; 3) por la cantidad de esos hechos circunstanciales. Resumen reducido a máximas.

I. REGLAS PARA ADMISIONES Y PARA EXCLUSIONES

Dos reglas breves y sencillas abarcarán todo lo que conviene hacer, concerniente a su admisión o exclusión.

Regla primera. A esta clase de pruebas, como a cualquier otra, no hay que requerirlas ni que admitirlas en el caso de que su admisión pudiera resultar más dañosa al fin colateral de la justicia (prevención de aplazamientos, de vejámenes y de gastos), que útil al fin directo (acierto en la decisión o su conformidad con la ley).

Regla segunda. Exceptuados esos casos, no se debe excluir ni rechazar nunca nada de aquello que pueda servir o que se pueda ofrecer con el carácter de pruebas circunstanciales; en particular no se debe excluir nada en razón de que se lo supone carente de fuerza probatoria.

¿Por qué se habría de excluir? Si produce un efecto, es útil; y si no lo produce, es inocuo.

Encontrar, con relación a las pruebas, reglas infalibles, reglas que garanticen una resolución justa, es cosa rechazada en absoluto por la naturaleza misma de las cosas. Está demasiado arraigada en el espíritu humano la disposición a establecer reglas cuyo efecto sea el de hacer más probables las malas decisiones. De ahí que, el mejor servicio que a este respecto puede prestar un libre investigador de la verdad, se limita a poner en guardia al legislador y a los jueces contra esas reglas temerarias.

II. OBSERVACIONES SOBRE SU FUERZA PROBATORIA

1) Decir que un hecho es más o menos probatorio con relación al hecho principal equivale a decir que ese hecho tiene más o menos conexión con el hecho principal. El grado de fuerza probatoria es como el grado de conexión: ambas expresiones son recíprocamente sustituibles.

2) La fuerza probatoria, o la intimidad de la conexión entre unos y otros hechos, es de pura apreciación de quien las contempla; todo cuanto se quiere expresar con esas palabras no pasa de ser más que una simple persuasión de su parte, aplicada a la prueba en cuestión, a saber: a la prueba circunstancial.

3) En cada caso, el grado de fuerza probatoria podría estar expresado por números, igual que hacen los matemáticos respecto a los cálculos de probabilidades, es decir, con relación a un número de otro. Pero esa fórmula científica sería más aparente que útil, ya que tales grados de fuerza no son ni uniformes ni permanentes, variando según las diversas clases de pruebas circunstanciales.

4) Hechos testimoniales de una misma índole podrían combinarse de tantas maneras distintas que tendrían, en cada caso, muy diferente fuerza probatoria.

5) La gran utilidad de las consideraciones infirmativas consiste en suministrar un criterio aproximado respecto a la fuerza concluyente de una determinada prueba.

6) Para juzgar si, con relación al hecho principal, un hecho circunstancial dado es o no concluyente, hay que examinar, ante todo, las suposiciones invalidantes que le sean aplicables.

7) Es decir: hay que considerar si, en el orden de los hechos posibles, hay alguno que, suponiendo la realidad de su existencia en el caso en cuestión, haga menos probable la existencia del hecho principal. Si se encuentra alguna circunstancia infirmativa de esa naturaleza, la fuerza probatoria del hecho circunstancial no será concluyente.

8) Mas si, a pesar de todos los esfuerzos, no se puede descubrir ninguna suposición infirmativa de esa clase, entonces, en ese caso concreto y con referencia al grado de persuasión, la fuerza probatoria será concluyente.

9) Si se aplican al mismo hecho circunstancial diferentes hipótesis invalidantes y todas presentan igual probabilidad, la suma de las fuerzas infirmativas estará de acuerdo con su número.

10) En una cadena de pruebas compuesta de un gran número de eslabones, cuanto más eslabones intermedios haya entre el primer hecho circunstancial y el hecho principal, menor será con relación a este su fuerza probatoria. ¿Por qué? Porque a cada uno de los hechos que forman la cadena le son aplicables circunstancias invalidantes.

11) Es, por lo tanto, precaución necesaria cuando exista tal encadenamiento, no dejar pasar ningún eslabón intermedio sin examinar las suposiciones infirmativas que le son propias.

12) La fuerza probatoria de cada hecho circunstancial, aplicada al hecho principal, aumenta la fuerza de cada uno de los demás.

13) Sin embargo, no es esta una razón para llegar a la conclusión de que la fuerza probatoria de todos esos hechos sea siempre y uniformemente igual al número de esos mismos hechos.

14) Contemplando, por ejemplo, el cuadro de los hechos circunstanciales, tanto si se refieren a un delito como al hecho principal que le es común, se encontrará más de un caso en que dos hechos, cada uno de los cuales tomado separadamente no tendría ninguna fuerza probatoria, al ser reunidos la adquieren tan considerablemente que, en ausencia de pruebas en contrario, resultarán concluyentes.

III. MÁXIMAS DE ORDEN PRÁCTICO

Hasta el presente, en los diversos sistemas de procedimiento, se ha propendido a adoptar posiciones extremas con relación a las pruebas circunstanciales.

Uno de esos extremos ha consistido en rechazar tal o cual clase de esas pruebas. Otro ha consistido en considerar tal o cual clase de pruebas, en su ligazón con el hecho principal, como concluyentes. Ahora bien, dar a una prueba un efecto concluyente es lo mismo que excluir todas las pruebas del lado opuesto.

Las proposiciones teóricas contenidas en este capítulo nos conducen en forma natural a las instrucciones prácticas de naturaleza monitoria, tendientes unas a prevenir contra la subestimación, y otras contra la sobreestimación de dichas pruebas.

1) No rechacéis en absoluto pruebas circunstanciales en razón de su debilidad.

2) Menos todavía en razón de que no sean concluyentes.

3) No prejuzguéis tampoco que su conjunto sea insuficiente en razón a la insuficiencia separada de cada una de sus partes.

4) No tengáis por insuficientes las pruebas circunstanciales por la simple ausencia de las pruebas directas; es decir, cuando estas no sean obtenibles o no se puedan obtener sin graves inconvenientes, manifestados en forma de aplazamientos, vejaciones o gastos.

5) No tengáis por insuficientes las pruebas directas por el solo hecho de que falten las circunstanciales.

6) No prejuzguéis, ni aun provisionalmente, que tal parte de pruebas circunstanciales, ni siquiera el conjunto de esas pruebas, tenga una fuerza concluyente.

7) Mucho menos, todavía, como concluyentes hasta el punto de excluir las pruebas en contrario.

8) No os contentéis con las pruebas circunstanciales cuando podáis obtener de la misma fuente un testimonio directo y especial.

9) Cualesquiera sean las pruebas, y en particular las pruebas circunstanciales, obtenidas sin que las partes sean interrogadas, si la situación de estas es tal que se puedan obtener aclaraciones tendientes a hacer la prueba más completa o más correcta, no dejéis jamás de recurrir al interrogatorio judicial.

10) No rechacéis las pruebas circunstanciales como superfluas, en razón de la abundancia de pruebas directas.

Capítulo XVII

Pruebas directas y circunstanciales comparadas en su fuerza probatoria

Diversidad de opiniones sobre este pinito. La prueba directa no se presenta casi nunca sin una mezcla de pruebas circunstanciales. Éstas se presentan a menudo sin prueba directa. La prueba circunstancial se deduce por inferencias muy diversas y todas susceptibles de error. La prueba directa no se apoya sino en una inferencia de la misma naturaleza siempre, la de la verdad de los hechos con respecto a los testigos directos: inferencia única y más fácil de apreciar. Solo hay una prueba que no puede mentir, es decir, la prueba material sometida directamente a la vista de los jueces y en los casos en que no ha podido sufrir ninguna alteración. Ventajas particulares de las pruebas circunstanciales: 1) cuantos más sean los hechos alegados, más fácil es desenmascarar la falsedad; 2) cuantos más sean los testigos que declaran, más difícil es que se pongan de acuerdo; 3) un testigo directo puede ser sobornado; pero el soborno es difícil con respecto a las pruebas circunstanciales. Nota: casos en que las pruebas circunstanciales han servido para desenmascarar la falsedad. Fecha del papel sellado. Ejemplo de un hecho real extraído de una novela inglesa. Nota; sobre las precauciones a tomar en el empleo de las pruebas circunstanciales; aplicaciones al caso particular de los complots.

Algunas veces se ha puesto en comparación la prueba circunstancial y la prueba directa, en lo que se refiere a su fuerza probatoria, considerando a una y otra en conjunto. Desde ese punto de vista superficial, se ha establecido la superioridad tanto de una como de otra.

No estarán aquí fuera de lugar algunas observaciones adecuadas para aclarar el tema.

La posesión de una de esas pruebas, como ya hemos dicho, no es nunca razón para descuidar la otra.

Pero puede suceder, sobre todo en un caso penal, que le falte al acusado una de esas clases de prueba; y en los casos civiles, una u otra clase les puede faltar a cada una de las partes.

En lo que se refiere a las pruebas circunstanciales, en su más amplio sentido, o sea comprendiendo todas sus modalidades, ya hemos señalado que tal vez no ha habido un solo caso en que el conjunto de pruebas estuviese compuesto por las directas, sin mezcla alguna de las circunstanciales. En efecto, cuando las pruebas directas, por su multiplicación, llegan a combinarse, apoyarse, a formar una cadena, se necesita, para advertir su fuerza y su unión, un esfuerzo del razonamiento a fin de deducir las inferencias de unas en otras, y en consecuencia todas esas porciones de pruebas directas actúan con el carácter de pruebas circunstanciales, ya que las pruebas directas son las que no requieren tales inferencias, mientras que las circunstanciales están en algún modo compuestas de inferencias.

Sin embargo, la prueba circunstancial, o sea la que está compuesta totalmente de inferencias, se presenta algunas veces sin mezcla ninguna de prueba directa. Y, en ese estado de pureza, frecuentemente sirve de base a las decisiones.

Considerada en abstracto, no se podría negar que la prueba circunstancial sea inferior a la directa. Acabamos de dar la razón. La prueba directa no requiere ninguna inducción; la circunstancial no puede existir nada más que por inducciones y no hay apenas una inducción que no esté sujeta a errores.

Estrictamente hablando, en el caso de la prueba directa, hay también una inducción, pero ella es siempre de la misma naturaleza: del relato de los hechos presentados por el testigo se infiere que los hechos son ciertos.

Con respecto a la prueba circunstancial que se forma por vía de argumentación, quienes han querido establecer la superioridad de su fuerza probatoria han dicho en su favor que ella no podía mentir. Pero eso no es verdad sino para algunas modalidades de esa clase de prueba.

La única prueba que no puede mentir es aquella que, sin la intervención del testimonio humano, se presenta directamente a los sentidos del juez. Tal es la prueba real. Otro tanto puede decirse del testimonio falso, pues no cabe engañarse en la inducción que se obtiene contra la veracidad del testigo; inducción en virtud de la cual la falsa respuesta adquiere el carácter de prueba circunstancial.

Mas toda prueba que, antes de llegar a los sentidos del juez, ha pasado por la boca o por la pluma de un ser humano, es tan susceptible de ser alterada con la mentira como la prueba directa. Y todas las modalidades de las pruebas circunstanciales están en ese caso, sin exceptuar la prueba material, cuando habiéndose aportado por intermedio de un testigo, no representen ya una prueba original sino de simple referencia.

Ahora bien, una falsedad en materia de prueba escrita o en materia de prueba material puede tener el mismo efecto para engañar al juez que una prueba directa personal en boca de un testigo mentiroso. Su efecto pernicioso puede ser precisamente el mismo.

No obstante, solamente por accidente y en ciertos casos, una prueba material puede ser objeto de un acto de falsedad, o recibir una alteración, que la haga inservible; mientras que no hay ningún caso en que un testigo no pueda mezclar en su declaración alguna mentira si tiene algún motivo suficientemente poderoso como para inducirlo a correr los riesgos correspondientes.

VENTAJAS PARTICULARES DE LAS PRUEBAS CIRCUNSTANCIALES

Las pruebas circunstanciales son útiles de cuatro maneras:

1) Cuanto mayor sea la variedad de hechos abarcados, más expuesta estará la falsedad a ser descubierta, porque al estar cada alegación falsa sujeta a ser destruida por su incompatibilidad con los hechos notoriamente verdaderos, cuanto más de esos hechos falsos haya, mayor será la posibilidad de desenmascararlos. Así, pues, esta es la ventaja de las pruebas circunstanciales: en proporción a su extensión, someten al conocimiento del juez un mayor conjunto de hechos.

2) Este conjunto de hechos diferentes habrá sido suministrado por diferentes testigos; pero cuanto más testigos haya que declaren, más difícil será que entre ellos exista un concierto para el testimonio falso, y sobre todo un concierto feliz. Es muy raro que pueda hacerse triunfar un plan de mentiras en el cual se necesiten muchos actores.

Así, en el supuesto de que un delincuente funde su declaración en una coartada, cuanto más testigos falsos haya que declaren haberlo visto en el momento en cuestión en un lugar donde no se encontraba, más posibilidades habrá de considerar convicto de mentira a cada uno de ellos.

3) Cuando el éxito de una falsedad solo depende de un testimonio directo sin prueba circunstancial alguna, el principal autor puede esperar con mayor tranquilidad encontrar falsos testigos que se encarguen del papel que les ha encomendado. Pero cuando, para el éxito del plan, hay que fabricar, asegurar, destruir elementos de pruebas circunstanciales, el campo en que puede escoger los agentes secundarios es más restringido y puede encontrarse detenido a menudo por obstáculos que resultan verdaderamente insalvables.

4) En la mayoría de los casos, un hecho cuya prueba necesariamente es de cargo del acusado, pertenece a esa clase de hechos que solo pueden establecerse mediante pruebas circunstanciales.

Tales son, por ejemplo, los hechos que hemos llamado *fisiológicos,* conciencia criminosa, intención criminosa, existencia de tal o cual motivo; hechos necesarios para establecer el delito del delincuente pero que no cabe esperar que los confiese, a menos que, por la fuerza de las otras pruebas, considere su causa como desesperada. Ahora bien, ¿de dónde puede obtenerse la prueba de esos hechos fisiológicos sino de un testimonio producido por otras personas? Y ese testimonio únicamente puede ser de la naturaleza del testimonio circunstancial, según una u otra de las modificaciones que hemos visto más arriba.

Libro sexto

De las pruebas inferiores aceptadas a falta de otras mejores o como mal menor

Capítulo I

Definiciones y divisiones

Carácter de una prueba inferior. El hecho dado como prueba es tal, que no se le pueden aplicar todas las seguridades que garantizan el testimonio. Dos clases principales: 1) pruebas escritas extrajudiciales; 2) pruebas no originales. *Primera clase:* tres subdivisiones: 1) escritos casuales; 2) escrituras semiconstituidas; 3) pruebas prestadas, es decir, llevadas de una causa a otra. Escritas casuales: diarios, notas, cartas que no fueron escritos para servir a la justicia y que solo se presentan ocasionalmente. Escrituras semipreconstituidas: libros de comercio, cartas comerciales. —Prueba inferior por cuanto el escrito no está hecho por ambas partes interesadas ni por un oficial público. Prueba prestada: ya establecida jurídicamente pero en otra causa, ya sea en el mismo tribunal o en otro. En qué consiste la inferioridad de esta prueba. *Segunda clase:* pruebas no originales. Cinco subdivisiones: 1) cuando la persona declara en base a una referencia; 2) cuando el escrito presentado es una copia; 3) cuando en lugar del testigo mismo solo se tiene un testimonio escrito por él o por otro; 4) cuando en lugar del escrito original solo se tiene un testigo que declara haberlo leído y recordarlo; 5) cuando en lugar de la prueba material solo se tiene un informe. En todo testimonio no original, la fuerza probatoria depende de dos personas o dos cosas: por ejemplo, en la referencia, el que habla y el que se dice que habla. Cómo la fuerza probatoria se debilita por este desdoblamiento. Propiedades comunes a las pruebas inferiores: 1) falta de garantía; 2) fraude característico que a todas concierne: la facilidad de la mentira; 3) inexactitud y omisiones. Tales causas de inferioridad, al ser bien conocidas, disminuyen el peligro de su admisión.

Hemos explicado en el libro precedente por qué las pruebas circunstanciales están por debajo de las pruebas directas. Su inferioridad consiste en lo siguiente: el hecho cuya existencia inmediata indican, no es el hecho principal (aquel que se trata de demostrar al juez), sino otro que, aunque bien diferente del hecho principal, se halla en tal forma ligado al mismo que se lo puede considerar como si constituyese una prueba más o menos poderosa de la existencia del hecho principal.

Pasamos ahora a otra clase de pruebas, a las que damos especialmente la denominación característica de *pruebas inferiores,* en razón de una inferioridad mucho más señalada. Esta inferioridad consiste en lo siguiente: el hecho testimonial, es decir, el hecho que se hace resaltar como prueba, es tal que no podría aplicársele una u otra de las *seguridades* que sirven para garantizar la exactitud y la plenitud del testimonio. Desprovisto de dichas seguridades, la fuerza probatoria de ese hecho es inferior a la de las pruebas que pueden tenerlas.

No obstante la imperfección de esos medios, a menudo se necesita recurrir a ellos a falta de otros mejores. Se trata de un *mal menor* indispensable.

Estas pruebas inferiores se clasifican en dos grupos principales:

1) Pruebas escritas extrajudiciales.

2) Pruebas no originales o transmitidas.

Su defecto común, lo repito, consiste en la ausencia de uno de los principios de seguridad: por ejemplo, el interrogatorio cruzado (es decir, *ex adverso).*

I. PRUEBAS INFERIORES EXTRAJUDICIALES

Admiten tres divisiones:

a) Pruebas casualmente escritas.

b) Pruebas semipreconstituidas (es decir, *ex parte).*

c) Pruebas prestadas, es decir, llevadas de una causa a otra.

a) Cuando en materia judicial se emplean las cartas de un particular o notas suyas, o un diario que escribe para su uso personal, estos documentos pueden ser designados con el nombre común de *pruebas casualmente escritas.* Esta denominación es correcta para tales escritos porque, en general, no, se han hecho con la intención de que sirvan a la justicia sino que tienen otra finalidad especial.

b) No clasifico bajo el título de escritos casuales a la correspondencia comercial y a los libros de cuentas de las casas de comercio, puesto que esos escritos se realizan regularmente, de manera uniforme, con un propósito determinado y con la intención de ser eventualmente utilizados como pruebas; así, pues, pueden considerarse como una rama de las *pruebas preconstituidas.* Pero, por otra parte, carecen de las cualidades esenciales que tan claramente distinguen a las pruebas de esa clase, pues no son realizadas conjuntamente por ambas partes interesadas, ni son obra de un empleado público cuya posición lo eleva por encima de la sospecha de fraude. Era necesario encontrar un término que expresase esa diferencia y que, ante todo, hiciese ver la inferioridad de dicha prueba. La denominación de prueba *semipreconstituida* representa bastante bien su naturaleza y su valor.

c) Una prueba *prestada* o *transportada* es una prueba que ya ha sido jurídicamente establecida, pero establecida en otra causa, de la cual se obtiene para aplicarla a la causa en cuestión. Este principio comprende: a) testimonio *inter alios* (testimonio ya exhibido jurídicamente pero entre las partes de otra causa); b) testimonio *alio in foro* (testimonio ya exhibido jurídicamente pero en otro tribunal, ya sea entre las mismas partes o entre partes distintas).

A primera vista se creería que una prueba adquirida en una instancia terminada con un fallo tendría una enorme fuerza; sin embargo, hay muchas consideraciones que la debilitan. Esa prueba, traída de una causa extraña, ¿ha tenido todas las garantías necesarias? ¿Ha pasado por todas las comprobaciones? Puede haber sido sometida al interrogatorio, pero a un interrogatorio hecho en otras circunstancias, por otras personas, Con otros fines y no poseyéndose los mismos medios de información para escrutar la verdad. Su fuerza probatoria puede también ser atenuada de grado en grado, según todas las posibles imperfecciones de los diversos sistemas procesales. ¿Qué confianza habría podido otorgarse a una prueba obtenida de una causa juzgada por el tribunal de la Inquisición? Está claro, pues, que esas pruebas prestadas deben ser clasificadas entre las pruebas inferiores, aunque de mayor a menor, y solo pueden ser empleadas a falta de otras mejores.

II. PRUEBAS NO ORIGINALES (O TRANSMITIDAS)

Presentan cinco divisiones:

1) Supuestamente orales, entregadas o trasmitidas oralmente. Rumor.

2) Supuestamente escriturales, entregadas escrituralmente. Copias.

3) Supuestamente orales, entregadas por escrito.

4) Supuestamente escritas, entregadas oralmente.

5) Supuestamente reales, entregadas mediante testimonio oral o por escrito. Relato.

La prueba no es original *en cuanto a las personas* cuando el testigo declarante no relata lo que ha visto u oído él mismo sino lo que le ha sido comunicado por otro.

La prueba no es original en *cuanto a los escritos* cuando los caracteres presentados a los jueces no son los trazados primeramente, cuando el relato en cuestión fue consignado en lenguaje escrito, sino que son una transcripción, una copia. La prueba es todavía menos original en cuanto a los escritos cuando el testigo declarante afirma simplemente haberlos visto y haber grabado su contenido en la memoria.

La prueba no es original *en cuanto a las cosas* cuando no se pone ante los ojos del juez la cosa misma que se quiere utilizar en carácter de prueba, y aquél solo puede tomar conocimiento de ella por intermedio de un testigo.

El estado del lenguaje corresponde al de las ideas; es en vano pretender aumentar el capital de las concepciones humanas, hacerlas más claras y más correctas, si se teme al reproche por la creación de nuevos términos. Es imprescindible que un tema tenga un nombre antes de poder hacer del mismo el objeto de una proposición afirmativa o negativa.

El lenguaje común posee dos términos, *rumor y copia,* pero faltaba un término más general que expresase su carácter común de inferioridad. Ese término más general es el de *prueba no original.*

En todo testimonio no original hay por lo menos dos personas de quienes depende su fuerza probatoria: dos personas que, por esa duplicidad, debilitan la fuerza probatoria en lugar de aumentarla.

De acuerdo con la suposición, la existencia del testigo declarante es cierta; la existencia del testigo alegado es forzosamente materia de duda.

Como ha podido observarse, también el epíteto de *supuesta* entra en la denominación de cada clase, formando necesariamente parte de la misma. Si no siempre se expresa, hay siempre que sobrentenderlo, so pena de caer en una continua confusión.

No me importa repetirme para ser más claro. En cada declaración no original hay dos puntos en cuestión diferentes, uno que es *cierto* y otro que es *afirmado.* Lo cierto es que A declara tal cosa ante el juez.

Lo afirmado por A puede ser verdadero o falso. Ticio dice en presencia del juez: "He oído a Sempronio decir tal o cual cosa"; pero Sempronio puede no haberla dicho o no haberla dicho exactamente en la forma referida. Así pues, el epíteto *supuesta* es necesario para mantenerse en guardia contra el efecto de la simple aserción.

En todos estos casos, el testimonio supuesto original se reputa como dado extrajudicialmente; de ahí, el peligro de los fraudes, omisiones e inexactitudes.

III. Propiedades comunes a las pruebas inferiores

Una confusa mezcla de objetos intelectuales no da motivo para proposiciones generales. Es menester clasificarlos según su naturaleza y dar a cada clase denominaciones apropiadas antes de establecer proposiciones ciertas y susceptibles de uso práctico.

Nomenclatura equivale a clasificación. Cuando una denominación común no encierra sino conjuntos de ideas bien acordes, puede hablarse sin confusión y aplicar a los objetos contenidos en esa denominación caracteres generales.

Hemos llegado a este punto para la clasificación de las pruebas inferiores. Pronto habremos de ocuparnos de sus diferencias, es decir, de su mayor o menor fuerza probatoria; pero ya estamos en condiciones de señalar sus propiedades comunes y enunciarlas en proposiciones claras.

1) La verdad de la información que ellas encierran no tiene y no puede tener las mismas garantías que la prueba directa.

2) Cada una de ellas está expuesta a convertirse en el instrumento de un fraude característico, es decir, particular a cada especie de esas pruebas.

3) Este fraude consiste en producir un falso testimonio, con la seguridad de que no pueden aplicársele las pruebas que constituyen la garantía del testimonio directo.

4) El peligro de fraude no es el único. Este género de testimonio está expuesto a ser incorrecto e incompleto hasta el punto de poder producir, sin mala fe, las mismas consecuencias que el fraude.

5) Estas pruebas son siempre indicios de la existencia pasada o presente de pruebas regulares que pueden o que abrían podido obtenerse en buena forma.

6) Es necesario, pues, excluirlas siempre que sea posible, llegar a las pruebas superiores sin inconvenientes serios.

7) El conocimiento de todas las causas de inferioridad que afectan a estas pruebas puede disminuir hasta cierto punto el peligro de admitirlas.

En el último capítulo de este libro veremos las salvaguardias mediante las cuales puede reducirse al mínimo ese peligro.

Capítulo II

De las presunciones antejudiciales entre demandante y demandado, entre acusador y acusado

I. La presunción general está a favor del demandante: 1) siendo su papel voluntario, supone confianza en la bondad de su causa. El demandado no arriesga nada contestando; 2) el resultado comparativo de los procesos es una prueba a favor de los demandantes. Muchos hombres de ley se inclinan por el demandado en razón de la presunción a favor de la posesión actual. Error de tal opinión. El prejuicio general está contra los demandantes en razón del odio a los procesos. Daño resultante de ese prejuicio. Ha servido de pretexto a las tasas judiciales. Nota: distinguir los procesos de acción real y de acción personal. En los primeros, la presunción no está tan claramente establecida a favor de los demandantes. Razones de esta diferencia. Límites a los que hay que restringir esta presunción. La presunción a favor del demandante puede convertirse en regla en los juicios en rebeldía.

II. En materia penal se debe actuar como si la presunción estuviese a favor del acusado. De hecho la presunción está contra el acusado en los casos más comunes y siempre que no pueda presumirse, por parte del acusador, motivos de odio, de pasión, de soborno, o que no se vislumbren indicios de ligereza. Pero, en todos los casos, y sobre todo en los casos graves, debe suponerse la inocencia: 1) porque es justicia debida a todos el creerlos inocentes hasta que se pruebe su culpabilidad; 2) porque el daño de absolver a un culpable no es comparable al de condenar a un inocente. No obstante hay que desconfiar de las exageraciones sentimentales.

Antes de entrar en el examen de una causa existen ya presunciones a favor y en contra, a las que un juez ni puede ni debe sustraerse. Siendo dichas presunciones vagas y generales, tienen poca fuerza, pero pueden servir para orientar en la oscuridad hasta tanto se obtengan las pruebas particulares, o para inclinar la balanza cuando se tienen dudas entre pruebas contradictorias.

I. ENTRE EL DEMANDANTE Y EL DEMANDADO, LA PRESUNCIÓN DEBE SER A FAVOR DEL PRIMERO, EN PERJUICIO DEL SEGUNDO

Las probabilidades están a favor del primero en razón de que acude por voluntad propia a someter su derecho a la decisión de la justicia: el demandado lo hace a su pesar. Los casos en que el primero pueda tener interés en litigar en contra de su propia convicción han de ser escasos; pero el demandado, con o sin razón, tiene siempre, o casi siempre, un interés manifiesto en litigar, porque las diversas alternativas de un litigio le brindan posibilidades de ganancia, mientras que si pierde la causa se encuentra en el mismo punto que si la hubiese abandonado sin litigar.

¿Cuántos perjuicios en la propiedad, cuántas injusticias, incluso bastante grandes, se soportan antes de correr el riesgo de un proceso? ¡Cuántos sacrificios se hacen para evitarse las molestias, los trastornos, la pérdida de tiempo y los gastos que nunca se ven compensados! Se necesita, pues, tener muchos motivos de confianza para sobreponerse a esa repugnancia natural; y esos motivos son los que forman el prejuicio natural en favor de quien se dirige al juez. No existe nada similar por parte del demandado.

Tras esta presunción, veamos los hechos. Comparemos los resultados de los procesos. Las causas ganadas por los demandantes están en proporción muy superior a la de las causas ganadas por los demandados; y sin embargo, los primeros, en nuestros diversos sistemas procesales, se encuentran en una posición mucho más desventajosa que sus adversarios, pues tienen contra ellos todas las nulidades, todos los defectos de forma y otros obstáculos que no existirían en un procedimiento perfeccionado.

No ignoro que muchos hombres de leyes se inclinan hacia el prejuicio contrario. Y es que hay algo ilusorio que los engaña. Un demandado se presenta al espíritu como un hombre atacado en su derecho de posesión y el prejuicio debe estar a favor de los poseedores, porque el número de los poseedores legítimos es infinitamente mayor que el de los poseedores ilegítimos. Pero no es esa la cuestión. Se trata de saber si, entre las posesiones impugnadas, la cantidad de las impugnaciones justas no es superior a la de las injustas; y es evidente que debe serlo pues, para lanzarse a disputar ante la justicia la legitimidad de una posesión, es menester descubrirle algún punto débil que la haga salir del caso de las posesiones ordinarias.

El prejuicio contra los demandantes generalmente ha prevalecido en el mundo y la razón es fácil de encontrar. Cuanto más abusivo y vejatorio ha sido el procedimiento, más se han temido los procesos. Pero un hombre no puede ser arrastrado a su pesar por este camino espinoso, si no es por un demandante. Así el terror a los procesos, basado en los vicios del procedimiento, hace recaer el desfavor e incluso una especie de título odioso sobre quien ostenta tal carácter. En lugar de culpar a los hombres de leyes que han llenado de dificultades el acercamiento a la justicia, la gente indiferente se venga en quienes prefieren litigar a sufrir. El ciudadano que ha padecido una primera injusticia se expone, si quiere tener razón, a sufrir la segunda en la estima de sus conciudadanos. La opinión pública está siempre dispuesta a volcarse de parte del agresor que se mantiene tranquilo, contra el oprimido que turba su tranquilidad y mete ruido.

Este prejuicio, falso y cruel, ha tenido demasiada influencia sobre los legisladores mismos. Ha da dado nacimiento a los peores impuestos posibles, los impuestos sobre los actos judiciales. El motivo es descorazonar el espíritu litigioso, y el efecto favorecer la injusticia.

No hay que lanzarse de una exageración a otra. Cuanto he dicho se limita a lo siguiente: que la vejación se encuentra más a menudo en el demandado que en el demandante. Tal resultado se comprueba por la naturaleza de las cosas y por la comparación de las causas perdidas y ganadas.

II. En materia penal y, sobre todo, en asunto grave, la presunción debe estar a favor de la inocencia o, al menos, se debe actuar como si esta presunción estuviese establecida

¿Cómo conciliar esta presunción con la precedente? Desde el momento en que hay acusación, hay delito por parte del acusador o del acusado; pero, en términos generales, no existe ningún delito tan raro que la falsa acusación del mismo no lo sea todavía más.

Es menester hacer aquí una distinción. Si la suposición de la inocencia del acusado puede conciliarse con la suposición de buena fe por parte del acusador, la presunción debe ser a favor del acusado. Debe creerse más fácilmente en la temeridad, en el error y en la pasión que en el delito, sobre todo tratándose de delitos graves. La presunción contra la acusación es todavía más fuerte en los casos en que se trata de hechos que derivan del espíritu de partido, del espíritu de secta, de las opiniones religiosas o de las falsas nociones populares. ¡Cuántos pretendidos delitos en los que ha habido un número infinito de acusados sin que hubiese un solo culpable! Por ejemplo, el sortilegio.

La presunción a favor de los acusados sería muy poderosa si se juzgase de acuerdo con el curso ordinario de las conversaciones: aquí las acusaciones falsas son mucho más frecuentes que las verdaderas. Pero, ¡qué diferencia entre esas maledicencias que corren sobre los pecadillos y las acusaciones jurídicas sobre asuntos graves! En uno de esos casos, se arriesgan temerariamente hechos y conjeturas porque de nada se es responsable y porque no se le da importancia; se actúa a la aventura, por vanidad, por pereza, por ligereza. Pero si se trata de una declaración ante la justicia, al quitar las seducciones del interés y de la pasión, los testigos más ligeros se vuelven escrupulosos, perciben que su honor se halla comprometido y que un falso testimonio los expone a consecuencias serias.

Pero, aun concediendo que, en los casos más corrientes, la presunción está contra el acusado, no es menos cierto que debe actuarse como si la presunción estuviese establecida en su favor y, en consecuencia, el juez debe adoptar la máxima de que es mejor dejar escapar un culpable que condenar un inocente, o, en otras palabras, debe cuidarse mucho más de la injusticia que condena que de la injusticia que absuelve. Ambas son malas pero es peor aquella que produce mayor alarma y todos sabemos que no hay punto de comparación entre los dos casos. En general, una absolución demasiado fácil no trae remordimiento e inquietud sino a quienes reflexionan, mientras que la condena de un acusado a quien luego se reconoce inocente, expande un terror general porque la seguridad desaparece y ya no se sabe dónde buscar la salvación cuando la inocencia no basta.

Este es, quizá, uno de los casos en que la imaginación ocupa el lugar de la razón: la alarma está por encima del peligro, es decir, que el peligro aparente es mayor que el peligro real. En los hechos, el peligro resultante de la absolución de un culpable es tal vez mayor que el resultante de la condena de un inocente, pero no es tan visible ni tan universalmente reconocido. Si un ladrón es absuelto, la consecuencia casi segura de esa sentencia será el provocar nuevos robos. Si un inocente acusado de robo es condenado, no por ello resultará que sean condenados otros inocentes por la misma causa. Aun imaginando los jueces más severos, la condena de un inocente en semejante caso es una desgracia aislada, que no tiende a producir desgracias de la misma índole.

Pero debe considerarse, por otra parte, que el daño de una pena injusta por el delito de robo sobrepasa en mucho al daño que se sufriría por los repetidos robos del ladrón absuelto. Así, pues, la alarma de la pena es mayor que la alarma del delito y, en consecuencia, el peligro del castigo a un inocente parecerá siempre mayor que el de soportar la absolución de los culpables.

Por eso, aunque un juez se haya formado en su espíritu una presunción interna contra los acusados, no debe titubear en actuar según la presunción de su inocencia y, en la duda, encarar el error que absuelve como más justificable o menos contrario al bien de la sociedad, que el error que condena. Escuchando la voz de la humanidad, no hace sino escuchar la de la razón.

Pero es menester desconfiar de las exageraciones sentimentales que tienden a dejar el delito impune, so pretexto de establecer la seguridad de la inocencia. Los aplausos del público han sido puestos, como quien dice, a subasta. Primero se dijo que valía más salvar a varios culpables que condenar a un solo inocente; alguien, para hacer esta máxima más impresionante, le asignó el número diez; otro duplicó esa decena, otro la centuplicó. Todos esos postores al precio de la humanidad fueron dejados atrás por no sé cuántos escritores que quieren que, en ningún caso, pueda condenarse a un acusado, a menos que se tenga una certeza matemática o absoluta. Según este principio, para no castigar a un inocente no debería castigarse a nadie.

Capítulo III

De los escritos casuales. Reglas a seguir para su admisión

Superioridad de la prueba oral sobre la escrita. Comparación de la prueba escrita con un testigo sordo, ciego y mudo. Esto no se aplica a la prueba preconstituida:

Regla I. No admitamos la prueba escrita casual cuando su autor puede ser escuchado.

Regla II. Admitámosla si el interrogatorio verbal es impracticable o si la presentación del escrito es solicitada por una de las partes. Razones: peligro en el rechazo. Ausencia de peligro en la admisión. Regla III. Si el escrito es solicitado por la parte contraria, admitámoslo con la condición de que la parte contraria, reconociéndolo como suyo, tenga la libertad de explicarse.

Regla IV. Si el escrito es solicitado por la parte misma, admitamos el escrito, pero sometiéndola a interrogatorio y contrainterrogatorio. Ningún peligro en tal admisión; el interés de la parte en presentar el escrito no cuenta.

Regla V. Si se solicita la presentación del escrito a favor de la parte a quien se atribuye y, por deceso u otra causa, la misma no puede comparecer ante la justicia, no dejemos de admitirlo. Ningún peligro de que se estime por encima de su valor.

¿Qué es una prueba escrita? Es una aserción, cualquiera que sea, expresada mediante los caracteres visibles y permanentes del lenguaje.

La prueba escrita no es, pues, otra cosa que la prueba oral presentada en otra forma, dirigida a otro fin. El arte de escribir no es sino el arte *de pintar la palabra y de hablar a los ojos.*

Comparando el testimonio escrito y el testimonio verbal, es fácil percibir que, en general, este posee una gran superioridad. En otra parte hemos visto cuán útil resultaba confrontar a los testigos, carear a unos con otros, acosarlos con preguntas súbitas, sorprender la verdad mediante confesiones casi involuntarias y despertar en los testigos todos los motivos tutelares por la solemnidad con que se los rodea. Ahora bien, todo eso falta en la prueba escrita. Tomemos un testigo que no pueda oír ninguna pregunta, que no pueda proporcionar ningún esclarecimiento ulterior a su primera declaración, que tenga la cara cubierta de manera que no pueda adivinarse su pensamiento por ningún signo exterior: la declaración de ese testigo sordo, ciego y mudo, tendrá exactamente el mismo valor que el de la prueba escrita.

Esto no se aplica a esa clase de prueba escrita que hemos llamado *prueba preconstituida*; los contratos, por razones especiales que no necesitamos repetir aquí, son documentos escritos que tienen tanta fuerza como la prueba oral: ello se debe a las formalidades de que han sido revestidos.

Si, con respecto a una prueba escrita extrajudicial, se puede interrogar al autor de la misma, la prueba escrita se considera dentro de la prueba oral.

Los escritos casuales (cartas privadas, notas, diarios de un individuo que le sirven de memorándum) están sujetos a un fraude característico que puede describirse como sigue.

Con la certeza de no incurrir en ninguna pena, ni siquiera en la de la vergüenza, puesto que no hay que sufrir interrogatorio, un individuo elabora un escrito de esta clase que contiene una exposición falsa en todo o en parte y la adapta lo mejor que puede a su intención de convertirlo en un instrumento de engaño.

Al ser cuestionado un escrito casual, es menester, primero, saber quién es la persona que habla en ese escrito. ¿Es un testigo externo o una de las partes litigantes? Si se trata de una de las partes, ¿a instancias de cuál de ellas es requerido? ¿A instancias del autor o de su adversario?

La conveniencia de admitir la prueba dependerá de la relación existente entre el escrito y la persona que reclama su presentación. Presentado por quien lo ha redactado y en su propio interés, es más sospechoso; requerido por la parte adversa, los motivos de sospecha no son los mismos.

Primer caso. El escrito en cuestión se atribuye a una persona extraña a la causa.

Regla I. No lo admitamos.

¿Por qué rechazarlo? Porque al excluirlo no se pierde ninguna fuente de información. El autor del escrito, en este supuesto, puede ser llamado e interrogado y dado que puede obtenerse su testimonio acompañado de todas las seguridades ordinarias, no hay razón para admitirlo bajo esta forma inferior.

Regla II. No obstante, admitamos la prueba en los dos casos siguientes:

1) Aquel a quien se atribuye el escrito se encuentra en una situación que hace impracticable, a su respecto, el interrogatorio verbal, como en caso de muerte, enfermedad o alejamiento.

2) Habiendo sido llamado e interrogado aquel a quien se atribuye el escrito, una de las partes solicita que el escrito mismo sea presentado para confirmar la declaración verbal o para debilitarla, siendo el objeto demostrar que, en la época en que ha sido hecho el escrito, la exposición que contenía estaba en concordancia o discordancia con el testimonio que se acaba de escuchar.

Pregunta: ¿Por qué admitir una prueba tan expuesta a ser inexacta e incompleta?

Respuesta: Si se la excluye puede resultar la pérdida de una información imposible de obtener por otra vía. Si esa información era necesaria a una de las partes, el excluirla sería tomar una decisión contraria al derecho. Por ese lado el mal es cierto, mientras que, por el lado de la admisión, el mal es apenas probable. La prueba, por suspecta que sea, puede ser admitida por la misma razón que lleva a admitir todas las pruebas circunstanciales, por débiles que sean.

El juez tendrá que examinar si, en el momento en que fue hecho el escrito en cuestión, su autor no se hallaba bajo la influencia de algún interés pecuniario u otro motivo personal; si, por algún lazo de dependencia o de afecto, no se hallaba unido a la parte en favor de la cual se pronuncia el escrito. Es eso lo que, agregado a la suma del provecho, hace el fraude más o menos probable.

Segundo caso. El autor del escrito en cuestión es parte en la causa; quien solicita que sea presentado el escrito es la parte adversa.

Regla III. Admitamos el escrito con la condición de que la parte que lo reconozca como suyo tenga la libertad de explicarlo.

Pregunta: ¿Por qué admitir una prueba sujeta a engaño por lo inexacta e incompleta?

Respuesta: Al solicitar la parte adversa la presentación del escrito, está claro que, en su opinión, debe obrar contra quien lo proporciona; se trata de una confesión, de un artículo de prueba confesoria y, en consecuencia, es la más fuerte de todas, puesto que nadie se halla menos dispuesto a mentir en perjuicio de un individuo que el individuo mismo.

Pero como otro escrito de esta naturaleza no está singularmente expuesto a ser falso, sino incorrecto e incompleto, el que lo hace es el único capaz de rectificar sus imperfecciones. Hay, pues, que concederle la facultad de dar todas las explicaciones que juzgue necesarias; negársela es colocarlo en una situación muy desventajosa para su derecho.

Regla IV. Si, por causa de muerte, expatriación o alienación mental, el autor del escrito en cuestión no pudiese ser interrogado, admitamos no obstante el escrito.

Pregunta: ¿Por qué?

Respuesta: El peligro por parte de la exclusión parece mayor que por parte de la admisión. Supongamos que la información contenida en el escrito sea necesaria para la parte que lo solicita; si lo excluimos, se le causa un perjuicio fatal; si lo admitimos, no es seguro que la información que encierra sea incorrecta e incompleta, o no es probable que lo sea tan en perjuicio del autor como de la parte adversa. Por otro lado, lo que tenga de defectuoso puede ser suplido o corregido por otras pruebas obtenidas durante el curso de la causa.

Aquí la experiencia está por completo a favor de la admisión. Una prueba de esta naturaleza es aceptada en la práctica inglesa, y es aceptada sin reserva, incluso sin la corrección que yo propongo que se le haga. Y, sin embargo, no se ha visto que de ellos resulten inconvenientes sensibles.

Tercer caso. El autor del escrito en cuestión es parte en la causa y es él quien solicita la presentación; en consecuencia, la tendencia del escrito es a su favor.

Regla V. Incluso en ese caso admitamos el escrito, sometiendo a quien lo presenta a preguntas y repreguntas.

Pregunta: ¿Por qué admitir un testimonio tan manifiestamente suspecto de mentira o por lo menos de parcialidad y que puede convertirse en un instrumento de engaño?

Respuesta: En el caso de un testigo externo, el interés no es nunca razón suficiente para la exclusión y, sin embargo, el interés oculto puede ser tan poderoso como el manifiesto. En el caso de una de las partes, si existe un interés que la lleve a mentir, tal interés, ¿no está por completo a la vista? ¿No se presenta a la observación de los jueces menos desconfiados? ¿No pueden calcularse todas sus gradaciones? Un escrito de su puño y letra no ofrece más probabilidades de mentira que sus propias respuestas verbales: y, sin embargo, el escrito puede servir para confirmar o completar su declaración, sobre todo si, en el momento de escribirlo, no podía prever la circunstancia que lo lleva a la causa y que lo induce a servirse del mismo.

Regla VI. Si por causa de muerte u otra, el que es considerado como autor del escrito cuestionado (es decir, del escrito cuya tendencia está a su favor) no pudiese comparecer ante la justicia, admitamos, no obstante, el escrito.

Las razones para la admisión son las mismas que las anteriores, pero menos poderosas dado que les falta el sello del examen contradictorio y la presencia del testigo; pero las consideraciones que deterioran esta prueba en esta circunstancia son tan palpables, que el peligro de sobrestimaría se reduce a su mínima expresión.

En todas estas reglas solo hay una en favor de la exclusión; las demás lo están por la admisión y es fácil aplicarlas a los escritos semipreconstituidos y a las pruebas obtenidas en otra causa.

Capítulo IV

De la prueba por referencias en primer grado

I. Distinción necesaria: el testigo declarante, persona real; el testigo alegado puede ser ficticio, o lo que se le achaca haber dicho puede ser falso en todo o en parte. Fraude característico de que es susceptible el testimonio por referencia. Ninguna garantía. Ningún peligro para el mentiroso. Razones para admitirlo. Su utilidad para hilvanar los hechos o para conducir a las pruebas. Reglas de admisión: las mismas que para las pruebas escritas casuales.

II. Comparación de la fuerza probatoria entre los escritos casuales y la referencia. La prueba por escrito casual, generalmente superior a la referencia, 1) porque no tiene más que un solo autor; 2) porque es invariable. No obstante, la prueba por referencia es superior en los casos en que conduce a circunstancias accesorias que un escrito no habría podido proporcionar. Ejemplo.

En época anterior, un testigo que se supone inmediato ha contado algún hecho en presencia de una persona no investido de ninguna autoridad judicial. En el momento del interrogatorio jurídico, otro testigo declara judicialmente lo que pretende haber escuchado al primero.

La distinción entre esas dos personas es esencial, puesto que uno de los testigos, el que declara, es un personaje real y cierto, mientras que el testigo, supuestamente inmediato puede ser un personaje ficticio o, si su existencia es comprobada, puede ocurrir que lo que se le achaca haber dicho sea falso en todo o en parte. Es, pues, necesario distinguir a ambos narradores aplicando al que no se ha escuchado el epíteto de *supuesto. Se supone* que existe, se *supone* que ha hablado, se *supone* que puede haber dicho lo que el otro afirma. Omitir la palabra *supuesto* seria estar de acuerdo por anticipado con el punto que está probablemente en discusión.

El fraude característico de que esta prueba es susceptible consiste en lo siguiente: "Con la certeza de no exponerse a una pena eventual, ni a un contrainterrogatorio, un individuo enuncia de viva voz, extrajudicialmente, el relato de un pretendido hecho, sabiendo que es falso en todo o en parte."

Reglas de admisión

Estas reglas son casi por completo las mismas que para los escritores casuales. Las repetimos para mayor claridad y, en cuanto a las razones, nos remitimos a los números correspondientes.

Ese testimonio aislado, si es falso, no puede ser peligroso; no se apoyaría en nada y sería probablemente desmentido por circunstancias comprobadas. Unido a otras pruebas, puede ser necesario para explicar y completar una serie de hechos y para formar un cuerpo de pruebas circunstanciales. En el caso de una conversación entre dos interlocutores, si se quisiera suprimir el discurso de uno de ellos se haría ininteligible el del otro.

Regla I. En caso de que el primitivo narrador no sea parte en la causa, si puede comparecer ante la justicia y ser interrogado, la declaración por referencias no debe ser admitida.

Véase el capítulo precedente, Regla I.

Regla II. En los casos siguientes, la supuesta referencia será recibida:

1) si el testigo supuestamente inmediato ha muerto:

2) si no es factible de ser examinado por razón de enfermedad o alejamiento:

3) si se trata de anular su propio testimonio en la causa pendiente;

4) si se trata de confirmarlo en caso de ser atacado.

Véase el capítulo precedente, Reglas II y IV.

Regla III. Siendo el narrador primitivo parte en la causa, si su relato extrajudicial es ofrecido por la parte contraria, le estará permitido a esta presentarlo, a condición, no obstante, de conceder al primero la facultad de explicar y refutar.

Razón. Véase el capítulo precedente, Regla III.

Regla IV. Siendo el narrador primitivo parte en la causa, si solicita que el testigo sea interrogado sobre lo que ha oído de labios de dicho narrador, aún cuando ese testimonio sea de tendencia favorable a su causa, puede ser admitido. Queda bien aclarado que la parte contraria tendrá la facultad del examen y del contrainterrogatorio.

Regla V. Si el mismo testigo, al declarar en su causa, alega su propio decir, relativo al hecho en cuestión, como habiéndolo expresado en ocasión extrajudicial, debe ser admitido en la prueba.

Véase para las razones el capítulo precedente, Regla V.

Está claro que en estos dos casos la declaración de tales referencias será muy sospechosa por constituir un testimonio de la parte en su favor, presentado por sí misma o por intermedio de otro. Pero si esta declaración no tiene otro apoyo, si no está ligada a otras pruebas, no es de temer que engañe a los jueces ni que merezca demasiada confianza. Y, sin embargo, si esos testimonios coinciden con otras pruebas circunstanciales, pueden llenar lagunas que habrían hecho improbable o confuso todo un relato.

COMPARACIÓN DE FUERZA PROBATORIA ENTRE LOS ESCRITOS CASUALES Y LAS REFERENCIAS

Entre un hecho atestiguado por un escrito casual y un hecho atestiguado por una referencia, ¿cuál es el grado comparativo de fuerza probatoria? De esas dos clases de pruebas, ¿cuál es la que debe inspirar mayor confianza?

I. En favor del escrito observamos:

1) Que no presenta más que un solo autor; que no hay más que un individuo sobre el cual recaen todos los motivos de sospecha, tanto los que puedan provenir de su interés como los que se relacionan con su capacidad intelectual. El escrito, es cierto, necesita ser probado, pero pueden tenerse testigos no suspectos para establecer la autenticidad de la escritura.

En la referencia se tienen siempre dos testigos: el que habla ante el juez y el que se supone extrajudicial y primitivo. ¡Dos testigos! ¡Con todos los motivos de sospecha que recaen sobre cada uno de ellos!

2) En el escrito, el tenor del discurso queda fijado de manera permanente. La aserción que encierra no puede ya cambiar (a menos que se altere el escrito mismo) y su contenido presentará casi siempre pruebas circunstanciales que ayudarán a formar la opinión del juez sobre su valor.

En las referencias, si el testigo que declara quiere mentir, la falsedad es más fácil. El hecho de que tales palabras hayan sido pronunciadas por tal persona y en tal sentido es un hecho de naturaleza pasajera, que se desvanece sin dejar ninguna huella física que pueda servir para confirmarlo; pero, incluso en el caso de la más estricta veracidad, el testigo declarante puede ser inexacto por falta de memoria y sobre todo si se trata de un relato de cierta extensión; a esta causa de error, casi inevitable, se agrega el peligro de que se haya equivocado sobre el sentido o que haya omitido alguna circunstancia esencial.

II. De todas maneras hay casos en que la prueba por referencias es superior a la de un escrito casual o extrajudicial. ¿Por qué? Porque siguiendo el hilo de los indicios mediante la referencia cabe ponerse sobre la pista de un elevado número de circunstancias y de accesorios que un simple escrito no habría podido proporcionar.

Me muero; Tito me ha herido... Supongamos que en la habitación de un hombre, a quien se ha encontrado muerto de una herida, se descubre una carta de su puño y letra conteniendo esas palabras; de las mismas se desprende ya una presunción grave para Tito. Pero, además, se sabe que existía entre él y el difunto una enemistad violenta: se los ha visto juntos en un momento que fortalece la sospecha e incluso se ha visto a Tito por levantar un instrumento y asestar un golpe. Con estas pruebas, y sobre todo si no hubiese otras en sentido contrario, pocos jueces titubearían en condenar a Tito por levantar un instrumento y asestar un golpe. Estas pruebas están muy lejos de excluir la posibilidad de su inocencia. Imaginemos, lo que es muy posible, que esas palabras escritas por el difunto solo fuesen el comienzo de una carta que la debilidad le ha impedido terminar y que habría terminado así: *Tito me ha herido, pero ligeramente y sin querer; es Sempronio quien me ha asestado el golpe fatal...*

Digo más. Cabe imaginar casos en que una aserción del mismo tenor, trasmitida de viva voz, sería de más peso, más satisfactoria, que el propio escrito original. Esas mismas palabras, *"Tito me ha herido, me muero"*, las ha pronunciado el difunto ante testigos, distinguidos e irreprochables, que están de acuerdo con su declaración. Hasta aquí, la persuasión que de ello resulta no es mayor que la que resultaba del escrito en la suposición precedente: pero se los interroga para saber si no ha dicho nada más sobre el motivo de su muerte. No, responden en forma unánime. ¿Ha tenido tiempo de hacerlo? Sin duda, porque ha hablado de su familia, de sus amigos, de su testamento, etc. ¿Quién no se da cuenta de que este conjunto de testimonios excluye, por parte de Tito, esa posibilidad de inocencia que existía todavía en el caso de la carta que habíamos supuesto?

Pero, si bien reconozco la superioridad de la prueba por escrito casual sobre la que se puede obtener por referencia, encuentro también aquí que no hay una regla general para fijar la opinión de los jueces, una regla absoluta. Cada caso particular ofrecerá probabilidades diferentes.

Capítulo V

De las referencias transmitidas por diversos intermediarios

I. En el procedimiento de Calas, cinco intermediarios entre el testigo supuestamente inmediato y el testigo declarante. Debilidad de la prueba denominada *de público conocimiento.* Cita de Montaigne. Cada grado aleja del hecho. Cada grado aumenta las posibilidades de inexactitud y de mentira. El testigo sobre referencias, en tercer grado, por ejemplo, al alegar a otros testigos que han escuchado lo dicho, lo mismo que él, hace más probable su declaración en proporción al número de dichos testigos. Pero, cualquiera que sea ese número, la prueba por referencia no se elevará al nivel de una prueba directa. Ejemplo.

II. Admisibilidad de las referencias en diversos grados. Razones: su utilidad para conducir a pruebas mejores; su necesidad en caso de no existir otra prueba, como en esa clase de hechos que se denominan *hechos antiguos.*

El peligro de un plan de fraude no se aumenta por el número de testigos sobre referencias en diversos grados. El impostor se expone a ser desmentido por las contradicciones de aquellos.

III. Aplicación de las matemáticas al testimonio. Toda fórmula algebraica sobre la disminución de fuerza probatoria del testimonio en razón de los diversos grados, o sobre el alimento de fuerza probatoria en razón del número de testigos, resulta radicalmente viciada porque no se hace entrar en el cálculo el valor moral de los testigos mismos.

El relato del testigo supuestamente inmediato puede pasar de boca en boca un número indeterminado de veces. Una referencia que solo pasa por un intermediario es una referencia de primer grado; la que pasa por dos mediadores es una referencia de segundo grado, y así sucesivamente.

En el famoso procedimiento contra Calas, entre el testigo supuestamente inmediato y el testigo declarante no había menos de cinco intermediarios, y el que se señalaba como habiendo oído la amenaza del padre a su hijo ni siquiera se nombraba; era una persona desconocida y que ni aún hoy podría reconocerse.

En una circunstancia que agita fuertemente las pasiones, una ciudad se llena de clamores. Los relatos, al principio discordantes, adquieren poco a poco una especie de uniformidad; la historia se urde; la fe de unos forma la fe de los otros; es una epidemia de testimonios; la duda desaparece y el conjunto de estos adquiere la fuerza de una prueba. Eso es lo que ocurrió en Toulouse. Pero pronto pudo apreciarse qué valor tiene un rumor público. Cuando en medio de este fermento los jueces quisieron informar, esa ciudad, en la que por todas partes resonaban gritos de viva indignación contra los Calas, no encontró en su recinto un solo hombre que se atreviese a comparecer contra ellos. Cuando se trató de acudir en nombre propio para declarar ante la justicia y exponerse a las penas del perjurio, ningún testigo se presentó. Lo que todo el mundo decía y repetía con confianza, no hubo nadie que pudiese atestiguarlo con su propio testimonio y un rumor universal, que anunciaba pruebas concluyentes, no suministró ni siquiera un indicio. Me detengo en esta observación; no es de mi incumbencia explicar cómo se manejaron los grandes medios del fanatismo y de los monitorios para procurarse ese miserable andamiaje de las referencias, sobre el cual se basó la condena.

Después de haber relatado los progresos de la opinión en las creencias menos verosímiles, Montaigne concluye con una observación cuya verdad no puede desconocerse. "Los primeros —dice—, en desparramar su historia, perciben, por las objeciones que se les hace, dónde reside la dificultad de la persuasión y van remendando el lugar con alguna pieza falsa. El error particular crea primeramente el error público y a su vez el error público crea el error particular. Así, todo ese edificio se va revistiendo y formando de mano en mano, de manera que el testigo más alejado está mejor informado que el más próximo, y el informado últimamente más persuadido que el primero."

Pueden establecerse, con respecto a este medio de prueba, las proposiciones siguientes:

1) En cada sucesión de un intermediario a otro, la narración extrajudicial toma un grado más de alejamiento, es decir, que se aparta un grado de esa proximidad deseable entre el hecho y el juez, tal cual existe en la prueba ordinaria.

2) En cada grado la narración pierde una porción de su fuerza probatoria; y ello resulta no solamente de las probabilidades generales de inexactitud que dependen de lo personal de cada intermediario, sino también de las probabilidades de mentira pertenecientes al carácter de tal o cual individuo. Sería preciso, por así decir, realizar una investigación particular sobre la moralidad de cada uno de ellos.

3) Sin embargo, cuando diversos testigos extrajudiciales del mismo grado se presentan confirmando el relato que se supone haber sido dicho por otro, cada uno de ellos añade un grado de fuerza probatoria al testimonio, en caso de prestarse fe al testigo declarante.

4) Pero toda la fuerza probatoria que pueda adquirirse por el número de esos testigos no podrá nunca elevar una prueba de referencia al nivel de una prueba directa o bien establecida sobre hechos circunstanciales.

Watson declara que, en cierta ocasión, un número de personas que nombra, Charles Waitman, Francois Louvier, Thomas Little, estuvieron de acuerdo en asegurarle que los tres se hallaban presentes cuando Joseph Prettyman hizo el relato de un duelo que tuvo lugar, en su presencia, entre el acusado que está en el banquillo y Jean Delacour, y en el que este recibió una herida de la cual murió en el acto. Si Watson es escuchado en su declaración, el hecho de que el acusado haya matado en duelo a Delacour adquirirá un grado de probabilidad más por cada persona adicional que alegue haber escuchado el relato de Prettyman; pero aun cuando hubiese diez, veinte, cien o más testigos supuestos, relatores extrajudiciales, no darían a la declaración de Watson un grado de fuerza probatoria igual a la que tendría si en lugar de citar esos cien testigos intermediarios, todos del mismo grado, se hubiese presentado él mismo como habiendo sabido el hecho de labios de Prettyman.

I. ADMISIBILIDAD DE LAS REFERENCIAS POR UN NÚMERO INDETERMINADO DE MEDIOS

Dejo asentado aquí, como regla única, que el testimonio así trasmitido por más de un medio, cualquiera sea su número, debe también ser admitido, con las mismas reservas pero con mayor precaución y desconfianza, que las referencias de primer grado.

No se me oculta que esta admisión parecerá bien alarmante, sobre todo a los partidarios del sistema de exclusión. ¡Cómo! ¡Dejar penetrar en el espíritu del juez un diluvio de declaraciones a cual más defectuosa!

Examinemos el asunto fríamente. Encontraremos que esta regla se funda en argumentos directos, en la experiencia de los tribunales y en la necesidad.

El número de intermediarios, ¿proporciona mayores facilidades para ejecutar un plan de fraude, un plan concertado sobre esa base? No, porque no interesa al fraude multiplicar los intermediarios. Cuantos más haya, más se expone el impostor a ser desenmascarado por las manifestaciones variadas de los testigos. Quien trate de engañar, advertirá bien que está en su interés presentar su relato fraguado en la forma más plausible y más simple, que inspire la mayor confianza, y que, por lo contrario, no está en su interés multiplicar innecesariamente las causas de descrédito y de sospecha. Preferirá decir mejor, por ejemplo: "Yo conozco el hecho por Tito, que decía haberlo presenciado, pero que ha muerto, que decir: "Yo conozco el hecho por Tito, que ha muerto y que decía conocerlo por Sempronio que aseguraba haberlo visto, pero que, habiendo muerto también, no puede ser citado como testigo."

Tomemos de la jurisprudencia inglesa un ejemplo. Encontrándose en discusión la validez de un testamento, que llevaba la firma de tres testigos, dos de los cuales habían fallecido, el tercero (que era una mujer) declaró que, habiendo cuidado a uno de los otros dos en su última enfermedad, tres semanas antes de su muerte había sacado del pecho el testamento y le había dicho que lo había forjado él mismo. Ese testimonio fue admitido y creído, declarándose falso el testamento.

Vengamos al tema en cuestión. Supongamos que, en lugar de ser admitido y creído, el testimonio hubiese sido rechazado o declarado falso. En tal hipótesis, el testamento hubiese sido verdadero y legítimo, y la historia del testigo que pretendía haberlo forjado habría pasado como una fábula. Ahora supongamos que la mujer, en lugar de decir que ella había oído declarar al testigo que él mismo había forjado el testamento, hubiese dicho que lo oyó de Juan Middleman, ya muerto, quien a su vez lo oyó del falsario, ¿habría parecido en esa forma más creíble el fraude? ¿No es contrariamente más probable que no habría logrado hacerlo creer?

Aumentando antes bien que disminuyendo, por el mayor número de intermediarios, el riesgo del fraude por engaño, queda el peligro del engaño en razón de la inexactitud: peligro que crece en proporción directa al número de *grados*. Pero ese riesgo es tan claro, que semejante testimonio sería apreciado más bien por debajo que por encima de su valor real.

La verdad de esas conclusiones está ampliamente confirmada por la práctica general.

En todos los sistemas de enjuiciar encontraremos una especie muy extendida en casos en que el testimonio no original (sea de escritos ocasionales, sea de referencias) se recibe sin escrúpulos, cualquiera sea el número y la calidad de los intermediarios. Esa especie abarca todas las cuestiones en que el hecho principal que se ha de probar es de los que se pueden llamar *hechos antiguos:* genealogías, lugares de nacimiento, derechos locales y servidumbres, costumbres, etc.; hechos todos que, dando por supuesta su existencia, ocurrieron en tiempos lo bastante atrasados como para que no queden testigos contemporáneos. Mas en la simple antigüedad de un hecho, no hay nada que lo haga creíble en base a pruebas más débiles que las que serían exigidas para dar igual grado de crédito a un hecho más reciente. Que un hombre de tal nombre haya tomado en matrimonio, en tal lugar, a una mujer de tal nombre, y que haya tenido hijos, es un hecho, en mi opinión, que no debe creerse más fehacientemente porque se sitúe a fines del siglo diecisiete que si se sitúa a fines del siglo dieciocho.

Pero, exceptuando los casos a los que se ha podido aplicar la prueba preconstituida derivada de la existencia de registros públicos, no se encuentra para los tiempos pasados otros medios de establecer esos hechos que las pruebas inferiores, los encadenamientos de referencias, las tradiciones locales. Sin embargo, semejantes testimonios son admitidos todos los días en los tribunales.

Y no se diga que si tales pruebas son admisibles, deben serlo únicamente en los casos poco importantes. Cuando los hechos a probar se refieren a sucesos antiguos, casi siempre se trata de cuestiones de gran interés, como títulos de posesión de las tierras, de poderes hereditarios de dignidades, etc. Esa clase de pruebas es, como se ha dicho, un mal menor, pero un mal menor necesario.

II. APLICACIÓN DE LAS MATEMÁTICAS AL TESTIMONIO

El tema que vamos a desarrollar podría abrir una hermosa carrera a los matemáticos; pero, si se aplicasen sus fórmulas a los casos reales, los resultados estarían frecuentemente en contra del sentido común.

Supongamos que un matemático, partiendo de las observaciones que acabamos de exponer, pone manos a la obra de acuerdo con su técnica propia; y porque la demostración es el resultado de su ciencia, se imagina poder llegar a conclusiones ciertas sobre la credibilidad de los testimonios. En una serie de referencias, la fuerza probatoria es inversa al número de grados. Esta proposición, enunciada en lenguaje algebraico por letras y no por palabras, tendría la pretensión de pasar por una verdad irrefutable. Sí, pero, ¿cómo? Únicamente en el supuesto de que, en cada caso, una referencia de un peldaño más bajo, al ser comparada con una referencia de un peldaño más alto, deje siempre al mismo nivel la credibilidad de los testigos. Ahora bien, esa suposición, admitida tácita y gratuitamente en su formulación, es completamente falsa.

Se trata, por ejemplo, de un proceso sobre cuestión pecuniaria de escaso valor. Por ambas partes hay testimonios de referencia: del lado del demandante, de segundo grado, pero el testigo declarante y el testigo intermediario son los dos bien conocidos, solventes, están situados en el peldaño más elevado de la escala moral; del lado del demandado, la referencia es de primer grado, pero el testigo declarante es un indigente y, por añadidura, un mentiroso notorio. Conforme a la regla del matemático, la decisión sería favorable al demandado; pero cualquier otro que no fuere el matemático, se pronunciaría sin vacilar en favor del demandante.

Con arreglo a estas consideraciones, ¿qué se debería pensar de unas leyes de procedimientos que, sin tener en cuenta el valor de los testimonios, pretendiesen prevenirse contra los juicios erróneos exigiendo para la validez de las referencias un número determinado de testigos? El número puede estar completo y aún sobrepasarlo. Sin embargo, la fuerza probatoria del testimonio, en lugar de ser más fuerte, resultará, en ciertos casos, más débil que si solo hubiese uno. Cabe preguntar dónde están la probidad y el buen sentido de los jueces cuando se pronuncian sobre la base de pruebas cuyo vicio es tan claro. No obstante, cualquier capítulo de esta obra serviría para demostrar, con numerosos hechos, que el sentido común ha sido ahogado por los valores de la ciencia jurídica.

Capítulo VI

Testimonio escrito de un testimonio supuestamente oral

Un acta extendida por un oficial público no pertenece a esta clase, sino a la de las pruebas preconstituidas. El escrito casual, aunque menos probatorio que una declaración oral, podrá valer más si se trata de un hecho muy distante. Para valorar el escrito, hay que considerar el grado de importancia que el acontecimiento relatado tenía a los ojos del relator; su relación con su interés personal. Fuerza de un escrito casual que coincide con el testimonio oral.

Si se supone que el escrito en cuestión es obra de un oficial público que, en virtud de su cargo, ha redactado la declaración de un individuo legalmente examinado, tal escrito pertenece a la categoría de las pruebas preconstituidas.

Si el escrito no es de un oficial público, entra en la categoría de esas pruebas inferiores cuya naturaleza ha sido explicada bajo la denominación de *pruebas escritas casuales.*

Hablando en general, el testimonio judicial de determinado individuo será en su conjunto más digno de fe que el testimonio escrito casualmente, por la misma persona, en una carta o en un memorándum. Y, sin embargo, se podrían citar casos en que ocurre todo lo contrario.

Un suceso bastante complicado ha tenido lugar en presencia de Ticio. El mismo día se lo ha contado a un amigo en una carta, de manera detallada y completa. ¿No resulta evidente que esa carta de Ticio sería una prueba extrajudicial muy superior a su declaración judicial prestada diez años después del hecho?

Ahora bien, si el intervalo que transcurre es un elemento esencial, hay otro que no lo es menos, a saber: la relativa importancia que el suceso tuvo a los ojos del testigo. Cuanto mayor sea esa importancia, mayor altura alcanzará el testimonio oral en comparación a un escrito casual.

La vinculación del suceso en el interés personal es la que proporciona el mayor grado de seguridad respecto a la duración y a la exactitud de la impresión que de él se conserva.

Cuando se trata de valorar la importancia que tuvo el suceso a los ojos del testigo, es necesario asegurarse de que fue capaz de sentirla, de conocerla y de apreciarla, así como de que estaba en condiciones para juzgar de igual manera que lo hubiese hecho cualquier otro individuo en su lugar. Precisa asimismo referirse, tanto como sea posible, a las circunstancias en que se encontraba situado en el momento del hecho, examinar qué grado de interés ha puesto, qué atención le ha prestado, pues, por muy importante que sea el hecho, si su espíritu estaba preocupado por un asunto de mayor importancia para él, o si apremiado por el tiempo no ha podido dedicarle sino ligera atención, la impresión que habrá recibido será proporcionalmente débil, el recuerdo incierto y fluctuante, aunque en otras circunstancias el mismo suceso le hubiese causado una impresión permanente y clara.

Una prueba más fuerte, más digna de confianza que la constituida por el solo testimonio oral, es la que resulta de la combinación de ese testimonio con otro elemento de prueba casual escrita por la misma persona en forma de carta o de memorándum en la época del suceso, o poco después, siempre que el escrito no se presente a petición de un autor sino de la parte contraria. Entonces se reúnen todas las garantías posibles. El escrito constituye una garantía contra las infidelidades de la memoria y un certificado de la veracidad del testimonio oral.

Ese medio de prueba representa una dichosa posibilidad fortuita. Depende tanto de una disposición accidental, cuanto de las facultades literarias del testigo.

Capítulo VII

Del presunto testimonio escrito, transmitido oralmente

Declaración según un escrito que el testigo afirma haber leído. Tal testimonio, ¿se halla en pie de igualdad con la referencia? Fraude característico de que es susceptible este caso. Un escrito intencionalmente redactado por A para que sea leído por B, quien luego declara. Peligro de mentira: si se trata de un escrito casual y privado, la aseveración no ofrece más garantías que la referencia; si se tratase de un escrito auténtico y oficial, la mentira sería más difícil. Se tendrían más medios para reconocerla.

Con relación a la exactitud, cabe fiarse más del testigo que ha leído que del que no ha hecho sino oír.

Un testigo alega como prueba un escrito que afirma haber leído y del cual pretende dar la referencia fiel de su contenido.

En el caso de que no haya ninguna razón para desconfiar del relator, ese testimonio parecería, a primera vista, no tener ni más ni menos fuerza probatoria que el testimonio de referencia: uno leído, otro oído. Toda la diferencia se halla en la prueba de que surge la información; el medio, principal causa del engaño, es el mismo. Contemplando más de cerca la cuestión se advertirá, entre esas dos clases de testimonio, diferencias que no son desdeñables. Pero, antes de enunciarlas, hace falta describir el fraude característico a que puede estar sujeto el testimonio fundado sobre la alegación de un escrito.

"En beneficio propio, o de otro, a pesar suyo o no, habiendo A confeccionado o falsificado un escrito, lo coloca de manera que sea visto por B, después de lo cual lo hace desaparecer, a fin de que B, informado del contenido del escrito, al ser examinado judicialmente, se refiera a él en carácter de testigo."

Tal clase de testimonio, incluso suponiendo que el escrito haya existido, comporta dos géneros de peligro: el de falsedad y el de inexactitud. Lo mismo ocurre con el testimonio de referencia, pero en grado diferente.

Precisa, ante todo, considerar a qué clase pertenece el escrito alegado: si es público o privado, contractual u oficial, casual o auténtico.

Si el escrito de que se trata no es sino casual, por ejemplo, una carta, no hay otro medio de controlar la veracidad del testimonio que el aplicable al de referencia. En uno se pretende haberlo leído, como en otro haberlo oído. Apenas se puede establecer diferencia entre ellos. La fuerza probatoria está en pie de igualdad.

Pero si el escrito tiene los caracteres de los escritores regulares que tienen una forma determinada, por ejemplo, un libro de cuentas, se tiene más sujeto al testigo, pues la esfera de invención queda más limitada. Para que obtenga crédito, es necesario que las citas sean conformes a los escritos de esa naturaleza; es necesario que estén de acuerdo con hechos verdaderos que no pueden dejar de ser conocidos. Mintiendo, se expone a verse contradicho por las pruebas circunstanciales.

Si el escrito invocado pertenece a la clase de las pruebas preconstituidas, si se trata de un contrato, de un acta de transferencia de la propiedad, la esfera de invención es aún más limitada. Para lograr una probabilidad de éxito con su plan de impostura, hace falta que el testigo conozca no solamente las circunstancias de las partes contratantes, sino también las disposiciones prescritas por la ley sobre dichas materias.

Si pertenece a la clase de las escrituras oficiales, hay muchas circunstancias que pueden descubrir al impostor. No podría este formar y ejecutar un plan de fraude, a menos de tener un conocimiento positivo de la marcha de los asuntos en la oficina en cuestión. De acuerdo con esta consideración, se ve que el peligro está limitado a un reducido número de personas y que las mismas están, por su posición o por su educación, por encima del nivel común de credibilidad de los testimonios.

Con respecto al peligro de inexactitud, la invocación de un escrito posee una fuerza probatoria superior al testimonio de simple referencia.

En el caso de la referencia, la exposición original nace y muere en el mismo momento. La impresión que unas palabras fugitivas dejan en el espíritu no puede ser fortalecida cuando es débil, ni rectificada si es incorrecta.

Tratándose de un escrito, la mirada que recorre el papel puede ser tan equivocada como el oído que escucha un sonido, pero el escrito se puede volver a leer muchas veces, se le puede prestar toda la atención que se quiera y asegurarse de la formación de una idea completa.

El grado de atención será probablemente mayor tratándose de escritos importantes, por ejemplo, de contratos, en que son pocos los extremos a examinar y en que las cláusulas esenciales se destacan en seguida para quienes tienen costumbre de estudiar documentos de esa naturaleza.

Capítulo VIII

De las copias o transcripciones

Copia, que se pretende semejante al original. Tres variedades de la copia: 1) copia literal; 2) traducción; 3) extracto. La copia debidamente verificada se sale de la clase de pruebas inferiores. Causas de descrédito de las copias: 1) puede no haber existido el original; 2) el original puede haber sido fraudulento, o falsificado, o vertido incorrectamente; 3) peligro de un fraude característico; en qué consiste. Las señales de falsedad, sensibles en el original, podrían no serlo en la copia. Modos de transcripción: diferencia entre esos modos con relación a la exactitud. Los ejemplos impresos de las leyes deben estar a la misma altura que el original. Penas a infligir a los falsarios por simulación de leyes, actos de gobierno o advertencias oficiales.

Copias de copias: su crédito se debilita de grado en grado, en razón de los errores o de los fraudes posibles. Cualquiera que sea el número de grados, una copia cotejada con otra toma su lugar inmediatamente debajo de esta.

I. Diversas modificaciones

Se entiende por copia a un escrito que se presenta en calidad de prueba, y que se dice es reproducción exacta de otro escrito que, con referencia a aquél, se denomina original.

Esta descripción general contiene tres variedades.

1) Una transcripción de igual tenor.

2) Una traducción.

3) Un extracto, que no se da como conteniendo todo el original, sino únicamente aquello que hace referencia al tema cuestionado.

Con relación a las transcripciones de un mismo tenor, hay que hacer una distinción esencial entre aquellas que han sido cotejadas y las que no lo han sido o que no se sabe que lo hayan sido.

El cotejo es a la transcripción, lo que la autenticación al original.

Supongamos que la transcripción ha sido debidamente cotejada con el original. Entonces ya no pertenece al tema que estamos examinando. Se trata de una prueba, alter *et idem*. No se podrá decir en sentido absoluto que sea equivalente a la prueba original, pero tampoco se la podrá situar entre las *pruebas inferiores.*

II. Causas de descrédito de las copias

Una copia no puede producir el mismo efecto que el original, porque ese medio está sujeto a diferentes causas de error:

1) La pretendida copia puede carecer de original o puede diferir de él en más o en menos, por accidente o por fraude.

2) Si tiene un original, ese original puede haber sido inexacto. Así, pues, en un acta presentada como original se pueden descubrir caracteres de falsificación y de incorrección que no se advertirían de igual modo en una copia.

3) Si se admitiese en la copia igual fuerza que en el original, daría lugar a un fraude característico que se puede describir como sigue:

"Un individuo falsea un original auténtico, o elabora uno falso, a fin de que, por medio de una copia que con tal objeto se saque, pueda producir el mismo efecto que el acta forjada, sin que, teniendo el cuidado de destruir el original, falso o falsificado, pueda ser descubierto el fraude."

Es esta una consecuencia que ya hemos mencionado: que las señales de la falsedad no se pueden observar lo mismo en una copia que en un original.

En el caso de que el escrito, para tener las apariencias de un original, tuviese que llevar las firmas de algunos testigos, resultaría que si las copias (no autenticadas) se recibiesen en pie de igualdad con los originales, servirían mejor que estos para llevar a cabo el fraude, puesto que se evitaría el riesgo de que fuese descubierto mediante el examen de las firmas falsas.

III. Modos de transcripción

Hay diferentes sistemas de transcripción que no presentan iguales probabilidades de exactitud.

Con el procedimiento recientemente inventado de escribir con dos plumas a la vez, no hay diferencia entre el original y la copia. Lo mismo sucede con esas máquinas más antiguas que permiten sacar varias impresiones de una hoja de escritura fresca.

La probabilidad de la exactitud dependerá de las circunstancias siguientes:

1) El número de personas utilizadas en hacer y en comprobar la copia.

2) El grado de atención puesto por su parte.

3) El grado de publicidad por el cual los errores pueden ser advertidos.

Sobre todos esos aspectos la imprenta lleva ventaja a la escritura a mano. Basta un tipógrafo para sustituir a varios miles de copistas, y la comprobación de una copia impresa es mucho más fácil que la de una copia manuscrita.

Para las leyes y otros documentos de naturaleza pública, los ejemplares impresos deben ser provistos en igualdad de condiciones que el original, por la sencilla razón de que el ejemplar impreso es el único a que el pueblo tiene acceso para regular su conducta.

En todos los casos en que la falsedad manuscrita se hace punible, debe serlo igualmente la falsedad impresa.

1) Simulación de leyes por elaboración o por falsificación.

2) Simulación de actas de gobierno, tales como proclamas u órdenes a funcionarios públicos.

3) Simulación de noticias o de advertencias en papel oficial.

4) Parecidas simulaciones en un diario no oficial, cuando el título del mismo ha sido contrahecho por quien no es su editor ordinario.

Si cualquiera de esos modos posibles de transcripción fraudulenta se hubiese dejado fuera de la ley penal, dicho fraude no tendría frenos; y como es tan dañino en una como en otra forma, no habría ninguna razón para dejarlo impune.

IV. Copias de copias

Cuando el escrito presentado es una copia inmediata, no hay sino un grado entre el original y el juez; si es una copia de una copia inmediata, hay dos grados, y así sucesivamente.

Cuanto mayor sea el número de grados, más bajo quedará dentro de la escala de la fuerza probatoria.

Hablando con propiedad, ninguna copia puede merecer la misma fe que el original, dado que toda copia está expuesta, bien a fraudes voluntarios, bien a errores accidentales. El peligro, por muy débil que pueda ser, no desaparece por completo y a cada nuevo grado la copia se expone nuevamente a esas dos causas de infidelidad.

No obstante, se ha de hacer aquí una observación importante. Por la confrontación con una copia de un grado superior, una copia de un grado inferior puede elevarse en la escala de credibilidad a un grado inmediato inferior del que ocupa la copia con que ha sido cotejada.

Supóngase una copia de décimo grado: por una confrontación con el original, puede elevarse al nivel de una copia de primer grado; e igualmente, por una confrontación con una copia de primer grado, puede elevarse al nivel de una copia de segundo grado.

CAPÍTULO IX

COMPARACIÓN DE LA PRUEBA POR COPIA CON LA PRUEBA DE REFERENCIA

La copia es superior en fuerza probatoria a la referencia: 1) porque es siempre la misma persona quien habla; 2) porque el texto escrito es permanente; 3) porque se está menos expuesto a engañarse sobre el original que se transcribe que sobre las palabras que se oyen; 4) porque, incluso, los errores del copista son, a menudo, fáciles de reconocer. Por falta de atención por parte del copista, hay tres clases de errores posibles: 1) por omisión; 2) por sustitución; 3) por inserción. Cuál es la más probable. Casos en que los errores carecen de consecuencias.

Si se compara la prueba fundada en una copia con la que se funda en una referencia, se verá fácilmente que la primera aventaja a la segunda.

Esa superioridad resulta de su menor peligro de inexactitud, hablando, claro está, de inexactitud accidental, sin fraude y sin propósito.

1) En el testimonio por referencias, el presunto testigo inmediato y el testigo declarante no son la misma persona.

Cuando se presenta una copia (suponiendo que haya habido un original), la persona que se presume que habla es la misma.

Habiendo sido judicialmente interrogado el 1 de enero de 1810, refiero lo que yo he visto ese mismo día.

Ese es el testimonio directo ordinario, y no interviene sino una sola inteligencia en lo que concierne a la exposición del hecho.

Habiendo sido judicialmente interrogado el 1 de enero de 1812, refiero que ese mismo día he oído decir a Ticio que acababa de presenciar tal o cual hecho. He ahí un testimonio de referencia en el cual intervienen dos inteligencias en lo concerniente a la exposición del hecho.

El 19 de enero de 1812, A hace una copia de una carta considerada como original, que ha escrito el mismo día y que ha enviado en su nombre. También en ese caso no hay sino una sola inteligencia en lo concerniente a la exposición del hecho.

Pero, si en lugar de copiar uno mismo, se ha empleado la mano de otro, la diferencia es pequeña o nula En el caso de un escribiente exacto, el peligro de inexactitud será menor cuando el escrito que copia es de otra mano; en el caso de un escribiente inexacto, cometerá menos faltas cuando copia su propia escritura.

2) En el caso de un testimonio oral, la fuerza probatoria estará en razón inversa a la distancia entre la fecha de percepción y la fecha de la declaración. Cuanto más se aleja uno del hecho, más se esfuman o se confunden sus circunstancias.

En el caso de la copia, su fuerza probatoria no disminuye por la distancia entre el momento en que el original se hizo y el de la transcripción.

Resulta de cuanto queda dicho, que un testimonio por referencia está sujeto a muchas causas de inexactitud que no afectan a una copia. El declarante puede haber captado al vuelo la conversación que llegó a sus oídos, puede haberse engañado sobre su sentido, puede haberla olvidado en parte o añadirle por error circunstancias diferentes. El copista tiene siempre el original ante sus ojos y puede releerlo para asegurarse de su exactitud. Tan pronto como la palabra se fija en la mente, su conservación se traslada a un elemento más firme que la más firme memoria.

La única causa de inexactitud para el copista es la *falta de atención*. De ella pueden resultar errores por omisión, por sustitución, por inserción. ¿Cuál es el más probable?

La omisión se presenta inicialmente como el más natural. Una palabra del original que escapa a la vista producirá la omisión correspondiente en la copia. Incluso si el sentido no resulta ininteligible, puede omitirse una línea entera. Los signos ortográficos, las comas, los puntos, son fácilmente olvidados.

La sustitución de una palabra por otra, por el simple cambio de una letra, es casi tan probable como la simple omisión, sobre todo cuando las letras presentan parecido o afinidad unas con otras: *mota por nota, provisto por previsto.* Esa clase de fallas puede ser fácilmente el resultado de un menosprecio, de un error de concepto, especialmente si el copista no tiene sino un conocimiento superficial del tema y la frase, pese a la alteración, queda inteligible. Si carece de sentido o lo tiene absurdo, y el copista es persona no desprovista de criterio, solo a la falta de atención se puede atribuir este género de inexactitud.

La adición de una palabra constituye una falta que, aún cuando no deja de ofrecer ejemplos, es mucho más rara que las otras dos. No representa un simple error de juicio, una mera falta de atención; tiene su origen en la imaginación del copista, imaginación que se mezcla en su trabajo, faltando una comparación atenta y continuada con el original que tiene ante sus ojos.

Estas distinciones no dejan de tener utilidad, pues nos encaminan a poder distinguir entre las desviaciones que se pueden considerar como indicios de fraude y las que simplemente se deben atribuir a una inexactitud inocente.

En los procedimientos judiciales hay dos casos en que el error no tiene consecuencias: 1) cuando recae sobre palabras que no tienen ninguna importancia práctica; 2) cuando la corrección es fácil y se desprende fácilmente del contexto. Cuanto con mayor frecuencia se repita una serie de palabras, menos probable resultará que el mismo error, a menudo repetido sobre esas palabras, sea hecho sin intención; y si hay un solo punto en que el error no se encuentre, en que se conserve el sentido auténtico, se tiene con ello una guía que sirve para restablecer todo el resto del texto.

Capítulo X

¿En qué casos y en qué condición será admitida una copia?

La conducta a observar debe variar según la naturaleza de los casos: 1) El original alegado es presentable. Regla: recíbase la copia. Excepciones. 2) Se encuentra en un país extranjero. Se deja al juez opción entre varias posibilidades. 3) Se reconoce que ha existido pero que ya no existe. Admítase la copia. Razones a favor. 4) Su existencia actual es dudosa. Prescribir un término para las investigaciones o dictar un fallo provisional en un tiempo limitado. 5) La existencia del supuesto original no está establecida. Admítase la pretendida copia a pesar de todas las consideraciones que invalidan su valor. Razones a favor. Caso que inspira particularmente sospechas: el original se alega como habiéndose perdido; no se sabe si ha sido destruido, pero resulta imposible de encontrar. Signos casuales por los cuales puede presumirse si la copia está sacada de un original o si es simulada. Razones para admitir la copia; incluso en esa situación de sospecha la no admisión trae necesariamente aparejada, en ciertos casos, una injusticia. La admisión no presenta casi ningún peligro, dada la debilidad manifiesta de ese género de pruebas. 6) Caso: el original en poder de la parte adversa. Regla: que se la obligue a presentarlo.

Un escrito ofrecido como prueba con el carácter de copia, ¿será admitido o no? Para contestar a esta pregunta, hay que distinguir los casos.

1) El original alegado existe, presentable, factible de consultar y reconocido como tal.

2) El original alegado se encuentra en un país extranjero.

3) Se encuentra en otra provincia del mismo Estado.

4) Se reconoce que ha existido, pero que ya no existe.

5) Se reconoce que ha existido, pero su existencia actual es dudosa.

6) Se ignora si la copia alegada es una copia o no, es decir, si ha existido un escrito de donde se haya obtenido la copia que se presenta.

La conducta del juez es susceptible de tres modalidades;

1) Puede admitir el escrito en forma absoluta y sin condición.

2) Puede igualmente rechazarlo.

3) Puede recibirlo condicionalmente, según las circunstancias, *sub modo.*

Reglas para el primer caso

Regla I. Cuando el original es presentable o accesible, no debe admitirse copia alguna sin razón especial.

Regla II. Cuando el original no puede ser leído y manejado sin un grado considerable de dificultad, una copia de su tenor, en traducción o en extracto, según el caso, puede ser exhibida como adición al original y al mismo tiempo.

Ejemplos: 1) El original, habida cuenta del lenguaje, o de sus caracteres, es anticuado al punto de resultar poco legible o poco inteligible. 2) El original está en lengua muerta o viva pero distinta al idioma corriente del país; en ese caso la copia no será a tenor sino una traducción. 3) El original tiene un considerable volumen, pero no se requiere sino una parte para la prueba del caso actual: la copia será de la naturaleza de un extracto.

Las razones especiales para admitir copias en lugar del original serán siempre debidas a los inconvenientes mayores a evitar dilaciones, vejámenes, gastos, es decir, dificultades de presentar y de consultar el original; pero en esos casos, la fidelidad de la copia debe haber quedado establecida de manera satisfactoria.

Segundo caso. El original se encuentra en un país extranjero

Este caso no es sino una modificación del precedente; pero como requiere algunas disposiciones apropiadas, conviene hacer un párrafo aparte.

Las disposiciones siguientes darán lugar a la opción del juez.

1) Trasladar la copia al lugar en que está el original para que sea cotejada.

2) Pedir una nueva copia hecha sobre el original y debidamente cotejada.

3) Traer el original si ello es practicable.

Estas soluciones serán adaptadas o no según la importancia de la causa, según la importancia de este medio de prueba y la opinión que se tenga de la fe debida a la copia. En todo caso, es necesario asignar un término, pasado el cual, si las operaciones mencionadas no han producido su efecto, serán consideradas impracticables.

En tal caso, la decisión fundada en la copia no podrá ser sino provisional y sometida a una restitución eventual en un tiempo limitado.

Tercer caso. El original se encuentra en otra provincia del mismo estado

Toda la diferencia entre este caso y el precedente consistirá en que, en este, el acceso al original dependerá siempre de las órdenes del gobierno en cuyo territorio se sigue el litigio.

Cuarto caso. Se reconoce que ha existido el original pero que ya no existe

En ese caso, la copia debe ser admitida, sujeta a todas las consideraciones que pueden afirmarla.

¿Por qué admitirla?

No debe presumirse en tal supuesto ni fraude ni inexactitud. La hipótesis de que se trate de una invención queda fuera de debate. El original ha existido realmente. El asunto está en saber si su representación es esencialmente fiel.

Antes de la desaparición del original no puede haber existido ningún fraude, a menos que el hecho de la desaparición haya sido previsto y preparado. ¿Quién podría pensar en alterar la copia, puesto que ese delito sería completamente inútil, por lo menos cuando se sabe que ninguna copia será admitida sin ser confrontada con el original?

En cuanto se conoce la destrucción del original, la copia está expuesta a falsificaciones; pero no lo está más que el original mismo y esta simple posibilidad no es mayor razón para rechazarla que para rechazar el original.

Si el autor de la falsificación es la parte por quien la copia es presentada como prueba, el caso más natural es que, para cubrir el fraude, haya hecho perecer el original; pero no es menos posible que el original haya perecido sin su participación, como por un incendio accidental, y que, entonces, la facilidad de encubrir un fraude le haya sugerido la idea de recurrir al mismo.

Si se sabe que, luego de la destrucción del original, la copia no ha estado nunca en su poder, entonces toda sospecha de fraude se desvanece.

En cuanto a una destrucción puramente accidental, la misma no proporciona ninguna razón para rechazar la admisión de la copia, puesto que, aún suponiendo inexactitud, tanto puede ser en detrimento de una parte como de otra: sus posibilidades de ventajas y desventajas son iguales y su situación es respectivamente la misma que si no hubiese ni ventaja ni desventaja de ningún lado.

Es fácil imaginar hipótesis más o menos sutiles sobre este caso; pero cuanto más sutiles sean, menos razonables serán para excluir ese medio de pruebas.

En la práctica actual (en Inglaterra) se admite como prueba, y no sin razón, incluso un testimonio oral concerniente a un escrito que ha perecido. Sin embargo, esta prueba, como pronto hemos de ver, es inferior a la que resulta de una copia.

Quinto caso. Se reconoce que ha existido el original, pero su existencia actual es dudosa

En este caso, el juez debe fijar un término para las investigaciones, pasado el cual se supondrá que el original es imposible de encontrar; pero la decisión, no obstante, no será sino provisional y la restitución será eventual en tiempo limitado.

Sexto caso. La copia es presentada como tal, pero la existencia del supuesto original no está establecida

En este caso, la pretendida copia debe ser admitida, pero sometiéndola al doble motivo de desconfianza que resulta de la duda acerca de la existencia del original y de la duda acerca de la fidelidad de la copia, suponiendo que lo sea.

En varias modalidades de este caso, una prueba de tal especie tendrá bien poca fuerza sola o por sí misma; pero puede al menos actuar como prueba circunstancial de la existencia del correspondiente original y entrar en la naturaleza de las pruebas circunstanciales que son susceptibles de todos los grados de fuerza persuasiva.

Si el pretendido original pertenece a la clase de los escritos casuales, será muy difícil determinar si la copia es literal o un extracto, o si es, incluso, un original.

Si el pretendido original pertenece a la clase de las pruebas preconstituidas, no podrá existir la misma duda a ese respecto. ¿Por qué? Porque todo medio original de prueba preconstituida lleva alguna señal intrínseca de autenticidad, derivada de la ley o de la costumbre.

Puede surgir otra duda. La copia alegada, ¿está tomada de un escrito original auténtico o de un bosquejo preparatorio de alguna acta que se quería autenticar? Si existía en el original alguna fórmula de atestación, no es probable que se haya omitido en la copia; pero si el original no era sino un borrador, un simple proyecto, no podía contener esas fórmulas legales.

He aquí un caso que despierta particularmente sospechas. Una de las partes aporta como prueba un escrito que presenta como copia de un acta auténtica, un contrato, etc., alegando que el acta ha estado alguna vez en su poder o en el del individuo de quien trae causa (su ascendiente o el testador), pero que ahora, según la expresión común, se ha perdido; es decir, que se ignora que haya sido destruida, que no se tienen particulares razones para creerla destruida, pero que luego de todas las búsquedas que se han realizado no es posible ni encontrarla ni vislumbrar ningún medio para describirla.

Este caso está manifiestamente expuesto a un fraude característico. Puede ocurrir que el acta original no haya existido jamás y que la parte, no deseando correr los riesgos de fraguar un escrito, hace y presenta esta pretendida copia, estimando que el fraude en esta forma promete más éxito o expone a menos peligro.

Por otra parte, puede decirse que el acta original ha existido, pero que se ha destruido; o que existe todavía, pero que es imposible de encontrar o que se sustrae al conocimiento. Ahora bien, como no debe presumirse el fraude o, por lo menos, considerarlo como cierto sin un examen particular del caso en cuestión, la circunstancia de la pérdida del original, aunque constituya una base para la sospecha, no es razón suficiente para un rechazo absoluto de la prueba.

Si quien presenta la copia puede aludir al propio copista, se tendrá un medio más de seguridad; igualmente si la escritura puede ser reconocida por otras circunstancias.

Si el original es real, el caso más ordinario es que haya pruebas circunstanciales de su existencia y de cuanto se refiere a su otorgamiento. Si no existe ninguna huella, ello constituye una objeción más contra la copia alegada, objeción que no podría escapar a la atención del juez.

Resulta, pues, que el peligro de error por la admisión de ese género de prueba es extremadamente débil, mientras que su exclusión perentoria debe necesariamente acarrear, en ciertos casos, una decisión contraria a la justicia.

SÉPTIMO CASO. EL ORIGINAL EN PODER DE LA PARTE CONTRARIA

En este caso, mientras la parte en cuyas manos se encuentra el original se niegue a presentarlo, luego de una notificación en forma, debe ser considerada como establecida de la manera más satisfactoria, la fidelidad de la copia, por la admisión virtual de la parte más interesada en poner de manifiesto sus vicios.

Que un escrito haya permanecido en manos de la parte en cuestión y que dicha parte haya podido abusar de él, es un hecho consumado contra el cual nada puede la ley. Pero que un escrito * que existe y que se reclama con un fin judicial sea obstinadamente negado, es un daño que solo puede ocurrir por un vicio palpable en el sistema de procedimiento. Dada la certeza de que un hombre posee un documento escrito y que persiste en su negativa a presentarlo, no debe existir el temor de llevar la pena al grado de severidad, cualquiera que sea, necesario para reducirlo al cumplimiento de las obligaciones que la justicia exige. Si sufre es porque así lo ha querido y no merece ninguna piedad; y a ningún precio debe dejársele el privilegio de perseverar en una conducta cuya iniquidad es manifiesta.

Capítulo XI

En la prueba supuestamente real transmitida por un testimonio oral o por escrito

La cosa que sirve de prueba, en la mayoría de los casos, no es transportable. Informe presentado a los jueces; su inferioridad con relación a la prueba material inmediata. Fraude característico de que es susceptible la prueba real. Diversas alteraciones en las apariencias, con el fin de engañar. Ejemplos. El informe puede existir en forma de: 1) testimonio oral; 2) escrito casual; 3) prueba por escrito; 4) testimonio judicial. El informe sobre la prueba real puede tener tres características de seguridad: 1) puede ser hecho por un testigo oficial; 2) por un experto, en los casos que requieran un género particular de conocimientos; 3) indagado contradictoriamente. Si el juez hubiese realizado solo la visita de los lugares o la inspección de las cosas, su conciencia estaría más satisfecha, pero habría menos seguridad para el público. Precaución que debe tomar el juez: hacerse acompañar por testigos en esa visita y hacer que se los oiga luego.

En la mayoría de los casos, la prueba real no puede ponerse a la vista del juez. Una casa ha sido escenario del delito, se han cometido destrozos en un bosque, se ha agujereado un dique. Al no poder ser transportada la cosa misma, la prueba real solo llega al tribunal en la forma secundaria de informe y así transmitida, su inferioridad, comparativamente a la prueba real inmediata, es tan manifiesta como en los casos de que acabamos de hablar.

La importancia de la prueba real ha quedado suficientemente establecida con ocasión de las pruebas circunstanciales de las que constituye una rama; pero hay que recordar lo que se ha dicho respecto a un género de fraude de que es susceptible la prueba real y que no debe olvidarse nunca cuando se trata de estimar su valor.

Fraude característico de la prueba real

El delincuente, o un amigo del delincuente, obrando sobre la cosa que ya es o que quiere convertir en artículo de *prueba real,* con relación al hecho principal en cuestión, altera las apariencias existentes o crea unas nuevas que le parecen convenientes para su designio. De ese modo, un criado que haya robado la vajilla de plata de un armario cuya llave tiene, pretenderá que han entrado ladrones en la casa y que no ha podido oponer ninguna resistencia; y para hacer más probable su historia, se habrá cuidado de forzar la cerradura, y de producirse alguna herida; los fragmentos de un cuchillo roto se encontrarán en el lugar y ese cuchillo se reconocerá como perteneciente a un obrero de la vecindad, a quien se lo habrá robado para tener contra él ese testigo mudo. Esa puerta forzada, esas señales de violencia, esa herramienta dejada en el lugar, son otras tantas pruebas reales falsas, que ha forjado para prevenir la imputación o para defenderse de ella. He ahí un ejemplo, pero hay numerosos medios de hacer mentir a las apariencias.

Habiendo sido cometido el fraude sobre el objeto mismo, necesariamente constará en el informe. Pero el juez que quisiese ver la cosa con sus propios ojos se engañaría como cualquier otra persona a quien se remitiese. No existe aquí testigo extrajudicial. En lugar de una *persona a quien pueda interrogarse,* no hay sino una *cosa a quien no puede interrogarse.*

MODALIDADES DE LAS PRUEBAS REALES TRANSMITIDAS

El informe sobre el estado de la prueba real en cuestión puede ser transmitido al juez en todas las formas testimoniales.

1) Testimonio oral: testimonio judicial con todas sus garantías.

2) Prueba por escrito casual: notas o minutas de las apariencias que tiene la cosa; tomadas por un individuo privado, cuando esas apariencias eran todavía recientes: tomadas, sea en el momento de la inspección, sea inmediatamente después, sea después de un largo intervalo.

3) Prueba por escrito: tomada por un testigo oficial, no por el juez mismo, sino por alguna persona de confianza, nombrada a ese efecto por designación general de la ley o por nombramiento especial del juez.

4) Testimonio judicial: sostenido mediante notas escritas que contienen los resultados de la inspección realizada en época anterior a aquella en que la investigación legal habría podido tener lugar.

COMPARACIÓN DE LA FUERZA PROBATORIA ENTRE LA PRUEBA REAL INMEDIATA Y LA PRUEBA REAL TRANSMITIDA

La diferencia es mucho menor en esta clase de pruebas que en las otras, entre la prueba inferior y la prueba correspondiente regular.

1) La persona que hace el informe puede ser un testigo oficial o, incluso, nombrado por el juez: de ahí que el peligro de fraude se reduce a su mínima expresión.

2) La persona así elegida será, naturalmente, una persona dotada de la instrucción particular requerida para el objeto particular de la declaración:

será un testigo científico, un perito. De ahí que el peligro de error para el juez, sin fraude por parte del testigo, se reduzca también a su mínima expresión.

Si en este caso el informe es inferior a la prueba real inmediata, no es sino tal vez, por la naturaleza particular de las cosas en cuestión, que las hace inhábiles para ser trasmitidas con exactitud: las percepciones a que dan nacimiento en el espíritu del testigo son tales que no puede transmitirlas por medio del lenguaje sin alterarlas esencialmente.

Esto es lo que constituye la desventaja de la prueba real transmitida, comparativamente a la prueba real inmediata.

Considerada desde otro punto de vista, tendría más valor en ciertas circunstancias. Si el juez se ha constituido en el lugar, si él mismo ha visto el estado de las cosas, el público posee con ello una seguridad que resulta proporcional a la idea que se tiene de la probidad del juez y de su capacidad. Pero si se supone alguna duda a este respecto por parte del público, el informe de un testigo oficial vale más que la prueba inmediata o la inspección del juez. El juez, suponiendo que se encuentre solo en el lugar de la acción, puede, si es parcial, tratar de ver las cosas que favorezcan su inclinación y su conciencia y de las cuales deducirá cuanto haya de propicio para la causa que prefiere. Lo que ve de ese modo, ¿lo ve en carácter de testigo? No, sino en el de juez: no es interrogado ni examinado, no rinde cuentas más que a sí mismo de la impresión que ha recibido; su opinión no es controlada por un superior.

Mientras que, en el caso opuesto, cuando el informe es presentado al juez por un testigo oficial, ese testigo es examinado en pie de igualdad con los testigos ordinarios, en público y con todas las sanciones y salvaguardias posibles.

En uno de los casos, el juez falla sobre *datos* que no son conocidos por el público, y el público, en consecuencia, no ejerce control sobre él. En el otro caso, el juez falla según datos que se encuentran a la vista del público, lo mismo que a la suya.

Pero si el juez, al trasladarse al lugar, se hace acompañar de testigos, la prueba inmediata conserva su superioridad sobre la prueba transmitida. Hará declarar a los testigos y su decisión estará fundada en su informe y en sus propias observaciones.

Capítulo XII

Salvaguardias contra las pruebas inferiores

Dos puntos establecidos: por el lado de la admisión de esas pruebas, simple peligro de error; por el lado del rechazo, daño cierto por fallo contrario al derecho, en los casos en que no existe otra prueba. Salvaguardias de que se las debe rodear, es decir, precauciones a tomar para reducir el peligro de error a su mínima expresión. Remisión del tema al Libro siguiente. Observación general. Todas las pruebas inferiores. Al ser de la naturaleza de las pruebas circunstanciales, son susceptibles, en cuanto a su fuerza probatoria, de más o de menos, en grados infinitamente variables.

Luego de haber explicado en qué consiste la inferioridad de las pruebas de que hemos tratado en este libro, luego de haber demostrado que con frecuencia era necesario admitirlas, ya que por parte de la admisión había simplemente un peligro y por parte de la exclusión había un daño cierto, habría que desarrollar las precauciones con que se las debe admitir o, en otros términos, las salvaguardias de que se las debe rodear. Pero ese tema estará más en su lugar en el libro siguiente, que tratará de la *exclusión* en general y que es un complemento necesario de este. Es allí donde veremos, en resumen, que el conocimiento del peligro es por sí mismo un poderoso preservativo, pero que hay otros medios a disposición del legislador para reducirlo a su mínima expresión.

Libro séptimo

De la exclusión de las pruebas

Capítulo I

De las diversas fuentes de exclusión

Exclusiones de testigos pronunciadas por diversas jurisprudencias: 1) en razón de la edad; 2) del sexo; 3) de la condición servil, 4) del parentesco; 5) de la diversidad de religión; 6) del color de la piel; 7) de la dignidad de las personas; 8) de un interés pecuniario; 9) de una condena judicial.

Los testigos son los ojos y oídos de la justicia. Cuanto más evidente resulta esta verdad, menos se concibe que el sistema de exclusión con respecto a numerosas clases de testigos haya prevalecido en forma tan general. Sería un curioso cuadro el que contuviese las reglas diversas y contrarias, adoptadas sobre este punto, por las jurisprudencias más célebres. Se ha privado del derecho de testimoniar en razón de la edad, considerada como incapaz de confianza o de discernimiento; en razón del sexo, considerando a las mujeres como si jamás saliesen de la infancia; en razón de la servidumbre, no pudiendo los esclavos testimoniar en contra de los hombres libres, ni los servidores en contra de sus amos; en razón del parentesco, porque era violar una relación moral o un derecho natural el hacer declarar a una mujer contra su marido, a un hijo contra su padre, a un pariente contra otro; en razón de la religión o del culto, pues los enemigos de la fe no debían ser escuchados en contra de un fiel, y aquellos que rechazaban una determinada forma de juramento no eran dignos de crédito alguno; en razón del color, dado que un negro no era considerado como hombre cuando se trataba de declarar contra un blanco; en razón de la dignidad de las personas, pues la dispensa de servir a la sociedad fue un privilegio de honor; en razón de un interés pecuniario en la causa, como si todo interés, incluso el más débil, debiese aniquilar la probidad; en razón, en fin, de una condena judicial a la cual se vinculaba arbitrariamente esta decadencia. En una palabra, no hay pretexto que no haya servido en algún pueblo para excluir clases de testigos. Reunamos todos esos pretextos y no quedará ya testimonio admisible ante la justicia.

No juzguemos nada basándonos en las autoridades; busquemos razones. Debemos examinar si hay casos en que la exclusión del testimonio o, para emplear un término más general, la exclusión de las pruebas, es conveniente, pero antes veamos cómo puede producirse.

Capítulo II

De las diversas formas de exclusión

Exclusión positiva: cuando la regla procesal no admite que tal o cual testigo sea oído. Exclusión negativa: cuando se descuidan o rechazan los medios necesarios para obtener un testimonio.

La exclusión puede producirse por dos medios, uno *positivo y* el otro *negativo*. Tiene lugar *positivamente* cuando, incluso en el caso de que el testigo fuese presentado u ofrecido, no se admitiese que fuese escuchado. Tiene lugar negativamente cuando, de intento o por negligencia, habiéndose omitido los medios necesarios para obtener el testimonio, ese servicio no se obtiene; esta omisión es lo que entiendo por *exclusión negativa.*

Capítulo III

Daños de la exclusión

Dos casos: 1) el testigo excluido es el único que hay; 2) no es el único. *Examen del primer caso.* En lo penal, todo delito cometido en presencia de ese testigo excluido no es punible, lo mismo que si fuese cometido en la soledad; en lo civil, todo acto de injusticia o de falsedad será convalidado por la exclusión del único testigo que podría oponerse. Todo acusador, por medio de un solo testigo falso, puede perder a un inocente que no tiene a su favor más que testigos que no se admiten. Todo demandante puede elevar las pretensiones más injustas contra un demandado que no pueda presentar más que testigos excluidos por la ley. *Examen del segundo caso.* El daño de la exclusión es de la misma naturaleza, pero no de la misma gravedad: disminuye en proporción al número de testigos admitido. Exclusión perjudicial por su tendencia general. Aliento a todas las predisposiciones maléficas. Requerir dos testigos para la convicción: permiso virtual para cometer toda clase de transgresiones en presencia de un testigo único.

La exclusión de toda prueba sería la exclusión de toda justicia.

El daño que puede resultar de la no admisión de una prueba dependerá de las circunstancias siguientes:

1) Con respecto al hecho de que se trate, la causa, ¿proporciona o no otros testigos en favor de la misma parte?

2) La parte a quien se priva de la ayuda de ese testigo, ¿es el demandante o el demandado?

3) La causa, ¿es penal o civil?

Esas circunstancias presentan ocho casos diferentes.

Primer caso. La causa es penal; la parte es quien formula la querella; el testigo excluido es el único que existe de su parte.

Daño: permiso virtual para cometer toda clase de delitos en presencia y sobre la persona de los individuos privados así de la facultad de testimoniar. En esta forma es como en las colonias de las Indias Occidentales un hombre libre, con la única condición de que no haya otro hombre libre como testigo de su acción, puede entregarse a placer a todos los actos de tiranía, con excepción del homicidio, sobre la persona de todos los esclavos, es decir, de la mayor parte de la población.

Segundo caso. La causa es civil; la parte es el demandante; el testigo excluido es el único que existe de su parte.

Daño de la exclusión: permiso virtual otorgado a todo hombre injusto para frustrar cualquiera de los derechos que requieren la protección del juez y, en consecuencia, hacer que resulte vana a su respecto la promesa de la ley.

Tercer caso. La causa es penal; la parte es el acusador; el testigo excluido es el único que existe de parte del imputado.

Daño de la exclusión: poder otorgado a todo individuo perverso para intentar las acusaciones más falsas por intermedio de un único testigo falso; para hacer tener por convicta a la persona más inocente y hacerla padecer la pena de toda especie de trasgresión.

Sin embargo, en este caso el éxito de la iniquidad no es tan seguro como en los dos precedentes. ¿Por qué? Porque es menester que el acusador encuentre una persona dispuesta a actuar en carácter de falso testigo; y ese falso testigo, sometido a un contra-examen, puede ser declarado convicto de mentira por las contradicciones de su testimonio y otras circunstancias de la causa.

Cuarto caso. La causa es civil; la parte es el demandado; el testimonio excluido es el único que existe de su parte.

Daño de la exclusión: otorgar poder, como en el caso precedente y con el mismo límite, para someter a un individuo cualquiera a toda clase de obligaciones onerosas, hasta la pérdida total de sus bienes y en provecho mismo de la persona por quien ese poder malhechor es ejercido.

Los otros cuatro casos no difieren de estos sino por una sola circunstancia: que el testimonio excluido no es el único que existe del mismo lado; en este caso la probabilidad del daño que la exclusión tiende a producir va disminuyendo en proporción al número de testigos admitidos.

Que el hombre injusto consulte a su procurador o sus textos legales; que observe diligentemente todas las especies de testigos que podrían poner en evidencia su mala fe si fuesen escuchados, pero de los cuales, por el principio de exclusión, no tiene nada que temer. Cuantos más testigos haya de los que resultan excluibles, más sobre seguro hará el daño.

Así, el principio de exclusión, haciéndose general, es malo por sus efectos o por su tendencia: favorece las predisposiciones malhechoras porque aumenta la probabilidad de éxito en todas las causas inicuas.

Excluir una clase de testigos es permitir todas las transgresiones imaginables con la presencia de un testigo de esa clase.

Requerir dos testigos para la convicción es permitir todo género de transgresiones en presencia de un testigo único.

Capítulo IV

Principio de la exclusión

La exclusión fundada en dos motivos: 1) para desechar los testimonios engañosos; 2) para prevenir las dilaciones, los vejámenes y los gastos que resultarían de la admisión de tales o cuales testimonios. El primero de esos motivos, mal fundado; el segundo, justo y razonable. Hay que hacer un balance entre los inconvenientes y las ventajas.

Hay, sin embargo, casos en que la exclusión será conveniente.

Nunca es útil para alcanzar el fin directo de la justicia (la conformidad de la decisión con la ley), pero puede serlo para un fin colateral de la mayor importancia para las partes, aunque, desgraciadamente, se encuentre algunas veces en oposición con el fin directo. Es decir, que la exclusión será siempre un mal, si bien un mal inferior al otro: un mal inferior al de las dilaciones, al de los vejámenes y al de los gastos que resultarían de la admisión necesaria de tales o cuales testimonios.

Esta exclusión debe ser considerada desde el mismo punto de vista que las penas legales: siempre un mal, pero un mal al que hay que someterse para evitar otro mayor.

Las reglas siguientes que, en principio, nadie niega, aunque se discuta sin cesar su aplicación, pueden ser recordadas aquí para que nos sirvan de guía en la práctica.

1) No producir un daño mayor que el que se quiere evitar.

2) No excluir un beneficio mayor por un beneficio menor.

3) No producir un daño preponderante queriendo conseguir un beneficio cualquiera.

4) No excluir un beneficio preponderante tratando de excluir un daño.

Tenemos, pues, que contrabalancear las ventajas y los inconvenientes.

Con respecto a los males que se han de prevenir mediante la exclusión, es decir, de una parte errores de decisión, y de otra parte dilaciones, vejámenes y gastos, se ha de observar una gran diferencia en cuanto a su efecto.

Si las dilaciones, los vejámenes y los gastos son los males que se han de prevenir, la exclusión actúa como remedio infalible.

Mas con respecto a los errores en la decisión, la exclusión produce siempre cierta probabilidad de perjuicio a una de las partes.

Esta distinción tiene gran importancia en relación a la práctica inglesa. La exclusión, en tanto se aplica a prevenir los errores de la justicia, es decir, a descartar los testimonios que se prejuzgan engañosos, ha sido admitida con una prodigalidad remarcable. La exclusión, en tanto se aplica a evitar las dilaciones, los vejámenes y los gastos, se ha admitido con la mayor reserva y casi nunca con ese fin. Así, en los casos en que ese remedio resulta de indudable eficacia, se ha usado muy raramente; y en aquellos en que no puede producir sino efectos por lo menos peligrosos, se ha empleado con frecuencia.

Capítulo V

De las causas que hacen siempre conveniente la exclusión

Los testigos no excluidos, pero su testimonio eliminado: 1) cuando no es pertinente; 2) cuando es superfluo. No pertinente, cuando no sirviese para probar el hecho en cuestión. Superfluo, cuando no añadiese nada al efecto de las demás pruebas. Daño de los testimonios no pertinentes y superfluos. Además de los gastos, vejaciones, dilaciones, resultan incidentes, oscuridades, ideas complejas particularmente embarazosas para el jurado. Testimonios superfluos por su esencia. Las referencias, salvo que no haya otra fuente de prueba o cuando se trata de comparar lo que un testigo declara ante la justicia y lo que ha dicho a otras personas, sobre el mismo hecho. ¿No es peligroso conceder al juez el poder de rechazar testimonios por no ser pertinentes o por superfluos? Respuesta a esta pregunta. ¿Pueden rechazarse testimonios por no ser competentes o por superfluos, sin haberlos escuchado? No se excluye el testimonio mismo sino el hecho sobre el cual se pide.

Aunque los testigos no deban ser excluidos, hay casos en que el testimonio debe eliminarse. Esto tiene lugar: 1) cuando no es pertinente; 2) cuando es superfluo.

Decir de un testimonio que no es *pertinente,* es tanto como decir que resulta extraño a la causa, que no tiene ninguna vinculación con ella, que no sirve para probar el hecho en cuestión: en una palabra: que no es un testimonio.

Decir de un testimonio que es *superfluo,* es tanto como decir que, si fuese admitido, no añadiría nada al efecto de los otros testimonios y no podría contribuir en nada al descubrimiento de la verdad.

Los testimonios impertinentes son más nocivos que los testimonios superfluos. Estos producen al juez una pérdida de tiempo, y a las partes una cantidad proporcional de gastos, de vejámenes y de dilaciones: pero aquéllos, además de esos inconvenientes, tienen el de cubrir de nubes el proceso, de crear incidentes que siembran la confusión, de llevar la duda y la vacilación al espíritu de los jueces. Con relación al jurado, el mal es más grave, porque los hombres que lo componen, teniendo menos experiencia que los jueces, no saben cómo salir de tal laberinto. La causa no puede desarrollarse en su verdadero carácter sino después de que se han descartado todos los testimonios impertinentes.

Cualquier testimonio puede, accidentalmente, ser superfluo; pero hay uno que, fuera de un caso particular, merece expresamente esta designación, por cuanto es superfluo por esencia. Me refiero al testimonio por referencia.

El caso particular en que la mera referencia es admisible es aquel en que no existe ninguna prueba física o moral, en que se está reducido a recibir ese testimonio, por muy inferior que sea, porque no existe ya la fuente originaria.

Puede también recurrirse a ella en un caso accidental, cuando luego de haber oído el testimonio original, se juzga conveniente acudir a ese otro testimonio derivativo para que sirva de prueba y de piedra de toque a la verdad del primero. Por ejemplo: tal testigo que declara como si un hecho hubiese sucedido ante sus ojos, ¿produce un testimonio que concuerde con lo que ocasionalmente ha dicho a otras personas?

Cuanto se ha dicho de la referencia puede aplicarse a las transcripciones. ¿Hay casos en que, cuestionada la autenticidad de un acta escrita, pudo ser útil recurrir a una copia? Sí. Por ejemplo, en el caso en que, con relación al acto escrito, surja la sospecha de que ha sido falsificado con posterioridad a la copia.

Pero, en cuanto se quiere prescindir de los testimonios no pertinentes y de los superfluos, se concede al juez un poder susceptible de grandes abusos, porque quien pueda decidir sobre cuestiones de esta naturaleza es dueño de la causa. A ello contesto que ese poder no es mayor o que no hay mayor peligro en ese poder que en la mayoría de los que hay que otorgar necesariamente al juez y que forman parte de la esencia de sus funciones. La publicidad es el preservativo de la arbitrariedad.

Ese poder de sentenciar en base a los testimonios, de rechazarlos como no pertinentes o superfluos, no es menos necesario cualquiera sea el abuso de que resulte susceptible, porque si tal salvaguardia no existiese, en muchas causas el hombre adinerado podría agobiar a su adversario con dilaciones, vejámenes y gastos. Todavía se presenta otra objeción. Excluir testimonios como no pertinentes o superfluos antes de haberlos escuchado, ¿no es caer en una contradicción manifiesta? ¿Puede decidirse sobre ellos sin conocerlos? Es necesario aclarar un equívoco en este punto. No se excluye directamente el testimonio mismo: se excluye el hecho por el cual el testimonio es solicitado. Lo que el juez declara equivale a decir: "Este hecho, que la parte desea probar por considerarlo de utilidad para establecer el hecho principal cuestionado, no tiene relación con él o esa relación es tan débil, tan lejana, que no compensa los inconvenientes que ocasionaría la prueba misma."

CAPÍTULO VI

DE LOS CASOS EN QUE LA EXCLUSIÓN PUEDE SER CONVENIENTE PARA EVITAR DILACIONES

Dificultades del caso en que los testigos se hallan muy distantes. Necesidad e inconveniente de las dilaciones. No cabe sino la elección entre varios males. Conducta a observar: 1) acordar dilaciones bien motivadas; 2) aceptar sin tardanza las pruebas que podrían periclitar; 3) dictar un fallo provisional.

En un país en que los lazos legales que unen a una persona con otra pueden expandirse sobre toda la superficie del mundo civilizado, no existe un límite determinado para el intervalo que puede transcurrir antes de que sea posible obtener en una causa tal o cual testimonio, tal o cual elemento de prueba necesario para la instrucción del juez y para la rectitud de su decisión.

Por lo tanto, negar a una parte el plazo indispensable para la producción de sus pruebas es, en realidad, excluir la prueba.

Esta exclusión, en semejante estado de cosas, ¿puede, en ciertos casos, ser conveniente? Sí, y no cabría negarlo si se considera que, en el mismo caso concreto, puede ocurrir que, mientras el juez espera esa prueba, situada tan lejanamente, otras pruebas, no menos esenciales, pueden desaparecer o dejar de ser asequibles.

Es cierto que si la prueba *B* puede ser obtenida, no debe correrse el riesgo de dejar que se pierda por la sola razón de que la prueba *A* no puede producirse todavía.

Pero puede también ocurrir en el mismo caso concreto que, mientras el fallo se retrasa a falta de una prueba distante que el demandado asegura, falsamente o no, estar en condiciones de proporcionar, el demandante, teniendo el derecho de su parte, se encuentre expuesto a un daño irreparable.

En tal estado de cosas, el legislador no tiene elección sino entre los daños, y todo cuanto puede hacer es reducirlos a su mínima expresión.

La conducta más justa, indicada por la naturaleza del caso, parece ser la siguiente: que el juez falle provisionalmente en favor del demandante, sin dilaciones, en espera de la prueba lejana, pero que pronuncie una sentencia que pueda ser revocada o modificada en caso de que el demandado produjese la prueba mencionada en un plazo limitado, que podría ampliarse después por razones justificadas. El demandante, antes de ser puesto en posesión, estará obligado a proporcionar una garantía por la restitución eventual.

Estas sentencias provisionales no se dictarán sin pruebas, pero la base en que se funden, a falta de la prueba esperada, es lo que puede llamarse una *prueba* secundaría, una *prueba de prueba.*

Capítulo VII

De los casos en que la exclusión puede ser conveniente para evitar vejámenes

Los vejámenes son generales o especiales (aquí se trata de los primeros). Vejámenes generales: los que recaen sobre todos aquellos que participan en una investigación judicial: jueces, jurados, partes, testigos, etc. Poderosa razón para descartar los testimonios no pertinentes y superfluos. Vejámenes vinculados a la condición de testigo. Gastos, pérdidas de tiempo, molestias, desplazamientos, grandes distancias, padecimientos de salud, etc.; motivos justos y razonables, muchas veces, para las exclusiones. Dos expedientes: 1) un interrogatorio oral realizado por una judicatura *ad hoc* al testigo dispensado de comparecer personalmente; 2) un examen en forma epistolar o una declaración escrita *(affidavit* en Inglaterra). La obligación de testimoniar no admite otra dispensa que la necesidad, en los casos importantes.

Los vejámenes por el hecho del testimonio pueden dividirse en dos clases: *vejámenes generales* y *vejámenes especiales;* estos están comprendidos bajo el nombre de *revelaciones* o de *confesiones.*

Entiendo por vejámenes generales todas las fatigas o tareas inútiles que pueden recaer en las diferentes clases de personas interesadas en una causa: jueces, oficiales subordinados de justicia, jurados, partes, testigos y demás individuos que puedan ser ocasionalmente llamados a desempeñar un papel activo en una investigación judicial.

Con relación a los jueces y a los jurados, cuando los testimonios son de tal naturaleza que provoquen en sus espíritus titubeos y perplejidades, resulta de ello el peligro de interpretar mal la causa, y producir un fallo erróneo. Esta incertidumbre tan penosa es, a menudo, irremediable. Ya hemos visto que es menester, en lo posible, rechazar los testimonios no pertinentes y los testimonios superfluos, esas dos grandes fuentes de confusión y de trabajo inútil. Tal rechazo será el mérito principal de una instrucción bien llevada.

La producción de las pruebas es, para las partes, fuente de gastos y de dificultades. Descubrir documentos, buscar testigos, presentarlos, hacerlos comparecer, es tener que luchar contra la astucia que oculta las pruebas, contra la pereza y la indiferencia, contra una multitud de intereses que desean sustraerse de funciones onerosas. No obstante, si la parte interesada encuentra que la ventaja que pueda significarle la comparecencia de tales o cuales testigos, la exhibición de tales o cuales pruebas, es mayor que el inconveniente de los gastos, no hay razón para negarle lo que reclama; ella es la única competente para juzgar si esos gastos están más que compensados por la ventaja que de los mismos espera.

Pero los inconvenientes mayores son los que afectan a las personas llamadas a testimoniar. Esta situación las somete, algunas veces, a una serie de vejámenes de toda especie, infinitos e ilimitados, por así decir. Si solo se tratase de los gastos a que se les expone, sería un mal susceptible de compensación, pero, en muchos casos, una compensación pecuniaria es completamente desproporcionada a la *pérdida de tiempo,* a esa pérdida que puede acarrear tantas consecuencias casuales y que abarca todos los eventos posibles. En el curso más corriente de los asuntos, la condición de testigo es por sí misma extremadamente penosa por los desplazamientos, por las idas y venidas entre su casa y la sede del tribunal, por el aburrimiento de esperar y por una multitud de molestias difíciles de detallar; y si todo esto se produce dentro de una jurisdicción poco extensa, ¿qué no será si el campo geográfico de un tribunal abarca un gran territorio, si la residencia del testigo no está dentro de los límites del reino? Hay que convenir en que tales circunstancias ofrecen razones bien plausibles y a menudo bien justas, sea para las dilaciones, sea para las exclusiones definitivas.

He ahí un gran motivo más para rechazar, en cuanto sea posible, todos los testimonios no pertinentes y superfluos. Pero, además, en los casos en que las circunstancias del testigo deseado fuesen tales que la comparecencia le significase inconvenientes demasiado graves, podría recurrirse a una u otra de las fórmulas siguientes: 1) un interrogatorio oral hecho por una judicatura *ad hoc,* o por una comisión especial nombrada a ese objeto particular; 2) un examen en forma escrita, si el caso es de los que requieren un contra-examen; o una simple declaración espontánea, hecha sin desplazarse, como ocurre en Inglaterra, en lo que se llaman *affidavit.*

Sea lo que sea de esos vejámenes, acompasamiento inherente a la condición de testigo, si el testimonio es importante, nunca debe ser excluido por esa sola consideración. Es una obligación que la ley debe hacer universal y cada cual debe considerarla como condición primera de la seguridad social.

Pero, al mismo tiempo que el legislador debe establecer un sistema de procedimiento que asegure el cumplimiento de ese deber, ha de esforzarse en hacer ese peso lo más ligero posible.

CAPÍTULO VIII

CONTINUACIÓN DE LAS CAUSAS QUE HACEN CONVENIENTE LA EXCLUSIÓN. VEJACIÓN POR REVELACIÓN

Las vejaciones especiales quedan comprendidas bajo la denominación de *revelaciones o confesiones*. Revelaciones exigibles y no exigibles. Exigibles cuando son necesarias para ilustrar a la justicia. No exigibles: 1) cuando son superfluas o no pertinentes; 2) cuando traicionasen confidencias sobre temas, que el principal interesado no pudiese revelar; 3) cuando se trata de ciertas transgresiones en materia de costumbres, cuyo daño principal se produce con la revelación; 4) cuando el juez espera obtener el conocimiento del hecho por otros testigos que no tengan los mismos motivos de repugnancia; 5) cuando, en materia de proceso político, la revelación solicitada pudiese ser perjudicial para el público. Medio de obviar el daño de las revelaciones mediante el procedimiento privado, cuando ambas partes o una de ellas lo solicita. Precauciones a emplear en tal caso. Respuesta a la objeción del arbitrio dejado a los jueces relativo al procedimiento privado; los poderes temibles no son los acordados por la ley, sino los usurpados en su contra. La obligación de motivar el uso que hacen de los mismos es un preservativo necesario.

Estar constreñido a sufrir un interrogatorio judicial, a hacer confesiones o revelaciones que, por toda clase de motivos, se querrían evitar, representa una obligación penosa y nada hay más natural que la repugnancia que se siente por tener que someterse a él. Pero la justicia vive de las revelaciones; y puesto que ese mal es inevitable, lo que se ha de hacer es reducirlo a la mínima expresión, distinguiendo los casos en que la revelación es exigible, de aquellos otros en que no lo debe ser.

Es exigible, cualesquiera sean las consecuencias para las partes interrogadas, cuando resulta necesaria para iluminar a la justicia y conducirla a una sentencia acertada.

Efectivamente, si la consecuencia es la condena de un individuo, tal condena, civil o penal, cumple los fines de la ley y el daño que ocasione se halla más que compensado por sus beneficios.

Pero la revelación no solo no será exigible sino que ni siquiera deberá recibirse, teniendo que poner el juez gran atención en prevenirla, cuando no sea necesaria para el descubrimiento de la verdad.

Ya hemos visto que se deben rechazar los testimonios no pertinentes o superfluos, por ser nocivos a la claridad y a la tramitación de una causa; pero hay una razón más, y bien concluyente para excluirlos, cuando contienen revelaciones vejatorias.

Incluso cuando, sin ser notoriamente superfluas, resultan de naturaleza vejatoria para las partes o los testigos, o comprometedoras a los intereses públicos o a las personas ajenas a la causa, es preciso descartarlas, salvo que resulten de absoluta necesidad.

Entre los males que contiene el proceso, uno de los más comunes y de los más graves es la animosidad de los informes de los abogados. Las partes, irritadas, convierten el templo de la justicia en arena de gladiadores; y menos ardorosos en la defensa de sí mismos que en atacar a sus adversarios, los defensores se obstinan en cuestiones que no tienen otra finalidad que arruinar recíprocamente su reputación. Menos todavía se puede justificar a los abogados que, revestidos de una animadversión postiza y de un odio mercenario, para desacreditar a un testigo o a la parte adversa, husmean en sus vidas privadas para descubrir debilidades ocultas, haciendo gala de su cobarde éxito.

Corresponde a la prudencia del juez impedir tales debates escandalosos, aun cuando sobre ello no se pueda trazar una regla absoluta. Cuanto cabe hacer se limita a señalar las consideraciones según las cuales, el juez puede exigir o rechazar tal o cual revelación particular.

1) Toda revelación que, siendo perjudicial al individuo principalmente interesado, no se hubiese podido exigir de él, no se debe exigir de parte de su confidente.

2) Mas si el principal interesado no se encuentra en una de esas situaciones particulares que lo dispensan de la obligación de hacer revelaciones, el depositario confidencial tampoco debe quedar exento.

En efecto, si no se contempla el más fuerte de todos los motivos, que es el interés personal, no se debe tomar tampoco en consideración el de la simpatía. Por otra parte, si esa simpatía fuese ganando terreno de unos en otros no habría testigos.

3) Hay ciertas transgresiones (en materia de costumbres, por ejemplo) en que el daño se produce únicamente por la revelación. Si en un juicio civil o penal, que se refiere a una cuestión distinta, se pide un testimonio que puede exponer a una persona a la sospecha de una transgresión de esa naturaleza, debe dejarse a la elección del juez el requerir dicho testimonio, o permitirle sin requerirlo, o excluirlo por completo, de acuerdo con las circunstancias.

Si la falta puede permanecer ignorada sin perjuicio para nadie, es evidente que el juez no debe admitir el testimonio; y aun no basta con eso. Podemos imaginar casos en los que se trata de un pequeño interés, pero en el cual el demandado podría quedar enteramente justificado si pudiese exigir de un testigo la revelación de un hecho que implicara la pérdida de la reputación de una mujer, que pusiese de manifiesto un incesto, un adulterio, etc. Es evidente que el juez debería excluir el testimonio, incluso en detrimento del demandado. Mas todo esto no es sino una cuestión de grados, constituyendo también uno esos casos en que sea conveniente usar medios de persuasión para comprometer a un individuo a que desista por sí mismo de su demanda.

4) En el caso de que la revelación pueda ser nociva a cualquier individuo, sin que parezca inútil a la causa, también el juez puede diferir su admisión hasta que se reconozca su necesidad ante la carencia de otros medios probatorios suficientes. Pero, cuanto más probable sea la posibilidad de obtener los fines perseguidos sin acudir a tal medio de prueba, menos razón habrá para emplearla, dado el daño que puede producir.

5) Todavía debe examinarse si la revelación solicitada es de tal naturaleza que, aun cuando no tuviese lugar mediante el testimonio, se produciría por otros medios. Cuanto más probable resulte que la cuestión haya de hacerse pública y notoria, más disminuirán los inconvenientes del testimonio.

6) Finalmente, si se trata de causas de carácter político, de cuestiones de importancia nacional, podría suceder que se pidiese una revelación perjudicial al interés público. El juez no solo debe estar autorizado a suspenderla provisionalmente, sino que debe también estarle permitido rechazarla o modificarla. Pero debe declarar al mismo tiempo los motivos de haber actuado así y comunicar el caso al jefe del departamento al cual podría afectar la revelación. Debe, asimismo, fijar el día en que será exigible, si no hay razón suficiente para rechazarla.

Es así, para citar un ejemplo que no se refiere a las causas judiciales, como en las cámaras del Parlamento se ve todos los días que informes solicitados son denegados en aplicación de tal principio, y la negativa es sancionada por la mayoría. Se dirá, tal vez, que esos rechazos se fundan frecuentemente en la coalición de las personas interesadas en mantener el abuso y en impedir que se levante el velo que las cubre. Sea de ello lo que quiera, no cabe negar que dicha facultad de rechazar sea una garantía necesaria a todo gobierno.

Observemos que el daño producido por las revelaciones puede ser evitado en muchos casos mediante la adopción de un procedimiento secreto, cuando las partes o una de ellas lo pida. Supongamos que, en un asunto litigioso, exista el temor al resentimiento de un individuo que, en virtud de sus relaciones domésticas con la parte adversa, la tuviese bajo su dependencia y pudiese labrar su desgracia impunemente, como en las hipótesis de un padre, un marido, un hijo, un pupilo, un superior en el trabajo, un socio en el comercio. ¿Habrá algo más conforme a un procedimiento natural que examinar los testigos fuera de la escena pública, pero siempre en presencia de asistentes nombrados por las partes interesadas, comprometiendo el secreto a todos ellos?

Conozco las objeciones que recaen sobre esta doctrina. Una de ellas es la arbitrariedad que permitiría a los jueces incurrir en el abuso. Contesto que, en materia de justicia, lo que se debe temer son los poderes que los jueces usurpen en contra de la ley, más bien que los que obtengan de ella y los cuales no pueden usar sino ante las miradas del público que los contempla con desconfianza. Lo que menos se debe temer son los poderes discrecionales que solo se les confía con la condición expresa de que motiven en todos los casos el uso que hacen de ellos. Ese freno es suficiente, porque les deja toda la responsabilidad.

Capítulo IX

Revelación de la confesión religiosa

¿Un confesor de la iglesia católica puede ser llamado a revelar las comunicaciones que le han sido hechas por vía de confesión? No. La revelación no es ni exigible, ni admisible. 1) Existiría contradicción en autorizar a la religión católica y en hacer eminentemente peligroso uno de sus actos más importantes; 2) la confesión, por tener una tendencia favorable a la moral, debe, más bien ser alentada. Duda sobre este segundo motivo. Inconvenientes de la confesión.

Pregunta. En un procedimiento penal o no penal, ¿deberá un sacerdote católico ser constreñido o admitido a revelar una comunicación que, en su debido carácter, le haya sido hecha por vía de confesión según los ritos y creencias de la iglesia católica (o de cualquiera otra)?

Respuesta. Ni constreñible ni admisible.

La ley que obligase a la declaración de un sacerdote, o permitiese recibirla, tendría, dada su naturaleza, el carácter de una ley penal que, con respecto a los casos más importantes y sobre todo a los de índole criminal, prohibiría el ejercicio de la confesión, dado que el individuo que se hubiese confesado de un delito estaría expuesto a la convicción por el testimonio del sacerdote.

En todo procedimiento dirigido contra un católico, el primer cuidado del demandante o del acusador sería llegar a conocer el confesor de la parte contraria y citarlo como testigo.

Una ley de esa naturaleza estaría, pues, en contradicción con la ley del Estado que autoriza el ejercicio de la religión católica. Representaría un acto de tiranía contra las conciencias.

Y todavía se podría añadir que, muy lejos de atentar contra la confesión, se debería alentarla, por cuanto significa una tendencia en general saludable. En efecto, si ella fuese siempre como debería ser, no hay duda de que constituiría un freno del delito, un medio de obtener la reparación de muchas injusticias. Pero el abuso está muy cerca del uso, y no puede dejarse de tener en cuenta que todas las formas de expiación son tan peligrosas para la moral, que resulta fácil hacer de ellas un instrumento político. *Scire volunt secreta domus atque inde timeri.* No me incumbe entrar en ese examen. Diré, sin embargo, que comparando la moralidad de los países protestantes y la de los católicos, no se encuentra nada que justifique los elogios que de la confesión hacen sus defensores.

Capítulo X

De la exclusión del testimonio por causa de determinadas revelaciones

1) Razón en contra: repugnancia de los parientes fundada en simpatías o sentimientos de honor. Respuesta: necesidad de no dejar el delito impune, de sembrar la desunión y el temor entre las gentes deshonestas, de no abrirles un asilo en sus propios hogares. 2) Razón en contra: temor del falso testimonio. Respuesta: siendo conocida la predisposición de los testigos, el juez desconfía de ellos. No recurrir a tal medio más que en caso de necesidad. Estado contradictorio de las leyes del procedimiento inglés sobre este punto. 3) Razón en contra: peligro de la tiranía. Respuesta: salvaguardia con la publicidad.

¿Se debe obligar a un marido o a una mujer a que declaren el uno contra el otro? ¿Se debe siquiera admitir que lo hagan?

La jurisprudencia inglesa se ha pronunciado por la negativa, como consecuencia de un primer error. A una mujer le puede repugnar declarar contra su marido, como a un marido le debe repugnar que su mujer declare contra él. Mas, ¿qué valor puede tener su repugnancia, comparativamente a la necesidad de descubrir al autor del delito?

Eso es tanto como turbar la confianza doméstica. ¿De quién? De quienes abusan turbando la confianza pública. Un malvado, al cual se podría haber tenido por convicto de un grave delito por la declaración de una mujer, no tendría sino que recurrir a una ceremonia matrimonial para no tener ya nada que temer por parte de aquélla. No hay que abrir asilo a los criminales, hay que destruir toda confianza entre ellos, si es posible hasta en el interior de su vivienda. ¿Cuál sería el inconveniente de que no pudiesen encontrar protectores mercenarios entre los juristas ni encubridores en sus propios hogares? Quedarían reducidos a cumplir las leyes, a vivir como las gentes de bien.

¡El temor al falso testimonio!... Si tal temor debiese ser motivo para detenerse ante esos casos, habría de serlo también para detenerse ante otros mil en que se impone la obligación de declarar. Aquí es menos de temer el falso testimonio, cuanto más natural resulta desconfiar de él. Fácilmente se pone uno en guardia contra testigos tan interesados: su declaración valdrá más o menos, pero solo al juez corresponde apreciarlo de acuerdo con las circunstancias particulares.

Pese a la exclusión del testimonio directo de la mujer, la ley inglesa admite su testimonio indirecto. Sus cartas, sus conversaciones reproducidas por un tercero, pueden hacer prueba en contra del marido. Todas las excepciones son buenas en proporción inversa a la maldad de la regla.

Si la relación conyugal no debe ser motivo suficiente de exclusión, ninguna otra ha de serlo, ni la del padre ni la del hijo. Sería siempre deseable que se pudiese prescindir de semejantes testimonios por cuanto hieren un sentimiento natural y son sospechosos de parcialidad: pero, por otra parte, considérese el peligro que hay en decir a los infractores de las leyes: "He ahí unas personas ante las cuales podéis realizar toda clase de delitos con absoluta tranquilidad, porque lo que únicamente ellas han visto es como si nadie lo hubiese visto. Por miedo a causarles aflicción, no se os hará ninguna pregunta que pueda perjudicaros."

A quienes alarmados por los abusos de un procedimiento tiránico creyeran encontrar en esto los caracteres de un grave peligro, conviene recordarles aquí que unos poderes nominalmente iguales son en la realidad muy diferentes según que los jueces los ejerzan en secreto o a la vista del público, y según que actúen sin responsabilidad o que estén sometidos a las más severas e ineludibles responsabilidades. ¿Se habrían atrevido a interrogar en público a niños de siete años acerca de la conducta política de sus padres, de sus creencias y de sus costumbres? ¿Se habrían atrevido a intimidarlos, a formularles preguntas capciosas? No cito esos hechos sino como mera suposición; pero esa suposición que no sería admisible en un tribunal que actúa bajo la salvaguardia de la publicidad, lo es todavía menos en un tribunal por jurados.

Capítulo XI

Examen de otro caso de vejación. La inculpación de sí mismo

El acusado, ¿soportará preguntas con las que se pueda obtener la prueba de su delito? En Inglaterra no. Fuerza de tal principio. La ley inglesa, muy extraordinaria. ¿En qué se funda? ¿Es una vejación lo que se le quiere evitar? Pero: 1) toda pena es una vejación; y si se trata de humanidad hacia él, esa razón sería tan buena para suprimir toda investigación judicial, como para prohibir su propio testimonio; 2) no puede suponerse en una persona una predisposición hostil a sí misma; 3) esta regla no es útil para el inocente; no favorece sino, a los culpables; 4) se admite en contra del acusado el testimonio de sus palabras y confesiones extrajudiciales; 5) ese testimonio de segunda mano está más expuesto a ser erróneo que su testimonio directo. En el procedimiento natural no se admite esta regla; el padre interroga directamente a sus hijos, a sus subordinados, etc. En materia de felonía, se ordena a los jueces de paz, por un estatuto, interrogar a los prisioneros y escribir sus respuestas. Razón de la adhesión de los ingleses a ese principio; 1) aversión hacia la tortura y hacia todo cuanto pueda tener alguna relación con ella; 2) recuerdos de los tiempos de tiranía en que ese privilegio de los acusados fue una salvaguardia contra leyes inicuas e inicuas persecuciones; 3) precaución contra alguna futura tiranía; 4) temor de que un acusado, mediante algunas mentiras, incluso en los casos de inocencia o de un delito menor, haga surgir prevenciones desfavorables por las cuales será condenado; 5) noción de generosidad hacia una persona colocada en situación desdichada. Examen de esos diversos alegatos. Examen de un pasaje de Beccaría.

Entre las singularidades de la ley común en Inglaterra, la más destacada es la regla que prohíbe formular al acusado ninguna pregunta judicial de la que se pueda obtener la prueba de su delito. En el caso de que tal pregunta le fuese hecha, no está obligado a contestar, y su silencio no establece ninguna presunción legal en su contra.

Tal es la regla. No digo que se la siga siempre escrupulosamente, pues hay inconsecuencias y variantes. Pero aunque los malos efectos del sistema queden un poco atenuados, resta todavía lo bastante para que de ello se lamenten todas las personas que, habiendo meditado acerca de la justicia penal, vean en esa indulgencia una causa frecuente de una unidad y de estímulo para toda clase de delitos.

El prejuicio en favor de tal regla está tan arraigado y se ha fascinado tanto el sentimiento público con palabras de prudencia, de seguridad, de sensibilidad y de respeto hacia los desgraciados, que hace falta más valor para combatir en Inglaterra dicha opinión nacional, que para atacar los más poderosos y peligrosos intereses. Tratemos, ante todo, de establecer las razones directas contra ese principio.

1) Hay, sin duda, vejación en ser interrogado sobre hechos por los cuales se pueda llegar a obtener la inculpación de uno mismo; mas, ¿existe, acaso, una sola pena legal que no constituya un vejamen, sin que de ello se derive que no se deba infligir ninguna pena? Semejante extravagancia en el razonamiento todavía no ha encontrado otro ejemplo.

No solamente la pena es una vejación sino también toda investigación tendiente a infligirla; pero, ¿podrá concluirse de ello que toda investigación contra los delincuentes debe ser suprimida? En la escala de las extravagancias, no quedaría esta por debajo de aquélla.

2) Si el peligro de hacer incurrir al acusado en la pena, mediante preguntas que le sean dirigidas directamente, es la razón que determina prohibirlas, esa misma razón ha de parecer igualmente buena para no permitir ningún otro testimonio en su contra. Si de lo que se trata es de protegerlo, de concederle un medio de impunidad, bastará con que, de una sola vez y con eficacia perfecta, se suprima toda investigación.

3) El caso sería, a este respecto, muy diferente si, por parte de las personas sometidas a la acusación, hubiese una predisposición natural a exponerse a la sanción legal, aun cuando de hecho fuesen inocentes, es decir, si hubiese que temer realmente para el acusado más de su propio testimonio que del testimonio de los otros en general, comprendiendo en ellos a quienes, por razón del agravio recibido, son sus enemigos particulares. Mas como todavía no se ha descubierto en la naturaleza humana ninguna señal de esa predisposición de hostilidad contra uno mismo, resulta innecesario adoptar precauciones contra un peligro que no existe.

4) Consideremos ahora el caso de los acusados inocentes. ¿Cabe suponer que la regla en cuestión haya sido establecida para protegerlos? Es precisamente a ellos a quienes jamás puede serles útil. Veamos un individuo de esa clase por lo que se supone que está exento de todo delito, pero, por igual suposición, resulta sospechoso. ¿Cuál es su mayor interés, su deseo más ardiente? Disipar esa nube que rodea su conducta, dar cuantas explicaciones puedan llevar a su esclarecimiento; provocar las preguntas y contestarlas; desafiar a sus acusadores. He ahí su objeto y el deseo que lo anima. Cada detalle del interrogatorio es un eslabón de la cadena de las pruebas que establece su inocencia.

Si los criminales de toda categoría hubiesen podido reunirse y formar a su gusto un sistema procesal, ¿no habría sido ésa la primera regla que habrían establecido para su seguridad? La inocencia nunca se prevale de ella: reclama siempre el privilegio de hablar, lo mismo que el delincuente invoca el privilegio de callarse.

5) Si la regla se ha establecido con la intención de ahorrar al acusado culpable el pesar de proporcionar él mismo la prueba de su delito, tal objeto, después de todo, no se ha cumplido, porque no solamente las cartas que ha escrito o que se le atribuyen y las notas extendidas de su mano, sino también las conversaciones que ha sostenido o las referencias a las mismas, son recibidas como pruebas, alegadas y discutidas en su presencia sin escrúpulo y sin reserva. Así, pues, lo que el procedimiento técnico rechaza es el testimonio procedente de él mismo en su forma más pura y más auténtica: y lo que ese mismo procedimiento admite es ese mismo testimonio, con tal de que venga indirectamente, de que haya pasado por canales que puedan alterarlo y de que se reduzca a un estado inferior y degradado a la categoría de una referencia.

6) Excluyéndose el testimonio de *primera* mano y admitiéndose el testimonio de *segunda* mano, veamos las consecuencias a que se llega.

Las informaciones que del mismo se derivan son necesariamente incompletas y engañosas, porque de todo aquello que ha sido dicho en ocasión extrajudicial por la parte acusada, ¿qué es lo que llega al juez? Aquello de lo que el testigo puede o quiere acordarse. Y de cuantos datos proporciona, ¿qué garantía puede haber respecto a la fidelidad de su memoria y a la veracidad de su carácter?

La parte interesada misma podría enmendar los errores, suplir las omisiones, presentar un relato fiel. Mas nada de eso está admitido y todo lo que queda de esa clase de declaraciones truncadas e incorrectas es una impresión que, en general, debe ser favorable al delincuente, pero que también puede volverse en contra del inocente.

7) En las ocasiones en que existe el mayor deseo de encontrar la verdad y de guardar una efectiva consideración a las personas, no se ve que esa regla, tan preciosa a las prevenidas miradas de los ingleses, haya sido seguida nunca. ¿Qué amo de casa, qué padre de familia ha pensado jamás en adoptarla en sus procedimientos relativos a sus servidores o a sus hijos? Si incurren en algún desorden que llegue a su conocimiento, ¿se le ocurre excluirlos de su testimonio? ¿Teme interrogarlos directamente? ¿Se encontraría en nuestro procedimiento alguna semejanza con el que se sigue en los tribunales?

8) En el caso de los delitos más graves clasificados por la ley inglesa en la categoría de los crímenes, esa regla de la ley común está en oposición directa con la única ley verdadera, con la ley que ha recibido la sanción del legislador.

Por dos estatutos sucesivos de Felipe y de María, en caso de sospecha de crimen, se ordena a los jueces de paz, ante los cuales es llevado el detenido, *examinar al prisionero y a quienes lo llevan, respecto a los hechos y a sus circunstancias.* ¿Con qué fin? Con el fin de que las respuestas así obtenidas de sus labios puedan contribuir a la convicción del culpable, dice el estatuto, y es por eso por lo que exige que las respuestas sean extendidas por escrito y debidamente certificadas.

Es en virtud de esos estatutos que semejantes exámenes son hechos por los magistrados en los casos de crímenes. Pero, ¿qué resulta? Que dichos magistrados ejercen un poder despótico y pueden mostrar benignidad o rigor según les plazca. Eso es, disimuladamente, colocar en sus manos un poder arbitrario de perdonar. Si el juez de paz tiene la intención de hacer justicia, conduce el interrogatorio de acuerdo con la voluntad del legislador; si quiere hacer ostentación de clemencia o proceder con parcialidad favorable al acusado, actúa conforme a las reglas de la ley común, y él mismo le previene para ponerlo en guardia y para que no diga nada que pueda volverse en su perjuicio.

Todas estas razones parecen probar suficientemente que la comentada regla del procedimiento inglés, en tanto que favorece al delito y que podría perjudicar a la inocencia, hiere doblemente los intereses de la justicia. ¿Cómo se puede explicar la predilección de una nación instruida por una ley cuya experiencia ha debido mostrar los abusos?

Diría, ante todo, que en un tiempo en que todos los tribunales del continente presentaban el odioso espectáculo de la tortura; en que se veía a los jueces ocupados en aprovechar contra un acusado todas las palabras que se le escapaban en la agonía del dolor, es muy natural que los ingleses hayan concebido una alta opinión de un sistema procesal tan opuesto a aquella barbarie.

Pero, además, ha habido una razón oculta que ha podido hacer extremadamente precioso ese privilegio. Ha habido en el fárrago de sus leves penales, sea por la tiranía de ciertos reinados, sea por la intolerancia religiosa, estatutos tan dañinos que, si hubiesen sido aplicados con rigor habrían llevado la desolación a la sociedad. Ahora bien, en semejante situación, en que basta un delator para entregar un individuo a la persecución, la obligación de contestar, de declarar contra sí mismo, duplica en cierto modo el peligro del acusado, Si no se le puede pedir una confesión ni una revelación, frecuentemente resultaría imposible convencerlo y la dulzura del procedimiento corregirá en parte la tiranía de la ley.

Se dirá entonces que si esa forma del procedimiento ha servido de salvaguardia contra una tiranía pasada, puede igualmente ser útil contra una tiranía futura. ¿Quién puede estar seguro de que no se harán más leyes perniciosas? ¿Por qué privarse de un medio de seguridad que ha dejado sentir ya sus buenos efectos?

Contesto a eso que si el legislador instituye tales leyes, cuanto más fueren ejecutadas, más se haría sentir su deformidad natural y más pronto llegarían al término en que resultarían intolerables y que no habría sino un solo clamor para suprimirlas. Pero cuando las víctimas caen aquí y allá, una después de otra, a largos intervalos, la atención pública no se despierta por esos males dispersos, las quejas aisladas mueren sin llegar a oídos del legislador, la ley en lugar de ser abolida pasa de generación en generación, de unos tiempos a otros, siendo fatal para los individuos sobre quienes recae, y siempre funesta para el público por el obstáculo que opone a la acción de las leyes buenas.

Una extraña manera de razonar sería partir del supuesto de que las leyes serán opresivas y que hay que buscar los medios procesales más adecuados para paralizarlas. Se debe presumir que las leyes serán en general lo que deben ser y estarán instituidas para la protección de la sociedad, por lo cual se les debe otorgar el apoyo procesal más eficaz. En cuanto salgamos de ese principio, estaremos continuamente en contradicción con nosotros mismos.

Se alega todavía contra el interrogatorio personal un razonamiento que tiene algo de plausible. Una persona interrogada se turba y cuanto más se la intimide, más tentada estará de recurrir a mentiras, incluso sobre cosas indiferentes. Podrá ser sospechosa de culpabilidad, pero puede serlo *menos* de lo que a ello le parece; su delito, en virtud de circunstancias atenuantes, podría ser clasificado en un grado más *bajo*. Pero el efecto de esas tergiversaciones, de esos embustes, produciría tales efectos en el ánimo de los jueces y sobre todo en el de los jurados, que se la creerá más culpable de lo que en realidad es, y quedarán prevenidos contra todos sus medios de defensa.

Frente a esa objeción se ha de reconocer que, en un procedimiento seguido a la vista del público, es decir, franco y honesto, no es de temer que se recurra a métodos de terror capaces de turbar a un procesado inocente. Todo lo invita a ser veraz y a no ocultar nada. Mas, si por parte de un acusado culpable, hay mentira y tergiversación, ¿será posible que el efecto de la mentira sea peor que el del delito mismo? Miente para ocultar lo que ha hecho o para negarlo. Si no se descubre la mentira, obra en su favor; si se descubre, quedan subsistentes las pruebas y nada en su contra añade a los hechos resultantes del procedimiento. El delito no pasa de un género a otro, ni de una especie menos grave a otra especie más grave. En una palabra, la mentira no produce ningún efecto, excepto su efecto natural, que es servir de prueba indirecta, como una suerte de confesión.

Beccaria ha desaprobado el interrogatorio personal. Es una gran autoridad, pero hay que examinar sus razones. "Es querer confundir todas las relaciones —dice— pretender que un hombre sea al mismo tiempo acusador y acusado." Me habría resultado difícil encontrar un sentido a la palabra relaciones, pero Beccaria la explica.

> "Es —dice— exigir de un hombre que se odie a sí mismo, que actúe como si fuese su propio enemigo."

Esta objeción entra, pues, dentro de las que hemos discutido. A un hombre le repugna inculparse a sí mismo, pero le repugna igualmente ser inculpado por otros y le repugna también sufrir la pena. Su repugnancia no cuenta para nada cuando se lo considera convicto. ¿Por qué habrá de contar para algo cuando se trata de convencerlo?

Algunos nos dirán que el interrogatorio personal no es una manera generosa de proceder: es tomar a un hombre en desventaja. Como se halla en una situación desgraciada, el juez debe ser su amigo antes que su enemigo, y es noble también no prevalerse de lo que pudiera escapársele en su propio perjuicio.

Tentados estaríamos de creer que esas nociones han sido sacadas de las máximas del honor de los combates singulares. Es contrario a las reglas acosar a un adversario a quien un accidente ha puesto en situación de no poder resistirse. Es contrario a las reglas batir a un individuo caído en tierra: hay que darle otra oportunidad y permitirle que se levante.

Tales ideas de piedad, de generosidad, merecen siempre ser bien acogidas cuando no están en oposición con un principio más elevado de benevolencia, con el interés general de la sociedad. Cuando un culpable es absuelto, quien resulta castigada es la sociedad. Muchos inocentes quedarán expuestos a sufrir, sea por causa de ese mismo malhechor, sea por causa de aquellos otros a quienes la impunidad envalentona. El juez más humano y sensible no debe ser ni el amigo ni el enemigo del acusado: no es sino el amigo de la verdad y de las leyes. No busca ni un inocente ni un culpable. Quiere encontrar lo que sea.

Terminemos esta discusión con una observación general. La privación de este medio jurídico resulta tanto más dañosa, cuanto que las pruebas que se obtienen de labios del culpable son siempre las más satisfactorias, las más adecuadas, para producir en el público un sentimiento uniforme de convicción.

Capítulo XII

Testimonio exigible. Comunicación de los clientes a su consejero legal, abogado o procurador

> Ninguna razón para exceptuar al hombre de ley de esa obligación. Ningún perjuicio para el interés de un cliente honesto. Este caso no tiene ningún parecido con el del confesor religioso. El confesor no tiene interés en el triunfo de una injusticia. El hombre de ley tiene interés en ganar su causa, incluso si es mala. Es cómplice después del hecho. Extraña contradicción moral la de prometer por anticipado el secreto a una persona que confiesa su delito. Toda la objeción está en una frase: ¡traicionar al cliente! Ninguna promesa, ninguna traición. Siendo perjudicial el contrato confidencial, la razón que hace la ley de los contratos no se encuentra en este.

Pregunta. Un defensor legal, ¿debe ser obligado o recibido a declarar hechos cuya manifestación sería perjudicial a su cliente, en una causa penal o no penal?

Respuesta. Sí. ¿Por qué habría de estar exceptuado? ¿Qué daño real puede resultar de esa obligación? Ninguno, a menos que se considere como un daño imponer a un individuo una pena cuando la pena es merecida, o la obligación de prestar un servicio que se le pide, cuando ese servicio es un deber.

Ya hemos visto las consideraciones que militan en favor del secreto de la confesión. Ninguna de ellas es aplicable al procurador o al abogado.

Exigir a estos el testimonio, ¿a quién perjudica? ¿Es el cliente honesto e inocente? Sin duda que no, pues no habiendo cometido ningún delito, no habiendo incurrido en ningún fraude, no hay fraude ni delito a confesar.

En el caso del confidente religioso, no hay ningún interés por su parte en el éxito del delito: está en su carácter, como en su deber, prevenirlo. Incluso se acrece su reputación personal por la influencia saludable de sus consejos.

¿Puede decirse lo mismo, en general, de quien presta su ministerio indiferentemente a todas las causas justas o injustas, a todos los clientes inocentes o criminales?

El hombre de ley que se sirve de la superioridad de sus conocimientos para encontrar evasivas y subterfugios para sustraer al culpable a la pena en que ha incurrido, o para cubrir con sus artificios la mala fe de su cliente y hacerlo triunfar jurídicamente, no debe ser considerado sino como una persona que se hace cómplice del delito después del hecho, con la diferencia de que, por parte de los cómplices propiamente dichos, existe la ceguera de las pasiones y el peligro, mientras que del lado del hombre de ley hay una profunda indiferencia hacia el bien o hacia el mal, una destreza en manejar los elementos del ataque y de la defensa y una impunidad completa aún en el caso de que haga de ellos el uso más perjudicial para la comunidad.

Hay una máxima que siempre se supone en la conducta de los hombres de ley a quienes me estoy refiriendo: es que la sinrazón y el derecho, lo justo y lo injusto, son entes de su creación de los cuales pueden disponer a su placer; que nada tienen que ver con los consecuencias de la decisión judicial: que esa decisión hace por sí misma la regla del bien y del mal; y que de acuerdo con el movimiento de sus labios, la virtud se convierte en vicio y el vicio en virtud.

Si eso no fuese así, ¿cómo hombres que profesan la moral ordinaria de la sociedad podrían considerarse autorizados para ofrecer de antemano su apoyo y prometer el más solemne secreto a cualquiera que acudiese a confiarles un delito o a asociarlos a un proyecto de fraude?

¿Qué se quiere entonces? ¿Que *traicionen a su cliente?*

Un *depósito* es una clase de contrato. Cualquiera que sea el contrato, si la ley autoriza o prescribe su violación, ¿cuál será la consecuencia? Que el contrato no se hará, o que si se hace no tendrá cumplimiento. Ahora bien, si el contrato es perjudicial para la sociedad, ¿es de desear que se haga o que se cumpla?

Un contrato que sería inicuo entre otros individuos, ¿se hará bueno porque una de las partes sea un letrado? Si se trata de un robo o de cualquiera otra transgresión en la cual hay varios codelincuentes, nadie entiende que se deban respetar los compromisos que hayan contraído entre ellos antes del delito para el éxito común o para la recíproca seguridad. ¿Por qué se habrán de respetar más los compromisos que esos mismos delincuentes puedan haber contraído para su seguridad con expertos legales, después del delito? ¿Por qué esa complicidad que no es respetada en un caso, tendría que serlo en el otro?

Si se quiere impedir la realización de un contrato inicuo, hay que procurar que, en el caso de haberse hecho, no sea cumplido.

En el caso de compromisos honestos, es su observancia lo que interesa a la sociedad; en el caso de compromisos deshonestos y perniciosos, es su violación.

CAPÍTULO XIII

1) DE LAS INCAPACIDADES INTELECTUALES; 2) DE LOS INTERESES; 3) DE LA IMPROBIDAD, CONSIDERADOS COMO CAUSAS DE EXCLUSIÓN

El temor al error por testimonios poco dignos de fe es principio de exclusión. Principio falso. 1) Perturbación del espíritu, minoría de edad, vejez extremada. Pura cuestión de grado. Una ley general de exclusión perjudicial. Las causas de descrédito de los testimonios de esta clase son manifiestas. 2) Intereses. Si el interés fuese un principio razonable de exclusión, habría que excluir un gran número de testigos que se admiten. El interés pecuniario, al estar a la vista, es el menos peligroso para los jueces. Presumir un falso testimonio, cuando existe el más pequeño interés pecuniario, es infligir una a la humanidad. Inconsecuencia en el procedimiento inglés. Se rechaza un testigo por el más débil interés pecuniario. Se admite el testimonio de los cómplices con promesa de perdón y una recompensa pecuniaria. Inducción obtenida de la vida común en que se toman consejos de personas que tienen intereses pecuniarios contrarios a los nuestros. 3) Exclusión por razón de improbidad. Improbidad comprobada por juicios. Falso principio. El hombre ímprobo, si carece de interés, no se expondrá a las penalidades del falso testimonio. El delito pudiera ser tal que ni siquiera inculpa su veracidad. El delito puede ser antiguo y el hombre irreprochable desde entonces. En fin, este motivo de desconfianza es manifiesto y, en consecuencia, no resulta peligroso; 4) Exclusión por razón de una opinión religiosa. Falso principio. Todas las persuasiones religiosas concuerdan en ciertas nociones morales sobre la divinidad. El ateísmo declarado es una prueba de sinceridad. La opinión religiosa, como causa de simpatía o de odio, es manifiesta y pone al juez en guardia. Estado de la ley en Inglaterra con relación a los cuáqueros. Incendiario sin castigo por la exclusión del único testigo que pertenecía a esa sociedad religiosa.

El motivo alegado como causa de exclusión en los casos precisados es el temor de inducir al juez a error por obra de una causa engañosa. En otros términos, la exclusión se considera como una salvaguardia contra el error que pudiera resultar del testimonio.

I. DE LAS INCAPACIDADES INTELECTUALES

Esto abarca la perturbación del espíritu, la minoría de edad, la extremada vejez.

El descrédito que resulta para el testimonio, de esas diversas circunstancias, depende absolutamente del grado, es decir, del estado del individuo, de lo que se llama, en lenguaje escogido, *idiosincrasia*. Pero tal grado no puede juzgarse sino por un examen particular de cada caso; el sistema de exclusión, aplicado por ley general, solo podría ser perjudicial.

¿Es presumible que un juez, en un tribunal abierto al público y con la garantía de un debate contradictorio, admita un testimonio marcado con los diversos caracteres de la imbecilidad o de la incapacidad y que le otorgue un grado de confianza capaz de influir en su decisión? ¿Se dirá que si ese mal es poco probable, es, no obstante, posible y que, para evitarlo, sería más seguro excluir esos testimonios peligrosos?

A ello contesto que una simple posibilidad de error prueba demasiado, porque el juez puede engañarse igualmente, y desgraciadamente se engaña a menudo, con testimonios que no pueden rechazarse y que no se excluyen en ningún sistema de jurisprudencia.

II. EXCLUSIÓN POR RAZÓN DE INTERÉS EN LA CAUSA

Si el interés, tomando la palabra en el sentido más general, representa una razón suficiente de exclusión, debe concluirse que todo testimonio procedente de labios humanos debería excluirse.

Si no hubiese interés, es decir, motivo, no habría testimonio. Si es un interés el que produce testimonios infieles, es otro interés el que otorga garantías para preservarse del error y producir testimonios dignos de fe.

Cuando el interés engaña, ello no puede ocurrir sino por medio de un testimonio inexacto e incompleto; su efecto inmediato sobre el testigo es inducirlo a mentir. Pero la falsedad no es perjudicial sino en la medida en que pasa como verdad en el espíritu del juez y produce un juicio erróneo. Ahora bien, ¿es ésa una consecuencia necesaria? ¿Es, siquiera, una consecuencia probable? Por el contrario, ¿no es de presumir que las falsedades, al no concordar con el conjunto de los hechos, serán descubiertas y contribuirán a la instrucción del juez tanto como un testimonio verdadero?

Cuando existe por parte del testigo un interés que lo induce a mentir, cuanto más se manifieste, menos peligroso será para el juez.

¿Es pecuniario? Su tendencia seductora es reconocida en seguida e, incluso, puede estimarse su fuerza, sea por el valor positivo, sea por la condición y el carácter del testigo. ¿Es verosímil que un hombre sacrifique su conciencia y exponga su reputación de probidad por una ganancia mínima, comparada a su fortuna? Tal es el género de interés que, en la ley inglesa, ha servido de motivo para casi todas las exclusiones. El amor al poder, el amor propiamente dicho, la amistad, el odio, las demás pasiones del corazón humano, actuando por separado o en conjunto, no parece que hayan merecido las mismas precauciones. Se diría que los jurisconsultos ingleses, al estimar los peligros, no han tenido en cuenta la fuerza de todos esos motivos. El interés pecuniario es el único cuya influencia parecen reconocer. Es ése un resto de la barbarie de los tiempos antiguos.

Lo que hay de singular es que, en la misma ley en que se rechaza el testimonio por razón del más pequeño interés pecuniario, se admite el de un cómplice en los delitos más graves; ahora bien, ese cómplice es inducido a testimoniar con la promesa de un perdón que sustituye la vida por la muerte, con el agregado, a menudo, de una recompensa que excede en valor a los beneficios de un año de trabajo en los individuos de esta índole.

Un caso de tal naturaleza presenta reunidos todos los motivos de exclusión y cada uno de ellos en su más alto grado de fuerza; interés personal lo más elevado posible; improbidad de la peor especie y señalada a los ojos de todo el mundo; y, en caso de engaño y de fallo erróneo, resulta nada menos que la pena de muerte. Y la sentencia no admite apelación. Sin embargo, ese testimonio, con todos sus caracteres de reprobación, es admitido y, después de todo, la experiencia más larga no ha proporcionado ninguna razón para creer que sea peligroso admitirlo. ¿Cuál es su salvaguardia? La que ya hemos indicado: la evidencia misma del interés seductor y la desconfianza proporcional por parte del juez.

Se dice para justificar esas exclusiones que la ley se funda en la desconfianza; de acuerdo, pero en esto el exceso es peligroso. Rechazar como indigno de fe el testimonio de cualquier persona, en razón del más pequeño interés pecuniario que pueda tener en la causa cuestionada, es una desconfianza degradante, injuriosa, que supone a los hombres peores de lo que son en la medida ordinaria de la moralidad.

En un sistema de procedimiento que admite semejantes testimonios, ¿con qué lógica pueden excluirse otros?

Sigamos el curso ordinario de la vida. No es posible emprender o conducir ninguna empresa sin recurrir a las informaciones de las diferentes personas que tienen, en lo que al asunto se refiere, algún interés e, incluso, un interés pecuniario tan fuerte como el de un testigo citado en un negocio jurídico; y el individuo de quien se toman tales informaciones no tiene, ni con mucho, los mismos frenos para no salirse de la línea de la verdad. No está expuesto ni a la vergüenza ni al castigo por falso testimonio. Es cierto también que la queja corriente es que nos engañan a menudo, que raramente se obtiene la verdad exacta de las personas interesadas. Pero si se juzga por la confianza general que hace buscar tales informaciones se tendrá la prueba de que aquí la experiencia se halla a favor de la buena fe. Los casos en que se nos engaña, al ser, comparativamente, más raros, llaman la atención; aquellos en que se nos informa bien, al ser los más corrientes, no se tienen en cuenta. Se deduce que admitir en los tribunales de justicia los testimonios de personas que tienen un interés en la causa, no es seguir una idea puramente teórica, puramente especulativa, sino actuar, en realidad, según la experiencia común, según una experiencia fundada en una gran escala, una escala que abarca toda la vida humana.

III. EXCLUSIÓN EN RAZÓN A LA FALTA DE PROBIDAD

Después de la consideración del interés viene la de la falta de probidad: es ése el orden natural. ¿Por qué? Porque la falta de probidad no puede actuar sobre el testigo sino por intermedio de algún interés. El hombre menos probo, en el caso de no encontrarse bajo la influencia de algún interés seductor, viéndose rodeado de los frenos de la ley, expuesto a la vergüenza y a las penas del falso testimonio, no será lo bastante enemigo de sí mismo como para cometer sin provecho un delito peligroso.

Pero, se dirá, reconocido que un testigo carece de probidad, probado esto judicialmente por haber incurrido ya en un falso testimonio, ¿no debería ser considerada como causa de exclusión? Un hombre tachado de falsario a causa de un perjurio ¿puede ser admitido al honor de testimoniar? ¿Puede merecer algún crédito?

Rechazar semejante testigo, ¿no es un sentimiento universal?

Contesto a eso que cuanto más suspecto sea el testimonio, menos peligroso resultará, pues bastará con que la circunstancia del anterior delito, que degrada su credibilidad, se ponga a la vista del tribunal. No es de temer que, con tal perjuicio en su contra, dicho testigo obtenga demasiada confianza por parte del jurado. Se necesitará nada menos que la declaración más clara, más sostenida y más íntimamente ligada a todos los demás hechos de la causa, para producir una convicción que se halla combatida por esa especie de contra-testimonio resultante del carácter del testigo.

Examínese, por otra parte, si las circunstancias de su delito son de tal naturaleza que puedan afectar a su crédito en el caso actual. De que haya prestado un falso testimonio en defensa propia o de una persona que le sea querida, ¿se sigue la consecuencia de que, sin interés, cometerá el mismo delito para atacar la vida de un desconocido?

El delito en cuestión fue cometido en su primera juventud; pero, en el transcurso de veinte o treinta años, su conducta ha sido irreprochable. De acuerdo con la regla de exclusión, su testimonio ni siquiera será oído. Conforme al buen sentido, debe ser tan admisible como otro cualquiera, pues, en definitiva, es él quien más tiene que temer, ya que es objeto de desconfianza y la reincidencia aumentaría la gravedad de su delito.

IV. EXCLUSIÓN POR CAUSA DE UNA OPINIÓN RELIGIOSA

Cuando se ha hecho de tal o cual creencia religiosa un motivo de exclusión, se la ha contemplado como razón de sospecha o de falta de probidad.

Ahora bien, esa presunción general está desprovista de fundamento. En la ilimitada variedad de sectas que presentan los atributos de la divinidad bajo las ideas más contradictorias y más fantásticas, no hay ninguna que no reconozca en Dios al protector de la justicia y el conservador de las obligaciones morales, sin las cuales la sociedad no podría subsistir. En una palabra: los errores de sus doctrinas, que se manifiestan en la diversidad misma de las opiniones, no contienen nada que destruya la credibilidad de sus testimonios.

Si incluso se considera el ateísmo, cualquiera sea el grado de su error y el peligro de tal opinión, no hay razón alguna para sentar una sospecha de improbidad. ¿Por qué? Porque la confesión de una opinión tan rara y tan contraria al sentimiento universal es, por lo menos, una prueba de la sinceridad del individuo, sinceridad que puede no existir en quienes manifiestan la más firme adhesión a las enseñanzas recibidas, y que lo hacen con tanta mayor seguridad cuanto que es imposible convencerlos de lo contrario.

En la hipótesis de que la doctrina religiosa esté particularmente puesta en juego, o de que pueda temerse el efecto de los odios o de las parcialidades resultantes de esa causa, el peligro del error o de la falsedad en el testimonio es tan claro que se necesitaría una ceguera extraordinaria por parte del juez para no recibir la declaración con extrema desconfianza.

En Inglaterra se admite la declaración de un cuáquero en materia civil, pero no en materia penal; es decir, que se admite para llenar una necesidad pequeña y se excluye para llenar una necesidad grande. Si una mujer de esa secta sufre la mayor de las injurias, para que su virtud sea vengada hará falta que abjure de su religión. Un malvado incendia su casa, en pleno Londres, para defraudar a los aseguradores. Un cuáquero, testigo del hecho, declara ante la justicia; pero como se niega a prestar el juramento requerido, es preciso devolver a la sociedad un incendiario. ¡Qué absurdos! Aquellos que sienten escrúpulos para prestar un juramento, ¿hacen menos caso a la verdad que los otros? Muy por el contrario, su negativa nace de su buena fe. Así, pues, lo que hace rechazar su testimonio es precisamente lo que debería servir para admitirlo.

Capítulo XIV

De la exclusión de la prueba oral respecto a los contratos no escritos

La exclusión de la prueba oral fundada en su imperfección, en el peligro de falso testimonio, no es un principio falso. Por el contrario, es un buen principio pero llevado demasiado lejos. No es de temer que tales contratos de viva voz sean fácilmente admitidas. Solo circunstancias particulares podrían hacer admitir la prueba oral. Tales circunstancias existen en casos de necesidad o en compromisos simples. Rechazar la prueba oral es conceder un triunfo a la iniquidad. La declaración de *sospecha legal* vinculada a esos contratos sería mejor que el principio de exclusión de las pruebas. En los casos en que existe un contrato escrito, ¿se admitirá la prueba oral para las condiciones accesorias que hayan quedado sobrentendidas o agregadas de viva voz, pero no enunciadas en el texto? Respuesta: sí. Facilidad para juzgar si esas condiciones accesorias entran en el espíritu del principal. Su no inserción en el contrato escrito es razón suficiente para poner al juez en guardia.

Cuando se trata de promesas, de compromisos, de cuestiones que pudiéramos llamar *contractuales,* hemos visto ya la superioridad que las palabras escritas tienen sobre las verbales.

Mas cuando, en lugar de celebrarse un compromiso por escrito, se limitan los interesados a efectuarlo a viva voz, ¿debe en un tribunal de justicia considerarse nulo y sin ningún valor? ¿O debe admitirse el testimonio, que es la única prueba capaz de establecer la realidad del compromiso?

Quienes excluyen la prueba testimonial (como lo hace la jurisprudencia inglesa), no fundan la exclusión en la calidad de los testigos, ya que rechazan a todos, sino en la naturaleza misma del testimonio, es decir, en la imperfección de la prueba oral y en el peligro de engaño que contiene.

Aun cuando la exclusión fundada en tal razón parezca mejor motivada que en los otros casos, es, sin embargo, evidente que se le da demasiada extensión o, en otros términos, que se saca de ella una conclusión exagerada.

La primera consideración que se presenta por sí misma es que la escritura, aplicada a la conservación de las pruebas, es de fecha relativamente moderna. Antes de que fuese conocida, todos los derechos —la libertad, la propiedad, la vida misma— dependían únicamente de la prueba oral. Entonces, ¿todos los actos judiciales anteriores a las pruebas escritas han sido injustos? ¿La prueba testimonial era siempre falsa? ¿La justicia marchaba al azar?

Esa consideración, por sí sola, debería bastar para detenerse a meditar, suspender el juicio y ponerlo en guardia contra una exclusión absoluta.

Lo que se teme es que, mediante el empleo de testigos falsos, las partes, puedan dar una autenticidad fraudulenta a contratos que jamás han existido.

Ese peligro sería de temer, sin duda, si en los casos de esa naturaleza se pudiese admitir en los jueces una predisposición a creer fácilmente, a no exigir pruebas tanto más fuertes cuanto más sospechosa resulte la cosa por sí misma.

Solo un conjunto bien determinado de circunstancias y de testimonios puede inducir a un tribunal a reconocer la validez de un compromiso de esa clase.

Supongamos que un contrato verbal haya tenido testigos inmediatos, dignos de confianza y perfectamente acordes con la información que proporcionan. En tal hipótesis, el principio absoluto de exclusión, ¿no representaría un triunfo otorgado a la mala fe de quien se quiere sustraer al cumplimiento de su palabra? ¿No sería la ley misma la que vendría a premiar su falta de probidad? El éxito de un fraude notorio lleva muy lejos su influencia inmoral, puesto que pone en conocimiento de las gentes deshonestas que todos los fraudes de igual clase se hallan asegurados por la misma protección.

Las consecuencias de un error de la justicia no serían tan dañinas. Supongamos que un jurado se dejase engañar por una conspiración de falsos testigos y reconociese como válido un compromiso que no había existido nunca, con lo cual haría triunfar un fraude. Pero, de un error de esa naturaleza, nada se deriva con respecto a otro caso: si un jurado ha sido engañado, otro estará sobre aviso. Se trata de un mal pasajero, de un caso aislado. No se alienta la mala fe, mientras que el principio de exclusión que obliga al juez a dejar impune un fraude reconocido se aplica a todos los casos semejantes y constituye un mal irremediable.

Entiendo que, en ese caso, como en los otros, solo existen ventajas sustituyendo el principio de exclusión por la declaración legal de sospechosos que se haga recaer en todos los contratos celebrados de viva voz.

Ahora bien, se dirá que si es un hecho conocido que tales contratos son nulos y que los jueces no los reconocen, el resultado no ha de ser otro sino que no se celebrará ninguno, o que si se celebra, será incurriendo en un grado extraordinario de imprudencia.

Pero quienes razonen así, olvidan que esta clase de disposiciones legales nunca son conocidas en forma bastante generalizada, sobre todo por las gentes sencillas, extrañas a los negocios y que actúan con la mayor lealtad y buena fe. Por otra parte, hay circunstancias en que se hace necesario contraer compromisos a viva voz y en los que resulta fácil a los bribones tender ese lazo a las personas incautas.

En el momento mismo en que un caso de esa naturaleza se presente al juez, advertirá a la parte que pueda intentar un fraude con el pretexto de un compromiso no escrito, que esos compromisos presentan, ante la ley, tacha de sospechosos, que están entregados a la investigación más severa, que los testigos serán sometidos a preguntas y repreguntas en presencia del público. Dicha precaución bastará frecuentemente para hacer abandonar, a quienes proceden de mala fe, un proyecto fraudulento sobre el cual advierten que todos los ojos están abiertos.

Pasemos a otro caso. Existe un contrato escrito, pero conjuntamente se han establecido entre las partes unas condiciones que no han sido escritas y que sirven de complemento al contrato. Se trata de cláusulas adicionales o explicativas, acerca de las cuales se han entendido amistosamente y que, tal vez, su necesidad no ha sido advertida por los contratantes hasta después de estar redactado el documento. La parte escrita es la materia principal y la parte no escrita puede ser considerada como la materia *accesoria*. La cuestión a examinar es esta: en caso de discrepancia, ¿se debe excluir la prueba de testigos respecto a las cláusulas accesorias que no han sido escritas?

Se ha de suponer que el contrato sin las cláusulas accesorias resulta incompleto, que no está de acuerdo con la intención de la parte contratante que las aleja y que se convertiría para ella en un compromiso perjudicial y fraudulento.

En este supuesto, hay todavía menos razón que en el precedente para excluir la prueba testimonial. ¿Por qué? Porque hay menos peligro de que el juez se engañe sobre la verdad de las convenciones accesorias. ¿Están en el espíritu del documento escrito? Entonces contienen en ellos mismos su carácter de probabilidad. Su grado de importancia es igualmente claro: basta un mínimo de discernimiento para juzgar los motivos que han podido ocasionar su omisión en el contrato escrito, si es que realmente han existido.

"Habéis contratado por escrito —les dirá el juez—. Conocíais por lo tanto la importancia de esa forma de fijar las convenciones. Por lo tanto, ¿no resulta muy improbable que hayáis hecho cambios considerables en ese mismo contrato, usando una forma tan imperfecta y tan fugaz como la palabra oral? ¿Cómo podéis pretender haber establecido verbalmente una convención de esa naturaleza, cuando tan sencillo os era insertarla en el documento mismo? ¿Cómo no advertís que la cláusula que queréis probar mediante testigos está en contradicción con las del propio documento que lleva vuestra firma?

Estas observaciones se presentan de manera tan natural que ponen a los jueces, por así decirlo, al abrigo de toda sorpresa.

De todo ello se sigue que, en este caso, las razones contra la exclusión de la prueba de testigos subsisten en toda su fuerza, y que las razones para la exclusión son más débiles.

Capítulo XV

Garantías contra los testimonios sospechosos y las pruebas inferiores

Principio general. No repasemos ninguna prueba por el temor a ser engañados, peligro de decepción por parte de los jueces no es como el peligro de falsedad por parte de los testigos. Precauciones a tomar. 1) Interrogatorio inicial de las partes, donde se declarará la naturaleza de las pruebas. 2) Instrucciones sobre el valor de las pruebas. 3) Clasificar los fallos según la naturaleza de las pruebas que le han servido de base. 4) Dictar fallos provisionales, con cláusula de restitución eventual. 5) Autorizar una apelación a una judicatura superior.

En toda la trama de esta obra reaparece constantemente una conclusión práctica: *No hay que excluir ninguna prueba, ningún testimonio, por el solo temor de ser engañado.*

Este principio, aun siendo indudable en sí mismo, resulta sin embargo tan nuevo, tan contrario a los prejuicios y a las costumbres de los letrados, que todo cuando yo pudiera decir acerca de las precauciones que se deben emplear les parecerá muy pobre como remedio, en comparación al daño que causa.

Lo que tengo que decir sobre los testigos sospechosos se aplica igualmente a las pruebas inferiores, a esas pruebas que son, como su nombre indica, mucho menos dignas de fe que aquellas otras que presentan todas las garantías deseables pero que, en muchos casos, no se podrían excluir sin ocasionar un perjuicio al verdadero derecho y que por ello han sido generalmente admitidas.

Con respecto a los testimonios sospechosos y a las pruebas inferiores, el peligro que de los mismos resulte generalmente se ha exagerado, fundándose la exageración sobre un supuesto desprovisto de fundamento, a saber: que el peligro de la burla por una parte era como el peligro de la falsedad por la otra. No se ha tenido en cuenta que el demérito de esos testimonios o de esas pruebas se presenta lo bastante claro para que el juez esté sobre aviso y sea difícil engañarlo.

Sin embargo, como el desprestigio aparente de esas pruebas puede no coincidir siempre con su desprestigio real, y como puede no parecer igual a todos los ojos, el legislador no debe descuidar ninguna de las precauciones que la naturaleza del caso admita, con objeto de reducir el peligro a su mínima expresión.

He aquí las medidas que propongo a tal efecto:

Primera garantía. Desde la apertura de la causa, estando presentes ambas partes, serán interrogadas acerca de la naturaleza de las pruebas de que intentan valerse. Esto constituye un preliminar indispensable a todo buen procedimiento. Bien conocida desde el principio la condición de las pruebas, se produce la claridad de las actuaciones subsiguientes.

Segunda garantía. Código de instrucción concerniente al valor de las pruebas. Entiendo por tal, un cuerpo de instrucción sancionado por el legislador y dirigido a los jueces para que les sirva de guía.

Se ha explicado ya cómo hacía falta sustituir el principio de *exclusión* por el de *suspicacia.*

Ese código de instrucción presentará ante los ojos de los jueces las diversas circunstancias que, al debilitar el valor de un testimonio, deben provocar la sospecha y, por consecuencia, la circunspección y el examen.

Indicará los casos en que deban ser examinadas las pruebas inferiores; y prescribirá que, en los casos en que sea factible, se recurra a las pruebas superiores si ello es posible.

Afortunadamente, en este punto no hay necesidad de recurrir a la autoridad del gobierno para presentar instrucciones que tiendan al mismo fin. Expresar la naturaleza de las pruebas, formar una escala de su respectiva fuerza probatoria, significa prestar a la lógica judicial un servicio cuya utilidad es independiente de la sanción del legislador.

Tercera garantía. Clasificar las sentencias pronunciadas de acuerdo con la naturaleza de las pruebas que han servido de base a la decisión.

La clasificación establecida en esta obra podría servir de base a la ordenación de las pruebas según su importancia respectiva. En tal causa (la causa de Juan Batard), por parte del demandante, la prueba era de tal o cual clase (prueba testimonial directa, prueba preconstituida, prueba por escrito casual, prueba de referencias, etc.); y, por parte del demandado, ninguna prueba o prueba de confesión, etc.

Con una nomenclatura así formada, la colocación de cada prueba dentro de su grupo sería análoga al ejercicio gramatical consistente en distribuir las palabras de una oración conforme a los términos generales de sustantivos, adjetivos, verbos, etc.

En un registro oficial, todas las cosas estarán colocadas bajo epígrafes apropiados: 1) tantas causas en el espacio de un año; 2) número de causas en las cuales ha sido admitida una prueba de índole sospechosa (designando las especies); 3) número de fallos favorables a las causas en que han sido admitidas esas pruebas sospechosas.

Ese número no sería muy elevado. Con respecto a los contratos en general, aquellos en que la autenticidad se discute son muy raros en comparación con aquellos otros en que no se discute.

Es mucho mayor el número de los que se impugnan en razón de haberse omitido o cumplido mal una formalidad legal cualquiera. Mediante el sistema de registro que propongo, se llegaría pronto a conocer cuál es la proporción entre los diferentes motivos litigiosos.

Se vería, asimismo, cuál es el máximum del daño que puede resultar del principio general de admisión de toda clase de pruebas, porque es evidente que tal daño no puede estar únicamente en la circunstancia de haberse admitido una prueba sospechosa, sino que ha de estar en la influencia ejercida por esa admisión en el fallo de los jueces.

Supongamos que se han juzgado cien causas en el año. ¿Cuántas hay en que la sentencia haya recaído en favor de quienes han aportado pruebas de clase inferior y cuántas en su contra?

Fácilmente se comprende que dicho cuadro no sería objeto de simple curiosidad, sino que representaría una gran fuente de enseñanzas.

Cuarta garantía. En el caso de un fallo pronunciado por necesidad en base a pruebas de orden inferior, el juez exigirá una garantía para una eventual restitución, es decir, para el caso de que la parte condenada pudiera adquirir, en un plazo determinado, una prueba positiva de su mejor derecho.

Quinta garantía Esas sentencias ofrecen particulares motivos para interponer el recurso de apelación o para remitir la causa a un tribunal superior, incluso sin decisión provisional.

Me parece que, mediante esas precauciones, el sistema de admisión de todas las pruebas presentaría muy poco riesgo y, sobre todo, sería infinitamente menor que el del sistema de exclusión; sistema tajante, violento e irreflexivo, que lleva necesariamente a decisiones erróneas cuando el testimonio excluido es el único que puede ser aportado por una de las partes.

Capítulo XVI

Carga de la prueba. ¿Sobre quién debe recaer?

La prueba debe recaer sobre quien puede producirla con menos inconvenientes. Esto podrá determinarse en la sesión inicial. El que hace la alegación debe probar la verdad; principio falso si es absoluto, pero cierto en la mayoría de los casos. El demandante siempre tiene algo que probar y el demandado no tiene que hacer, a menudo, sino una simple denegación.

Entre las dos partes contrarias, ¿a cuál se debe imponer la obligación de proporcionar la prueba? Esta cuestión presenta infinitas dificultades en el sistema procesal técnico.

En un régimen de justicia franca y simple, en un procedimiento natural, es muy fácil contestar.

La carga de la prueba debe ser impuesta, en cada caso concreto, a aquella de las partes que la pueda aportar con menos inconvenientes, es decir, con menos dilaciones, vejámenes y gastos.

Pero, ¿cómo saber cuál de las partes se encuentra, con respecto a la prueba, en la situación más favorable? En el procedimiento técnico no hay ningún medio de llegar a ese conocimiento, pues se ha hecho todo lo posible para impedirlo. En el procedimiento natural, ese conocimiento, al igual que el de otros varios aspectos, será fácilmente logrado en una comparecencia inicial de las dos partes ante el juez.

Pero, se dirá, es a la parte que inicia el juicio, que formula la *alegación,* a la que corresponde probar la veracidad de la misma. Tal es el aforismo que se presenta por sí mismo y que, en apariencia, es muy plausible.

Pero, por muy plausible que sea, la experiencia ha demostrado que cuanto más se la ha querido seguir, más se ha apartado del fin que se proponía y mayores han sido las dilaciones, los vejámenes y los gastos. En una palabra, dicho aforismo más ha servido para crear dificultades que para resolverlas.

Bajo el sistema natural, la alegación es ya una prueba por sí misma; cuando menos porque, sea con referencia al hecho principal, sea con relación a algún hecho probatorio, el testigo que se presenta como testigo inmediato es la propia parte.

En general, la alegación de la parte no tiene, sin embargo, la misma fuerza probatoria que una alegación parecida proveniente de un testigo externo.

Tiene todavía menos fuerza que una alegación hecha al mismo efecto por la parte adversa y aun que la simple admisión del hecho que se le oponga.

Desde este punto de vista, lo contrario del aforismo es más verdad que el aforismo mismo. Si el hecho en cuestión ha llegado a conocimiento de la parte adversa, de esta misma parte adversa debe venir la prueba. Es de ella de quien se puede obtener con más certeza y facilidad.

No obstante, hay que convenir en que el demandante es la parte principalmente interesada en suministrar la prueba. ¿Por qué principalmente interesada? Porque en el caso de que una alegación no sea creída, sobre ella recaerán las consecuencias desagradables de no haberlo conseguido.

Es, pues, el demandante quien siempre se presenta primero a nuestras miradas, ya que es él quien corre el mayor riesgo. ¿Por qué? Porque se espera siempre que, por su parte, tenga algo que probar y que si no prueba nada no puede salir del juicio sin una pérdida mayor o menor; mientras que, por parte del demandado, puede suceder que salga de la lucha con éxito sin haber probado nada, sin siquiera haber tratado de probar, sin hacer otra cosa que negar formalmente la proposición del demandante.

Libro octavo

De lo improbable y de lo imposible

Capítulo I

Nociones preliminares

El objeto de este libro es puramente judicial. Un tribunal, ¿puede rechazar hechos apoyados en testimonios directos por la sola razón de que esos hechos se consideran imposibles? Ningún criterio cierto sobre lo imposible. Lo imposible no es sino lo improbable en el más alto grado. Punto medio entre el pirronismo absoluto y la credulidad lega. Certeza moral suficiente para orientar nuestro juicio. *Imposible:* palabra tomada en dos sentidos. *Imposible intrínseco,* es decir, incompatibilidad del hecho pretendido con los hechos universalmente admitidos y que no necesitan probarse. *Imposible condicional:* o sea incompatibilidad del hecho pretendido con otros hechos cuya prueba se ofrece.

Antes de entrar en la discusión sobre lo *improbable* y lo *imposible,* una de las más arduas que pueden ocupar el pensamiento humano, debo advertir que he de limitarme a cuanto se refiere a las pruebas judiciales. Se trata de saber por qué y hasta qué punto un tribunal de justicia puede rechazar hechos basados en testimonios directos, cualesquiera sean su número y su fuerza, por el solo argumento de la improbabilidad de tales hechos o de su pretendida imposibilidad.

Quienes emplean aquellas palabras con una confianza absoluta, tal vez se asombrarán de ver en las palabras que siguen cómo la conclusión a que se llega no es, después de todo, sino una variante de las pruebas circunstanciales; que concretamente no hay ningún criterio cierto acerca de lo imposible; que no entra en la esfera de la inteligencia humana determinar su naturaleza; y que quien se atreve a emplear esos términos en sentido estricto no hace nada menos que afirmar su infalibilidad y su elevada ciencia.

Haría falta, pues, según parece, borrar en nombre de la filosofía aquella expresión presuntuosa; pero si el lenguaje popular nos fuerza, por así decir, a emplearla, es necesario, por lo menos, recordar que, en materia de hechos jurídicos, imposible no puede significar sino improbable en el más alto grado.

Esta doctrina no tiende ni a establecer un pirronismo peligroso, ni una credulidad ciega. La razón, de acuerdo con los daños de la experiencia, es capaz de apreciar los diversos grados de probabilidad y de ligar a ese punto de verosimilitud que recibe en el lenguaje común el nombre de certidumbre moral. Hasta el presente día no se han puesto en claro los primeros principios de la naturaleza ni se conocen los últimos límites de su poder; pero lo que sabemos basta para dirigir nuestro juicio sobre las operaciones usuales de la vida, y las decisiones judiciales reposan sobre las mismas bases de conocimiento.

Un hecho es increíble. Detengámonos ante esa palabra. Preguntémonos qué es lo que pasa en la mente cuando se pronuncia.

Un hecho es increíble para mí cuando me parece incompatible con otro hecho cuya existencia me ha sido demostrada.

Aplicamos los términos de increíble, improbable, imposible a dos clases de alegaciones de naturaleza diferente;

1) Un hecho es afirmado por un testigo. El demandado no aporta ningún testimonio en contra. El hecho, dice, es imposible en sí mismo: se me acusa de magia, de sortilegio; se pretende que me he hecho invisible, que he hecho entrar un demonio en el cuerpo de una pobre religiosa. Semejantes acusaciones se refutan por sí mismas: no tengo necesidad de contestar.

2) Un hecho es afirmado por un testigo. El demandado no pretende que el hecho alegado sea imposible en sí mismo, pero pretende que es imposible porque resulta incompatible con otro hecho del cual puede suministrar la prueba de un testimonio superior. El demandado, por ejemplo, no puede haber cometido el delito en cuestión, porque el escenario del crimen imputado es Londres, y en aquel momento estaba en York, a doscientas millas de Londres. Esta hipótesis es conocida con el nombre de *coartada.*

En el primer caso, el medio de defensa consiste en que el hecho supuesto resulta increíble por su incompatibilidad con hechos notorios conocidos por el juez y de los cuales no hay necesidad de aportar pruebas.

En el segundo caso, el medio de defensa consiste en que el hecho supuesto resulta increíble por su incompatibilidad con hechos de los cuales se aporta una prueba de testimonios con fuerza preponderante.

En el primer caso, se trata de un imposible intrínseco: en el segundo, de un imposible condicional: si tal hecho es verdad, tal otro hecho, posible en sí mismo, no puede ser verdad.

Capítulo II

Lo imposible es indefinible. Credibilidad no absoluta sino relativa en el estado de nuestros conocimientos

Utilidad de un criterio sobre lo imposible, si existiese. Un hecho considerado imposible es un hecho que viola las leyes de la naturaleza. Explicación de la expresión *ley de la* naturaleza. Metáfora tomada de las leyes políticas. Las grandes conformidades entre los acontecimientos físicos han sido clasificados bajo la noción de las leyes naturales. Tales nociones varían según el estado de los conocimientos humanos y el grado de inteligencia de cada individuo. Ejemplo del rey de Siam; su incredulidad sobre la congelación de los ríos. ¿Qué habría dicho Luciano, historiador del impostor Alejandro, si se le hubiese afirmado que este se había elevado por los aires a una altura extraordinaria? Efecto que la ascensión de Garnerin produjo sobre los japoneses que la presenciaron en San Petersburgo. Efecto del mismo fenómeno sobre los turcos. La imaginación familiarizada con los prodigios no los distingue de los acontecimientos regulares.

¿Existe una señal cierta, hay un criterio mediante el cual los hechos imposibles puedan ser diferenciados de todos los demás hechos?

Si existiese tal criterio, sería de una gran utilidad. Se utilizaría para hacer un catálogo legal de los hechos imposibles y en cuanto un hecho extraordinario fuese declarado ante el juez, este no tendría más que consultar dicho catálogo y, si el hecho en cuestión se encontrase comprendido, podría rechazar el testimonio sin más examen.

Encontrar un carácter indiscutible de imposibilidad, hallar una medida de los grados de improbabilidad sobre la cual todo el género humano se ponga de acuerdo, es un descubrimiento que no se ha hecho hasta el presente y que quizá no se hará nunca.

El sentimiento que prevalece en nuestros días es que ningún hecho reconocido como contrario al curso de la naturaleza debe ser admitido en un tribunal de justicia dando crédito al testimonio humano, es decir, a un testimonio que se halla en oposición con un conjunto preponderante de contra-testimonios.

Decir que un hecho es contrario al curso de la naturaleza equivale a decir que representa una violación de las leyes conocidas de la naturaleza. La pregunta se reducirá, pues, a esta: ¿Qué es una ley de la naturaleza y qué es una violación de las leyes de la naturaleza?

Ley de la naturaleza es una expresión metafórica. Está tomada del uso que se hace de la palabra ley en el lenguaje político. Es, pues, a ese sentido primitivo donde hay que remontarse para explicar el significado derivado.

Se entiende por ley política una expresión de la voluntad de un soberano, una orden emanada de una autoridad reconocida y apoyada por sanciones habituales: la consecuencia que de ello resulta ordinariamente es una cierta conformidad en las acciones humanas, en la conducta de los individuos sujetos a esa ley. Y siendo las acciones humanas hechos, una ley política se transforma así en causa de conformidad entre los hechos.

En el inmenso conjunto de hechos físicos que, en el estado de ignorancia primitiva, pudieron parecer aislados e independientes unos de otros, se ha observado una marcha constante y regular, una sucesión que se ha considerado como una continuidad de efectos y, en consecuencia, como dependientes de una causa, y a esa causa se le ha dado el nombre de *ley*. Así, la ciencia humana, a medida que ha creído observar grandes conformidades entre los hechos físicos, los ha agrupado dentro de la noción de *leyes naturales*.

Ahora bien, admitiendo esta expresión así explicada, nos vemos obligados a reconocer que las nociones de lo sobrenatural o de lo imposible varían según el estado de los conocimientos humanos y el grado de inteligencia de los individuos. Puede decirse, en otros términos que la credibilidad de un hecho guarda relación con el estado de nuestro espíritu y de nuestras actuales luces. Las nociones de lo posible y de lo imposible, de lo probable y de lo cierto, no son propiedades que existen en los hechos mismos, sino únicamente inclinaciones de nuestro espíritu, predisposiciones internas que experimentamos al pensar en esos hechos, de suerte que el mismo hecho que parece necesariamente probable a uno, al otro le parece tan necesariamente improbable, y una cosa que a un académico le parece imposible, parecerá no solamente posible sino cierta a un hotentote.

Supongamos una persona muy ignorante, es decir, a quien el curso de la naturaleza le sea lo menos conocido que pueda concebirse: todo hecho que le sea afirmado por un individuo poseedor de su confianza en cierto grado, será creído por la fuerza de una simple aserción, tanto los hechos sobrenaturales como los comunes, la existencia de un diablo o de un aparecido, como la de un hombre, la existencia de un gigante de sesenta pies de altura, como la de un enano de cuatro o cinco pulgadas, la existencia de una nación de cíclopes con un gran ojo en medio de la frente, como la de una nación de hombres con dos ojos en su lugar ordinario.

Todos los hombres han pasado por ese estado de credulidad lo mismo que todos los individuos en su infancia, y conocemos poblaciones de salvajes que no han salido del mismo.

Los viajeros que, en los siglos quince y dieciséis, llevaban los productos del arte europeo a las regiones recientemente descubiertas, encontraban, en general, a sus habitantes bastante dispuestos a creer cuanto se les decía de las maravillas de nuestro mundo, bajo la fe de las que se desplegaban ante sus ojos; pero esta facilidad para creer no carecía de excepción. La anécdota del rey de Siam es lo bastante antigua para haber sido citada por Locke. Cuando los holandeses, a quienes pareció escuchar con placer y con confianza, le contaron que en su país, durante el invierno, las aguas se endurecían hasta el punto de soportar a los hombres y a los carros como la tierra firme, su respuesta fue una sonrisa de desprecio y ya no vio en ellos más que impostores. En esa época, los progresos de las ciencias naturales eran todavía poco considerables, y los europeos que contaban esas maravillas tal vez no sabían más que su majestad siamesa sobre los medios artificiales de fabricar hielo, o no poseían los materiales necesarios para operar en la transformación. El hecho no estaba conforme con el curso de la naturaleza en el estado de cosas que la observación y la experiencia habían presentado al rey de a Siam. Tenía, pues, para rechazarlo, la misma razón que la que a nosotros nos parece la más fuerte y la más decisiva para pronunciarnos sobre la imposibilidad de un hecho.

La solidez, la fluidez, la gaseosidad, son ahora consideradas por todos los químicos como los tres estados de que son susceptibles todos los cuerpos que conocemos, según su grado de combinación con el calor, de tal manera que, si bien existen muchos cuerpos que no se nos presentan en uno de esos tres estados, una nueva experiencia que produjese una conversión de ese género, por muy inesperada, por muy curiosa que fuese, no parecería una desviación del curso ordinario de la naturaleza, lo mismo que no lo parece la existencia del agua en estado de hielo o de vapor.

Tenemos pocos fragmentos de la antigüedad más curiosos que la historia del impostor Alejandro, escrita por un testigo ocular, por Luciano, que si no era el más ingenioso de los filósofos griegos, era, con mucho, el más sabio. Fue una gran suerte para ese corifeo de los incrédulos del paganismo que se le presentase tan bella ocasión de burlarse de la credulidad pública, mostrando los juegos de manos de aquel juglar célebre que, sin más elementos que un gusano encerrado en una cáscara de huevo, una serpiente amaestrada y una cabeza artificial de víbora, se hacía pasar por profeta y por primer ministro del dios Esculapio. Si un testigo respetable hubiese ido a ver a Luciano y le hubiese dicho:

> "Ayer he visto a Alejandro con su serpiente divina navegar por los aires en una barca y hacer remontar con él un globo de por lo menos treinta pies de diámetro; lo he seguido con los ojos hasta que, pronto a penetrar en la morada celeste, su inmens o alojamiento me lo ha hecho invisible." ¿Qué acogida hubiese hecho a tal testigo el filósofo incrédulo? La misma, según las apariencias, que el rey de Siam hizo a los viajeros holandeses. Pero supongamos que al día siguiente Luciano mismo hubiese sido testigo de la ascensión de Esculapio y de su favorito a las regiones etéreas: se hubiese visto reducido a la triste necesidad de confesar su error, de reconocer la divinidad de la serpiente, o de recurrir a algún término como el de magia para cubrir la obstinación de su incredulidad, ante la impotencia de justificarla con algún argumento sólido.

Si, en semejantes circunstancias, hubiese considerado apropiado dar cuenta de ese hecho, ¡cuál no habría sido su dificultad! Cuanto más espíritu y sagacidad hubiese tenido, más dificultad habría encontrado en una solución cuyos datos desconocía. Los japoneses, que fueron testigos en San Petersburgo, en 1803, del viaje de Garnerin por los aires, no experimentaron semejante inquietud; para ellos era una práctica ya familiar a su imaginación. Las historias fabulosas de sus brujos los habían preparado para contemplar sin asombro cuanto hubiere de extraordinario en ese viaje aéreo.

Cuando se presentó a los turcos, en la capital de su imperio, el espectáculo de la ascensión por los aires, no se mostraron más asombrados que los japoneses y poco más o menos por la misma razón. Todos los hechos maravillosos que pueden contárselas o enseñárseles están suficientemente explicados para ellos por la sus nociones de magia o de sortilegio. No hay sectario de Mahoma, grande o pequeño, que no se halle bien convencido de que el arte de la magia es un don corriente entre esos mestizos de la raza humana que se denominan a sí mismos cristianos, pero a quienes los turcos no designan sino con el nombre de un animal inmundo. Una nación para quien la faz de la naturaleza no es visible sino a través de los velos del Corán, no tiene base para juzgar la verosimilitud de los hechos; no hay ninguno que sea menos conforme que otro al curso de la naturaleza. Su imaginación, familiarizada con los prodigios, los confunde con el orden común. *Las mil noches y una noche* tendrían para ellos la misma autoridad que las demás historias, si se les diesen como ciertas. Pero un hecho que parece y que debe parecer increíble a un individuo, en el estado actual de sus conocimientos físicos, cesará de serlo si se le muestra su conformidad con tal o cual otro hecho que no le era desconocido, pero que nunca se le había aparecido bajo ese aspecto.

No se conocían en Siam ni las mezclas frigoríficas salinas, ni el éter que, por su pronta evaporación, habría bastado para la experiencia; pero los holandeses hubieran podido convencer a su majestad siamesa arrojando un puñado de nitro en agua hirviendo. Pronto el incrédulo monarca hubiese visto la transformación del líquido en esa piedra semitransparente que, en las regiones del norte, forma puentes naturales capaces de soportar sobre los ríos a los más grandes elefantes; o si, contra toda probabilidad, el clima de Siam no hubiese permitido esta experiencia que proporciona en Bengala una fuente de goces tan saludables, vasijas de tierra porosa con una corriente artificial de aire habrían producido tanto hielo como fuese necesario para convertir la fábula en historia.

La tarea resultaría menos fácil para reconciliar al filósofo griego con el prodigio aparente de la navegación aérea. Sin embargo, podrían encontrársele analogías. Cuando una violenta fuerza arranca de raíz un pino del monte Ida y lo precipita al fondo del mar, pronto se lo ve reaparecer en la superficie y flotar triunfalmente. La causa de ese hecho es conocida. Un aire que no conocéis todavía, y que abunda en la naturaleza, es al aire que respiramos lo que la madera es al agua; más ligero, tiende a elevarse hasta encontrar el nivel de su pelo. Encerremos en un globo de tamaño suficiente una cantidad de ese aire y pronto elevará, no solamente al globo mismo, sino también a la nave que lleva suspendida y los hombres y los dioses con ello: precisamente como el pino precipitado a las aguas se eleva rápidamente a la superficie y levanta consigo los cuerpos pesados que lleva amarrados.

Esta analogía, ¿habría satisfecho al filósofo escéptico y burlón? O su razón, difícil de convencer, ¿hubiese exigido que se pusiese ante sus ojos una manufactura de gas hidrógeno? Para contestar esta pregunta, habría que conocer el rasgo particular de su espíritu, el humor del momento en que se le ofreciese esta explicación y el grado de irritación y de amor propio que hubiere puesto en su querella con su antagonista.

Capítulo III

No hay hechos absolutamente reconocidos como increíbles. Excepciones aparentes pero no reales

Hay proposiciones sobre las cuales todos los hombres están de acuerdo. Dos y dos son cuatro. Una cosa no puede, al mismo tiempo, ser y no ser. Una verdad matemática no puede ser contradicha, etc. Pero en todas esas proposiciones y muchas otras parecidas, no se trata sino del sentido de los vocablos, no se trata de un hecho. Incluso con respecto a esas proposiciones, podría haber desacuerdo entre los hombres si se tuviese un interés en crearlas o no crearlas. ¿Por qué? Porque la voluntad es uno de los órganos principales de la creencia.

Hemos establecido que la credibilidad o la incredibilidad de los hechos no dependía de su naturaleza sino de la predisposición de nuestro espíritu, es decir, del estado de nuestros conocimientos; de suerte que, en diversas épocas y en diversos países, se pueden tener nociones muy diferentes sobre lo posible y lo imposible, de donde resulta que, entre los hechos que pueden convertirse en tema de una controversia judicial, no puede mencionarse ninguno del que quepa afirmar que todos los hombres estarán de acuerdo en considerarlo como increíble.

Se podrá negar esto y decir que si tal regla es generalmente cierta, no lo es universalmente. Hay excepciones. Por ejemplo, todas las personas están perfectamente de acuerdo, en cuanto conocen los términos, en reconocer que dos y dos son cuatro. Hay una perfecta unanimidad entre ellas sobre la imposibilidad de que una cosa sea y no sea al mismo tiempo, o que una cosa que ha existido no haya existido.

Conforme. Pero si bien se mira, se verá que esas proposiciones y muchas otras parecidas no encierran ningún hecho positivo; todo cuanto enuncian se refiere a la significación de los términos. Es como decir que una palabra admitida en un sentido no puede ser aceptada en sentido contradictorio: es decir, que una cosa inconcebible no puede ser concebida. Todas las proposiciones directamente opuestas a verdades matemáticas se hallan en este caso. El que dice, por ejemplo, que dos líneas rectas pueden, por sí solas, encerrar un espacio, no enuncia un hecho; no se le puede responder que afirma un hecho imposible, puesto que no es un hecho, pero puede respondérsele que emplea términos contradictorios, que no se entiende él mismo y que acumula palabras sin ideas.

A es llevado ante la justicia por haber matado a B. Testigos dignos de fe están de acuerdo en acusarlo de ese delito; antes del final del procedimiento, B se presenta a los jueces. El hecho del crimen es inmediatamente considerado como imposible, y he ahí un caso en que todas las personas estarán de acuerdo. Conforme, pero en tal caso todo se reduce a que no existe el hecho.

Que aquélla proposición, *dos y dos son cuatro,* se refiere únicamente al sentido de las palabras, es una verdad reconocida en cuanto se enuncia. Estas manzanas mismas, a las cuales, tomándolas juntas, aplico la palabra numérica cuatro, si las considero como divididas en dos partes iguales en número, les aplico respectivamente las palabras numéricas *dos y dos:* no es sino una denominación diferente, igualmente conforme al uso de la lengua; no es el enunciado de un hecho.

Pero si se tratase del enunciado de un hecho, y de un hecho factible de ser llevado a controversia judicial, no habría razón para afirmar que todos los hombres estarían de acuerdo en considerarlo como cierto.

La voluntad, dice Pascal, *es uno de los principales órganos de la creencia.* Pongamos en juego la esperanza y el temor, demos a los hombres un interés real o imaginario en creer o en no creer y no habrá ninguna proposición, por contraria que parezca a la razón común, que no pueda ser sostenida; no digo sostenida únicamente por un testimonio exterior, sino con una persuasión tan sincera como sea posible poner en lo que no se comprende.

En lo que se refiere a la proposición cuestionada, *dos* y *dos son cuatro,* no se ha puesto en marcha un interés que lleve a los hombres a negarla para producir en el lenguaje versatilidad y contradicción: pero en el ejemplo más próximo a ése se encontraría una prueba sorprendente de lo contrario. Dejo de lado esta consideración porque me conduciría a un tema del que no debo ocuparme. Me basta con haber citado este ejemplo para demostrar que no hay hecho real o nominal que se encuentre absolutamente al abrigo de toda controversia; proposición que resulta de la mayor importancia práctica.

Capítulo IV

Consecuencias de lo dicho en el precedente

Lo improbable en materia judicial dependerá de los conocimientos relativos del juez y de la civilización. Variación de la escala de credibilidad en el mismo siglo, en la misma ciudad. Progreso real del individuo y de la especie. ¿Cómo se realiza? En proporción a la cantidad de analogías que se observan entre los hechos. Cuanto más se captan las conformidades de los hechos naturales, más se desconfía de cuanto se aparta de ellos. Apología de los antiguos errores: 1) el poco conocimiento de las leyes de la naturaleza; 2) la ignorancia de los principios con respecto a la valoración de los testimonios.

Una vez que se ha probado que la incredibilidad de un hecho depende en cada caso de la predisposición de cada individuo, se sigue la consecuencia de que, en materia judicial, la improbabilidad de un hecho dependerá de los relativos conocimientos que individualmente tenga el juez y, por lo tanto, del estado de cultura y de civilización del país en que actúa. Un hecho que en la Beocia no hubiese sido considerado en el siglo de Augusto como demasiado improbable para ser establecido por el testimonio humano, conforme al juicio de las inteligencias más esclarecidas, habría sido considerado como imposible en Roma y en Atenas en ese mismo tiempo y por hombres de la misma clase. Un hecho que los sabios de Roma y de Atenas habrían podido considerar probable, seria clasificado entre los hechos imposibles por los sabios de Londres y de París. Cada pueblo tiene su propia escala de credibilidad graduada de acuerdo con aquella cultura. ¿Qué digo? Esa escala varía aun dentro de una misma ciudad: tal historia, que estaría fácilmente acreditada sobre la fe de un relato público en el barrio de Wapping, no lo estaría igualmente en el de Saint-James. Hay un progreso evidente en la inteligencia de los individuos y en la de la especie humana. ¿Cómo se produce ese progreso? El hombre se hace más inteligente en proporción al número de hechos de toda clase que se fijan en su memoria y en proporción al número de analogías que observa entre los hechos respectivos. Las verdaderas analogías, al ser las mismas en todas partes, tienden a hacer más constantes y más uniformes los principios de la creencia.

A medida que un hombre se hace más inteligente, disminuye su disposición a creer, es decir, a creer de acuerdo con el testimonio ordinario y con las opiniones corrientes: cuanto más ligados entre sí se encuentran los hechos relacionados con su inteligencia, mayor resistencia opone a la admisión de un hecho que actúa contra ese conjunto de pruebas.

Los hombres dedicados a las ciencias físicas tienen a este respecto, generalmente, el mayor grado de inteligencia, dado el estado de la civilización. Son siempre los sabios de esta clase quienes han mostrado una oposición más firme frente a los hechos extraordinarios y a los hechos improbables.

Su objeto único es estudiar analogías, descubrir nuevas relaciones, remontarse a las causas naturales: conocer las leyes naturales no es otra cosa que clasificar los hechos de acuerdo con sus concordancias y con sus diferencias.

Las concordancias que, como he dicho ya, toman el nombre de *leyes de la naturaleza,* consiguen poco a poco el mayor grado de confianza, ya que por ellas llegan a explicarse todos los fenómenos, y nuestras percepciones a su respecto están de perfecto acuerdo con las de nuestros semejantes.

Desde que se llega a conocer y a expresar una de esas leyes de la naturaleza, los hechos que de ella dependen se unen entre sí, y todos los hechos incompatibles con esas leyes conocidas son recibidos con la desconfianza que, lógicamente, se experimenta frente a un testimonio inferior, aislado, sospechoso en todos los aspectos, que se presenta en oposición a un conjunto sólido de testimonios revestidos de la totalidad de los caracteres que los hacen dignos de fe.

Hay, pues, para los antiguos errores de la credulidad, dos causas muy naturales: 1) la ignorancia absoluta de la analogía entre los hechos o, en otros términos, la ignorancia de todo lo que llamamos *leyes de la naturaleza;* 2) la ignorancia de todos los principios que sirven para distinguir los grados de credibilidad del testimonio.

No debemos, pues, contemplar a nuestros crédulos antepasados como si hubiesen sido más necios de lo que somos nosotros. Nos han apartado de los errores por los cuales ellos pasaron.

Capítulo V

Distinción entre hechos imposibles en su totalidad y hechos imposibles en un cierto grado

Imposible in *toto,* el hecho que fuese una violación de una ley de la naturaleza. Imposible en *grado,* el hecho que, realizado a menudo en cierta medida extraordinaria, se convierte al realizarse en medida mayor en imposible, hasta el punto de no poderse determinar con certeza. Ley universalmente reconocida. Ningún cuerpo puede ocupar dos lugares al mismo tiempo. En cuanto la *coartada* queda establecida, constituye prueba suficiente. Cuestión de probabilidad de la *coartada.* Qué distancia habría podido recorrer una persona en un intervalo de veinticuatro horas.

Los hechos considerados como imposibles se pueden dividir en dos clases: 1) hechos imposibles en su totalidad, porque de suponérselos verdaderos constituirían una violación de alguna ley de la naturaleza, manifiesta y generalmente reconocida; 2) hechos imposibles en cierto grado, porque son verdaderos y tal vez se realizan todos los días en determinada medida, pero resultan falsos en el grado que les atribuye el testimonio en cuestión. Hasta cierto punto se trataría de hechos ordinarios; más allá de ese punto, resultarían extraordinarios. Pero fijar de un modo absoluto en esa escala, el punto en que comienza la imposibilidad, es una operación que sobrepasa a la inteligencia humana.

Dar un catálogo completo de los hechos imposibles en su *totalidad* sería tanto como dar un catálogo completo de todas las observaciones generales que han recibido el nombre de *leyes de la naturaleza.* Tal noción se encuentra más allá de los límites del conocimiento humano en su estado presente. Mas hay propiedades que son comunes a todos los cuerpos conocidos, propiedades tan claramente establecidas, que cualquier testimonio directo en favor de un hecho que las contradice puede ser rechazado por la sola objeción de que resulta imposible.

Ningún cuerpo puede ocupar dos lugares al mismo tiempo. Es esto tan evidente que un hecho que supusiese lo contrario representaría una violación de una ley de la naturaleza universalmente conocida y no habría testimonio positivo ninguno, cualquiera que fuese el número de los pretendidos testigos, que pudiera hacerlo admitir como verdadero en un tribunal de justicia, por lo menos en Inglaterra o en Francia. De ese modo, la coartada, tan pronto como queda probada, proporciona la prueba más satisfactoria de la inocencia del acusado.

Pero supongamos que, en Inglaterra, la mayor distancia recorrida hasta nuestros días en veinticuatro horas hubiese sido de doscientas millas. Si un individuo acusado de determinado delito, hubiese sido visto dentro de las veinticuatro horas en que el delito fue cometido a una distancia de doscientas veinticinco millas del lugar en que se realizó el acto criminal, estaríamos frente a una cuestión de grado. No sería notorio que hubiese violación de una ley de la naturaleza, sino simplemente una desviación de su curso ordinario. El juez podría decir: "En todos los casos de velocidad que he podido observar (percepción) y en todos los casos de que he oído hablar (conjunto indefinido de testimonios extrajudiciales), no hay ninguno que haya excedido las doscientas millas en veinticuatro horas. El hecho que se afirma es, pues, extraordinario, tan extraordinario que resulta improbable, pese al testimonio afirmativo de los acusadores. El error o el engaño de su parte es menos improbable que esa velocidad que sobrepasa toda experiencia. Deduzco, en consecuencia, que el delito imputado a ese hombre no ha sido cometido por él."

No sería absurdo en un tribunal de justicia y, sobre todo, en un tratado de arte judicial, colocar un sumario de las leyes de la naturaleza en su aplicación a las diversas cuestiones que pueden presentarse a los jueces; pero se debe suponer que todos los hombres que son elevados a las funciones eminentes de la judicatura han pasado por las escuelas de filosofía.

Capítulo VI

De los hechos desviativos

Dificultades con respecto a los hechos que se apartan del curso ordinario de la naturaleza. Variedades en la especie humana. Monstruosidades anatómicas. Animales con cuernos bien formados, de talla liliputiense. Efecto de la distancia sobre la credibilidad. Se admiten más fácilmente los hechos desviativos traídos de países lejanos. Efecto de la antigüedad sobre la credibilidad: 1) la imaginación tiende a aumentarla como si hubiese una inclinación a creer que la naturaleza, en épocas anteriores, no estaba gobernada por las mismas leyes; 2) la razón tiende a disminuirla y nos hace ver con cuánta facilidad los hombres eran engañados y engañadores. Vampiros en Hungría. Las clasificaciones científicas son siempre imperfectas. Tienden a perfeccionarse. Conquistas graduales sobre la ignorancia. Peligro de fijar límites a los conocimientos humanos mediante métodos presuntuosos.

Cuando llegamos a esta clase de hechos, considerados como increíbles en razón de que se apartan del curso ordinario de la naturaleza, nos encontramos con dificultad para trazar una línea divisoria entre lo creíble y lo increíble. Es este un océano sin límite por el cual navegamos sin brújula. ¿En virtud de qué consideración podríamos fijar límites a los cambios de la naturaleza? Tomemos alguna de esas clases de hombres de que hablan Plinio o Mandeville como si hubiesen existido. ¿Quién puede afirmar que no existieron efectivamente en tal lugar o en tal tiempo? ¿Qué hay en esa aserción de absolutamente increíbles?

Si consultamos a los peritos, a los anatomistas, tal vez descubrirán incompatibilidades anatómicas en la existencia de esa especie. Pero su decisión a tal respecto, ¿no sería ligeramente aventurada? Que se pinten los ángeles con alas de oca y diablos con alas de murciélago, servirá para que un anatomista, juzgando por lo que ve en los pájaros, afirme que el uso de aquellas alas es incompatible con el peso de un cuerpo semejante al nuestro. Sí, pero, ¿en qué quedará el razonamiento si el cuerpo es más ligero o si la fuerza muscular de las alas es mayor? ¿Qué dirá de ese insecto que da saltos de cincuenta veces su altura?

Tengo bajo mis ojos un ejemplar de la *Crónica de Nüremberg,* en que se encuentra una representación en doce láminas in folio, de veintiuna especies de hombres o, según la expresión ordinaria, de monstruosidades sacadas de Plinio y otros autores. Algunas parecen contener incompatibilidades anatómicas; otras han existido realmente; algunas otras han existido en cierto grado: el ojo de Cíclope, las cabezas con cuernos, las manos y brazos adicionales, los cuerpos dobles. Sin embargo, en todos esos casos se trata de hechos individuales que no se extienden a la especie. Pero una especie, ¿es otra cosa que la multiplicidad de los individuos? En el caso del hombre con púas como un puerco espín, se había creído que la desviación no era sino individual, pero ha resultado que se extendía a una raza.

Gulliver, a su regreso de Lilliput, depositó en el parque de Greenwich algunos ejemplares de los toros y vacas de ese país. A pesar de esa prueba permanente, no sé qué obispo mencionado por Swift se atrevió a pretender que toda aquella historia era una fábula; se burlaron de él. Pero, en Londres, en el museo de sir Ashton Liver, se veían animales con cuernos, bien formados y a término de su desarrollo, poco más o menos del mismo tamaño que los de Lilliput.

Dados los hechos, su incredibilidad con relación a nosotros se ve disminuida por su *alejamiento;* es decir, que nos encontramos dispuestos a creer más fácilmente lo que nos cuentan de un país lejano. Pero, ¿por qué la distancia debilita la improbabilidad? La imaginación tiene su parte; empero también la tiene la razón. Sabemos que no debe juzgarse de todo por lo que nos rodea, pues hechos singulares que nos causaban sorpresa han resultado ciertos y esa experiencia nos hace más tímidos para pronunciarnos sobre lo que conocemos menos.

Si nos anuncian el descubrimiento de gigantes o de pigmeos en algunos sitios de Europa, no lo creeremos porque sabemos que, en ese aspecto, ya no queda nada por descubrir; pero una variedad de la especie humana nos habría parecido menos increíble en el interior de la Nueva Holanda.

Antes de la aparición del canguro y de los ornitorrincos, supongamos que un párrafo de un documento hubiese hablado de esos animales como habiendo sido encontrados en las montañas del país de Gales. El primer pensamiento hubiese sido el de considerar el relato como fabuloso e incorrecto, y el segundo, creer que esos animales habían sido traídos de países extranjeros y puestos en libertad por algún accidente.

Del alejamiento en materia de lugar, la analogía nos conduce naturalmente al alejamiento en materia de tiempo. Con relación a esta circunstancia, la imaginación y la razón actúan en sentido contrario. La imaginación tiende a disminuir la incredibilidad del hecho (quiero decir, la incredibilidad relativa) y la razón tiende a aumentarla. Cuanto más alejada esté la escena, en el tiempo como en el lugar, más oscura resulta para la imaginación.

Cuando se trata del mundo actual, la imaginación más libre se ve contenida dentro de ciertos límites; el más crédulo sabe bien que no ha visto aparecidos, diablos, liadas ni vampiros, pero en las tinieblas del pasado o en la oscuridad de la distancia no posee los mismos elementos de comparación y puede creer que la naturaleza no se hallaba sometida a las mismas leyes.

La razón, por el contrario, tiende a inspirarnos mayor desconfianza en todo lo que depende de la fe del testimonio para los tiempos antiguos. En el camino de la experiencia y de la civilización, cuantos más pasos se dan hacia atrás, más incorrecciones y mentiras se encuentran en las tradiciones históricas, hasta remontarse en los tiempos en que todo era fabuloso. En la antigüedad se ve a la fábula confundirse con la historia, lo mismo que, a lo lejos, las montañas se confunden con las nubes. A este respecto, existe una analogía sensible entre la infancia de la especie y la infancia del individuo, en esa época en que los sueños se confunden con las realidades.

Esos viejos errores podrían omitirse en un tratado de práctica judicial si no hubiesen tenido influencia más que en los tiempos pasados. Lo malo es que esos hechos, no menos perniciosos que fabulosos, asentados en la imaginación de los hombres cuando la razón humana era todavía susceptible de toda clase de ilusiones, han echado raíces profundas y producen retoños funestos que tienden a multiplicarse por sí mismos. Si Blackstone niega una parte de su creencia (porque no es sino una parte) a los hechiceros de los tiempos modernos, es únicamente porque carecen del sello de una antigüedad suficientemente remota. Con algunos siglos más sobre sus cabezas, sus dudas sobre la existencia de los mismos se hubiesen convertido en certeza. Y quien sabe si, con el tiempo y en determinadas circunstancias, la imaginación de algún sucesor de aquel célebre jurisconsulto no podrá dar nacimiento, con el espectro de la hechicera de Endor, a una generación nueva de magos y de hechiceros que evoquen a los espíritus infernales y reproduzcan el reino de los fantasmas y del terror.

¡Gloria a los ilustrados teólogos que han consagrado sus esfuerzos a destruir ese principio de superstición! Benefactores de la especie humana, han declarado la guerra a sus enemigos, han combatido esos prejuicios espantosos que turbaban el descanso de las noches y la paz de las chozas. Así es como varios de ellos han convertido a los endemoniados en insanos y han despojado a la maga de Endor de su poder misterioso. Vandale había prestado el mismo servicio a la razón con *el Tratado de los oráculos,* donde todo se explica por un sistema de fraudes y donde los demonios no son cosa distinta de los sacerdotes.

De hecho, las distintas generaciones de la especie humana, en todos los grados de la civilización, se encuentran todavía, por así decir, ante nuestros ojos. Podemos ver a nuestros antepasados en nuestros antípodas. En el Japón, los hechiceros viajan todavía por los aires. Entre los africanos, el sortilegio es todavía el más común de todos los delitos. Apenas ha transcurrido un siglo desde que los vampiros han desaparecido de Hungría.

Sin embargo, teniendo en cuenta las circunstancias de tiempo y de lugar, la experiencia nos impide considerar el presente como vertido exactamente en el mismo molde que el pasado. Cuando la Nueva Holanda nos ofreció canguros y ornitorrincos, Cuvier nos mostró a sus semejantes entre los habitantes perdidos del mundo antediluviano.

La naturaleza, inagotable en sus variedades, escapa sin duda a todos los sistemas de organización en multitud de detalles por los cuales la industria humana querría conducirla como con andadores.

Pero cualquiera sea el grado de fuerza que pueda darse a esta objeción contra las clasificaciones científicas, no se puede por menos de reconocer que un ordenamiento imperfecto es preferible al caos y que gradualmente se ven los eslabones de los hechos naturales multiplicarse y unirse. En tal estado de progreso, hay que cuidarse mucho de imponer límites presuntuosos y confundir las conquistas graduales sobre la ignorancia con una ciencia absoluta.

Creer que todo está descubierto es un error profundo: es confundir el horizonte con los límites del mundo.

Capítulo VII

Ejemplos de hechos desviativos

Casos de este género que pueden dar lugar a causas jurídicas. Duración de la vida. Duración de la vida sin alimentos. Periodo de gestación. Número de hijos del mismo parto. Incertidumbre sobre todos esos puntos. Disposición natural del juez a pronunciarse en contra de lo extraordinario. Necesidad de consultar a los peritos. Conveniencia de llevar un registro auténtico de los casos desviativos bien comprobados. Intención fraudulenta con que se pueden insertar hechos falsos de ese género en los documentos públicos.

Por lo que se refiere a los hechos imposibles en cuanto al grado (entendiendo siempre por imposible lo que generalmente se reputa como tal), los ejemplos que podrían citarse serían innumerables. Consisten en alteraciones de las proporciones ordinarias, alteraciones tan grandes que serían, por lo mismo, consideradas como increíbles.

Detengámonos en la especie humana.

1) Tamaño de estatura.

2) Cantidad de fuerza.

3) Duración de la vida.

4) Duración de la vida sin alimentos.

5) Período de gestación.

6) Número de hijos en un mismo parto.

Entre todos los hechos que se apartan del curso ordinario, los que a nosotros se refieren deben obtener preferencia por dos razones: son más interesantes que los otros, más fáciles de observar, y se presentan más casos en que se convierten en tema de controversias judiciales, en particular el período de gestación, cuestión que decide sobre la legitimidad de los hijos.

Con respecto a esos hechos singulares, el error que puede temerse por parte del juez se hallará más bien del lado negativo que del afirmativo: es decir, que estará más dispuesto a rechazarlos temerariamente que a creerlos con demasiada facilidad. ¿Por qué? Porque en la mayoría de las ocasiones en que hechos de ese género pueden constituir cuestión judicial, lo que mejor conoce el juez es el curso ordinario de la naturaleza, sobre todo para aquellas alteraciones en que los anatomistas o los médicos son casi los únicos competentes para decidir. Si un juez no quiere consultar a los peritos, se hallará naturalmente inclinado a tomar partido por la negativa y podrá producir un fallo erróneo.

Tomemos un ejemplo. Por cuánto tiempo puede creerse que se prolonga la vida humana suprimiendo todo alimento. En Londres, en 1753, Elizabeth Canning fue condenada por perjurio. Tomando el conjunto de las pruebas, no me queda la más ligera duda de que fue culpable; pero si hubiese sido condenada únicamente en base al número de días que había pasado sin tomar ningún alimento, dudo que esa sentencia hubiese sido confirmada por personas de la especialidad. ¿Por qué? Porque en diversas épocas he leído relatos que parecían bien comprobados y que no presentaban nada sospechoso en aquellas circunstancias, según los cuales, la prolongación de la vida sin alimento había sobrepasado en varios días a la de Elisabeth Canning.

En los casos que he mencionado no hay, quizá, ninguna que no pueda tener cabida en una causa judicial.

1) *Duración de la vida.* Teleo, que tenía derecho a una anualidad en un país lejano, envía su fe de vida para reclamar el pago. La edad de Teleo es de ciento setenta años. Parr había llegado a los ciento sesenta y un años y Jenkins a los ciento sesenta y nueve. Pero el juez no ha oído hablar de Parr ni de Jenkins o no cree en esa longevidad extraordinaria. No hace mucho que apareció un artículo en una publicación periódica sobre un hombre, todavía vivo, que había sobrepasado los ciento ochenta años.

2) *Duración del período de gestación.* Es una cuestión no muy rara en los tribunales y que resulta de la mayor importancia práctica para la legitimidad de los hijos. Hay embarazos bien comprobados que han durado más de trece meses. En caso de un embarazo prolongado más allá del término de diez meses, un juez tan temerario que no quiere recurrir a testimonios científicos, podría cometer la más cruel injusticia.

3) *Número de hijos nacidos del mismo parto.* El nacimiento de tres hijos al mismo tiempo es un hecho bastante común como para no admitir dudas sobre su posibilidad. Una persona se presenta reclamando una sucesión y dice: "Mi madre ha tenido cuatro hijos a la vez y yo soy uno de ellos." "Cuatro a la vez —dice el juez— no puedo creerlo; de tres he conocido ejemplos pero cuatro es un hecho imposible. No quiero admitir sus pruebas." Recuerdo haber visto en documentos públicos una notificación de cinco en un solo parto, con mención de los nombres, el tiempo y el lugar.

4) *Número de hijos nacidos de una misma mujer.* Una precipitación errónea puede tener lugar en este caso tanto como en el precedente. Conservo el claro recuerdo de haber leído un ejemplo de cuarenta hijos de la misma madre.

5) *Duración de la fecundidad en las mujeres.* Creo haber leído un caso en que había tenido lugar después de los setenta años. Se reclama una sucesión en favor de un niño cuya madre (y en esto consiste la objeción en contra) debía tener sesenta años cuando lo trajo al mundo. "¡Es un hecho imposible —dice un juez temerario— no es necesario admitir que presente sus pruebas!"

Con respecto a los hechos desviativos en grados, es imposible fijar en la escala el punto preciso que separa lo increíble de lo creíble. Es cierto que, tomando mucho espacio más allá del término medio, yendo a los extremos, hay poca dificultad; pero empecemos primero por el grado que presenta la mayor desviación de que se tengan ejemplos, propongamos el grado siguiente y luego el más cercano a este, y apenas encontraremos una persona que no se sienta confusa y perpleja y que se atreva a tomar sobre sí la responsabilidad de decir: "aquí cesa la credibilidad y comienza la incredibilidad." Para la estatura humana, cien pies está por encima de toda creencia. Muy bien. Pero nueve... En Londres se ha mostrado un hombre de esa talla. ¿Qué se diría de nueve pies y una pulgada? Es posible. ¿Una pulgada más? Y otra más... continuando así. El límite absoluto es inhallable.

Para la fuerza muscular, no hay hombre capaz de cargar sobre sus hombros un buey gordo de la raza más grande: pocos hombres hubiesen sido incapaces de cargar el mismo animal en el momento del nacimiento de este. Preguntemos, pues, a qué edad precisa, a qué grado exacto de peso del animal hubiese dejado de ser posible para ese individuo, o para otro, levantarlo.

En cuanto al número de hijos, cuenta la leyenda irlandesa que, como consecuencia de la imprecación de una mujer encinta, la condesa de Desmond tuvo tantos hijos como días tiene el año; no recuerdo si fue en un solo parto o en varios. El nacimiento de cinco a la vez ha sido anunciado con todos los detalles del hecho. Tomando esa cifra como cierta, ¿sería increíble la de seis? Vayamos así de uno en uno hasta la fecundidad de la condesa Desmond. ¡Solo que cuanto mayor sea el número, más en miniatura deben ser, como los demonios de Milton en el gran consejo del Pandemonio!

Capítulo VIII

Naturaleza del argumento sacado de lo imposible y de lo improbable

El argumento sacado de lo imposible para destruir un hecho sostenido por testigos es un llamado a un *contra-testimonio* general, es decir, a un conjunto de hechos contrarios al hecho alegado. Tales hechos, al no estar establecidos para el caso en cuestión mediante pruebas directas, pertenecen a la naturaleza de las pruebas circunstanciales. Pruebas susceptibles de más y de menos. Pruebas por inferencia. Objeción que puede hacerse contra el argumento de lo imposible. No se conocen todas las leyes de la naturaleza. Sea. Es necesario examinar el valor de los testimonios contrarios. Sea. Pero es necesario que ese testimonio especial triunfe sobre el contra-testimonio general. Debilidad de ese testimonio especial: motivos de sospecha a que está expuesto.

El argumento sacado de lo imposible o de lo improbable, con relación al hecho cuya existencia se afirma, viene a ser, pues, el del contra-testimonio; no es, en el fondo, sino una prueba circunstancial.

El hecho cuestionado se halla en oposición al curso ordinario de la naturaleza. Dicho curso ordinario de la naturaleza resulta establecido y conocido por la experiencia más general, y puede serlo directamente por el testimonio de una multitud indefinida de individuos.

Tal conjunto de testimonios presuntos puede llamarse *contra-testimonio general* y esa denominación los distingue claramente del *contra-testimonio especial* del que se ha tratado en los libros precedentes.

Se dirá que, cuando se trata de un hecho imposible, intrínsecamente imposible, su imposibilidad salta a la vista; tan pronto como se enuncia queda juzgado; no hay necesidad de recurrir a otros hechos para oponerlos a aquél; se rechaza sin molestarse con otras pruebas.

Convengo en que el lenguaje ordinario nos lleva a pensar así, pero esa noción, examinada de cerca, parecerá muy inexacta. La naturaleza del caso exige que se consideren otros hechos y esos hechos, al no ponerse de relieve por pruebas directas, no pueden clasificarse sino bajo el rubro de pruebas circunstanciales. Ahora bien, no hay que olvidar que las pruebas de esa clase quedan siempre expuestas a ser combatidas, no solamente por contra-testimonios especiales sino también por suposiciones infirmativas.

Tomemos un caso de sortilegio. Debe recordarse que objetos que hoy en día no se mencionan seriamente, constituían elemento de terror entre nuestros abuelos. El hecho imputado es que una vieja ha viajado por los aires sin otro instrumento que un palo de escoba. ¿Creéis en tal hecho? No. ¿Por qué? Porque es imposible. ¡Imposible! Presentad pruebas. ¿Qué necesidad hay de pruebas? Razonar sobre semejante extravagancia significa haber perdido la razón.

He ahí, sin duda, un prejuicio legítimo y que hace honor a las luces del siglo. Pero aquel cuya opinión no se funda sino en ese prejuicio, habría condenado a los hechiceros en los tiempos en que el prejuicio estaba contra ellos.

Rechazo también el hecho en cuestión; pero, ¿por qué? Porque si fuese cierto, estaría en contradicción con las leyes de la naturaleza. Una de tales leyes es que ningún cuerpo se pone en movimiento a menos que la fuerza motriz sea suficiente para vencer la atracción de la gravedad, etc.

Pero, al referirme a esas leyes de la naturaleza, al alegarlas para abreviar la discusión, ¿hago otra cosa que referirme a un conjunto inmenso de hechos, con los cuales me parece incompatible el fenómeno en cuestión? Todos los cuerpos que conozco tienden al centro de la tierra. Pero, ¿por qué saco de ello una conclusión tan general? Por mi experiencia personal, por el testimonio de mis semejantes, por el de los sabios que han hecho su estudio particular de los conocimientos naturales y que expresamente han escrito sobre el tema. Este conjunto de informaciones siempre creciente, puede, si se lo quiere analizar, reducirse a otros tantos elementos distintos de prueba: percepción, informe, testimonio oral o escrito, etc.

Pero, ¿a qué conduce todo eso? No hay una prueba directa que combata el supuesto viaje mágico. ¿De qué se trata? Nada más que de pruebas circunstanciales.

De esa manera, todo el argumento basado en lo imposible se reduce a una predisposición de nuestro espíritu a rechazar los hechos extraordinarios, los hechos que no son conformes a los hechos habituales. Ahora bien, esa predisposición de nuestro espíritu, fundada en el estado actual de nuestros conocimientos, no es una prueba concluyente contra la existencia de tales hechos: nuestra incredulidad al respecto no puede destruirlos si han existido. Decimos que son contrarios a las leyes de la naturaleza, pero quien los afirma responde que no conocemos todas las leyes de la naturaleza o todas las excepciones de que son susceptibles.

Un partidario de la magia, sin ser un razonador sutil, tendría mucho que decir para debilitar nuestra confianza en la prueba que basamos en lo imposible, es decir, en el desacuerdo de los hechos mágicos con los que constituyen el curso ordinario de la naturaleza. Pero hay un punto fatal en el que fracasarían todos esos argumentos. Dicho punto fatal es la debilidad comparativa de la prueba directa o del testimonio especial, mediante el cual quiere establecer su existencia. Se mostrará fuerte argumentando con nuestra ignorancia sobre los medios de la naturaleza, pero se verá reducido a la última debilidad cuando, al llegar a tal o cual caso particular, quiera probar la existencia de uno de esos hechos que él mismo considera como excepciones al curso ordinario de los acontecimientos físicos: es ahí, en las relaciones de esos pretendidos hechos, donde se encuentran todos los caracteres del error, de la extravagancia y de la mentira de los testigos. Esto requiere un desarrollo que daremos en otra parte, cuando examinemos las causas que determinan a creer en lo maravilloso. Por el momento nos basta con haber indicado la verdadera réplica al argumento que puede sacarse de nuestra ignorancia de las leyes naturales, en favor de los hechos que se oponen al curso ordinario de la naturaleza.

CAPÍTULO IX

EXAMEN DE LA OPINIÓN DE CIERTOS FILÓSOFOS DE QUE LA IMPROBABILIDAD DE UN HECHO NO ES RAZÓN SUFICIENTE PARA RECHAZARLO EN CONTRA DE TESTIMONIOS AFIRMATIVOS

Argumento. La improbabilidad supuesta no tiene otra base que la experiencia humana: pero la creencia en el testimonio humano se funda en un sentimiento innato, es decir, anterior a la experiencia y natural en el hombre. Este argumento encierra dos proposiciones: 1) que la predisposición para creer tiene otra causa distinta a la experiencia; 2) que si esta predisposición tiene otra causa, resulta de ello una razón suficiente para creer, incluso, en contra de la experiencia. Si esa inclinación innata a creer existe, no es una razón para entregarse a ella sin examen. Seria justificar todas las creencias, incluso las más absurdas. El resultado de esta teoría no es otro que la exclusión de todo razonamiento en materia de creencia. La experiencia enseña que el testimonio humano es ordinariamente verdadero, pero que, a menudo, es falso. Enseña que los hechos físicos no se desmienten jamás. Las excepciones no son sino aparentes. El hierro es más pesado que el agua. Testimonio de un hecho contrario a ése. Cómo puede explicarse. Otro argumento. Habitualmente admitimos las cosas más improbables en base a los más débiles testimonios humanos. Ejemplo: con un solo testimonio se cree que una barcaza que ha atravesado dos mil veces un rio, ha zozobrado en el cruce dos mil uno. Respuesta. El hecho de la sumersión, alegado como improbable, no lo es en absoluto. Con un solo testimonio se cree que entre quinientos mil billetes de una lotería, el premio gordo ha recaído sobre tal número a pesar de las quinientas mil posibilidades en contra. Respuesta. Puesto que el premio gordo debe tocar, no hay mayor improbabilidad para un billete que para otro. Distinción esencial entre los hechos matemáticamente improbables y los hechos físicamente imposibles.

Acabamos de ver que la improbabilidad de un hecho es una especie de contra-testimonio general que predispone a su rechazo, cualquiera sea la cantidad de testigos en su favor.

¿Qué es más probable en este hecho, la afirmativa o la negativa? ¿Que sea cierto aunque parezca imposible, que los testigos que declaran sobre el mismo, engañen o estén engañados? Esa es la cuestión.

Escuchemos a algunos filósofos, razonadores sutiles. Hay casos, nos dicen, en que la improbabilidad del hecho, incluso en su más alto grado, no debe ser considerada como si destruyese la fuerza probatoria del testimonio directo que afirma su existencia. ¿Por qué? Porque la supuesta improbabilidad no tiene más base que la experiencia humana, en tanto que la fuerza probatoria del testimonio directo se apoya en un fundamento anterior, más sólido que la experiencia, es decir, un sentimiento innato, una inclinación innata del corazón humano a creer lo que ese testimonio afirma. Tal inclinación a creer, dicen, se manifiesta desde la más tierna infancia, en un período que precede a toda experiencia, a todo conocimiento de conformidad entre los hechos relatados y el testimonio de quienes los relatan.

Las ideas innatas eran, antes de Locke, el medio de probar cuanto se deseaba y cuanto no podía probarse de otra manera.

La doctrina en cuestión sustituye a las ideas innatas con las *inclinaciones innatas;* digo *sustituye* en el caso de que no sean una misma cosa.

Pero, admitida la inclinación, ¿qué uso habrá de dársele? Se la destina a probar que hechos improbables, en el más alto grado de improbabilidad, pueden ser admitidos como verdaderos cuando son aseverados como tales por muy respetables testigos.

Con arreglo a ese argumento, las más falsas concepciones, las nociones más extravagantes, pueden ser admitidas como verdaderas; porque no hay ni una sola que no sea el resultado de esa inclinación a creer, de esa inclinación que se supone anterior a la experiencia, cual si algo de cuanto sigue al momento del nacimiento pudiese ser anterior a la experiencia.

Dos proposiciones diferentes se encierran en ese argumento: 1) que la predisposición a creer el testimonio tiene una causa distinta de la experiencia; 2) que si tiene otra causa resulta de ella una razón suficiente para creer, incluso, en contra de la experiencia.

Ambas proposiciones son igualmente absurdas. Con respecto a la primera, remito a lo que se ha dicho en el Libro Primero, capítulo VIL Y en lo que se refiere a la segunda, basta considerar que, aún admitida una predisposición innata a creer, nada habría tan fuera de razón como llegar a la conclusión de que no hay nada que hacer sino entregarse a ella. Todas las creencias de la tierra tendrían en este sistema un apoyo natural y una base igualmente legítima.

Pero si la inclinación a creer es razón suficiente para creer, en el caso de que esa inclinación no exista o haya dejado de existir, ¿qué argumento suministraría contra el incrédulo? ¿Se podría, en justicia, exigirme que creyese una cosa que me parece improbable, solo porque otros tienen inclinación a creerla? La fe de un niño, ¿será la medida de la fe de los hombres? ¿Habrá que creer a los cincuenta años lo que se creía a los diez?

Si, conforme a una inclinación innata, es bueno creer, mejor todavía será actuar. El equivalente de creer cosas improbables es hacer cosas extravagantes. Lo que en aquello es teoría, en esto es práctica.

¿Cuál es, en último análisis, el principio sustentado por esos metafísicos? "La improbabilidad de un hecho no es razón suficiente para negarse a creerlo, si está atestiguado por testigos cuya carácter no ofrezca causas especiales de sospecha."

De hecho, esa doctrina no contiene otra cosa que una apelación a los prejuicios contrarios al examen: se nos quiere persuadir de que rechacemos los consejos de la experiencia, induciéndonos a creer hechos que la misma contradice, por la sola razón de que han sido afirmados por testimonios humanos: se quiere, pues, hacemos renunciar a la facultad que nos sitúa por encima de los animales y convertirnos en locos o imbéciles.

Que el testimonio humano se halle frecuentemente acorde con la verdad, constituye un principio que admito y que se funda en la experiencia; pero también me enseña la experiencia que, en el conjunto de las aseveraciones, hay muchas que son temerarias y muchas que son falsas.

Cuando examino todos los motivos que pueden influir en los testimonios, no encuentro ni uno, tanto entre los que se consideran buenos como entre los que se estiman malos, que no pueda conducir a los testigos a mentir. Así, tratándose de un testimonio humano, nunca puede existir una seguridad plena y perfecta de que no pueda ser tachado de falsedad. Y si añadimos los casos que, libres de mentira, son susceptibles de error, veremos derrumbarse toda la doctrina de esos filósofos, porque supone en el testimonio humano un grado de certeza que no contiene. Esa certeza que falta al testimonio humano se encuentra en los hechos físicos. Son invariables dentro de un mismo orden y no se desmienten jamás: *Natura semper sibi consona* Tomemos un ejemplo entre mil. El hierro es más pesado que el agua. La aserción de mil testigos no serviría para que un hombre de sano juicio creyese probable que una masa de hierro haya sido en algún caso más ligera que una masa igual de agua.

Suponiendo un hecho de esa naturaleza atestiguado y bien atestiguado por testigos respetables, suponiendo, en una palabra, que dicha aserción estuviese por encima de toda sospecha de mentira, ¿qué se debería pensar? Que habían tomado por hierro lo que no era hierro sino cualquiera otra sustancia revestida de un color ferruginoso; o que habían tomado por agua lo que no era agua sino cualquier otro líquido, por ejemplo mercurio, con una capa superior de agua; o, en fin, que habían tomado por una masa sólida de hierro lo que en realidad era un cuerpo hueco, es decir, un espacio vacío encerrado en una caja de aquel metal.

Admitir el principio de dichos filósofos acerca del testimonio humano equivaldría a renunciar a guiarnos por la experiencia y a minar los fundamentos de la seguridad en todas sus ramas.

Detengámonos un momento a examinar aquellos ejemplos de que se han servido para debilitar el argumento deducido de lo improbable. No olvidemos que su fin es demostrar que, en virtud de una predisposición innata, admitimos continuamente los hechos más improbables sobre testimonios relativamente muy débiles.

Una barcaza ha atravesado dos mil veces el río sin hundirse. Un desconocido, que se presenta como testigo ocular, refiere que esa barcaza se ha hundido en la travesía dos mil una. He ahí, se dice, un hecho altamente improbable,

improbable en proporción de uno a dos mil, que será creído por el testimonio de un solo testigo de quien nadie responde. ¿Se podrá decir que sea poco razonable creerle?

¡Improbable, diréis, en razón de dos mil a uno! No, ni siquiera de uno a uno. Cualquiera que haya visto una barcaza cargada con un peso considerable, flotando sobre su movible elemento, no encontrará nada improbable en que haya zozobrado, aunque hubiese realizado el mismo trayecto sin accidente no dos mil veces, sino diez mil.

Si, en lugar de una balsa excesivamente cargada, se tratase de una balsa de corcho que no transportase nada, entonces la improbabilidad afectaría al hecho de la sumersión en tales términos, que no se creería el relato de mil testigos aun cuando se titulasen oculares.

En un ensayo sobre las pruebas, el Dr. Price ha tratado de establecer una proposición que pondría fin al argumento obtenido de lo imposible. "Los sucesos improbables en alto grado —dice— los sucesos que entran en el terreno de lo prodigioso, son tan comunes que la improbabilidad natural de un hecho no puede constituir una objeción natural contra el testimonio."

Examinemos ese argumento en sí mismo, sin tomar en consideración el fin particular de su autor, que era debilitar o destruir una de las objeciones de Hume contra los milagros.

"En la lotería —afirma— el hecho de que corresponda el premio grande a un número determinado representa un suceso improbable en alto grado. Suponiendo cincuenta mil billetes y un solo premio grande, habrá cincuenta mil apuestas contra cada número; y sin embargo, basta que una sola persona manifieste que el premio grande ha correspondido a tal o cual número para que tan leve testimonio dé crédito a un hecho tan improbable. Pero, al presentar ese caso como ejemplo de un hecho improbable, el autor ha olvidado una circunstancia esencial que le hace salir de aquella clase de hechos, hasta el punto de que no puede deducirse ninguna consecuencia relativa al problema que se discute. Esa circunstancia olvidada es que el suceso en cuestión tiene que ocurrir necesariamente, porque es absolutamente preciso que un número gane y la probabilidad es igual para todos. Duplíquese, triplíquese el número de billetes y se aumentará la probabilidad en contra de cada uno de ellos, pero no se producirá la menor duda sobre el hecho mismo, o sea en cuanto a que el premio ha de recaer en uno de los números dados."

Convengo en que el término improbabilidad puede aplicarse a esa ocasión pero, ¿por qué? Porque para expresar los grados de improbabilidad se ha empleado siempre el lenguaje del cálculo de las probabilidades, en el cual el grado de improbabilidad se mide y se expresa por el número de los objetos considerándolos divididos en dos porciones opuestas.

Para sentar ideas claras, desechemos la palabra técnica y matemática de improbabilidad y sustituyámosla por la más simple y familiar de extraordinario. Un número determinado sale del globo y adjudica el premio grande a su poseedor. ¿Hay en esto algo de extraordinario? ¿Representa alguna desviación del curso normal de la naturaleza? De ningún modo. Es un suceso esperado, necesario, que no ocasiona ni el más ligero movimiento de sorpresa.

Confundiendo los sucesos extraordinarios con los sucesos matemáticamente improbables, todo se convierte en extraordinario, todos los hechos físicos se transforman en desviaciones del curso establecido por la naturaleza. Un comerciante de trigo va a un granero, toma un puñado de granos como muestra. En el granero había dos mil millones de granos que tenían las mismas probabilidades de ser cogidos. Según el doctor Price, los sucesos que se presentan continuamente en todas partes serían todos improbables en el más alto grado, todos extraordinarios. Se puede apostar lo infinito contra uno a que, cuando me levante de la silla, no colocaré mi pie en el punto exacto en que lo he de colocar. Y yendo así, de ejemplo en ejemplo, nos encontraremos con que nada puede pasar que no sea infinitamente improbable.

Admitida la circunstancia olvidada por el doctor Price, y presentida por todo el mundo, de la necesidad de que recaiga el gran premio sobre uno de los números, ¿quién no está dispuesto a creer, ante el más ligero testimonio, que tal billete del conjunto total es el que resulta premiado? En lugar de cincuenta mil billetes supongamos que hay un millón: la improbabilidad matemática se aumentará un millón de veces; pero, en ese caso, ¿sería más difícil creer que el premio grande recayese sobre un billete determinado? Para que el hecho fuese creído, ¿se requeriría un testimonio más fuerte? No, no hay razón para que ello sea así. Pasemos ahora de un hecho matemáticamente improbable a un hecho físicamente extraordinario. El testimonio obtiene fácilmente nuestro asentimiento a la existencia de un hombre de siete pies de altura; el mismo testimonio, ¿produciría en nosotros igual grado de persuasión tratándose de una altura de diez pies, de veinte pies, de cincuenta pies? Seguro que no. ¿Por qué no? La razón es evidente. En la lotería las cosas están arregladas de manera que, en el millón de billetes, uno deba ser el número afortunado. Pero en el orden natural que nos es conocido, no existe ni siquiera una sombra de verosimilitud para creer que las cosas se hayan dispuesto de manera que produzcan un hombre de estatura tan gigantesca.

Este examen no es una pura especulación de ideología, sino que resulta de gran importancia para la práctica judicial. Si confundimos los hechos matemáticamente improbables del doctor Price con los hechos físicamente imposibles a los ojos de quienes tienen algún conocimiento del curso ordinario de la naturaleza, si admitimos los hechos de la primera especie y los de la segunda con un mismo testimonio, quedará restablecido el reino de la magia y del sortilegio. Pueden levantarse postes, pueden encenderse las hogueras para los poseídos y los endemoniados: cuanto más se queme a los hechiceros, más razones habrá para seguirlos quemando.

En vano se dirá que los hechos de esta naturaleza son demasiado improbables para ser admitidos, que ni siquiera valdrá la pena escuchar a los testigos. En el sistema que acabamos de exponer, ¿hay algo en el mundo que no sea improbable? ¿Y hay algo demasiado improbable para no ser admitido ante el más ligero testimonio?

Nuestro conocimiento del curso de la naturaleza es muy limitado. Los juicios que formamos sobre sus leyes son muy susceptibles de error. Sin embargo, ¿qué confianza no merecen en comparación con el testimonio humano en los hechos que contradicen la experiencia universal?

Capítulo X

Consideraciones judiciales sobre los hechos contrarios al curso de la naturaleza

Conducta de los magistrados de Bamberg con respecto al príncipe de Hohenlohe. Modelo a seguir con los taumaturgos. Precauciones a tomar en los procedimientos que tienen por objeto comprobar hechos contrarios al curso de la naturaleza. Observaciones judiciales: 1) Imperfección de las investigaciones de tal género; 2) Los hechos de esta clase, y en particular las apariciones, nunca se han presentado como habiendo tenido varios testigos al mismo tiempo; 3) Los hechos son de naturaleza evanescente (excepto las curaciones), y no pueden ser probados; 4) Los aparecidos, espectros, etc., no pertenecen a la clase de seres que pueden presentarse ante la justicia; 5) En muchos casos, hechos aparentemente maravillosos pueden conciliarse con el orden natural. Trucos. Explicación del vocablo. 6) Las curaciones llamadas milagrosas, si son permanentes, son susceptibles de pruebas judiciales; pero hay que poder distinguirlas de seis casos en que la curación fuese falsa o natural. Admisión del principio de que hechos de esa clase pueden ser probados judicialmente. En qué condiciones. Omitida una de tales condiciones, no hay extravagancia que no pueda ser probada. Incluso por confesiones directas, como en el caso de los hechiceros; 7) La omisión, la adición o el cambio de una sola circunstancia que parece indiferente a un testigo ignorante, puede hacer entrar en el orden natural los hechos presentados como milagrosos. Ejemplo sacado de los maleficios. Otro ejemplo. La ascensión aérea.

Comenzaré por un artículo extraído del diario de Fráncfort, del 2 de septiembre de 1821. La autoridad municipal de Bamberg acaba de publicar la proclamación siguiente: "Con respecto a los ensayos de curaciones que el príncipe Hohenlohe, consejero eclesiástico, ha tenido a bien emprender desde hace un tiempo, la autoridad firmante, encargada de la policía de la ciudad, ha tomado las medidas necesarias para prevenir en lo posible las ilusiones de esta especie y poner término a la afluencia de verdaderos o simulados lisiados, mendigos, vagabundos.

"Las disposiciones que hemos tomado han sido aprobadas por la suprema autoridad. Han sido comunicadas al señor de Hohenlohe exhortándole a someterse a las mismas y principalmente a que no se lleve a cabo ningún ensayo de curación sin informar previamente a la policía, sin que se halle presente una comisión delegada por la autoridad y sin la asistencia de algunos médicos y, en consecuencia, a que tales *ensayos no se hagan nunca clandestinamente.*

"Al no querer dicho príncipe someter sus ensayos a tal vigilancia ni a tal control, los mismos deben cesar completamente.

"A fin de que los extranjeros no emprendan viajes inútiles ni se expongan a otros peligros, se hace saber que, en semejantes circunstancias, ningún ensayo de curación será tolerado y que le ha sido prohibido hacerlos bajo pena de una considerable multa.

"Añadimos que todos los ensayos hechos por el príncipe en presencia de la comisión, o de uno o varios médicos, no han logrado éxito y que se han preconizado como milagros los ensayos que han tenido lugar sin vigilancia, sin examen, sin conocer ni a los enfermos ni a las enfermedades, a escondidas o bien en medio de una muchedumbre numerosa en los primeros días de los ardides de que ha sido teatro esta ciudad. Por el magistrado de la ciudad, firmado: De Hornthal Busch. Bamberg, 30 de agosto de 1821."

Habiéndose dirigido el príncipe de Hohenlohe al Papa para obtener permiso de hacer curas milagrosas, la Santa Sede le impuso las mismas precauciones y, desde ese momento, ya no se habló más de esos milagros.

He ahí el modelo de conducta que se debe seguir con respecto a todos los hechos de esa clase. Hay que someterlos a todo cuanto pueda garantizar su autenticidad. Inglaterra había dado el ejemplo a principios del último siglo. Un hombre que, por su carácter y por sus grandes conocimientos en las matemáticas, estaba fuera de toda sospecha de impostura, se anunció como enviado del cielo para resucitar un muerto. Ese experimento fue hecho delante de gran número de testigos y con toda solemnidad: el muerto no resucitó y la policía hizo encerrar al fanático y a sus socios. Quienes tenían apariciones, encantamientos, exorcismos, sométanlos a procedimientos regulares y aplíquenles todas, las seguridades que se requieren, por ejemplo, en un tribunal inglés para los hechos más corrientes: la publicidad, el interrogatorio y las penas legales contra la mentira, a menos de admitirse el principio de que, cuanto más difícil de creer es un hecho, menos exigencias se deben tener para las pruebas.

No se puede observar sin asombro que, en gran número de casos en que habría sido del mayor interés para las partes, y también su deber, provocar una investigación con todas las formalidades que pudiesen dar garantías al testimonio, no se ha hecho nunca tal cosa ni se ha buscado ningún medio de convicción en casos en que la convicción hubiese sido bien fácil, de haberse tratado de un hecho verdadero.

Limitándose a recoger testimonios relativos a hechos pretéritos, acerca de los cuales ya se ha formado opinión, no habrá ninguna impostura que no tenga seguro el éxito. Los milagros sobre la tumba del abate París estaban atestiguados por numerosos testigos moralmente irreprochables. No es un prodigio ya hecho, sino un prodigio por hacer, lo que se ha de llevar ante un tribunal de justicia. Solamente así se pueden garantizar todas las circunstancias y hacer que la verdad resplandezca.

Otra consideración muy importante, que afecta a gran parte de los hechos de esa naturaleza, en particular a las apariciones, es que jamás se han llevado a la consideración de un tribunal de justicia como si hubiesen ocurrido ante varios testigos oculares a un mismo tiempo. Todo descansa en la fe de un único o interesado testigo.

Muchas personas han creído de buena fe en las acciones, en los duendes, en las comunicaciones con seres incorpóreos: los han visto, los han oído en muchas ocasiones y en circunstancias que no les dejan ninguna duda. Mas ese prodigio solo se ha producido para ellas y su declaración no ha sido apoyada por ninguna otra.

¿Por qué es eso?

Un relato de esa índole es efecto de una ilusión o de una mentira.

Si es efecto de una ilusión, no actúa sino sobre un individuo enfermo. En el caso de un célebre autor de Berlín, que ha hecho una narración curiosa e instructiva de dicho fenómeno, la aparición del fantasma era el resultado de una indisposición corporal y el fantasma representaba a una persona conocida del enfermo. El fantasma no se presenta nunca a dos personas al mismo tiempo, porque dos personas no están sujetas a un mismo tiempo a una enfermedad física o mental que produzca una aparición de la misma naturaleza.

Si el relato es efecto de una mentira, no habrá dos personas que concurran a hacer una declaración solemne en presencia de un tribunal. No es verosímil que se intente una impostura tan difícil de sostener. Sometidas a un severo examen delante de hombres experimentados, los autores de semejante fábula no podrían fabricar la esperanza de no contradecirse mutuamente. El pícaro que se vanagloria de sus apariciones, las atribuye solo a él y no las confía sino a oyentes elegidos. Tener asociados en esa rama de las imposturas sería demasiado peligroso.

Los hechos sobrenaturales, con excepción de las curaciones de que pronto hablaremos, no son nunca *de naturaleza permanente.* Un brujo que atraviesa los aires, una masa que evoca un espíritu, un fantasma envuelto en su sudario que se aparece ante la cabecera de la cama de un enfermo, imágenes de santos que hacen señas, un muerto que al ser tocado con la reliquia da señales de vida. El prodigio es atestiguado, pero se desvanece. Si ello no fuese así, cabría pedir la prueba, la producción de la cosa; podría someterse el hecho a un procedimiento regular, verificar el testimonio. Pero, ¿qué hacer? ¿Cómo probar lo que no puede manifestarse, lo que no ha dejado ninguna huella? ¿Qué poder puede tenerse sobre hechos evanescentes? Y un hecho que no puede ser probado nunca, ¿cuál es la fe que debe merecer?

En los casos de apariciones, por ejemplo, el ser de quien se habla como habiéndose aparecido no pertenece a la clase de los seres que pueden presentarse ante la justicia: es un ángel, un diablo, un muerto, un aparecido. De tal forma, la primera condición requerida para la validez del testimonio falta absolutamente en este caso.

Cada vez que se ha presentado a varias personas, reunidas para verlo, el espectáculo de algún hecho sobrenatural, tal espectáculo no era sino un truco. Pero ¿qué es un truco? Es una violación aparente de una ley de la naturaleza, que se realiza ocultando alguna circunstancia y si esa circunstancia se conociese, el fenómeno se reconciliaría con el orden natural. La fantasmagoría, convertida en juego teatral, ha demostrado cómo se han podido utilizar elementos naturales desconocidos para el vulgo, a fin de evocar en las tinieblas las apariciones más imponentes.

Dirán que las curaciones son de naturaleza permanente y que, en consecuencia, las pruebas judiciales pueden aplicárseles con todo rigor. Bien, pero para establecer que una curación es sobrenatural, es necesario que el tribunal tenga medios para distinguirla de toda curación natural. ¿Existe ese medio? No decido nada a este respecto: digo solamente que el hecho de la curación milagrosa se halla en concurrencia con otros seis hechos, cuya probabilidad comparativa hay que valorar separadamente.

1) No hay enfermedad real o, por lo menos, no hay determinada enfermedad: los síntomas existentes solo están en la imaginación.
2) No hay enfermedad: los síntomas pretendidos no son sino mentiras.
3) La enfermedad se cura, pero por algún otro remedio o por el solo hecho de la imaginación.
4) La enfermedad se cura, pero naturalmente.
5) La enfermedad no se cura radicalmente, solamente se interrumpe o se mejora.
6) La enfermedad continúa siendo la misma, sin ningún grado de curación, pero el enfermo, el público o el cirujano comunican, por error o por mentira, la cesación del mal.

Y yo pregunto, ¿se conoce en los anales de la jurisprudencia un solo caso en que se haya aplicado a una pretendida curación sobrenatural un procedimiento judicial que verifique todos sus puntos, que haga desaparecer todos los motivos de sospecha, tan naturalmente vinculados a hechos de tal naturaleza?

Según esta manera de enfocar el tema, me parece que los hombres más incrédulos en lo que se refiere a los hechos contrarios al curso de la naturaleza podrían, con toda seguridad, admitir condicionalmente su existencia. Los creeré, dirán, con tal de que estén atestiguados por una cantidad de testigos irrecusables en el aspecto intelectual y moral, con tal de que sus declaraciones sean acogidas luego de un examen jurídico, llevado con habilidad competente y con todas las formalidades que puedan garantizar su veracidad.

Esta última condición es esencial, pues si se está dispuesto a conformarse con un modo imperfecto de procedimiento, se probarán actos de sortilegio lo mismo que se probaron antiguamente, y se probarán de manera concluyente para la aniquilación de los acusados.

Vayamos, por ejemplo, a las confesiones extrajudiciales: sobre la base de la propia confesión se podrá quemar como hechiceras a un número infinito de viejas imbéciles. Si cualquiera redacta por escrito la declaración de aquéllas, en términos generales bastará un signo hecho con su mano para que se las tenga por fácil y debidamente convictas. Así es como todavía lo hacían los hábiles jurisconsultos y los preclaros jueces de los siglos XV y XVI. Cuidemos bien, sobre todo, de no escudriñar el valor de los testimonios y de no exigir, como en los casos ordinarios, que las declaraciones se funden en la prueba material, en la producción del objeto real y permanente. Si se trata, por ejemplo, de un muerto devuelto a la vida mediante el contacto de una reliquia santa, no pidamos que el resucitado sea traído ante nosotros. Tales salvaguardias de la verdad y todas las demás que hemos enumerado serían inconsecuencias por nuestra parte, si queremos probar hechos de esta especie.

Última consideración. Con relación a todos los hechos de esta clase, es esencial observar que la omisión, la adición o el cambio de una sola circunstancia que parezca no tener ningún valor a los ojos de un testigo ignorante o que no le sea conocida, puede hacer que un hecho perfectamente conforme a las leyes de la naturaleza se presente como una violación de esas mismas leyes. Quienes en los procesos de sortilegios o de magia declaraban que los acusados habían empleado maleficios, pronunciado fórmulas, realizado evocaciones y otras ceremonias extrañas, podían muy bien creer que las mismas habían hecho perecer un rebaño, pero no sabían que los pretendidos magos habían sido envenenadores. No se engañaban sobre el hecho sino sobre la causa.

Se ha visto a un hombre elevarse por los aires en una barquilla y continuar subiendo hasta hacerse invisible. Un testigo del hecho, al contarlo, omite mencionar el globo, que puede haber escapado a su atención. Otro narrador, que ha oído hablar del globo, lo suprime en su relato porque lo considera demasiado extraordinario para ser creíble; supone que ha sido agregado por exageración o por error. Calla esa circunstancia porque teme exceder los límites de lo verdadero. Y sin embargo, a los ojos del filósofo, es el globo lo que concede al hecho su credibilidad, es el globo quien lo reconcilia con las leyes de la naturaleza.

Cuando los japoneses, de vuelta a su país, hayan contado la ascensión aérea de que fueron testigos en San Petersburgo, ¡Cuantas especulaciones no habrán provocado entre los sacerdotes del Japón! Si ha sido omitida la circunstancia del globo, el hecho mismo les parecerá simplemente una confirmación de la existencia de un poder ya reconocido y admitido entre ellos. Si el globo forma parte del relato, llegarán a la conclusión de que los hechiceros rusos son más hábiles que los del Japón.

Varios novelistas de nuestros días se han entretenido en combinar los acontecimientos que parecían provenir de una potencia sobrenatural, hasta que una circunstancia que había sido cuidadosamente ocultada explicaba el misterio y traía nuevamente lo maravilloso a la verosimilitud de la historia.

Se podría, pues, con la fuerza del testimonio, admitir como ciertos hechos extraordinarios e incluso maravillosos, pero que, en la realidad, no son sino hechos naturales truncados y mutilados por una narración incorrecta e incompleta.

Capítulo XI

Sobre los motivos que influyen en la credibilidad relativa a los hechos contrarios a las leyes de la naturaleza

Examen de los motivos seductores, de las causas de decepción que actúan sobre el entendimiento y sobre la voluntad del testigo. Ejemplos sacados de errores que ya no están en boga. 1) Transmutación de los metales inferiores en oro. Análisis de los motivos seductores. Por qué la transmutación del oro en plomo habría sido menos fácilmente admitida. 2) Curación de las enfermedades por medios sobrenaturales. Credulidad fundada: primero, sobre los motivos seductores más poderosos, y segundo, sobre la dificultad de discernir los casos de impostura y los de curación natural. Influencia de la imaginación. Arte de los charlatanes. 3) Métodos de predecir el porvenir. Motivos seductores. Causas que han concurrido a mantener la credulidad en los oráculos. *Tratado de la adivinación,* de Cicerón: argumento con el cual destruye el sistema de los augurios. Astrología: principio natural de esta creencia. Argumento que la echa por tierra. 4) Defensas preventivas contra diferentes males, talismanes, reliquias, amuletos, imágenes: iguales motivos seductores. Cómo se mantiene la credulidad a su respecto. Causas de ilusión. Causas de impostura que tienden igualmente a invalidar el testimonio. Los autores antiguos muy poco versados en esta rama de crítica. Ejemplo sacado de Tácito con respecto al milagro de Vespasiano. Privilegio atribuido a la familia de los Estuardo en la curación de los humores fríos. Peligro de las falsas opiniones buscadas en tiempos antiguos, sobre todo cuando tienen una base religiosa. Cómo el deseo de creer produce la persuasión. Toda la atención se dirige hacia los argumentos a favor y se aparta de los argumentos en contra. Poderío del gobierno, su influencia directa e indirecta sobre la persuasión. Con el deseo de creer, la incredulidad de un hecho es una razón más para admitirlo. Resumen de este capítulo.

Ya hemos visto cómo la credulidad de los testigos depende de su estado intelectual y moral. No hay ningún caso, ni aun en los más conformes al curso ordinario de la naturaleza, en el que los jueces no deban colocarse en estado de duda, examinando si el declarante ha tenido todos los medios de información que pueden hacer que su declaración resulte exacta y completa, y también si no ha estado sometido a la influencia de algún motivo seductor, capaz de alterar su veracidad o su juicio.

Con mayor razón, en el caso de hechos que parezcan incompatibles con las leyes de la naturaleza, habrá siempre una circunstancia tendiente a hacer sospechoso el testimonio. La *ocasión* misma contiene alguna causa de decepción que actúa sobre el entendimiento y la voluntad de los testigos. Se puede presumir, por parte, de unos cierta predisposición a engañar, y por parte de otros una no menor predisposición a ser engañados. Casos de esa índole facilitan siempre la impostura y presentan gran atracción a la credulidad. ¡Cuál no deber ser la desconfianza del juez hacia esos testigos que no le ofrecen el recurso de la mutua contradicción, sino que, engañadores o engañados, querrían todos contribuir a desorientarlo!

Detengámonos en el examen de algunos de esos hechos que han dado las más frecuentes ocasiones a dicha doble decepción. Tomo mis ejemplos en errores pretéritos y que ya no pueden dar lugar a ninguna acusación judicial en las naciones civilizadas; sin que los progresos de la razón, por ser bien recientes, nos permiten adoptar una orgullosa seguridad. Y, además, se trata de una enfermedad de la especie humana, que se reproduce siempre bajo diferentes modalidades. Destruir un error mediante su examen puede prevenir otros semejantes, igual que la disección de un cadáver puede ilustrar acerca de las dolencias físicas y de los modos de curarlas.

Motivos de credulidad en lo maravilloso

Primer ejemplo. *Transformación en oro de metales menos preciosos.* El motivo seductor que actúa sobre el entendimiento de aquél a quien se promete la revelación del secreto, fácilmente se comprende: el deseo de poseer un medio ilimitado de fortuna. Por parte del agente, si se lo supone de buena fe, hay que añadir a ese motivo el del atractivo de una gran reputación, el del poder, que es su consecuencia, el placer de la curiosidad, alimentado siempre por los descubrimientos en una ciencia experimental fecunda en fenómenos inesperados. Si va de mala fe, el motivo seductor se aplica solo a la voluntad y no es otro que el deseo de enriquecimiento proveniente de la venta de un secreto falso.

La creencia en la piedra filosofal no existe más pero, no obstante, no se pueden leer los relatos que nos han quedado de aquellos misteriosos adeptos sin sentir un vivo interés novelesco. Y ese interés, ¿no está fundado en las mismas predisposiciones que sirvieron para embaucar durante tanto tiempo a nuestros ignorantes antepasados?

Que el oro pueda ser cambiado en un metal menos precioso, en plomo por ejemplo, es un hecho no menos increíble que el otro a que nos venimos refiriendo. Sin embargo, el testimonio que lo hubiese afirmado no habría obtenido la misma acogida favorable. ¿Por qué? Porque la fuerza de los motivos seductores no hubiese sido, ni con mucho, tan grande en este caso como en aquél; y porque, al no estar seducida la voluntad, el entendimiento quedaría en libertad para juzgar la inverosimilitud del hecho.

La transmutación, tomada en sentido literal, implica dos hechos antifísicos: la aniquilación del primer metal y la creación del oro. Pero puede haber una transmutación aparente. Si el oro es uno de los ingredientes que entran en la composición de algún otro cuerpo conocido, merced a la separación de esos otros ingredientes, el que queda parecerá transformado en oro. Si el oro es un compuesto de dos cuerpos que pudiesen hallarse separadamente y ser reunidos en las proporciones necesarias, habría una formación de oro, pero no habría transmutación.

Segundo ejemplo. *Curación de enfermedades por medios sobrenaturales.* En este caso los motivos seductores actuarían con una fuerza incomparablemente mayor que en el que acabamos de citar. Las dos pasiones más poderosas del corazón humano, que son la aversión al dolor y el amor a la vida, se combinan para constreñir el juicio y la voluntad a la más ciega credulidad.

En lo que se refiere a quienes se presentan como autores de tales curaciones, pueden ser sinceros; pero es más probable la mala fe de su parte. El caso más corriente es que se comience por estar engañado y se termine por ser un bribón.

Dicha especie de impostura es contemplada con menos severidad. Parece menos reprobable porque las ilusiones que produce son de un género agradable. Se nos engaña alegrándonos. Pero ninguna clase de impostura deja de producir un mal general en cuanto deprava la razón, y un mal particular en cuanto opone un obstáculo al progreso de la ciencia. El poseedor de un falso específico, es el enemigo natural del verdadero remedio. Pero eso no es todo; esos impostores, esos taumaturgos, son casi siempre el instrumento de alguna secta ambiciosa; persiguen algún fin indirecto y no engañan sino para servirla.

La credulidad vulgar sobre ese punto se explica fácilmente. Acabamos de ver que, en un caso de tal naturaleza presentado a los jueces, antes de reconocer que una curación ha sido milagrosa tendrían que excluir otros seis hechos que se ofrecen en concurrencia y que no contiene nada que no sea natural. Pero ¿se puede esperar igual discernimiento de los hombres comunes? ¿Poseen los medios de juzgar si en la pretendida curación había una enfermedad real, si la enfermedad no terminó por causas naturales, si no se empleó otro remedio, si la imaginación excitada del enfermo no ha ocasionado la suspensión temporal de los síntomas mórbidos, si todo el relato no es una fábula o, por lo menos, si no ha sido alterado en muchas de sus circunstancias?

La historia de la medicina es la que suministra los ejemplos más curiosos de la influencia de la imaginación. Solo citaré uno. El oro ha sido considerado durante mucho tiempo como el remedio por excelencia. Hacer potable el oro era el gran objetivo de la química. ¡El oro un remedio para las enfermedades! ¿y por qué? Porque era caro y raro, porque se lo denominaba metal perfecto y porque su emblema era el sol. He ahí lo que hacía bullir la imaginación. Los diamantes eran todavía más preciosos, pero, felizmente para la fortuna de los enfermos, aún no se le ha ocurrido a nadie hacer de ellos un medio de curación.

Tercer ejemplo. *Medios de pronosticar el porvenir.* Arúspices, augures, oráculos, sortilegios, astrologia.

El motivo que actúa sobre el entendimiento para disponerlo a creer no puede ser en el fondo otro que el deseo de anticipar una felicidad futura; pero, con mayor frecuencia todavía, la esperanza de evitar la desgracia que va aparejada a determinada acción, adoptando una conducta opuesta.

Con referencia a los maestros de tal arte, si actúan de buena fe, el motivo que seduce su entendimiento es el placer de la curiosidad, el amor al poder y a la reputación; sin embargo, en ese género, nada hay más raro que la buena fe. Cicerón pretendía que dos arúspices no podían mirarse sin echarse a reír.

Muchas son las causas que han concurrido a nutrir la credulidad hacia los oráculos. Los creyentes citaban un gran número de casos en que el suceso habíase producido conforme a la predicción. Tal conformidad no tenía nada de extraordinaria, puesto que, con frecuencia, únicamente hay dos sucesos posibles. Así, por ejemplo, en la enfermedad, la muerte o la curación; en la batalla, la victoria o la derrota. ¿Y en cuántos casos no tenían los sacerdotes medios para informarse de las circunstancias, para juzgar las probabilidades, para obtener los secretos de labios de los mismos consultantes, para preparar su imaginación y subyugarla, para tener siempre razón merced a respuestas ambiguas, para llegar, en fin, al suceso predicho por la influencia misma de la profecía? Agréguese a todo esto la inclinación natural a hacer valer las predicciones cumplidas, ocultando o interpretando las que no lo fueron, y no habrá nada asombroso en el éxito de los oráculos. Todas esas causas de error, y particularmente las supercherías de los sacerdotes, han sido explicadas y demostradas en la célebre obra de Van Dale. Solo faltaba a su libro un intérprete que pudiera hacerlo legible y Fontenelle transformó en diamantes los pedruscos del sabio holandés.

El Tratado de la adivinación, de Cicerón, es uno de los monumentos más curiosos de la antigüedad. Si la caída del paganismo hubiese dependido tan solo de la razón, ese libro la habría producido. No hay la mínima relación entre el suceso que sirve a la predicción y el suceso predicho: tal es el argumento principal con que derrumba todo el sistema de los augures.

Tal vez haya habido más buena fe en la creencia *astrológica* que en todos los demás procedimientos de predecir el futuro. Aquí la inmensidad del campo de las observaciones se impone a la debilidad humana. La influencia del sol sobre el mundo físico y sobre los productos de la tierra habrá sido probablemente el primer eslabón de esa cadena de errores.

Mas, ¿cuál fue el motivo que hizo otorgar tan grande importancia a penetrar en el porvenir, no siendo posible desviar un suceso que estaba escrito en el cielo? El ascendiente de la astrología se explica por su asociación al dogma de los días felices o desgraciados: tal empresa, hecha en cierta conjunción de planetas, debía salir bien; hecha en otra, debía fracasar.

No habiendo la menor relación entre la conjunción de los planetas y los sucesos de la vida humana, no hay ninguna realidad en el arte de la astrología.

Cuarto ejemplo. *Defensas preventivas.* Talismanes, reliquias, amuletos, imágenes.

Del lado de la credulidad, son siempre los mismos motivos. El miedo es el agente que actúa con mayor fuerza sobre la imaginación. Cuanto más extraño a toda influencia natural es el medio, más completa es la confianza que inspira.

Ahora bien, lo que precisa explicarse es cómo se conserva una fe tan insensata. Los accidentes desgraciados son sucesos extraordinarios comparados con el curso habitual de las cosas. Por eso, desde que se coloca la confianza en una de aquellas defensas preventivas, la creencia supersticiosa encuentra muchas más ocasiones para confirmarse que para destruirse; y, en cuanto a las desgracias, el hombre crédulo halla siempre el medio de justificar a su costa el fracaso del amuleto en que ha puesto su confianza. El supersticioso prefiere acusarse de mil faltas antes que dudar de su talismán. Es para disponer de ese recurso por lo que los impostores cuidan de añadir ceremonias, palabras y gran número de accesorios, todos igualmente necesarios al éxito. Además del efecto que esas prácticas producen en la imaginación, cuando se omite una sola, es el hombre quien se ha equivocado y el talismán conserva su prestigio.

No iré más lejos en este examen: me basta con haber demostrado, por medio de esos ejemplos, que, en todas las ocasiones en que se trata de hechos fuera del curso natural, hay causas singulares de ilusión y motivos especiosos de impostura. La fuerza de las aseveraciones por parte de los testigos no es sino una razón más para desconfiar del estado de su juicio. Un loco, un fanático, no saben dudar. Si en determinado caso particular, el juez no puede remontarse a las causas del error o descubrir cuál es el interés que impulsa al testigo a mentir, no debe olvidar nunca que la existencia de un hecho contrario a las leyes de la naturaleza es mucho menos probable que la hipótesis de una ilusión o de una mentira.

Si consultamos viejos anales, encontraremos que los autores más célebres, aquellos que pasan por haber estudiado mejor el corazón humano, habían reflexionado muy poco acerca de las causas que invalidan el testimonio y particularmente el testimonio extrajudicial. Citaré aquí a Tácito, al grave Tácito, hablando de dos milagros atribuidos al emperador Vespasiano. "Esos dos milagros —dice— están también adverados por quienes fueron testigos y que, por la extinción de esa familia imperial, no pueden esperar ninguna recompensa a su mentira." ¡Ninguna recompensa que esperar! ¡Como si la pena no fuese un principio de seducción más fuerte que la recompensa! ¡Como si la pérdida de la reputación, la infamia que acompaña a la mentira, no fuese una pena!

Tácito creía, pues, en esos dos milagros. Su observación no puede tener otra finalidad que insinuar a sus lectores su propia persuasión. A menos que su intención fuese engañar, estaba él mismo engañado; y engañado por no haber sospechado la existencia de un motivo tan natural como es la vergüenza de desdecirse.

En Inglaterra, milagros de igual clase, pero infinitamente más numerosos y mejor atestiguados, eran de creencia general al comienzo del siglo último. Sin embargo, ya no se admiten hoy ni siquiera por aquellos que conservan un resto de fe en las apariciones. Se atribuía a la familia de los Estuardo la facultad de curar a sus súbditos de la enfermedad escrofulosa llamada en Inglaterra *King's euil.* Una pieza de oro, después de haber sido tocada por el rey, era dada al enfermo para que la colgase de su cuello.

Ignoro cuánto tiempo había sido ejercido en Escocia ese poder saludable, pero fue llevado a Inglaterra bajo Jacobo I y no cesó hasta el establecimiento de la dinastía de los Hannover.

Opiniones falsas, que tuvieron su origen en tiempos muy lejanos, han motivado casi en nuestros días decisiones judiciales más alarmantes que los crímenes más atroces.

Esas falsas opiniones han surtidos dos efectos destacados: uno, la predisposición a creer a los testigos falsos; otra, dar nacimiento a los falsos testimonios.

En 1634, Urbano Grandier, acusado de haber entregado a la posesión del diablo un convento de religiosas de Loudón, después de haber sufrido las más espantosas torturas, fue quemado a fuego lento bajo la mirada de una muchedumbre de espectadores a quienes la superstición inspiraba una alegría bárbara. Los autores inmediatos de esa catástrofe eran jueces corrompidos y testigos intimidades o seducidos, pero los autores originarios eran los diablos que tomaban posesión del cuerpo humano en Palestina.

Poco tiempo después de esa horrible tragedia, un juez inglés, cuya probidad era proverbial, hombre ilustrado en muchos aspectos, pero imbuido de los errores de su tiempo, entregó al suplicio a una pretendida hechicera, con la ayuda de un jurado tan ciego como el juez. Los autores inmediatos de tal condena fueron el juez ignorante y los testigos engañados, pero los autores originarios eran la hechicera de Endor o la ley mosaica que señalaba la pena de muerte para los imaginarios delitos de sortilegio y de magia.

Creo que la última escena de esa naturaleza tuvo lugar en Wurtzburgo, en 1750. Mas esas opiniones falsas, desgraciadamente tan prolíficas, subsisten todavía en una clase social muy numerosa y se reproducen bajo formas muy diversas.

Entre las falsas opiniones, las más peligrosas son, sin comparación, aquellas que se apoyan en la sanción religiosa. La persuasión que las acompaña ha sido producida, no por la fuerza de las pruebas, sino por una fuerza muy distinta: la del terror. Ahora bien, ¿qué recurso puede ofrecer el raciocinio con hombres que contemplan la duda, la simple duda, como un crimen, y la incredulidad como una ofensa a Dios, castigada con eternos e inconcebibles tormentos?

¿Cómo el deseo de creer produce la persuasión? Veo en las promesas y en las amenazas las fuerzas mediante las cuales es sometida la voluntad del hombre; pero, ¿por qué medios la inteligencia es sometida al yugo de la voluntad?

Esa sumisión de la inteligencia se *opera de dos maneras:*

1) Depende de mi voluntad prestar atención a una consideración y rehusarla a otra. Está en las facultades del juez oír a un testigo que habla en el sentido que le satisface, y no oír a quien lo contraría. Está en sus facultades admitir un escrito, en carácter de prueba, y rechazar otro. El poder que un hombre, en su calidad de juez, ejerce sobre los testigos y sobre los documentos, cualquier individuo puede, en su fuero interno, ejercerlo plenamente sobre los argumentos y las ideas. Un argumento al que no presta atención es tan completamente ineficaz durante esa exclusión, como lo sería la declaración de un testigo a quien el tribunal rechazase antes de haberlo dejado hablar, o el documento escrito que se hubiese desestimado sin haberlo leído.

2) Si la opinión interior no está sometida por entero a la voluntad, la opinión exterior, si me es lícito expresarme así, la opinión manifestada por las palabras, depende de ella enteramente; mas quien es dueño de las palabras de los hombres, se adueña pronto de sus opiniones. Es tal la reciprocidad de influencia entre las personas, que con mayor frecuencia se dejan arrastrar por la imitación que por la reflexión. Una opinión expresada por un individuo produce la opinión de otro. Los hechos que sacamos de nuestra propia experiencia están en un número comparativamente mucho menor que los que tenemos necesidad de conocer y con respecto a los cuales nos vemos obligados a atenernos a las referencias ajenas. Así, dependiendo de un testimonio, no acostumbramos a depender de sus opiniones, presumiendo que están originariamente fundadas en pruebas adquiridas por su experiencia. La opinión es, por decir así, prueba de prueba, prueba presuntiva de prueba directa.

Es, pues, una verdad que quien puede forzar las declaraciones de la opinión, somete por ese medio el entendimiento de aquella clase numerosa de personas que reciben del prestado la mayor parte de sus ideas. "Algunos celosos defensores de la libertad y de la independencia del espíritu humano dirán que no, y que querer forzar las opiniones de los hombres, hacer la guerra a la opinión, es una perversidad, pero al mismo tiempo una locura. La coacción repugna y la persuasión no se produce nunca por medio de la autoridad." He ahí un texto que ha sido comentado y amplificado a menudo con las más rectas intenciones. ¡Cuán cierto es que tal empeño resulta tan desesperado como pernicioso! Forzar la opinión de manera directa e inmediata no puede ocurrir. Aplastar una idea, expulsarla de la mente por una presión mecánica, es cosa imposible. Ni la espada ni la tortura pueden nada. La persecución abierta no logra su objeto si no llega hasta la destrucción; pero, por medios indirectos, por la influencia de promesas y de amenazas, por la educación, por precauciones tomadas con tiempo, se subyuga a los débiles, se constriñe al rebaño servil de los imitadores. La autoridad distribuye honores; los tribunales aplican suplicios y los ministros del culto reinante, más terribles todavía, excomulgan, calumnian, infaman y llenan de todas las amarguras imaginables la vida de los refractarios, a los cuales amenazan con el fuego eterno.

No hay para qué decir aquí que todos los medios por los cuales se procura someter la inteligencia de las personas son más que sospechosos.

Hechos que contienen en sí la verdad, doctrinas que llevan consigo una utilidad pública, no tienen necesidad de semejante apoyo. Admitido ese principio, la consecuencia es inevitable. Emplear procedimientos de fuerza para sostener tales hechos y doctrinas equivale a confesar su falsedad y su oscuridad.

Es de advertir que, bajo la influencia del interés, la incredibilidad natural de un hecho, lejos de ser una razón para rechazarlo, lo es frecuentemente para admitirlo. Si se añade una gran recompensa al acto de hablar de hechos increíbles como si fuesen ciertos, y que esa recompensa pueda ser obtenida sin ningún sacrificio de la reputación, ¿por qué no habría de surtir efecto? *Credo quia impossibile est:* esa frase, frecuentemente citada, es el resultado del entusiasmo iluminado por una gran esperanza. ¿A qué menor precio puede obtenerse una recompensa que se supone infinita? Y si se agrega a aquella fuerza la de las amenazas más temibles, su acción reunida resulta irresistible.

He querido establecer en este capítulo que, con respecto a los hechos contrarios a las leyes de la naturaleza, habría *causas de decepción* que tendían a invalidar los testimonios humanos, llevando al más alto grado la probabilidad de la impostura o del error.

LIBRO NOVENO

DE LA BÚSQUEDA DE LA PRODUCCIÓN Y DE LA CONSERVACIÓN DE LAS PRUEBAS

CAPÍTULO I

GENERALIDADES

Tres puntos a obtener: 1) descubrir la fuente de las pruebas, sean cosas, sean personas; 2) poner las pruebas en presencia del juez; 3) con respecto a las personas, extraer su testimonio. El cumplimiento de estos fines supone inclinación, conocimiento. Poder. Por parte del demandante, no falta la inclinación a proporcionar las pruebas; puede conocer el escondrijo de las pruebas; pero necesita poderes legales para producirlas. Los medios son físicos o morales. Los *medios físicos* para procurarse las pruebas son: 1) entrada; 2) visita o investigación; 3) transcripciones y representaciones imitativas; 4) secuestro de las cosas; 5) arresto, detención de las personas; 6) identificación o marcas que sirven para comprobar el estado de las cosas, etc. Los medios morales, es decir, que actúan sobre la voluntad, son: a) simples invitaciones dirigidas a los testigos; b) ofrecimientos de recompensa; c) penalidades, en caso de negativa a testimoniar.

Se ha reunido en este libro cuanto concierne a los medios de hallar las pruebas, de prevenir su desaparición y de presentar los testigos en servicio de la justicia.

Tal vez si un testigo hubiese sido presentado y hubiese parecido digno de fe, la sentencia habría sido muy diferente; pero no fue presentado... Es ése un motivo de lamentación para quien, por tal circunstancia, pierde una causa justa. Así, pues, en un tratado de las pruebas, la obtención del testimonio es un punto demasiado importante para que pueda ser descuidado, pese a la poca atención que, hasta el presente, se haya concedido a esta rama de la jurisprudencia.

Para que un elemento de prueba esté en situación de ser presentado al tribunal en el momento necesario, se requieren dos condiciones: que haya empezado a existir y que no haya cesado su existencia; que haya estado en nuestro poder y que no lo hayamos perdido. De ahí que surjan dos cuestiones distintas en la práctica, que requieren precauciones diferentes. Consiste una en encontrar las pruebas y otra en evitar su pérdida. La primera se cumple mediante la pesquisa o investigación; la segunda, por diferentes medios según la naturaleza de las pruebas.

En toda ocasión, lo que se pretende, el problema que se ha de resolver, es el siguiente: presentar al juez, someter a su conocimiento, la prueba, cualquiera sea su naturaleza, que la parte considere necesaria para apoyar su demanda, para justificar su título y obtener la sentencia conforme a su derecho.

Descomponiendo el problema principal, advertiremos que se resuelve en tres aspectos perfectamente diferenciados:

1) Descubrir la fuente de las pruebas, sea la cosa, sea la persona que las puede suministrar.

2) Presentarlas al juez.

3) Si se trata de una persona, obtener su testimonio. Con respecto a las *cosas*, no hay ninguna dificultad. Para que una persona atestigüe es necesario que se la haga escribir, o hablar, o manifestarse de alguna manera; pero, para que una *cosa* atestigüe, hasta donde pueda atestiguar, basta con someterla a los sentidos.

Esta distinción, por simple que sea, resulta absolutamente necesaria, porque hace falta recurrir a procedimientos diferentes para resolver cada uno de aquellos problemas. Lo que se puede decir de uno, no se puede decir de otro. Mientras, con frecuencia, uno se resuelve por sí mismo, la solución de otro está acompañada de grandes dificultades.

Por ello, trataremos de la *búsqueda* de las pruebas, de su *producción* y de la *obtención* del testimonio. Cada una de esas operaciones corresponde a cada uno de los fines que hemos indicado. Por la búsqueda, se descubre; por la producción, se pone de manifiesto; y por la obtención, se logra el testimonio.

Que un testigo sea presentado y que preste su testimonio son dos actos diferentes. Puede presentarse espontáneamente al tribunal y cuando se lo llama a declarar puede querer no decir nada. Puede hacérsele comparecer por la fuerza. Pero, para obtener su testimonio, hay que contar con el concurso de su voluntad. Incluso acudiendo a procedimientos coactivos, no producirán ningún efecto sino en tanto actúen sobre su voluntad.

En el curso ordinario de las cosas, cuando una persona se presenta por sí misma en calidad de testigo, es porque tiene la intención de declarar. Si se ve comprometida, a su pesar, a comparecer con tal carácter ante un tribunal, los mismos motivos que lo determinan a presentarse son suficientes para inducirla también a hablar. Y aun cuando sea llevado por la fuerza, la misma debilidad que ha demostrado le quita hasta el pensamiento de sostener una lucha tan desigual como es la de un individuo en cautividad frente al poder público.

Tal es el curso ordinario respecto al testimonio. Pero un sistema procesal en el que no se hubiese previsto nada para los casos extraordinarios, incluso para los que lo son en mayor grado, se encontraría pronto detenido y entorpecido en su actuación habitual. Los casos que constituyen excepción, cuando se han previsto y combatido de antemano, se presentarían a diario si no se hubiesen adoptado las oportunas precauciones.

En el caso de la prueba material, el descubrimiento de la *cosa* que sirve de prueba no es de ordinario sino el descubrimiento de algún individuo que tiene la cosa en custodia o en su poder. Así, pues, la búsqueda de la persona y la búsqueda de la cosa vienen a ser un solo procedimiento.

MEDIOS APLICABLES A ESAS DIFERENTES FINALIDADES: PODERES LEGALES

Después de haber visto cuál es el fin que se quiere alcanzar, cuál es el problema a resolver y su descomposición en tres problemas particulares, queda por tratar el aspecto relativo a los *medios* para llegar a la solución de cada uno de ellos.

Inclinación, conocimiento, poder: he ahí las tres condiciones requeridas para lograr buenos resultados. Si una u otra falta, el resultado fracasa. En el caso de un demandante que acuda a la justicia para reclamar lo que considera su derecho, la inclinación, entendiendo por tal su inclinación a exhibir las pruebas, existe plenamente, ya que presentar todas las que le sean favorables es precisamente su finalidad. Solo le queda, para el cumplimiento pleno de sus deseos, llenar las otras dos condiciones requeridas: 1) el conocimiento, es decir, estar informado de la fuente de las pruebas, sea de las personas, sea de las cosas que pueden proporcionárselas, 2) el poder de obtener la prueba por el testimonio de las personas o el examen de las cosas.

Con respecto al conocimiento, sea de las cosas o de las personas que pueden suministrar las pruebas, existe por completo en la mayor parte de los casos, sin que sobre tal particular haya nada que desear. El poder es la única de las condiciones requeridas que las partes tienen que solicitar del legislador y del juez.

Dichos poderes legales les serán necesarios para conseguir las pruebas cuando las fuentes les son conocidas, así como también en el caso de que no las conozcan, para llegar a conocerlas.

En ambos casos, los medios empleados para llegar a ese fin serán *físicos* o *morales*; físicos, cuando por su naturaleza actúan sobre el cuerpo como tal cuerpo; morales, cuando actúan sobre el cuerpo por intermedio del espíritu. En otros términos: ésos son *motivos*.

Entre los medios físicos aplicables al expresado objeto, los más naturales y más frecuentemente empleados se clasifican con las denominaciones siguientes:

1) Entrada.

2) Visita o registro.

3) Inspección.

4) Transcripción y representación imitativa (reconstitución del hecho).

5) Secuestro.

6) Arresto ante el juez.

7) Detención de las personas.

8) Identificación o marca que sirva para identificar.

9) Manutención y alimentos.

10) Inspección ocular de los lugares por el juez.

Los medios que pueden clasificarse como motivos son: simples invitaciones, recompensas y penas.

1) Simples invitaciones. Entiendo por tales aquellas demandas en las que se confía exclusivamente en los motivos que la naturaleza de la cosa proporciona para animar a los testigos a presentarse, sin añadir ningún motivo penal o remuneratorio. Tienen ese carácter las meras advertencias insertas en los documentos públicos o en los anuncios, sea por los particulares o por el gobierno.

2) Ofrecimiento de recompensa, generalmente pecuniaria, por parte del gobierno o por los particulares con autorización del gobierno.

3) Conminación con ciertas penas en caso de desobediencia. El derecho de castigar pertenece exclusivamente al gobierno y solo él puede utilizar ese medio.

Capítulo II

Medios de asegurar la producción de las pruebas

El cumplimiento de este objeto requiere, en particular, tres cosas en la organización de los tribunales: 1) Continuidad no interrumpida de las sesiones judiciales. Inconvenientes de las sesiones periódicas. 2) Ambular ocasional de los tribunales o de los jueces. Casos en que las pruebas no existen sino en un lugar determinado, donde habría que desplazar una multitud de testigos. Observaciones sobre las visitas locales de los jueces. 3) Poderes de investigación o de investigaciones preliminares que constituyen la instrucción de la causa.

I. Tribunales con poderes y obligaciones adecuados

Cualesquiera sean los medios proporcionados por la ley para la obtención y la presentación de las pruebas, su eficacia dependerá en mucho de la manera como estén establecidos los tribunales, es decir, de los poderes que posean los jueces y de las obligaciones que les sean impuestas. La organización de las cortes de justicia es un tema demasiado vasto y demasiado importante para tratarlo incidentalmente en una obra que tiene otro objeto; pero, entre los principales rasgos, hay algunos cuya mención no se puede omitir, porque contienen las condiciones esenciales a los fines de la justicia. Tales son:

1) La continuidad no interrumpida de las sesiones judiciales.
2) El desplazamiento de los tribunales en determinadas ocasiones, de unos lugares a otros.
3) Los poderes de investigación, aptos para seguir toda una cadena de pruebas indiciarias, de toda clase de pruebas.

Continuidad de las sesiones. Es indispensable que el servicio responda a sus necesidades, y ya que los enemigos del orden público están siempre armados para el ataque, hace falta que sus protectores lo estén siempre para la defensa. Suspender las funciones de los tribunales es conceder a los adversarios una tregua que ellos no otorgan. Un período regular de vacaciones para los médicos y los cirujanos no sería más disparatado que las vacaciones regulares para los jueces. Apenas se puede concebir el intervalo de un día, de una hora, que no suponga vejámenes, gastos y dilaciones y que no exponga a injusticias directas, aun cuando solo sea por el riesgo de la desaparición de las pruebas; porque, si bien hay pruebas permanentes que se pueden hallar siempre que se las necesite, hay otras de carácter fugaz que solo existen en un momento dado y que, si no se aprovecha la ocasión favorable, esta no se vuelve a presentar.

Me limito a indicar aquí tan importante consideración, que en otro lugar aclararé debidamente.

Hay países en que la idea de un tribunal permanente parece una extravagancia. ¿Por qué? Porque en esos países todo el sistema judicial ha sido instituido por los hombres de ley y para ellos. Que los litigantes sufran o se arruinen, que los presos giman detrás de las rejas, que las pruebas desaparezcan y que con ellas perezca la justicia, constituyen males que no quebrantan el estoicismo de legisladores y jurisconsultos. Eso es resultado de las sesiones periódicas y de otras diversas normas procesales. Todo el mundo lo sabe, pero, ¿quién se atreve a tocarlo?

II. Tribunales ambulantes para ciertas ocasiones

Con frecuencia, las pruebas no existen sino en un tiempo y en un lugar dados. Hay que tomarlas donde estén o perderlas por completo. En el curso ordinario de las cosas, para economizar tiempo, para ahorrar gastos, para contemplar el interés de todas las partes y el de los juzgadores, es conveniente que los testigos vayan a los jueces y no los jueces a los testigos. Pero hay casos en que, so pena de perder las pruebas, hace falta seguir el camino opuesto.

Los casos en que el juez debe trasladarse a otros lugares pueden dividirse en dos clases.

1ª) *Visita "ad personam":* en el caso de que la inspección de la persona sea necesaria al juez.

Caso de guardar cama por enfermedad incurable o de larga duración.

Caso en que el delito abarca un gran número de delincuentes, como en las insurrecciones y tumultos, donde, por razón de la multitud de culpables y de su perseverancia en el delito, es necesaria la presencia del juez para poner fin al asunto, al resultar insuficiente a ese objeto la policía ordinaria.

2ª) *Visita "ad rem":* cuando la fuente de las pruebas pertenece a la categoría de cosas.

Caso en que la cosa que sirve de prueba es de la naturaleza de los inmuebles: como cuando el objeto en litigio es la extensión de una tierra, el estado de una casa, de una manufactura, de un puente, de un canal, en lo relativo a las reparaciones.

Caso en que la cosa, sin pertenecer de modo absoluto a la categoría de los inmuebles, no puede ser transferida sin inconvenientes superiores: como los utensilios de manufacturas, de destilerías, de minas, las estatuas, las producciones de bellas artes de gran dimensión, los montones de géneros o de mercaderías, etc.

Pero, aunque todos esos objetos puedan exigir la aplicación de las funciones judiciales a una mayor o menor distancia de la sede de la judicatura, no es necesario que, en todos estos casos, el juez principal se traslade al lugar. Para tal función podrá delegar en una persona de su confianza; por ejemplo, un magistrado subalterno, responsable por su posición y dotado de los conocimientos que la circunstancia requiere.

Evidentemente sería preferible que, de resultar posible, el juez que debe sentenciar hubiese recogido personalmente todas las pruebas, que todo cuanto sirve a la prueba de ambas partes hubiese sucedido en su presencia, sobre todo las pruebas personales y el testimonio, dado que la mayor seguridad al respecto resulta del interrogatorio, de las circunstancias que lo acompañan, de las deducciones que se obtienen del tono, del gesto, del comportamiento, de la facilidad, de la duda, de la tranquilidad, de la turbación, en una palabra, de todo el conjunto de la conducta de los testigos.

Pero, por deseable que sea esta condición, no siempre puede cumplirse. El juez no podría ver y oír todo. Suponiendo que estuviese investido del poder de elegir entre abandonar el tribunal para ir a recoger las pruebas, o continuar sesionando, tendría que decidirse según la importancia comparativa de la causa que requiere tal género de investigación y la necesidad que la misma tiene en ese género de pruebas.

De la naturaleza real o personal de la prueba, depende que el examen de la misma exija la presencia de un juez principal. Cuando hay que examinar un testigo, el testimonio a recoger es decididamente una función judicial. No se puede confiar convenientemente sino a hombres revestidos de aquel carácter, o, al menos, calificados para tal servicio.

Con lo referente a las pruebas reales, la situación es distinta: el relato de un testigo digno de fe proporciona casi la misma seguridad que la inspección de la cosa por el juez; si el juez queda menos satisfecho con el relato que con la inspección inmediata, el público, por el contrario, puede quedar más satisfecho con aquél que con esta; confiará más en un testigo al que se puede interrogar y confrontar que en un juez a quien no se interroga ni confronta.

Si la cosa fuese de tal naturaleza que el juez pudiese trasladarse al lugar con público suficiente, su visita daría a la prueba más fuerza que el simple relato. Al declarar lo que hubiese visto, tendría como garantes a cuantos vieron con él. Pero si se trasladase al lugar solo, absolutamente solo, su sentencia podría resultar más satisfactoria para sí mismo, pero no lo sería para el público; resultaría arbitraria, susceptible de injusticia, de corrupción, de capricho o de indolencia.

Hay un caso en que el relato de la prueba material es muy superior a la prueba inmediata, como ocurre cuando la cosa requiere el informe de peritos. Supongamos que se trate de un robo con fractura: el juez está tan bien capacitado como un arquitecto para determinar si las puertas y ventanas han sido forzadas. Pero si se trata de una demanda de reparación de daños entre el propietario de una casa y el locatario, el juez, trasladándose al lugar del hecho, se vería en gran dificultad para estimar el menoscabo, mientras que, permaneciendo tranquilo en su tribunal, oyendo a los arquitectos de una parte y de otra, su fallo estará fundado sobre las mejores bases que el caso admita.

En lo que se refiere a las pruebas por escrito, no se pueden concebir casos que requieran el desplazamiento del juez, a menos de tratarse de alguna inscripción puesta sobre cosas inmuebles. Los documentos se pueden transportar, y si su desplazamiento ofrece mayores inconvenientes, las copias pueden, por lo general, sustituir a los originales, a los fines jurídicos correspondientes.

3º) El tercer aspecto de la organización de los tribunales es el relativo a los poderes de investigación de que deben estar investidos. Poderes adecuados para abarcar toda la cadena de pruebas en sus diversos grados, desde los indicios más insignificantes y las referencias que no pueden recibirse como pruebas finales, hasta aquellas que reúnen todas las cualidades requeridas con tal objeto. Pero la extensión y la importancia de esta cuestión reclaman capítulo aparte.

Capítulo III

De los medios físicos aplicables a la producción de las pruebas

Orden de la operaciones: 1) *entrada,* medida casi siempre vejatoria; precauciones que exige; 2) *visita o búsqueda,* más o menos vejatorio, según que se aplique a las cosas o a las personas; 3) *inspección,* se aplica particularmente a los escritos; si se trata de escrituras públicas (contratos), esta medida no puede ser vejatoria mas que para el demandado injustamente; si se trata de escrituras privadas, puede ser vejatorio en el más alto grado; 4) *copias de escritos o representaciones imitativas,* como de una casa, de una máquina u otros documentos que no pudieran transportarse a un tribunal de justicia; 5) *detención*: operación que se aplica a las personas antijudicialmente; medida siempre vejatoria y que no puede justificarse sino por una necesidad; 6) *presentación ante la justicia* o mandato de comparecencia: lo mismo; 7) *arresto, secuestro:* el primero de esos términos se aplica a las personas; el segundo a las cosas. Circunstancias que justifican el arresto de los testigos ordenado judicialmente; igual razón para arrestar a un testigo, en ciertos casos, que para arrestar a un acusado. Precauciones a tomar para el arresto y el secuestro; 8) *identificación:* medio de comprobar que la cosa que resulta fuente de la prueba no será cambiada ni alterada: sellado, etc.; 9) *mantenimiento de las personas detenidas e indemnizaciones que se acuerdan a los testigos.* Numerosas cuestiones sobre este punto. Escollos que evitar. El pago demasiado débil es injusto; demasiado fuerte puede obrar como soborno. Preventivo: declaración pública del monto del pago.

Discusiones verbales necesarias a ese respecto

De acuerdo con las diversas circunstancias, la producción de las pruebas no se puede realizar si no es por medio de varias operaciones que requieren diferentes poderes legales. Para organizar y conferir esos poderes, hace falta, ante todo, encontrar denominaciones apropiadas que los distingan y los designen. Esta discusión, hay que confesarlo, se parece demasiado a un ejercicio de gramática. Pero, en fin, puesto que las palabras son los únicos instrumentos de que puede servirse el legislador para expresar sus ideas, si quisiese rechazar las, consideraciones verbales, se mostrará tan poco sensato como el artesano que desdeñase ocuparse de las herramientas de su profesión.

Origen de la diversidad de operaciones

Las operaciones se diversifican: 1) según la naturaleza de la cosa; 2) según el orden cronológico en que se realizan.

1) Según la naturaleza de la cosa, a saber: si el origen de la prueba pertenece a la categoría de las personas o a la de las cosas, entendiéndose por cosas, generalmente hablando, tanto las muebles como las inmuebles, así como también aquella especie particular que se conoce con el nombre de *pruebas escritas*.

2) Según el orden cronológico en que se realizan. Entrada, investigación, inspección, arresto o aprehensión, detención, presentación, secuestro, tal es el orden en que las operaciones se suceden dentro de su curso ordinario.

Las circunstancias en que se hayan de aplicar esos medios indican por sí mismas el que se deba elegir. No hay ninguna dificultad al respecto. Pero la hay muy grande con relación al vejamen que resulta de la aplicación de unas u otras de dichas operaciones, así como para decidir hasta que punto las ventajas sobrepasan a los inconvenientes a que dan lugar. Se trata de una elección entre dos males, de sopesar y comparar el peligro que para la justicia resulta de un defecto en las pruebas, y el inconveniente que representa para las personas por las molestias a que se las somete al tratar de obtenerlas; se trata, en consecuencia, de llevar las ventajas a su nivel más alto y de reducir los inconvenientes al más bajo. Después de hacer ese examen es cuando se debe determinar el grado de poder que la ley debe atribuir al juez y a las partes.

Operaciones que hay que hacer para la producción de las pruebas

1. *Entrada*

Esta operación supone la existencia de una porción de espacio encerrado dentro de límites físicos, o por lo menos ideales, que una persona viene a ocupar en una ocasión particular. El espacio así circunscrito puede constituir por sí mismo el objeto de la prueba, como cuando el litigio afecta a un campo o a una casa; o puede no ser otra cosa que el receptáculo que la contiene y, en tal caso, la entrada no tendrá como finalidad ver la casa sino, por ejemplo, un cofre cuyo contenido se quiere embargar.

Con respecto al objeto perseguido, que es el de asegurar la producción de las pruebas, la simple entrada, por sí misma y sin otras consecuencias, no tendría ninguna utilidad. Sin embargo, es un preliminar indispensable para las otras operaciones y no puede ser útil nada más que en tanto dichas operaciones subsiguientes resulten útiles. Pero útil o no, es casi siempre *vejatoria*. Sin duda, es eso lo que ha hecho que la jurisprudencia inglesa se haya ocupado tanto de ella; razón suficiente para considerarla aparte y distinguirla de otras.

El grado de vejación que representa depende de la naturaleza del lugar en que se hace la entrada. Si es en un terreno abierto, la vejación es nula; si es en un terreno cercado, resulta por lo general pequeña. Tratándose de edificios, será más o menos grande según la mayor o menor aproximación a la parte habitada. Y lo será más todavía si se entra en el interior, si se penetra en alguna alcoba, especialmente en el departamento de una mujer, etc.

2. *VISITA*

La palabra *visita* representa una idea más compleja. Se aplica a los casos de pruebas personales tanto como a los de pruebas reales y trae a la escena dos aspectos; el lugar visitado y la persona visitada o, como vulgarmente se dice, cacheada.

El lugar que sirve de *receptáculo* a la cosa que se busca puede alcanzar todas las dimensiones, desde una vasta iglesia hasta un estuche que encierra un juguete. El grado de vejación depende mucho del tamaño del receptáculo y, sobre todo, de la circunstancia de estar o no habitado. También cabe hacer, a estos efectos, una subdivisión según se trate de habitación permanente, como las casas, o no permanentes, como los vehículos, sean terrestres o acuáticos.

Los vehículos por agua tienen una particularidad importante, de la que hablaremos pronto, y es la de estar sujetos a una prolongada inmovilidad.

La palabra *visita,* en su principal significación, encierra la idea accesoria de una cosa o una persona escondida. En cuanto a la persona, o se la oculta intencionadamente o se oculta ella misma. En cuanto a las cosas, pueden ser ocultadas con intención o accidentalmente. La visita con relación a las cosas no presupone que hayan sido escondidas con intención.

La visita no se aplica menos a las pruebas escritas que a las pruebas reales. Los documentos, las simples actas, los contratos importantes consignados en registros, son de ordinario fáciles de encontrar. Pero se presentan casos en que la búsqueda tiene un objeto más laborioso y más vasto, cual sucede cuando hace falta consultar libros de cuentas, comparar diferentes libros, compulsar varios registros. La ley inglesa proporciona ejemplos en las causas en que hay necesidad de referirse a los diarios del parlamento, a los registros de la tesorería, de la guerra y del almirantazgo, a los archivos de las corporaciones, etc.

3. *INSPECCIÓN*

Esta palabra representa la idea de la operación más simple y que, considerada en su aspecto puramente físico, no contiene la más ligera vejación. En otras épocas, la mirada de un hechicero podía secar la cosecha o causar enfermedades en los rebaños, pero ahora no sucede así: la mera acción de la vista no puede producir ninguna alteración física sobre las cosas o sobre las personas. Sin embargo, la curiosidad de unos ojos penetrantes que sorprenden a hurtadillas el procedimiento de una manufactura, o el secreto de una carta, u otros secretos todavía más delicados, puede infligir una vejación ilimitada. El desgraciado Ovidio no cesó de deplorar en su destierro la imprudencia o la desventura de haber visto, en el palacio de un señor, algo que su sensibilidad herida no le perdonó jamás.

La hipótesis a que es más particularmente aplicable esta operación es la de los escritos.

La vejación que puede resultar depende de la naturaleza del escrito, según que haya sido destinado o no a la publicidad.

En el primer caso, que comprende todos los contratos, todo aquello que pertenece a la categoría de las pruebas preconstituidas, el escrito ha sido hecho; ya que no para el público conocimiento, por lo menos para el de las partes interesadas y el juez. En consecuencia, solo puede ser vejatorio con relación al delincuente. En el otro caso, cuando se trata de cartas, de correspondencia privada, de un diario personal, las materias consignadas pueden ser de tal naturaleza, que exista el mayor deseo de no dar conocimiento a ninguna persona extraña, y que su inspección pueda exponer a su autor a los más graves inconvenientes, así como hacerle padecer las penas más agudas.

4. *Copia* o transcripción

Tomada en su sentido literal, esta operación únicamente se aplica a las pruebas por escrito. Si el documento en cuestión no puede ser desplazado sin mayores inconvenientes, la copia resulta indispensable en sustitución del original, antes de que la causa llegue al trámite de audiencia definitiva Hay muchos casos en que la negativa a suministrar una copia sería equivalente a la negativa de presentar el original, es decir, que equivaldría a una denegación de justicia.

En el caso de las pruebas materiales, las representaciones imitativas mediante el dibujo, la pintura o el modelado, son análogas a la copia de los escritos: tales serán los planos de arquitectura respecto a una casa o a un barco que constituyen el motivo de la disputa; o los dibujos y maquetas de un sistema de máquinas en un litigio sobre patente de invención. En esa clase de cosas, hay muchas que no se pueden exhibir al natural como medio de prueba, pero hay muy pocas que no puedan ser representadas por una u otra de dichas formas de imitación.

5. *Detención*

Un buque de línea, con su complemento de quinientos hombres o de dos mil, es en cierto modo una ciudad flotante. Si la detención de un carro o de un coche, con una o dos personas dentro, constituye una vejación, ¿hasta qué punto no se multiplicará ese mal, tratándose de un barco de guerra? Un acto de esa naturaleza, realizado ilegalmente, representaría, de acuerdo con la expresión absurda de la ley inglesa, el *falso* aprisionamiento de dos mil personas.

En el caso de prueba material o escrita, la detención equivale al *secuestro.*

6. *Presentación a la justicia*

Esta operación es igualmente aplicable a las personas y a las cosas que se consideran como fuente de pruebas. El caso en que debe aplicarse a las personas es aquel en que existe una supuesta repugnancia por su parte, porque a menos que exista esa repugnancia o una enfermedad física, las personas pueden ir por su propia voluntad ante el juez. Pero supuesta tal repugnancia, y es probable que exista en uno de cada dos o tres testigos, el acto de la presentación a menudo será de igual necesidad en el caso de los testigos, para asegurarse su comparecencia en el momento que se los necesite, que en el de las partes mismas, para someterlas a la justicia.

Es necesario, pues, en tales casos, recurrir a una conminación acompañada de amenazas, o a un acto de coacción llevado a cabo por los oficiales de justicia. Lo que puede resultar necesario con relación a las personas, puede resultarlo también con relación a las *cosas,* cuando quien las retiene no se presta voluntariamente a presentarlas.

La repugnancia existiría, es un suponer, en uno de cada dos o tres testigos.

7. *Arresto. Secuestro*

El primero de estos términos se aplica a las personas: el segundo a las cosas. Arrestar es recluir a una persona en un lugar que asegure su custodia cuando dicha persona es fuente de la prueba. Secuestrar es poner la cosa, fuente de la prueba, en lugar seguro. Ambas operaciones, en cuanto a la intención, son iguales; pero en cuanto a sus efectos, la diferencia es grande, sobre todo en lo que se refiere a la vejación.

Arrestar o encarcelar es una cuestión que se presenta inmediatamente después de la comparecencia. ¿En qué caso? No en aquel en que solo se tratase de oír al testigo en la audiencia definitiva, puesto que, si ha prestado su declaración, la finalidad ha quedado cumplida y la vejación sería gratuita. Salvo en el caso extremo e infinitamente raro de que se hubiese negado a prestar su testimonio, hipótesis en que su detención se haría indispensable, la única circunstancia que podría exigir tal precaución sería aquella en que el interrogatorio fuese de naturaleza preliminar. En tal caso, el objeto perseguido sería asegurarse al testigo para un examen ulterior y semejante vejación solo se justificaría suponiendo, por su parte, una repugnancia lo bastante fuerte, para dar lugar a dudas sobre su comparecencia, si no se la asegura de esta manera.

Pero, detener a una persona para asegurarse de su comparecencia en calidad de testigo en un hecho que le es extraño, ¿no es un método de extraordinario rigor? ¡Privarme de mi libertad para forzarme a comparecer en una querella en la que no tengo parte algunas! ¿Cómo justificar tal proceder? ¿No es como si la ley castigase a un inocente? ¿No es eso lo que se hace para asegurar la comparecencia de un hombre acusado de un delito? Sí, pero la ley tiene precisamente la misma finalidad y la misma razón para asegurarse la presencia de uno y otro; de uno para que proporcione la prueba del delito y de otro para someterlo a la pena. La justicia es tan impotente si no tiene bajo su mano al testigo, como si no tiene al acusado. Si la privación de libertad del testigo constituyese una objeción insalvable, habría que renunciar a todo ejercicio de poder. Excluir toda vejación es excluir todo gobierno. Pretender dictar leyes que no importen vejación alguna es el proyecto de un insensato; en cambio, suprimir toda vejación preponderante, toda vejación superflua, es el fin que se propone la razón y al cual no se puede llegar mas que uniendo los afectos del filántropo al genio del legislador.

Con respecto a las dos formas de privar a un individuo de su libertad, para castigarlo o simplemente para asegurarse de su persona, la diferencia no puede estar sino en la naturaleza del lugar en que se encuentre detenido. Aquel a quien se castiga es recluido en un edificio apropiado para tal finalidad, bajo la custodia de un oficial público; en una palabra, en *ana cárcel.* Aquel a quien se retiene únicamente para asegurar su testimonio debe ser llevado a un lugar que no implique ninguna idea accesoria de castigo, incluso elegido por él mismo con tal de que la seguridad de la custodia sea suficiente.

El secuestro, medida más o menos empleada en todos los sistemas para asegurar la restitución de efectos al verdadero propietario, no es menos necesario, en muchos casos, al objeto de proporcionar la prueba. Lo que directamente se persigue con ello es prevenir el deterioro de la prueba cuando el mismo depende de la naturaleza de la cosa.

Pero tal propósito, el más directo y manifiesto, no es el único. Se puede también tener en vista conservar la cosa tal cual es y ponerla al abrigo de toda especie de alteración fraudulenta, mediante lo cual se quisiese convertirla en elemento de prueba falsa, ya que es cierto, y lo hemos explicado en otra parte, que pueden realizarse actos de falsificación en materia de prueba real tanto como en las pruebas escritas.

La elección de las personas en cuyas manos deben ponerse los objetos secuestrados ha de regirse por las mismas razones que la detención de los testigos. La finalidad directa es la seguridad de su custodia. Debe evitarse toda vejación que no resulte necesaria a tal fin. Según el caso, puede permitirse al poseedor actual que nombre a la persona a quien será confiada la cosa.

8. *IDENTIFICACIÓN*

En el caso de la prueba real, la identificación consiste en fijar, sobre la cosa constitutiva de la fuente de la prueba, alguna marca que garantice al juez que es siempre la misma desde el origen del hecho hasta la sentencia y que no se ha puesto en su lugar ninguna otra ni por fraude ni por equivocación. Así, en el procedimiento francés, cuando un cadáver era el objeto de la investigación a fin de determinar la causa de la muerte, el juez tenía la costumbre de aplicar su sello sobre la frente.

Esa operación puede preceder o seguir a la de presentación. Si se hace después, habrá de hacerse en presencia del juez; y si se hace antes, se hará por una persona con cargo oficial o sin él, de acuerdo con las circunstancias. Pero tan pronto como sea posible, después de la primera inspección, es necesario identificar la cosa, porque de otra manera habrá siempre el peligro de falsificación o de sustitución.

Esta operación es análoga a la del secuestro y su fin es el mismo. En unos casos se las reúne y, en otros, la primera puede ocupar el lugar de la segunda. Para identificar documentos basta con sellarlos.

Comparada con el secuestro, y teniendo en cuenta que puede llenar igual finalidad, la identificación representa un género de seguridad preferible por cuanto carece de toda consecuencia vejatoria.

9. *MANUTENCIÓN, COMPRENDIENDO LA ALIMENTACIÓN*

Cuando se trata de seres animados, entiendo por manutención todo aquello que es necesario para poner al objeto, fuente de la prueba, al abrigo de todo deterioro. En su calidad de prueba, hace falta conservarla sana y entera, y en calidad de cosa o de persona, hace falta garantizarla contra los vejámenes que no sean necesarios. Los gastos de manutención deben estar a cargo de quien se debe aprovechar de la medida.

Tales gastos son una razón más contra la detención de las personas y el secuestro, cuando se pueda obtener la misma seguridad sin recurrir a ellos.

Los gastos de los testigos dan lugar a gran número de problemas, todos los cuales presentan grandes dificultades. 1) Si el testigo tiene medios, ¿quedarán a su cargo sus propios gastos? Y si no puede subvenir a los mismos, ¿a quién deberá imponerse dicha carga? 2) La suma destinada a ese objeto, ¿se le debe entregar antes o después de su comparecencia? 3) ¿De acuerdo con qué principios se debe regular la proporción de esa suma? ¿Será de acuerdo con las circunstancias pecuniarias del testigo, o de acuerdo con las de la parte que reclama su testimonio, o de acuerdo con ambas conjuntamente? 4) ¿Podrá forzarse al testigo a comparecer o a hablar antes de que se le hayan abonado sus gastos? 5) ¿Qué diferencia se hará a tal respecto? ¿Habrá de hacerse alguna en razón a la naturaleza de la causa, es decir, según sea penal o no penal y que se trate de un delito privado, público o semipúblico?

Todas estas cuestiones, y otras muchas que podrían añadirse, forman otros tantos casos que se han de prevenir. Mas el legislador, al determinar algunos de esos aspectos, debe siempre dejar otros muchos a la discreción del juez.

Tratando de regular esa indemnización, el legislador se encuentra situado entre dos escollos.

Si es insuficiente, se produce una injusticia para el testigo. Si es más que suficiente, puede obrar como un soborno, inclinando al testigo en favor de la parte que le paga. Ante tal dilema, la publicidad es el único recurso. Todo abono en concepto de indemnización dado a un testigo debe ser declarado delante del público en el momento del interrogatorio, o por lo menos estar pronto a ser declarado a petición de la parte contraria. De esa manera, si ha habido exceso, el juez y el público quedarán advertidos del efecto que puede producir sobre la veracidad y la exactitud del testimonio.

Supóngase un trato hecho; supóngase, asimismo, una condición aneja a la promesa de indemnización; por ejemplo, dinero pagadero si el testimonio es en tal o cual sentido, o si el resultado del proceso es este o el otro. Una indemnización así prometida, o incluso pagada, es por de pronto y sin contradicción un acto de soborno, delito punible en todos los sistemas legales.

Pero, cuando la corrupción se presenta, ¿acostumbra a mostrarse en forma tan poco disimulada? ¿Actúa tan abiertamente? Tal vez de tarde en tarde, y entre la escoria del pueblo. Mas creo que los casos en que las condiciones del trato aparecen expresadas así son muy raras en comparación a aquellos en que quedan sobrentendidas. El sobornante y el sobornado ocultan los acuerdos de esa naturaleza.

Capítulo IV

Aplicación de recompensas y de penas a la obtención de pruebas

I) Utilidad de las simples invitaciones en el caso de que no haya todavía testigo conocido. II) Necesidad, en ciertos casos, de ofrecer recompensas. Desventajas de tal método: 1) su influencia precaria y versátil; 2) su tendencia a crear falsos testimonios; examen de este peligro, más aparente que real; 3) prejuicio público contra los testigos de esa clase; 4) repulsión de los testigos no mercenarios; 5) debilitamiento de la justicia por los perdones acordados a los cómplices delatores. Forma de transigir con el prejuicio: conceder una recompensa con el nombre de indemnización. III. Penalidades a emplear contra aquellos que, pudiendo testimoniar, niegan ese servicio al público.

1) Un sistema completo, es decir, que responda a todas las necesidades que se han de tener en cuenta y que comprenda todos los casos, no puede existir sino combinando tres clases de medios: las *simples invitaciones*, el *móvil de la recompensa, los procedimientos coercitivos.*

2) Cuando el hecho ha llegado a conocimiento de los jueces, el requerimiento judicial dirigido a los testigos será suficiente, por lo general, para asegurar su comparecencia.

3) El principal y casi único uso de las recompensas y de las simples invitaciones se refiere a la revelación del hecho.

I. Simples invitaciones

Este medio parece, al primer golpe de vista, tan poco eficaz que apenas merecería ser mencionado; pero visto más de cerca se observa que es necesario darle mayor extensión.

En el caso de un testigo que no fuese parte, una simple invitación tendría muy poca fuerza para inducirlo, sea a comparecer o a prestar su declaración; pero, para hacer una revelación, tal medio resultará a menudo eficaz.

Es cierto que no crea un nuevo motivo para inducir al individuo a servir la causa de la justicia, en lo cual difiere de la recompensa y de la coacción, ya que estas pueden determinar una voluntad que antes era inerte o, incluso, contraria.

Pero tal invitación puede servir para aumentar la fuerza de los motivos que ya existen y que solo necesitan ser provocados, motivos que pertenecen a la sanción religiosa o a la sanción moral, motivos de benevolencia, de esa benevolencia inteligente que abarca los intereses de toda la sociedad. Si hay una verdad a la cual no son completamente insensibles los espíritus menos cultivados, es la de que la justicia resulta necesaria para la seguridad general y que para colocar a la justicia en situación de actuar, necesita pruebas. Dejando de lado los efectos de tal o cual prejuicio particular, no hay nadie, en una comunidad civilizada, que no conciba que su deber hacia Dios, su deber hacia sus semejantes, exige, al menos en ciertas ocasiones, que revele un delito del que ha tenido conocimiento. Sobre todo cuando la autoridad pública lo invita solemnemente a cooperar en una finalidad tan deseable.

La simple invitación no sería el medio que habría de emplearse en el caso de que la fuente de la prueba fuese conocida, en que fuese notorio que tal individuo está capacitado para proporcionar la información requerida. Nada sería menos prudente que confiarse en la operación casual de un motivo flojo para que prestase un servicio de necesidad casi indispensable, cuando el individuo puede sentirse desviado de esa prestación por motivos de fuerza superior. Dejar librados al azar los éxitos de la justicia sería poner la suerte de una parte bajo la dependencia absoluta de la voluntad de un individuo: estado de cosas precario y vicioso, cuyas funestas consecuencias es fácil prever.

Esta regla de procedimiento es de una necesidad demasiado evidente como para descuidarla completamente en la práctica. No hay sistema lo bastante incompleto como para no haber impuesto penas, más o menos convenientes, a la negativa de testimoniar, después de ordenarlo el juez.

La simple invitación debe, pues, limitarse al caso en que todavía no haya testigo conocido: no se dirige a un individuo en particular sino a todos los miembros de la comunidad sin excepción. Y en cuanto se tiene algún indicio para señalar a un individuo en particular como capaz de proporcionar la información deseada, no es ya un simple ruego lo que se le hace; se le impone formalmente la obligación de revestir el carácter de testigo.

II. APLICACIÓN REMUNERATORIA

Para descubrir la fuente de las pruebas, algunas veces será necesario recurrir a la promesa de una recompensa ¿Por qué? Porque sin ello no habría pruebas: los motivos incitantes, si se me permite hablar así, no serían lo bastante fuertes como para vencer los motivos contrarios.

Este medio, comparado con los otros dos, está sujeto a varias desventajas:

1) Su eficacia es precaria. No conociendo a los individuos a quienes está destinada, la recompensa ofrecida, igual para todos, no se adapta a la variedad de circunstancias y de inclinaciones: y aunque se conociesen, la recompensa no tiene el mismo poder que la pena sobre la voluntad.

Tal inconveniente puede obviarse, en parte, combinando los dos medios.

2) Este medio no se halla exento del peligro de producir falsos testimonios; el peligro, sin embargo, es mayor en apariencia que en la realidad. No quiere decir, en absoluto, que porque una persona se haga pagar para decir la verdad

esté dispuesta a decir una mentira, a infligir una cruel injuria por el mismo precio y a exponerse a los castigos del falso testimonio.

3) Sea como sea, esta circunstancia debilita en el espíritu del juez, y más todavía en el del jurado y los espectadores, la credibilidad del testigo. Este prejuicio produce un efecto sensible en la manera como se recibe el testimonio de tales individuos, cuyo único delito consiste en tomar lo que la ley les ofrece, en aceptar el precio de un servicio que les pide el legislador.

No me detengo a decir aquí lo que cabe hacerse por vía de instrucción para debilitar ese prejuicio injusto: sin embargo, hay un medio fácil para prevenir el mal efecto de la recompensa, agregándole una porción de pena: el testigo sobre quien el móvil remuneratorio sea tal vez el único que influya, será el primero en atribuir su conducta a la necesidad de garantizarse contra el castigo y tal motivo será admitido, no solamente como verosímil sino como justificable, por un gran número de personas que no tolerarían la influencia del interés pecuniario. Hay muchos otros casos, digámoslo de paso, en que es necesario un poco de coacción o apariencia de coacción para que sirva de apología a un individuo cuya conducta es conforme a sus deseos y a su inclinación.

La recompensa tiene otro inconveniente: desde el momento en que hay testigos que la aceptan, otras personas, que habrían prestado ese servicio gratuitamente, se mantendrán apartadas por temor de compartir el descrédito vinculado a los primeros. Es cierto que se puede previamente declarar que no se quiere recibir ninguna recompensa, pero pueden quedar dudas en el espíritu del público. Y el envilecimiento que tal prejuicio presta a las declaraciones del testigo que tenga un interés pecuniario en el triunfo de su testimonio, aleja de ese servicio a más personas de las que la recompensa atrae.

Y lo que es peor todavía, de recompensa solo tiene el nombre y no la realidad. Dicho servicio acarrea para el testigo gastos inevitables, cuya carga teme. En Inglaterra, la recompensa ofrecida es tan desproporcionada en muchos casos, que no cubre sino una parte de los gastos. ¿Qué resulta de ello? Que la recompensa, en lugar de invitar a prestar el servicio, se vuelve contra él. En lugar de un beneficio que se pretende dar al testigo, se le causa una pérdida pecuniaria, agravada por una pérdida de estimación.

El disfavor vinculado a la aceptación de una recompensa no se extiende a la aceptación de la misma suma en concepto de indemnización. Muchos se juzgarían degradados por una remuneración pecuniaria, sobre todo si la suma fuese pequeña comparativamente a su fortuna, pero no se tiene ningún escrúpulo de honor por una simple exención de pérdida. En Francia, mientras el principio aristocrático se hallaba en plena fuerza, la exención del impuesto estaba tan lejos de ser considerada como una degradación que, por el contrario, era una degradación verse sometido al mismo. Una exención, equivalente a una suma de dinero, era una prueba de nobleza. No quisiera recomendar una falsedad y menos todavía una falsedad revestida de autoridad judicial, pero si fuese posible un engaño útil, sería mejor dar una recompensa con el nombre de indemnización que una indemnización completa o incompleta con el nombre de recompensa.

III. EMPLEO DE LAS VÍAS DE COACCIÓN

Los medios penales aplicados a los tres objetos que se persiguen (descubrimiento, comparecencia, declaración) presentan las mismas objeciones que los medios remuneratorios, pero presentan otras y no pueden llevarse a cabo en todos los casos: si se trata concretamente de obtener revelaciones, a menudo el medio penal no serviría de nada sin ayuda de la recompensa.

Todo esto en términos generales. En cuanto al modo de utilizarlo en la forma más ventajosa para alcanzar esos tres objetivos, hay distintas consideraciones que pertenecen a cada uno de esos rubros y que serán tratadas por separado.

Capítulo V

Del procedimiento de investigación y de los tribunales investigadores

Definición. Búsqueda preparatoria de las pruebas que servirán en el procedimiento definitivo. En qué casos no es necesaria: 1) que deba ser aplicable en lo penal y en lo civil; 2) que cada tribunal de justicia deba poseer esa rama de procedimiento; 3) que deba ser puesta en las mismas manos que el procedimiento definitivo (salvo en los casos de jurado); 4) que la investigación deba estar limitada por los gastos, dilaciones y vejaciones que acarrea, comparativamente a la importancia de la causa; 5) que las pruebas indicativas obtenidas en el procedimiento investigatorio deban ser conservadas. Razones justificativas de tales reglas.

Entiendo por *procedimiento de investigación* cualquier forma de procedimiento que tiende al descubrimiento de una prueba por intermedio de otra. En otros términos, su operación consiste en buscar pruebas definitivamente admisibles, por medio de otras que no serían definitivamente admisibles. En una palabra, el procedimiento de investigación se ocupa de la búsqueda de los indicios; es únicamente preparatorio y marcha, por decirlo así, a la descubierta.

Una prueba admisible para que sirva de base a la decisión, o sea una prueba definitiva, no será menos adecuada en tal carácter para ser recibida como prueba indicativa. Pero sucederá con frecuencia que una clase de prueba, completamente inadmisible como prueba definitiva, será muy admisible en carácter de indiciaria. Por ejemplo, un rumor que el juez no podría utilizar como fundamento de la sentencia, podrá en el primer momento proporcionarle un hilo para llegar a una prueba definitiva.

Suponiendo que todas las pruebas que la causa ofrece son ya conocidas por las dos partes, no habrá ya lugar a este procedimiento investigativo tal como acaba de ser descrito. Se lo puede llamar, para distinguirlo, procedimiento definitivo, *testibus cognitis o probationibus cognitis.*

El descubrimiento de las pruebas es una cuestión a la cual se dedica, como es natural, la parte interesada, sea por aplicación directa de la fuente misma de las pruebas, si le es conocida o accesible, sea por una investigación entre todos aquellos que pueden darle informaciones al respecto: por ejemplo, tal persona habrá oído a un testigo ocular la relación del hecho; tal otra habrá visto los efectos robados; tal otra los habrá tenido en custodia; tal otra, en fin, habrá visto en manos de un tercero un contrato necesario para justificar un título.

Si esos diversos individuos están igualmente dispuestos a prestarle ayuda, todo irá bien y el procedimiento investigativo no será necesario. Si, por el contrario, sea por razón de enemistad hacia una de las partes o en favor hacia la otra, sea por evitarse molestias o por temor a los gastos, algunos de esos testigos necesarios para la información se niega a suministrarla, el justo derecho de la parte queda sin efecto y no pierde menos su causa que si, después de descubrir al testigo esencial, se hubiese rechazado a hacerlo comparecer. Si se trata de un acta escrita depositada en un registro público del cual no se la puede sacar sino por orden judicial, ¿será necesario a ese fin un mandamiento para aportarlo a la instrucción del proceso? Supongamos ese mismo documento en manos de un individuo interesado en impedir su aparición en las circunstancias actuales, pero igualmente interesado en conservarlo para una ocasión futura, y que, para ocultarlo, lo haga pasar de mano en mano: los poderes adecuados para seguirle la pista hasta que se lo encuentre no son menos necesarios que el mandamiento de entrega para el caso en que el depositario fuese conocido.

Después de estas nociones preliminares, las cinco reglas siguientes serán suficientemente inteligibles sin ninguna preparación ulterior.

Primera regla. El procedimiento de investigación debe ser aplicable a toda clase de causas, tanto penales como no penales.

Segunda regla. Cada tribunal de justicia debe poseer y ejercer esa facultad procesal.

Tercera regla. Con relación a cada causa individual, la potestad para la sentencia definitiva debe estar en las mismas manos que la del procedimiento de investigación.

Cuarta regla. En cada causa individual, lo que dará lugar al procedimiento investigativo debe depender de los grados de vejación, de gastos y de dilaciones que resulten de la investigación, en comparación con la importancia de la causa y con la importancia de la prueba a efectos de la sentencia.

Quinta regla. Las pruebas puramente indiciarias, aunque no sean admisibles en el conjunto de las pruebas definitivas, deben ser conservadas, a fin de poder confrontarlas en caso de contradicción y juzgar así del grado de fe que merecen.

RAZONES JUSTIFICATIVAS DE ESAS REGLAS

Regla primera. El procedimiento de investigación debe ser aplicable a toda clase de causas.

1) La circunstancia que hace necesario este aspecto del procedimiento es extraña a la naturaleza de la causa, y puede encontrarse en todas ellas, penales o no penales.

2) La misma razón hay para citar al testigo indiciario por el cual únicamente se puede encontrar al testigo definitivo, que para citar a este último cuando es

conocido. En uno y otro caso, la negativa a hacerlo entraña el mismo peligro de un fallo indebido.

3) Si se trata de un escrito, como se ha visto más arriba, necesario para convalidar un título, nada sería más fácil para sustraerlo al conocimiento, que colocarlo en otras manos en las cuales resultaría inaccesible a la parte interesada, si no existiese un poder completo de investigación para seguir sus huellas en los desplazamientos sucesivos.

4) Suprimiendo ese poder de investigación, la parte queda a merced de los testigos indiciarios, dependiendo de ellos, es decir, de su favor o de su enemistad, que aporten o que sustraigan un testimonio mediante el cual se puede llegar a la prueba definitiva. Restablecido el poder de investigación, la parte no queda pendiente del capricho de dichos individuos y puede confiar en la justicia de su causa.

Regla segunda. Cada tribunal de justicia debe gozar del mismo poder investigador.

Esta regla es consecuencia necesaria de la precedente. Puesto que no hay ninguna causa que no lo necesite, no habrá ningún tribunal que pueda estar seguro de hacer justicia si no tiene la facultad de ejercer ese poder.

Regla tercera. En cada causa individual, la potestad de dictar sentencia definitiva y el poder de investigación preliminar deben estar en las mismas manos.

1) Cuando todas las pruebas que la causa suministra son presentadas conjuntamente en la primera audiencia, si el juez que las recibe es competente para sentenciar, el fallo (salvo el caso de que un aplazamiento sea necesario para deliberar) puede y debe ser inmediatamente pronunciado. Una segunda audiencia no haría sino producir vejámenes, dilaciones y gastos inútiles. Pero si el juez competente para recibir las pruebas no es competente para pronunciar el fallo, será necesario en todos los casos acudir a una segunda audiencia y someter a las partes a todos aquellos inconvenientes que se habrían podido evitar.

2) En el caso de que, después de un examen preparatorio de los testigos, haga falta una segunda audiencia para oírlos definitivamente, será muy útil que el juez que presida el segundo interrogatorio haya estado presente en el primero. ¿Por qué? A fin de que, comparando la conducta de los testigos en los dos casos, pueda juzgar mejor su veracidad y exactitud. En un primer examen, se toma desprevenidos a los testigos; no han tenido los datos necesarios para concertar un plan de falsedades, y hay en su manera de comportarse y de testimoniar rasgos visibles, pero imposibles de describir, por los cuales se puede juzgar el crédito que les es debido. En un segundo examen han tenido tiempo de arreglar su testimonio para hacerlo conveniente a sus fines, pues tienen datos de acuerdo con los cuales saben lo que hay que callar, explicar, publicar, añadir para hacer desaparecer las improbabilidades o las contradicciones. Son actores que, si así lo han querido, han estudiado su papel. Si el juez presente en el examen preparatorio no está presente en el examen definitivo de los mismos testigos, todo ese fondo de instrucción y de información, tan poco sospechoso, se pierde enteramente y una falsa luz se expande sobre la causa.

3) Cuando un asunto debe pasar por la intervención de dos jueces separados, existe una doble probabilidad de resolución indebida, por defecto de capacidad o de probidad de uno o de otro. Si el juez encargado del examen preparatorio ha omitido o descartado algún elemento esencial, queda fuera del poder del juez definitivo, cualquiera sea el grado de inteligencia y de probidad que posea, llenar esa laguna. Si es el juez definitivo quien, cualquiera sea el motivo, suprime, descuida o deja de aplicar pruebas que su antecesor le ha suministrado con el mayor cuidado posible, todo lo que aquél ha hecho para servir a la justicia y preparar una sentencia acertada queda absolutamente perdido.

Habrá casos en que la intervención del mismo juez en ambas ocasiones resulte imposible. El que haya efectuado el examen preparatorio puede morir, enfermarse, ser desplazado o impedido por algún obstáculo superior. Son casos accidentales que constituyen una excepción a la regla general, pero tal excepción no va más allá.

Hay otra que se aplica al juicio por jurados. El jurado presencia el examen de las pruebas definitivas y se pronuncia de acuerdo con ellas; pero ni asiste ni podría asistir al examen preliminar. Esta objeción se debe a la naturaleza misma de tal procedimiento. ¿Qué resulta de ello? Que se trata de un inconveniente que hay que tener en cuenta cuando se valora el mérito y el demérito del juicio por jurados.

Hay una excepción en la aplicación de esta regla. Si en el curso de una misma causa deben probarse dos hechos independientes uno de otro en cuanto a la prueba, como sería la celebración de un matrimonio y el adulterio por parte de la mujer, o la ejecución de un contrato y una falsedad cometida por la alteración del contrato, las pruebas de ambos hechos pueden hacerse en tiempos distintos y por jurisdicciones separadas. La razón de la unidad cesa en casos de esta naturaleza: si el evento posterior no se prueba, ya no hay motivo para buscar la prueba del evento anterior.

Regla cuarta. En cada causa individual, lo que debe o no debe hacerse en el procedimiento investigador ha de depender del grado de los inconvenientes colaterales —vejaciones, gastos, dilaciones— que acarrea, en comparación con la importancia que la causa y la prueba tengan para la justicia de la sentencia.

Razones. Esta proposición es demasiado evidente para que requiera desarrollo: al hablar de la *exclusión* ya la hemos aplicado a todas las pruebas, en calidad de axioma. (Véase Libro VII).

Regla quinta. No hay nada que añadir; tiene su razón justificativa en su mismo enunciado.

Independientemente del descubrimiento de las pruebas y de su conservación, el procedimiento investigador tiene otra y muy grande utilidad práctica. Una vez terminada la instrucción, se está en condiciones de distinguir la parte de las pruebas que ha de ser presentada a los tribunales superiores en calidad de pruebas definitivas, de aquella otra que ha de quedar a un lado, que ya no ha de ser escuchada y que representa el *caput mortuum* del procedimiento. Las pruebas indiciarias se abandonan una vez que han cumplido su cometido: resulta de ello que, al no estar ya las pruebas definitivas mezcladas con los indicios, se tiene una visión más nítida de su valor, y se evitan más fácilmente las equivocaciones en que puede caerse cuando se está como agobiado por la multitud de testimonios no pertinentes o supérfluos.

Capítulo VI

Poder de investigación directa y de investigación de retroceso en un encadenamiento de referencias

Las reglas de este procedimiento investigatorio son poco más o menos las mismas que las del procedimiento definitivo. Más libre para interrogar por carta a los testigos sin requerir su presencia. ¿Por qué? ¿Cómo imponer la obligación de responder y qué método seguir en ese género de interrogatorio? Formulario: lo que debe contener.

Regla I. En un encadenamiento de testimonios fundados en referencias, debe recurrirse en primer término al testimonio inmediato.

Razón. La llamada y examen de testigos intermediarios serían otras tantas vejaciones, gastos y dilaciones a pura pérdida, en el caso de poder recurrir al testigo inmediato.

Regla II. Si el testigo supuestamente inmediato niega todo conocimiento del hecho en cuestión, o si su testimonio contradice las palabras que le fueron atribuidas en un relato extrajudicial, será necesario llamar al testigo intermediario que pretendía haber escuchado el discurso en cuestión, sea para que refute al testigo inmediato, o para que lo ayude a recordar.

Regla III. Si el testigo intermediario, al ser confrontado con el testigo supuestamente inmediato, niega haber oído las palabras que se pretende que ha oído, será también necesario confrontarlo con el testigo intermediario que, según se supone, imputa a aquél la referencia del discurso en cuestión.

Remontarse al testigo inmediato es lo que puede llamarse *investigación directa.*

Retroceder del testigo supuestamente inmediato al testigo supuestamente intermediario que, en la cadena de relaciones, es el primero de la fila después de aquél; es lo que puede llamarse *investigación de retroceso.*

Esta investigación de retroceso puede ser útil para servir de freno o de control al testigo inmediato.

Particularidades del procedimiento de investigación

Con relación a la marcha del procedimiento de investigación, se ve a primera vista que debe ser, sobre poco más o menos, igual que la del procedimiento definitivo, tanto en lo que se refiere al modo de practicar el examen y a las precauciones relativas a la veracidad de los testigos, como en lo que se refiere a las causas legítimas de dilación, tales como enfermedad, alejamiento, expatriación del testigo y así sucesivamente.

El procedimiento de investigación presenta una facilidad que no se da igualmente en el procedimiento definitivo. Se puede mantener una comunicación por carta con los testigos indiciarios, sin que haya necesidad de insistir acerca de su presencia. ¿Por qué? Porque, si por intermedio de un testigo indiciarlo se obtiene el conocimiento de otro individuo calificado para servir como testigo definitivo, o también de otro testigo indiciario que se encuentre más a mano, es indiferente la forma en que dicha información se ha logrado. El fin perseguido queda cumplido por carta tan bien como por comparecencia personal.

Para dar plena eficacia a ese modo de comunicación, hace falta adoptar dos medidas: 1) la intervención del juez para imponer a la persona interrogada por carta la obligación de contestar; 2) un arreglo oficial con la oficina de correos para asegurar la puntualidad de ese servicio.

Las preguntas que la parte desee dirigir al testigo serán formuladas por escrito y presentadas al juez, quien, habiendo aprobado o modificado su redacción, las sanciona con su firma. Se empleará papel de oficio que contenga, al margen, un formulario impreso que advierta al testigo lo que debe hacer y las penas en que incurrirá en caso de falsedad o de desobediencia.

Para asegurar el servicio del correo, el sobre llevará un timbre especial a fin de que esas cartas judiciales sean distinguidas de las cartas comunes. Se registrarán en las oficinas y el empleado anotará, en un libro aparte, el lugar y el tiempo de su remisión, el nombre de la persona que las ha recibido, si es el testigo mismo u otra, etc.

La respuesta será dirigida al juez, o a un oficial del tribunal, y debe estar escrita en el mismo papel que contiene las preguntas. Para satisfacción del testigo, se le deben remitir dos ejemplares: uno para ser devuelto con la contestación y otro para que quede en sus manos con la copia de sus contestaciones, recomendándole que no deje de consignarlas.

En el formulario del juez se debe notificar:

1) que la mentira lleva aparejada la pena de falso testimonio;

2) que en caso de no contestar por escrito dentro del término, estará obligado a comparecer personalmente;

3) que, en caso de ausencia, sus amigos deben informar al tribunal, etc.

Es inútil entrar ahora en el detalle de cuanto la reglamentación podría exigir. Basta con señalar las principales precauciones que se han de adoptar. Haría falta agregar algunas medidas para el caso de que el testigo propuesto fuese incapaz de leer o de escribir por falta de instrucción. En tal supuesto, la carta oficial debe ser dirigida bien al párroco del lugar, bien al alcalde, etc.

Lo peor que puede suceder es que, por falta de inteligencia, las contestaciones sean oscuras y los yerros posibles por parte de gentes iletradas, y haya necesidad de recurrir a la comparecencia personal. Cuando ese medio tiene éxito, y lo tendrá frecuentemente, ahorra muchos gastos, vejámenes y dilaciones, sin que pueda ocasionar ningún daño. En el caso de que la incapacidad de los individuos haga ineficaz ese medio, se estará en el mismo punto en que se estaba al principio y se los hará acudir a presencia del juez.

Capítulo VII

Fuentes de las pruebas. Esbozo analítico

Observaciones generales sobre la poca utilidad de un trabajo metódico a este respecto. Las pruebas indiciarias se obtienen de las cosas, de las personas, de las relaciones. Las relaciones indicativas son: 1) las de tiempo y de lugar; 2) las de afectos e intereses. Las complicidades se descubren por las relaciones de hábitos, de afecto, de intereses; por las confesiones extrajudiciales. Hasta qué punto cabe fiarse de las declaraciones de un criminal condenado a muerte.

Los antiguos retóricos se ocupaban mucho de los *tópicos,* de los argumentos, para uso de abogados y de lógicos. Se podría analizar con el mismo espíritu las fuentes de las pruebas y presentar un cuadro completo. Mas eso representaría un gran trabajo de muy pequeña utilidad. Sobre esto, la experiencia común sirve de maestra y dispensa de recibir lecciones. El interrogatorio de los testigos es un arte: requiere sagacidad, astucia, rapidez y otras cualidades de la inteligencia. A este respecto hay mucha diferencia entre unos y otros jueces: unos van al fondo de la cuestión mediante un pequeño número de preguntas; otros se pierden en un cúmulo de detalles inútiles. Pero, para encontrar la fuente de la prueba, no es necesario, por así decir, ningún arte. Dado un caso concreto, la parte interesada no puede ignorar de qué naturaleza son las pruebas que necesita para el éxito de su causa. La capacidad más vulgar basta a tal objeto. Si las pruebas faltan, no hay que culpar de ello a los individuos sino, con frecuencia, a la imprevisión de las leyes, a la negligencia de no haberlas recogido a tiempo y, con mayor frecuencia todavía, hay que atribuirlo a esa falsa delicadeza, a esa falsa moral pública, a esos escrúpulos de una benevolencia errónea que, en materia de delitos, se niega a proporcionar a la justicia las luces que ella necesita.

No obstante, menos para hacer algo útil que para demostrar que no hay nada útil que hacer en ese aspecto, voy a consignar los primeros trazos de un esbozo analítico de las fuentes de la prueba legal.

Las pruebas indiciarias se obtienen de las *cosas,* de las *personas* y de las *relaciones.*

En lo que concierne a las cosas y a las personas, que son objetos que se presentan a los sentidos, no es lo que requiere el ejercicio de la inteligencia. Se necesita para hallar las pruebas material y personales por intermedio de las relaciones.

Las relaciones indiciarias son: 1) las *de tiempo* y *de lugar;* 2) las de *afecciones y de intereses.*

Problema. Suponiendo que determinado hecho ha tenido lugar y que tales o cuales personas todavía desconocidas han tenido conocimiento como testigos inmediatos, se quiere descubrir quiénes son esas personas y sobre qué parte del hecho pueden producir su testimonio.

Puntos a considerar para la solución del problema:

1) Relaciones de *tiempo y de lugar.* ¿Cuál ha sido el lugar de la escena? ¿Se trataba de un lugar público o privado, abierto o cerrado? ¿Era un jardín o una casa? ¿Qué personas deberían lógicamente encontrarse en la casa? ¿Quién era su principal ocupante? ¿Quiénes los servidores domésticos, los visitantes ocasionales, etc.? ¿Era un lugar público? ¿Quiénes eran los transeúntes que, en aquel momento dado, podían presenciar el suceso?

2) Relaciones derivadas *de afecciones y de intereses privados.* ¿Qué individuos debían lógicamente tener conocimiento del hecho y de sus autores, en virtud de una relación habitual u ocasional, resultante de la vecindad de las viviendas, de las relaciones de familia y de parentesco, de las vinculaciones de intereses, de servicio, de ocupación, de estudio o de diversión?

3) Relaciones *públicas.* Algunos individuos, por razón de su cargo, ¿deben lógicamente conocer a los autores del hecho? ¿Qué agentes de policía? ¿Qué magistrados? ¿Qué notario, cuando se trata de escrituras?

Las relaciones de complicidad se clasifican bajo el rubro de las relaciones privadas. El supuesto delincuente puede tener asociados entre los malhechores de profesión, entre los hombres que poseen casas sospechosas, entre los contrabandistas, entre los ladrones. Incluso en el caso en que esa clase de personas no se encuentren inculpadas en el hecho concreto, pueden ser llamadas a declarar como testigos, sin que se deba tener ningún escrúpulo en imponerles esa obligación, que puede servirles de freno, demostrándoles los peligros de esas asociaciones perniciosas.

Los delincuentes, después de convictos, y sobre todo aquellos que están a punto de sufrir la pena capital, son una fuente de pruebas. En momento tan solemne, todos los motivos que pueden hacer temer un falso testimonio se debilitan o se desvanecen, mientras que todos aquellos que sirven a la causa de la verdad se encuentran en el punto más alto de su fuerza. Es esta, pues, una ocasión preciosa de que hay que prevalerse en cuanto sea posible.

Un partido todavía más prudente sería suprimir la pena de muerte o, por lo menos, no emplearla sino en muy raras ocasiones, porque destruyendo a los malhechores, se destruye una fuente de pruebas. Me limito a indicar aquí esta consideración que ha sido desarrollada en otra parte.

En la jurisprudencia francesa, las confesiones de un malhechor moribundo son solicitadas por los jueces que, incluso, emplean para eso el ministerio de la religión, y es lo que se llama el *testamento de muerte.*

Las palabras de un moribundo tendientes a inculpar las pruebas apenas se considera como un mal, aun cuando no sean susceptibles del empleo de ese medio, así como muchos otros, de contra-examen y no puedan ser recibidas como mera referencia, se admiten sin escrúpulo. Las palabras de un criminal condenado a muerte, encaminadas a inculpar a su cómplice, no serían un testimonio admisible. No hay que preguntar por qué. La razón es evidente: estando condenado un criminal, se ha hecho infame e indigno de toda creencia. Pero si el mismo individuo, en lugar de ser sacrificado a la justicia, hubiese recibido de antemano el perdón del rey para traicionar a sus asociados, su testimonio sería válido e, incluso, podría resultar suficiente para la convicción sin otra prueba. Cuando la fuerza de los motivos que impulsan a los testigos a mentir es llevada al más alto grado, es recibido el testimonio. Cuando esos mismos motivos seductores han perdido más o menos su influencia y los motivos que los llevan a decir la verdad se encuentran, por lo contrario, en su mayor fuerza, entonces se excluye su testimonio.

Esta exclusión resulta tanto menos razonable cuanto que, en ese caso, todavía se pueden admitir todas las garantías judiciales que no son ya aplicables al testimonio de una persona que fallece de muerte natural. La vida de esta última está fuera del poder humano. La de aquél se encuentra en manos de la justicia. Después de la condena, tanto como antes, se pueden usar todos los medios de garantía que aseguren la veracidad del testimonio: el examen, el registro, la publicidad y muchos otros.

Capítulo VIII

De los medios de asegurar la comparecencia de un testigo

Intereses opuestos; el de la justicia, el de los testigos. 1) Siendo oneroso el deber requerido a los testigos, nunca debe ser impuesto sino en caso de necesidad; 2) indemnizaciones necesarias cuando la comparencia trae aparejados gastos; 3) seguridades a exigir para su comparecencia: seguridades ordinarias, seguridades extraordinarias. Seguridades extraordinarias para el caso en que se presuman por parte del testigo, motivos para expatriarse, complicidad, soborno, simpatía afectiva. Condición viciosa de un procedimiento en el que se descuidan las precauciones suficientes para asegurar la comparecencia de los testigos. Vicio de un procedimiento en que la comparecencia de los testigos de descargo es voluntaria.

Reconocida la capacidad de un individuo para servir de testigo, queda por asegurar su comparecencia.

A tal objeto, el legislador y el juez tendrán que elegir entre dos intereses antagónicos: el de la justicia por una parte, y el del testigo por otra, ya que el testimonio exigido lo expondrá a gastos y a vejámenes.

Regla I. Dado que la comparecencia del testigo va siempre acompañada de mayores o menores vejaciones, no debe exigirse sino después de que la parte haya declarado solemnemente que dicho testigo es necesario.

Regla II. En el caso de que la comparecencia obligue al testigo a efectuar gastos, no debe ser exigida sino luego de haber asegurado su indemnización a expensas de la parte que reclama su testimonio, excepto cuando esa parte no tiene solvencia para pagar, en cuyo caso corresponderá al juez determinar de qué lado estaría la mayor pérdida: si de la del testigo por la comparecencia, o la de la parte por la incomparecencia.

Lo más corriente será que un testigo a quien el juez haya hecho presente toda la importancia del deber que la ley le impone, no pensará en escaparse de esa obligación y en sustraer a la justicia las informaciones que pueda proporcionarle. Las garantías necesarias y suficientes para asegurar su comparecencia pueden denominarse *seguridades ordinarias.*

Pero hay frecuentes ocasiones en que, antes de someterse a esa obligación y a las vejaciones que contiene, el testigo propuesto tomará partido por ocultarse e, inclusive, de abandonar el país. Las seguridades destinadas a prevenir tales eventualidades, que se hallan fuera de lo común, pueden ser designadas con el nombre de *seguridades extraordinarias.*

Los casos en que será necesario recurrir a ellas, son los siguientes:

1) *Complicidad.* Si por no conocerse o sospecharse, el testigo propuesto no ha sido acusado, ello no será obstáculo para que se sienta partícipe en el delito y tema que se llegue a probar algo contra él y que sus motivos de evasión no sean menos fuertes que si se lo hubiese acusado directamente.

2) *Soborno por una de las partes.* Este término, en su acepción más común, se aplica a un delito de naturaleza positiva, como es un falso testimonio prestado por un testigo sobornado. Pero para el hecho de la causa, puede producirse el mismo efecto por un simple acto negativo, o sea por la sustracción de un testimonio esencial. Tal medio tiene de particular que produce el mismo resultado que la mentira, sin exponerse a igual infamia y sin el peligro que acompaña al falso testimonio, a menos que la precitada sustracción haya podido ser notada. Para escapar por lo menos a toda pena personal, basta con la expatriación; y en cuanto al inconveniente de expatriarse, puede ser muy grande o reducirse por completo a nada, según las circunstancias. En ciertos casos, el precio más grande ofrecido por un corruptor no tendría efecto; entre otros, cuando el individuo no tiene nada que lo retenga, la suma más pequeña puede hacer que la balanza se incline.

3) *Simpatía afectiva.* Simpatía hacia el individuo cuyos intereses se verían lesionados por el testimonio. Las relaciones domésticas, las de esposos, de padre, de hijo, de hermano y hermana, son las fuentes más aparentes, pero si la amistad, la sola amistad, pudo determinar a Teseo a penetrar en las regiones infernales para liberar a su amigo, con mayor razón podría inducir al hombre de temple más común a franquear un arroyo, a pasar una frontera, a visitar un país vecino, y ello sin hablar de los motivos de interés o de placer que podrían agregársele.

Por estos ejemplos puede apreciarse que, de vez en cuando, se presentarán causas en que, para asegurar la comparecencia de un testigo, las mayores seguridades no estarán de más.

En el caso en que el testigo estuviese más dispuesto a eludir el servicio que la justicia le pide, su conducta se verá generalmente gobernada por las medidas que las leyes tomen contra su incomparecencia, por las consecuencias que la misma tiene.

Conforme a las reglas más evidentes del sentido común, la consecuencia de no presentarse a la primera citación, la obligación de presentarse a la segunda, y así sucesivamente, *toties, quoties,* con una pena por cada falta, cualquiera sea la finalidad del testigo refractario y cualesquiera sean sus motivos, el testigo no podrá dejar de ver la inutilidad final de su resistencia y el momento cercano en que será forzado a presentarse, luego de una lucha en la que todo el daño es para él.

En tal situación, y dejando aparte determinados accidentes en que la obligación de comparecer en un día señalado lo expondría a algún inconveniente particular, pocos casos habría en los que el testigo pudiese formarse el propósito de eludir la intimación judicial.

Sería necesario para ello que hubiese por su parte un proyecto de emigrar, o un proyecto de ocultarse, o que pudiese pensar que, en ese plazo, es decir, en el intervalo entre la primera citación y la segunda, llegase a faltar alguna otra prueba; por ejemplo, si presumiese que en ese intervalo algún otro testigo esencial llegaría a expatriarse o estaría en artículo de muerte y que, al perderse ese testimonio, el suyo caería por sí solo.

Tales causas de perención, resultantes de la naturaleza misma del delito o de accidentes, pueden llamarse causas *naturales;* pero hay otras que resultan de la ley misma o de la manera de administrarla y que pueden llamarse causas *facticias.*

Por ejemplo, sería una causa facticia de perención de las pruebas, si la ley asignase un plazo fijo, improrrogable, un día señalado y único para el cumplimiento de un servicio que, por la naturaleza de las cosas, puede tropezar con obstáculos infranqueables, dilaciones necesarias, o si después de haber fijado un día para la comparecencia y examen de los testigos, no admitiese que se les ordenase presentarse en ocasión subsiguiente. Confieso que semejante conducta judicial es un absurdo que apenas puede concebirse y cuya existencia no nos atreveríamos a suponer porque, en tal supuesto, el propio legislador convierte una injuria reparable en injuria irreparable. Aquél se asocia con los malhechores y, mediante medidas arregladas previamente, les asegura éxitos que no habrían podido obtener por ningún otro medio; él mismo, y a sabiendas, provoca esta catástrofe que es el golpe mortal de sus demás trabajos y prepara, con la más imponente aparatosidad, un tribunal de justicia del que saldrá triunfante el delito.

Y, no obstante este contrasentido legal, no sería difícil encontrar diversos ejemplos en la práctica misma de los tribunales más célebres.

Veamos Inglaterra, en los delitos más graves: los de felonía. Para oír a los testigos tras una segunda citación, sería necesario conceder un nuevo *trial;* pero cuando la decisión, justa o no, sea en favor del acusado, constituye una regla inflexible no concederlo.

Es claro que toda la ventaja está de parte de los malhechores, y de la peor especie de malhechores. ¡Y qué inconsecuencia! En el caso de los delitos llamados *misdemeanours,* muy inferiores a los primeros, la ley no es ni con mucho tan inflexible; permite volver atrás. Así, la posibilidad de hacer justicia está en razón inversa a la importancia de los casos.

Era mucho peor antiguamente. Hasta 1702 no se dictó una ley que hiciese obligatoria la comparecencia de los testigos a favor del acusado. Hasta entonces, de ellos dependía el presentarse o no, luego de la intimación. No había medio legal para obligar a un hombre a molestarse, aunque su testimonio pudiese salvar la vida de un inocente.

La máxima de que es mejor dejar escapar algunos culpables que condenar a un inocente, es una de las más abusadas; pero deduciendo de esas exageraciones sentimentales cuanto sea necesario, siempre resultará incontestable que de aquellos dos males, el castigo de un inocente es con mucha diferencia el mayor. Admitido esto, no se puede dejar de reconocer que si existe una diferencia, el que desobedece una intimación en favor del acusado debe ser castigado más severamente. Hay que observar, sin embargo, que en tal caso la sanción moral, secundada por un sentimiento de humanidad, suple en parte a la sanción política. Pero, desgraciadamente, la sanción moral y los sentimientos humanitarios tienen una influencia incierta y precaria.

Parece que, en la ley francesa, después de todas las elaboraciones de que ha sido objeto, se está todavía en el mismo punto en que se estaba en Inglaterra hace un siglo. El testigo citado por el acusado se halla en libertad de presentarse o no, según el grado de favor o de disfavor que tenga en la causa. El caso del que yo deduzco esta conclusión, si el relato es fiel, es el de la traición cometida contra la persona del primer magistrado.

En el proceso narrado por Pelletier, Demerville, uno de los acusados de haber planeado el asesinato del primer cónsul, se quejó de la ausencia del cónsul Cambaceres. "Pido —dijo— que el tribunal le ordene comparecer." "El tribunal no tiene derecho," respondió el presidente. "La comparecencia de los testigos de descargo es voluntaria para los mismos. No comparecer es contestar, es como decir que no tienen nada que declarar en favor del acusado."

La orden de presentarse debe ser, como hemos visto, todavía más obligatoria para los testigos de descargo que para los otros. El principio sustentado por el presidente, si el relato es exacto, resulta insostenible. "No comparecer es contestar." ¿Pero acaso saben sobre qué quiere interrogarlos el acusado? ¿No será sobre un hecho que solo ellos pueden conocer y no será posible que toda su justificación dependa de la prueba de ese hecho? ¿"No comparecer es contestar", es como decir que no tienen nada que declarar en favor del acusado? No, es más bien como decir lo contrario: "No me atrevo a comparecer: y si me atreviese, no querría: por encima de mí hay un potentado que quiere que el acusado resulte culpable. ¿Iría yo por mi gusto a un tribunal de justicia a salvar al acusado a expensas de mis intereses o a humillarlo a expensas de mi reputación?" Esta frase puede ser cierta o falsa; pero hasta donde quepa interpretarse el silencio, tal explicación podría aplicarse a la situación de este acusado y de quienes le niegan el primer servicio debido a un ciudadano y a un desgraciado.

Capítulo IX

De las seguridades ordinarias

Simple citación designando día y lugar y notificando la pena aplicada a la inasistencia. ¿Cuál debe ser esa pena? 1) debe ser mayor que el provecho del delito; la multa no debe ser una cuota fija. Observaciones sobre la antigua ley francesa y sobre la ley actual, relativas a las multas por incomparecencia. La ley inglesa mejor adaptada a esa finalidad. Necesidad de imponer la comparecencia a los testigos de descargo. 2) segunda regla: utilizar la pena pecuniaria como resarcimiento de la parte lesionada.

En los casos ordinarios, tal como los hemos descrito, todo lo que se requiere por parte del legislador es establecer una pena en caso de incomparecencia, y por parte del juez, notificar esa pena al testigo propuesto, señalándole el día y lugar de la citación.

Con respecto a la elección de la pena, no hay sino que aplicar al caso particular los principios generales que han sido expuestos en otra obra.

Me limitaré a repetir aquí la primera de esas reglas para demostrar cómo la práctica común ha sido defectuosa.

Regla I. La pena debe sobrepasar el provecho del delito.

En el caso cuestionado, queda de manifiesto que no hay límite fijo para el provecho del delito. El provecho por la sustracción de un testimonio puede ser tan grande como el provecho por un falso testimonio. No hay ningún efecto, sea malo para los individuos o el público, sea ventajoso para el testigo delincuente o la parte con la cual está ligado, que no pueda ser igualmente producido por una u otra de estas causas.

Si la exposición ignominiosa propuesta para el falso testigo es inaplicable a la sustracción criminal del testimonio, las demás penas, consistentes en encarcelamiento y en castigo pecuniario, deben aplicarse a ambos casos y ser ilimitadas en uno y otro.

Suponiendo que la pena pecuniaria se limite a una cantidad precisa, ¿cuál sería su efecto? Que, con respecto a ciertos delitos en que el provecho resulte superior a la pena, esta actúe *pro tanto* como un permiso. Se trata, por ejemplo, de la autenticidad de un testamento que lega una propiedad de 20.000 libras esterlinas. El testigo propuesto puede probar que es falso. La pena por la incomparecencia se limita a 10.000 libras. ¿Cuál es la consecuencia? Que el criminal, el falsario que ha el hecho el testamento, da al testigo propuesto los 10.000 libras para pagar su multa y que, deducción hecha de la recompensa necesaria para comprar el silencio del testigo, goza en plena seguridad de la herencia adquirida mediante el fraude.

Esta verdad, tan simple como es, ha sido desconocida en la ley francesa.

En dicha ley, tanto si la causa es civil como penal y cualquiera sea su grado de importancia, la pena por la incomparecencia queda fijada en el acta de la citación con una multa que no es ni más ni menos que de 10 libras.

¿Existe alguna pena oculta por encima de esas 10 libras? A este respecto no hay la menor insinuación en el texto de la ley, y el acta de citación tampoco dice más. Si eso es todo, está claro que, en todo objeto de controversia superior a esta ligera multa, la pena legal resulta completamente nula y la parte queda a merced del individuo cuyo testimonio le es desgraciadamente necesario.

En la ley inglesa, la pena pecuniaria consignada en el acta de citación es igual para todos los casos, a saber, de 100 libras esterlinas. Pero por encima de esta pena limitada, y por consiguiente ineficaz en una multitud de casos, hay reservada otra pena ilimitada. El delito, bajo la denominación técnica de *contempt* (agravio a la justicia), se considera como un delito contra la justicia, castigable con multa y encarcelamiento, ambos ilimitados. Esta pena subsidiaria es perfectamente adecuada al objeto en cuestión; pero, ¿por qué no se indica en el acta de citación? El punto omitido es el más importante, porque la pena enunciada, la de las 100 libras, queda sin efecto, mientras que la multa y el encarcelamiento por agravio a la justicia, de los que no se hace mención alguna, se hallan en pleno vigor. La mayoría de los instrumentos judiciales, de las fórmulas legales, son tan defectuosos como este de que hablo.

Otra regla para el establecimiento de las penas es la de emplear las penas pecuniarias para indemnizar a la parte lesionada.

Para el caso en cuestión, puede citarse la ley inglesa como un modelo, hasta cierto punto.

En las causas civiles, si un testigo propuesto, luego del ofrecimiento que se le hace de cubrir sus gastos, no se presenta, según la citación, sin dar una excusa valedera, el testigo en falta pagará 10 libras esterlinas a la parte por cada inasistencia y además una indemnización ulterior que el juez acordará y que será cobrable mediante una acción de deuda.

Pena pecuniaria. Pena proporcionada al daño del delito. Pena aplicable, en forma de satisfacción, en beneficio de la parte lesionada. Todo este ordenamiento es como debe ser.

Desgraciadamente este plan tan prudente no tiene la difusión que debería tener. Para que la parte tenga derecho a esta satisfacción es necesario que el tribunal donde se desarrolla el proceso sea un tribunal de *record y* hay muchos tribunales de justicia que no son tribunales de *record,* en particular los tribunales llamados eclesiásticos, que conocen sobre los testamentos, y los tribunales de equidad, donde se tratan, por no decir que se estancan, las causas más importantes sobre propiedad.

Capítulo X

Garantías extraordinarias para la comparecencia de los testigos

1) Prendas. 2) Cauciones. 3) Arrestos personales, caso extremo. 4) Elección de domicilio para la correspondencia judicial. 5) Salvoconducto en caso de permanencia en el extranjero por expatriación anterior. Leyes diferentes sobre este punto en Alemania y en Inglaterra; razones de tales diversidades. 6) Examen en el lecho de muerte; ventaja de esas disposiciones solemnes. Principio que debe regular los detalles.

I. Prendas

Se da una prenda para el cumplimiento futuro de determinado acto cuando una cosa o una suma de valor suficiente es depositada en manos de persona de confianza, a condición de que, si el acto es ejecutado en el tiempo y en la forma debidos, la prenda se reintegre al depositante, procediéndose de otro modo en caso contrario; por ejemplo, dando la totalidad, o una parte, en concepto de indemnización al litigante perjudicado por el incumplimiento del acto.

Como prenda, es preferible un inmueble. No produce ni la vejación ni los gastos que puede ocasionar el hecho de desprenderse de una suma de dinero. Todo lo que se necesita en ese caso es una notificación pública de que el objeto prendado no es ya susceptible de enajenación.

II. Caución personal

Hay caución cuando, en lugar de un depósito efectivo, una o dos personas se constituyen en *responsables* de la ejecución del acto por parte de su *principal,* es decir, de la persona en cuyo favor se han comprometido, siendo la obligación de tal naturaleza que si el acto termina debidamente, la caución queda extinguida; pero, en caso contrario, los responsables quedarán sometidos al cumplimiento de alguna obligación, comúnmente pagan una cantidad de dinero a satisfacción de la parte lesionada por el incumplimiento del acto.

III. Arresto personal

Una medida tan vejatoria no puede justificarse nada más que en una de estas dos hipótesis;

1) Que, para evitar la obligación de comparecer, el testigo propuesto tenga el propósito de expatriarse y no quiera o no pueda dar una caución suficiente.

2) Que el arresto sea un medio necesario para conseguir que se presenten quienes se constituyan en responsables, lo que no sucedería sin la adopción de aquella medida.

La finalidad del encarcelamiento por falta de caución es privar de libertad al testigo hasta el momento del examen, a menos que, en opinión del juez, el daño resultante de ese vejamen sea mayor que el que pudiera ocasionar la privación del testimonio.

Suponiendo que estuviese bien probado el proyecto de expatriarse con objeto de sustraer a la justicia el servicio que se le debería prestar, no hay que lamentar la severidad de la medida: la prisión hace el efecto de la pena y obra con ejemplaridad.

IV. Elección de domicilio para la correspondencia judicial

Entiendo por elección de domicilio lo mismo que con esa designación entiende la ley francesa. Ha de fijarse un domicilio, la casa de una persona responsable, por ejemplo, la del procurador o del abogado del individuo de que se trate, al que puedan ser dirigidas las comunicaciones necesarias, en tal forma que, después de ser enviadas a ese domicilio, se establezca la presunción de que han sido recibidas y considerado culpable si no obedece las órdenes que de esa manera le hayan sido notificadas.

En esa elección de domicilio está necesariamente entendido que no se alejará de él, sin permiso del juez. Habiéndosele impuesto esa obligación, no puede faltar a ella sin hacerse sospechoso del intento de expatriarse y sin exponerse al arresto personal.

V. Salvoconducto en caso de permanencia en el extranjero y de expatriación anterior

Entiendo por salvoconducto lo mismo que entiende para estos casos la ley alemana. La garantía de no ser detenido ni encarcelado dentro de los límites de la jurisdicción de que se trate, para poder acudir al lugar en que el tribunal tiene su sede, de poder residir allí mientras dura el proceso, y de poder marcharse después que haya terminado.

Una garantía de esta clase es una garantía dada no por el testigo sino al testigo, ya que se parte del hecho de que está expuesto a ser arrestado de alguna manera por delito o por deudas.

Si se trata de un delito, el salvoconducto puede ser considerado como un perdón, como una remisión temporal o parcial de la pena con esa finalidad particular.

En tal sentido es una especie de quiebra de la justicia para evitar una injusticia mayor derivada de la pérdida del testimonio.

En ese caso, como en cualquier otro, es función del juez apreciar los dos inconvenientes y, según el lado preponderante, conceder o denegar el salvoconducto.

La gran cantidad de pequeños Estados independientes que integran Alemania dio lugar a ese arreglo que, en otros países, puede parecer extraño a primera vista. Da idea de una negociación, de una especie de trato entre la justicia y una persona que ha vulnerado las leyes. No obstante, incluso en la hipótesis de grandes malhechores, ese género de compromisos, lejos de haber dado malos resultados, ha redundado siempre en beneficio de la justicia.

En la jurisprudencia inglesa, un arreglo de esa naturaleza no deja de presentar algún ejemplo. Me refiero a la exención de arresto por razón de deudas, acordada a las personas cuya comparecencia en calidad de testigos es requerida por un tribunal de justicia.

La diferencia entre ambas leyes es considerable, no resultando difícil darse cuenta de ella por las diferentes condiciones de los dos países.

Como en la Gran Bretaña no puede tener lugar la expatriación sin una travesía por mar, la justicia tiene sobre los malhechores un poder mucho más fuerte que en Alemania. Por consiguiente, no se ve obligada a entrar en tratos con ellos.

En Inglaterra, donde la exención no se concede sino a una sola clase de personas (los deudores), todo cuanto se hace a ese respecto es mediante una regla general, sin dejar nada a la discreción del juez. En Alemania, donde la exención se extiende a toda clase de malhechores, ha sido necesario dejar a los jueces un amplio margen de discrecionalidad. El juez se ve obligado siempre a comparar el peligro de abrir a un criminal la entrada al país, con la urgente necesidad de su testimonio.

VI. Examen en el lecho de muerte

Lo mismo se cumple el objeto principal si el testigo se presenta ante el juez, que si el juez va adonde está el testigo, pero no presentan ambas formas iguales ventajas. La publicidad, que es el rasgo más hermoso de la justicia, no se puede cumplir lo mismo en un procedimiento realizado en una habitación, sobre todo si es la de un enfermo, que en los estrados de un tribunal.

Una declaración recibida en esa forma privada, por muy inferior que sea, vale más que la supresión de esa prueba, especialmente si el hecho no puede establecerse por ninguna otra. Tal declaración tomada directamente, aun cuando no tenga todas las garantías de una declaración pública, vale mucho más que toda otra clase de prueba del mismo origen, por ejemplo, que un escrito casual de la persona en cuestión o que una referencia de quienes la rodean. Vale más que la declaración aun hecha bajo juramento, *uno flatu,* fuera de la presencia del juez y sin esas preguntas incidentales que sirven para escrutar la verdad.

En cuanto a la objeción que se puede hacer relativa a las ocupaciones del juez y del tiempo que habría de perder, además de que se trate de casos indudablemente muy raros, si el juez tiene la facultad de nombrar un delegado, la objeción se desvanece por sí misma.

Dicho testimonio, de calidad inferior, ¿deberá ser tomado en la ocasión más próxima, o hará falta, mediante los necesarios aplazamientos, ir retardando esa actuación con la esperanza de que el testigo recobre su salud y pueda declarar en público? Es evidente que la decisión debe dejarse al criterio del juez. Las razones en pro y en contra son susceptibles de todos los grados de variación, por lo cual una regla inflexible resultaría necesariamente errónea. El gran peligro es la pérdida total de la prueba por la muerte del testigo.

Con respecto a las formalidades que se han de observar en semejante caso, es asunto demasiado minucioso y requeriría invertir en él mucho tiempo. Como cuestión de principio, el juez deberá rodear al testimonio de las máximas garantías que permita el estado del testigo.

Capítulo XI

Producción de las pruebas

Los medios son poco diferentes de los que conciernen a las pruebas personales. Seguridades ordinarias: citación para presentar la cosa bajo amenaza de pena. Seguridades extraordinarias: cauciones, embargos. Si el objeto no se encuentra, detenerse en el último que lo ha poseído y perseguirlo de mano en mano. Insuficiencia de la ley inglesa en la persecución de las pruebas reales; se puede registrar la casa, pero no preguntar al sospechoso dónde está la cosa buscada. Extraños procedimientos del Tribunal de Equidad. Qué es *desarrollar* un bill para un *descubrimiento y desarrollar un contra-bill.*

Lo que queda dicho respecto al descubrimiento de las pruebas personales puede aplicarse, con pocas variaciones, a las pruebas reales.

Los medios a emplear presentarán diversos caracteres y tomarán diferentes denominaciones de acuerdo con la naturaleza de las cosas, muebles o inmuebles, perecederos o imperecederos, y también según tengan valor propio o solamente valor convencional, como las escrituras, los contratos, etc.

Hay medios que tienden a dos fines: asegurar la producción de las pruebas ante la justicia y servir a la policía preventiva. Tales, por ejemplo, las medidas adoptadas contra ciertos delitos negativos, consistentes en eludir los impuestos, especialmente los impuestos sobre ciertas manufacturas u otras ramas de la industria. Se designa a un oficial para inspeccionar las operaciones de una cervecería o de una destilería: tiene poder legal de *entrada* y de *visita.* En tanto que el delito en cuestión se previene mediante esa inspección, el objetivo de la policía queda cumplido y todo termina así. Si se elude el pago o si se omiten los actos prescritos para asegurarlo, los oficiales inspectores recogen las pruebas para la justicia y las precauciones establecidas para prevenir el delito se muestran en su carácter de medida provisional para establecer la prueba.

La distinción relativa a las personas, entre seguridades ordinarias y seguridades extraordinarias, se aplica igualmente a las pruebas reales. En el caso de las personas, la seguridad ordinaria consiste en una orden judicial de comparecer, bajo tal pena eventual en caso de desobediencia: en el caso de las pruebas reales mobiliarias, la seguridad ordinaria consiste en una orden dirigida al propietario o poseedor de la cosa en cuestión de que esté preparado a presentarla al primer requerimiento.

Las seguridades extraordinarias (la caución, la fijación de domicilio, el salvoconducto, la visita del juez) aplicables a las personas en caso de querer asegurar su declaración, son igualmente aplicables a los individuos en su calidad de propietarios o poseedores de diversas cosas mobiliarias o inmobiliarias consideradas fuentes de pruebas reales.

La más eficaz de las seguridades extraordinarias con relación a las personas y la última que debe emplearse es el arresto personal y la conducción ante el juez; la misma medida es aplicable a las cosas con mucha menos dificultad y vejación.

Respecto a las personas, la utilidad del procedimiento de investigación se limita al objeto del descubrimiento: respecto a las cosas, el procedimiento de investigación tiene mayor extensión. ¿Por qué? Porque un hombre no se oculta en una caja ni puede pasar clandestinamente de mano en mano, mientras que un diamante o un contrato puede ser sustraído en esa forma con la mayor facilidad. Así, pues, si se conoce una de las manos por las cuales ha pasado el objeto, ello es suficiente para seguirlo de una a otra hasta apoderarse del mismo y no hay un solo detentador transitorio que pueda negar haberlo recibido o rehusarse a señalar al depositario subsiguiente sin riesgo de incurrir en las penalidades del falso testimonio.

He ahí una manera de proceder que tiende francamente hacia su finalidad. ¿Se desea un ejemplo contrario? No será difícil encontrarlo.

Una de las partes (digamos el demandante) necesita una prueba que el documento cuestionado podría proporcionar. Dicho documento se halla en manos de la parte contraria o en las de un tercero que, sin pertenecer a la causa, es favorable a la parte contraria. En tal estado de cosas, he aquí cómo ha procedido la ley: hay un formulario de citación que ordena al testigo propuesto, bajo determinada penalidad, que se presente tal día ante el juez trayendo consigo el documento cuestionado. En consecuencia, ¿qué hará el testigo? Si tiene sentido común, no lo traerá. "¿Dónde está el documento?", dice el juez. El testigo responde: "Está en poder de Segundo. Antes de que me llegase la citación se lo presté a Segundo, que quería verlo; después de la citación se lo pedí y me prometió devolvérmelo. Lo último que hice fue pasar por su casa para recuperarlo y presentarlo a usted, pero su respuesta fue que lo había buscado entre todos sus papeles y que desgraciadamente no lo encontraba." El testigo propuesto engaña a la justicia y la engaña de modo absoluto en el caso de que la causa deba ser ventilada el mismo día, sin posibilidad de audiencia posterior. Y no obstante, ¿qué riesgo corre? Ninguno: cuanto ha dicho es estrictamente cierto.

Sustituyamos este infantil procedimiento por la forma de investigación que la naturaleza de la cosa requiere: el demandante, al perseguir el documento de mano en mano, está tan seguro de lograrlo como el perro de caza de encontrar la guarida del zorro. Puede ser destruido, pero el destructor actúa a riesgo propio y la pena pesa sobre su persona: no puede, como en el caso que he citado como ejemplo, burlarse impunemente de la justicia.

Los medios físicos de apoderamiento y presentación son, cuando menos, tan necesarios para las pruebas reales como para las personales; no en el caso en que el poseedor de la cosa tenga un interés predominante en conservarla, sino en aquellos en que su probidad no es garantía de la conservación. La intimación para presentarla podría ser, en tal caso, una advertencia que lo llevase a destruirla, si dicho poseedor fuese adverso a la causa. Para tener una posibilidad de éxito hay que poder tomarlo de improviso, porque es cierto que si sospechase el partido que contra él puede obtenerse de esa prueba real, la destruiría en cuanto llegase a sus manos, y si nadie sabe que estuvo en su poder, el mal no tiene remedio; pero aunque la vigilancia sea la virtud del vicio, la improbidad no está siempre sobre aviso.

Suprímase el poder de apoderamiento sorpresivo, y el poseedor de la prueba material podría tener un interés en conservarla, no para presentarla honestamente, sino para hacer de ella objeto de una transacción lucrativa, vendiéndola a la parte que la necesita.

LEY INGLESA

El procedimiento inglés es extremadamente insuficiente en los medios de asegurar la presentación de las pruebas reales; a menudo deja a las partes en un estado de debilidad deplorable, negándoles toda asistencia o haciéndosela pagar a un precio extraordinario.

En determinados casos de felonía, las cosas no marchan tan mal, pues la parte lesionada tiene recursos, ya que puede apoderarse de las pruebas reales, lo mismo que de la persona del acusado.

Pero, incluso aquí, se encuentra también ese absurdo protector de todos los delitos: se puede visitar la residencia de una persona para buscar pruebas contra ella; se puede registrar sus ropas para buscar los efectos robados o los instrumentos de sus depredaciones; pero no se le puede preguntar dónde está la cosa que se busca. Se puede someter a una mujer a una inspección que el pudor impide describir, pero hay que cuidarse de formularle una sola pregunta.

En el caso de que el poseedor de la prueba real sea parte en el proceso en concepto de demandado, se le ofrece, en las causas no penales, el remedio de otra ley que no es la ley común, sino una ley que ninguna otra nación tiene la desgracia de conocer, que lleva el nombre más especioso y más engañador de *ley de equidad.*

Si un litigante es lo bastante infortunado como para escuchar la voz de la sirena, si un procurador es lo bastante perdido como para aconsejárselo, se le abren las puertas de ese laberinto; ya lo tenemos lanzado por los recovecos de esa región donde las vejaciones llegan de todas partes con sus botas de siete leguas y donde la justicia se arrastra a paso de tortuga. El demandante desarrolla su *bill* contra el demandado, para un *descubrimiento* (tal es el lenguaje de esa comarca); luego de un cierto número de meses o de años, más probablemente de años, se entera de lo que habría podido enterarse en un día, en un momento, si se hubieran seguido las primeras reglas del buen sentido: se entera de que el demandado no tiene nada que descubrir; el documento que busca no existe, o si existe, está en otra parte, en la tierra o en la luna: a él le corresponde adivinarlo.

Todas las marchas y contramarchas con que la operación más fácil se retarda, se prolonga, se suspende, forman un conjunto cuyo historial es imposible hacer en pocas palabras.

Si, por su parte, el demandado tiene necesidad de un documento que se encuentra en manos del demandante, ¿podrá alguien creer que estando en litigio con él ante el mismo tribunal, tenga la posibilidad de obtenerlo mediante una intimación directa? Nada más lejos de eso. Será necesario *desarrollar un contra-bill* empezar un nuevo proceso aparte, duplicar los vejámenes, las dilaciones y los gastos, promover un juicio sacándolo de otro y darle una extensión desmesurada. Esa sierpe prodigiosa, tan gruesa como un cable, esa serpiente boa que se traga de una sola vez un ciervo, cuyos cuernos se ven asomar por la boca, y que queda inmóvil haciendo la digestión, con el cuello hinchado y distendido, podría ser un emblema bastante acertado de un juicio ante un tribunal ordinario, que es engullido por otro juicio ante el Tribunal de Equidad.

Capítulo XII

Reglas sobre la inspección de las pruebas escritas

Casos en que puede acordarse la facultad de hacer presentar documentos, escritos, diarios, libros de cuentas, registros privados o públicos: 1) pedir el consentimiento del poseedor, si no se trata de una prueba definitiva; 2) acordar la inspección preparatoria, incluso sin el consentimiento del poseedor si se trata de documentos necesarios para la prueba; 3) tomar precauciones para limitar las búsquedas a las cosas necesarias. Cómo el procedimiento inglés ha adquirido, por grados, mayor amplitud en el empleo de este medio. Ejemplo sacado del Digesto de Conyers.

En muchos casos, sin la facultad de inspección preparatoria y de transcripción de documentos, emplearlos como pruebas definitivas tendría muy poca utilidad cuando, por la forma del procedimiento, se tenga que hacer en una misma sesión el examen de las pruebas y el pronunciamiento del fallo. Sus posibilidades de utilidad varían hasta el infinito, de acuerdo con la mayor o menor cantidad de esos documentos, con el orden o el desorden en que se encuentren los materiales que se hayan de consultar y también según que estén provistos o desprovistos de medios que faciliten la búsqueda, tales como catálogos por materias, índices, etc.

La inspección preparatoria, cuya necesidad guarda proporción con la mayor cantidad de documentos, afecta a los aspectos siguientes:

1) Oportunidad de separar todo lo que es pertinente a la cuestión, de todo lo que no importa a la misma.

2) Tiempo necesario para ordenar los materiales apartados, con objeto de ver su aplicación a la causa y las conclusiones que se desprenden de ellos.

3) Tiempo para transcribir los pasajes interesantes, sea por extenso o extractándolos.

Veamos ahora las reglas que se han de establecer con respecto a la inspección de los documentos de índole civil.

Regla I. El juez no deberá acordar la inspección preparatoria sin el consentimiento del poseedor, a menos que los documentos deban ser producidos como prueba definitiva.

Regla II. Cuando los documentos escritos deban ser producidos como prueba definitiva, su inspección preparatoria deberá acordarse, incluso sin el consentimiento del poseedor.

Regla II. Cuando los documentos escritos deban ser dados con otros documentos que no se refieren al asunto, y haya razones para temer que su divulgación sea perjudicial, el juez, a petición de la parte interesada, adoptará en cada caso las medidas necesarias para conciliar los intereses opuestos.

Si se trata, por ejemplo, de los libros de un comerciante o de un industrial que contengan los secretos de sus negocios o de sus procedimientos de fabricación: si se trata de los borradores de un registro público, del almirantazgo, del ejército, etc., no se permitirá a la parte interesada la inspección y la transcripción, sino después de haber adoptado las precauciones para limitar la búsqueda a lo que sea necesario. El juez o el delegado del juez, después de haber obtenido de los poseedores del libro o del registro la declaración solemne acerca de la necesidad de sustraer a la inspección tal o cual parte, hará cubrir los folios que no deban ser leídos y los sellará.

Los diversos medios que se han de emplear en esos casos podrán parecer minuciosos, pero se presentarán circunstancias en que serán absolutamente necesarios, como, por ejemplo, en las causas relativas a operaciones políticas o militares, en las que la divulgación de un secreto podría acarrear las más graves consecuencias. Es verdad que, en semejantes casos, la mayor parte de los gobiernos, y sobre todo un monarca absoluto, zanjarían la dificultad dejándose de ceremonias y prohibiendo toda exhibición de los registros públicos; mas no hay gobierno en el que no se pueda reemplazar con ventaja el ejercicio arbitrario del poder por una actuación regular de la justicia y normas preestablecidas.

Ley inglesa

En la jurisprudencia inglesa, el derecho a ejercitar la facultad de inspección preparatoria, en contra de voluntad de la parte, parece ser de fecha relativamente moderna. Es una de esas felices innovaciones que, a pesar de la fuerza de la inercia, se deslizan de tiempo en tiempo y sin que se sepa como en un sistema rutinario.

Dentro de un procedimiento en que, bajo múltiples pretextos, se había restringido el derecho de obtener pruebas definitivas, y más todavía pruebas investigativas, lo concerniente a la prueba por escrito debía de estar todavía en peor situación que la prueba personal. Se ha necesitado que la costumbre de tener libros y diarios, de escribir cartas, de tener minutas de todas las actas públicas, se haya generalizado, para que se haya persuadido a los jueces de extender sus poderes hasta obligar a las partes a presentar esos documentos. Es verdad que los contratos propiamente dichos son de una antigüedad remota, pero escribir y leer son dos artes diferentes. Incluso hoy mismo, en el estilo de la ley, quien ha contraído un compromiso por escrito *(a bond),* no está obligado a saber leerlo. Lo que pide cuando intenta una acción basada en ese escrito, no es leerlo el mismo, sino oír su lectura.

Al recorrer el Digesto de Conyers, relativo a treinta y dos casos en que ese derecho de inspección ha sido reclamado, encuentro dieciséis en los cuales, de acuerdo con la razón y la justicia, ha sido acordado, y otros dieciséis en que ha sido denegado. Entre ellos encuentro dos o tres en que la razón del rechazo parece haber sido la *impertinencia* de la petición o la *vejación preponderante para* la otra parte. Mas en todos los otros no he hallado ningún dato que permita descubrir la razón de la negativa.

Capítulo XIII

De los escritos

Iguales medios que para la producción de las pruebas reales. Si la autenticidad no es discutida, una copia puede servir lo mismo que el original. Supresión de las pruebas escritas: delito difícil de prevenir. Si el escrito solicitado es ocultado o suprimido por la parte contraria, es necesario declarar que ya no podrá, en el futuro, presentarlo en su provecho. Si no es conocido el tenor del escrito, debe declararse que se lo estima favorable a la parte que lo invoca y desfavorable a la que lo niega. Si el escrito está en manos de un tercero, hay que examinar si ese tercero puede ser acusado de colusión. La supresión de un escrito debe actuar como presunción de mala fe.

Los medios de asegurar su presentación son los mismos que los de las pruebas reales.

Según que la autenticidad del escrito sea discutida o no, habrá de procederse de diferente manera. Si es discutida, habrá de presentarse el original, por iguales razones que se presenta el cuerpo de una persona recientemente matada, las vestiduras que llevaba y las armas que sirvieron para producir su muerte.

Si la autenticidad no es discutida, con tal de que el documento que se ha de examinar sea de idéntico tenor que el original, aun cuando no sea el original mismo, una copia puede servir en igual medida, ahorrando los inconvenientes que resultan frecuentemente de la necesidad de aportar el original.

Todo cuanto es apto para descubrir las pruebas reales, puede serlo asimismo para las pruebas escritas. Las precauciones que se han de tomar para impedir que un escrito desaparezca, o pase secretamente de mano en mano, serán exactamente iguales a las relativas a las pruebas reales. Conviene también advertir que esas preocupaciones son todavía más necesarias, porque un documento, al carecer intrínsecamente de valor comercial, está más expuesto a ser destruido con objeto de anular la prueba que de él resulta.

Con respecto a la obtención de la prueba que puede suministrar, el escrito habla por sí mismo en sentido menos figurado que cualquier otro elemento de prueba real; en el bien entendido de que no esté en discusión su autenticidad, porque si lo estuviese, la dilucidación de tal problema es, por lo general, más difícil y más compleja que la polémica que se puede suscitar sobre la autenticidad de las pruebas reales.

MEDIOS DE PREVENIR LA SUPRESIÓN DE UNA PRUEBA ESCRITA O DE REMEDIARLA

Hemos hecho mención, en el capítulo precedente, a la dificultad de preservar, de evitar la desaparición de un elemento de prueba real que se encuentra en posesión de la parte adversa. En el caso de un elemento de prueba escrita, esa dificultad será mayor en unas circunstancias y menor en otras. Para las pruebas reales, la seguridad contra su destrucción estará en proporción al valor de la cosa. Pero, ¿en qué sentido? En el de la destrucción del objeto en su naturaleza útil; pero no en el de su destrucción como medio de prueba: no será destruido, sino que será alterado. Un niño cuya filiación se discute entre dos presuntos padres, no será destruido ni por uno ni por otro, pero si tiene una verruga o una señal cualquiera sobre su persona, que pueda servir de prueba real, la seguridad que se pueda tener sobre su vida no se extiende a la conservación de aquella excrecencia. El valor del cincelado de una caja de oro con la cifra de su propietario podrá evitar que se la someta al crisol o a la fundición, pero no impedirá que el martillo o la lima hagan desaparecer la cifra.

En el caso de un escrito que se encuentre en poder de la parte contraria o de un tercero ligado a ella por el interés, la única seguridad que se puede tener para la presentación del escrito, a menos de apoderarse de él por sorpresa, es la necesidad contingente en que la parte puede hallarse en la necesidad de tener que utilizarlo a cualesquiera otros efectos. Como de valor absoluto no tiene nada, su probabilidad de ser conservado o destruido depende del valor relativo que tenga para el poseedor.

Ese es el peligro. ¿Cómo se lo puede prevenir?

En caso de que el documento esté en manos del adversario (supóngase un contrato), el juez deberá ser autorizado para declarar que si el escrito en cuestión no se presenta, la parte refractaria no podrá en lo sucesivo hacer uso de él en su proyecto, lo que equivale a destruirlo y anularlo para ella y para sus representantes, y que quedará para ellos sin fuerza y sin efecto jurídico. Esto supone el convencimiento de que la parte lo ha tenido en su poder y lo sustrae delictivamente; y todavía será necesario añadir una cláusula que deje a salvo los intereses de terceros que aparezcan en el acta y que sean inocentes del fraude.

A ese medio se puede agregar otro más directo y frecuentemente de una eficacia más cierta. "Ese documento ha estado alguna vez en vuestro poder?" "Si." "¿Cómo ha salido de vuestras manos?" El silencio o las respuestas evasivas pueden proporcionar una prueba satisfactoria, una prueba tan satisfactoria como una confesión de supresión fraudulenta.

Pero el tenor del escrito puede ser desconocido. En tal supuesto, ¿qué se debe hacer? Presumir que es lo más favorable posible a la parte que lo invoca y desfavorable en igual medida a la parte que impide su conocimiento. Nada más justo. Debemos suponer que si se oculta el documento, es porque haría ganar el pleito al adversario, en toda su extensión.

En el caso de que el escrito se encuentre en manos de un tercero, dicho remedio no es ni tan simple ni tan seguro. Que la destrucción sea real o pretendida, que sea accidental o intencional, acompañada o no de mala fe, que se haya hecho con el deseo de favorecer a la parte contraria o a cualquiera otra, son otros tantos puntos que el juez debe aclarar mediante el examen de los testigos sospechosos de colusión y tomando en consideración todas las circunstancias del caso. Probada la colusión, la parte que ha actuado fraudulentamente debe perder el pleito y el juez puede declarar que el acta ocultada queda anulada en todas sus consecuencias beneficiosas con respecto al ocultador.

En cuanto al testigo colusor, una vez que se ha establecido la colusión se lo debe someter a una sanción por ese fraude, igual que por cualquier otro.

Sucederá frecuentemente que las pruebas, suficientes para establecer la existencia de un escrito y su supresión, no serán lo bastante para determinar la criminalidad del testigo colusor y justificar la imposición de una pena. En tal hipótesis, ¿qué hará el juez? Si se trata de una causa no penal, en que el demandante tiene un interés igual al del demandado o en que el uno gana lo que el otro pierde, la probabilidad de mala fe en la parte en favor de la cual se suprime el documento basta para inclinar en su contra la balanza de la justicia, que de otro modo se mantendría en el fiel.

Capítulo XIV

Conducta a seguir con los testigos refractarios

Dificultad del tema. La negativa a testimoniar, fatal para la justicia. Distinción entre las partes y los testigos externos. 1) Con respecto a las partes, no hay dificultad, pues su silencio, en general, implica la pérdida de la causa, sea por el demandante, sea por el demandado. El silencio en materia penal equivale a una confesión cuando las pruebas son suficientes para actuar sobre la convicción del juez. Caso excepcional en que el silencio obedecería a un motivo apreciable. Inutilidad de todos los medios coercitivos para arrancar confesiones. Razón por la cual no se entra en un detenido examen de la tortura. Sumario de los argumentos. Para obtener la prueba de un delito se trata al acusado como si ya se hubiese obtenido. La confesión, dicen, es necesaria para la tranquilidad del juez antes de pronunciar una sentencia de muerte. Respuesta. Las confesiones arrancadas con tormentos dejan más dudas que las otras pruebas. Los culpables aguerridos y robustos tienen mejores posibilidades a su favor. Daño incalculable por la condena de un inocente. De la tortura llamada *definitiva* para hacer confesar a los cómplices. Falso supuesto en que se apoya. Peligro de las falsas declaraciones. Observación general: un falso medio de convicción ha corrompido a la justicia y a los jueces. 2) Con respecto a los testigos externos, género de coerción que puede emplearse cuando resulta positivo y cierto que el testigo puede proporcionar la información que se obstina en negar: encarcelamiento tenebroso, dieta reducida a lo indispensable. Siendo esta coerción establecida por ley, raramente se estará en el caso de utilizarla. Precauciones a tomar: establecer la certeza de que el testigo puede prestar el servicio requerido. Publicidad a dar a este acto de rigor. Responsabilidad del juez.

El punto difícil consiste aquí en que el legislador solo puede elegir entre inconvenientes. Que un testigo que tiene todas las cualidades requeridas para testimoniar, preste su declaración, es un resultado deseable, por la misma razón y en el mismo grado que es deseable la justicia. Poco importa que haya sido llevado ante el juez, si cuando está allí se niega a hablar. Tal negativa constituye un delito contra la justicia. Cualesquiera sean los motivos que impulsan al testigo a ese acto de desobediencia, es indispensable encontrar una contrafuerza suficiente para vencerlos. De otro modo, la suerte de la causa, es decir, de cada causa, todo el poder de la justicia y de las leyes, quedará prosternado a los pies de cualquier individuo cuyo testimonio sea necesario en determinada circunstancia.

Empecemos por hacer una distinción entre el testigo que es parte de la causa y el que no lo es. Esa distinción fundamental difunde una gran claridad sobre el tema y disipa algunas dificultades.

1) Cuando el testigo es parte, se encuentra sometido al poder de la justicia, pues si se niega a hablar, perderá su pleito.

Si tiene en él la posición de demandante, de parte actora, su demanda quedará reducida a nada. Lo que él reclama del juez es un servicio; pero el juez le dirá: no tienes derecho a ese servicio, puesto que te niegas a cumplir una condición esencial sin la cual no puedo hacer nada por ti.

Si tiene el carácter de demandado: rehúsas hablar —le dirá el juez— porque no tienes nada sólido que oponer a las reclamaciones de tu antagonista: tu silencio establece su derecho contra ti.

Si esta regla es incontestable en materia civil, no es menos justa en materia penal. Cuando un acusado escucha a los testigos de cargo, cuando ve desarrollarse en su contra las pruebas que habrían de operar sobre la convicción del juez y se obstina en guardar silencio, la conclusión a que se llega en su contra es tan natural como legítima. ¿Puede tener alguna otra razón para callarse que no sea el temor de inculparse él mismo más gravemente? Supongamos que es inocente: sería moralmente imposible que se negase a hablar, puesto que, hablando, se beneficiaría y no tendría nada que perder. El silencio es sinónimo de manifestación. La manifestación es una confesión de palabra y el silencio es una confesión de hecho. En el supuesto contrario, si puede sacar del error a sus jueces y no quiere hacerlo, muere por propia voluntad, muere por suicidio.

Se dirá que esto es sacar una conclusión exagerada del silencio. El silencio, como todas las demás pruebas circunstanciales, es susceptible de consideraciones informativas: puede ser el resultado de la incapacidad, del estupor de una alienación mental, o deberse a un principio de honor o de generosidad.

Sin duda que sí, y un juez ignoraría hasta los primeros elementos del arte judicial si no supiese distinguir la naturaleza y las causas de silencio. Pero, ¿de qué se trata? De uno de esos casos en que existen pruebas del delito y testimonios suficientes contra el acusado; pruebas y testimonio que, si es inocente, debe estar en condiciones de refutar y sobre las cuales no puede callarse más que si su conciencia lo condena. En la jurisprudencia inglesa, donde un acusado culpable se sirve del privilegio que le concede la ley para no decir nada, donde no se le hace ninguna pregunta, ¿cabe dudar de que su silencio produzca un mal efecto en el espíritu del jurado? En vano se dirá lo contrario: los jurados saben por experiencia que los acusados inocentes no descuidan sus medios de defensa.

Admitido tal principio, es evidente que todos los medios de coacción, que durante tanto tiempo se han utilizado para forzar a los acusados a contestar, para arrancarles confesiones, eran absolutamente supérfluos. La tortura, en último análisis, no servía más que para obtener una cosa inútil en un procedimiento público bien llevado: me refiero a la confesión directa del acusado. Inútil, repito, porque tiene su equivalente, sea en el silencio o en la debilidad de las respuestas del acusado, frente a las pruebas que se aportan en su contra.

Me creo dispensado, habida cuenta del estado actual de la opinión pública, de entrar en una larga discusión acerca de la tortura. Podemos considerarla como una calamidad que ha dejado de existir o que no podrá durar mucho tiempo en los pueblos civilizados, donde todavía deshonra a los tribunales. No quiero sino reseñar sumariamente los argumentos ya conocidos y desarrollados por elocuentes escritores. Tiendo un velo sobre la barbarie de los medios pues, por extremadamente suaves que fuesen, todavía resultarían detestables. Cualquier rigor, incluso el de menor grado, aplicado a los acusados con el fin de forzarlos a hablar, es injusto, supérfluo y peligroso.

La tortura, empleada para arrancar las confesiones, se encamina a suplir la insuficiencia de las pruebas. En el supuesto de que el delito no esté probado, ¿qué hace el juez? Ordena atormentar a una persona, en la duda de si es inocente o culpable. Lo castiga por meras sospechas, para saber si tendrá derecho a castigarlo y, para obtener la prueba del delito, lo trata como lo trataría si ya la hubiese obtenido.

No es eso solo, contestará el juez: tenemos pruebas, pero antes de condenar a muerte a un acusado se necesita su confesión, tanto para nuestra completa satisfacción como para la del público. Pero ese medio que utilizáis para obtener dicha satisfacción, ¿os la puede procurar? Evidentemente no puede. Esas confesiones formales, arrancadas por los tormentos, dejan por lo menos tantas dudas como las confesiones virtuales resultantes del silencio, las contradicciones o los absurdos a que un acusado culpable recurre en los interrogatorios. Nada se gana, pues, para la seguridad del juez. Y quienes piensan que la pena de muerte es injustificable sin la confesión directa del acusado, deben llegar a la conclusión de que se debe abolir esa pena. No hay término medio: se tiene que suprimir si no se la puede justificar nada más que por medio tan funesto a la justicia y tan terrible para la inocencia. Es superfluo porque, con relación a la prueba para un acusado suficientemente convicto, la tortura tiene un efecto contrario al fin perseguido por la ley, tratándose de un criminal robusto y endurecido, capaz de resistir el dolor y bastante apegado a la vida para tratar de conservarla a ese precio. El resultado es que se asegura una impunidad final y escapa a una convicción manifiesta. Y, ¿cuál es la clase de criminales en cuyo favor esa probabilidad llega al más alto grado? Precisamente aquellos que, después de su liberación, serán los más peligrosos para la sociedad y los más fecundos en crímenes futuros.

Pero supongamos otro resultado del que no faltan frecuentes y adverados ejemplos. Supongamos que el acusado sea inocente y que la confesión del delito le haya sido arrancada por la tortura. El agravio producido a la confianza pública es profundo y la inocencia, única salvaguardia con la cual se puede contar, no será ya un recurso asegurado. Véase que contraste en los resultados: la tortura no solo no ofrece peligro para el criminal, sino que le proporciona un medio de salvación; mientras que todo el peligro recae sobre quien no es delincuente. El error, en ese sistema, se halla completamente del lado favorable a la indulgencia hacia el malhechor, en tanto que implica la destrucción del inocente.

He ahí, por tanto, lo que ha sido el fruto de la sola noción falsa de que la confesión es necesaria. Resulta muy asombroso que se haya mantenido tanto tiempo, aun cuando se haya tenido a la vista el ejemplo de Inglaterra, donde esa confesión, lejos de ser exigida, ni siquiera era recibida, y donde, a pesar de ello, la seguridad pública con relación a la justicia penal fue llevada al más alto grado. Pero esa seguridad tenía por base un procedimiento franco, una publicidad completa y la garantía acordada a todos los medios de defensa.

La tortura que se llama *definitiva,* la tortura aplicada a un criminal convicto para obligarlo a señalar sus cómplices, no está mejor fundada. Puede ser cierto que haya tenido cómplices, pero no lo es tanto que pueda hacerlos conocer, pues las mayores apariencias a este respecto pueden ser engañosas. Dos pillos pueden haber actuado sin concertarse, su encuentro pudo haber sido fortuito y su vinculación momentánea. Los incendios de Londres en 1780 proporcionan ejemplos memorables del mismo delito cometido por dos o más individuos sin ninguna complicidad anterior. Se veían en una misma casa dos especies de incendiarios absolutamente distintos: unos, fanáticos, y otros, ladrones. Los fanáticos no eran tal vez los menos peligrosos, pero no es natural suponerlos ligados a los pillos. En un gran número de delitos políticos puede suceder lo mismo. Si no hay complicidad, no habrá revelación; es decir, no habrá revelación verdadera, porque puede siempre haberlas falsas, arrancadas por la violencia de los tormentos y por el deseo de abreviarlos. Es ése un peligro terrible de que los juicios penales proporcionan múltiples ejemplos.

Deseo terminar este penoso tema y no he de añadir sino una palabra: el tormento ha corrompido a la justicia y a los jueces, y esa falsa garantía ha opuesto, durante mucho tiempo, un gran obstáculo a la adopción de las únicas garantías verdaderas en la administración de la justicia penal.

2) Llegamos ahora al caso, muy diferente, de un testigo que no es parte en la causa, que no tiene nada que perder por su silencio; que, incluso, puede tener motivos para callarse y que, interrogado por el juez sobre hechos de su conocimiento, toma obstinadamente el partido de no contestar.

Así, según la naturaleza del caso, el testigo no puede ignorar dónde se encuentran ciertos títulos originales, en que época ha ocurrido cierto acto, cuál es la situación del acusado, de qué manera tal o cual elemento de prueba real se encuentra en manos de determinada persona, quiénes son los individuos que han concurrido al acto criminal, etc.

El delito del testigo refractario se puede definir así: "Un acto de desobediencia a la justicia, consistente en la negativa de revelar un hecho, cuando es evidente que ese hecho es de su conocimiento, en forma tal que no puede negarlo."

He ahí un delito negativo que se ha de hacer cesar; mas, ¿cómo hacerlo cesar si no es por medio de una pena o, hablando con mayor propiedad, por medio de un constreñimiento?

Esos medios habrán de variar de acuerdo con la importancia del testimonio.

Si se trata en la investigación de suministrar nuevas pruebas contra un delincuente ya conocido, que está en manos de la justicia, existiendo otros testigos, no hay duda acerca de que puede llegarse a la prueba, pese al silencio de quien se niega a hablar. El daño es entonces insignificante o nulo.

Si se trata de un delito en el cual se busca al autor, todavía desconocido, y en el que faltan indicios o pruebas, el silencio del testigo refractario produce un daño más grave, puesto que puede dar lugar a la impunidad de uno o de varios delincuentes.

Entre los medios de coacción a emplear se han de excluir todos los que, por su naturaleza, producirían un daño irreparable, pues el daño debe cesar, si es posible, en el mismo momento en que cese la desobediencia. Se han de excluir también todos aquellos que contienen alguna violencia corporal, pues se llegaría a resultados contraproducentes. El alma puede fortalecerse contra el dolor: se excita el orgullo y se ofrece, con el atractivo de un triunfo, la rebelión frente a la ley.

El simple encarcelamiento no basta siempre, ya que es posible determinarse a sufrir una pena de esa naturaleza por diferentes motivos, tales como el despecho, el falso sentimiento del honor, el odio, la amistad, el espíritu partidista, el interés de una recompensa, etc. Pero hay un género de coacción del que puede esperarse un efecto seguro; el encarcelamiento en el aislamiento y en las tinieblas, sin otros alimentos que los estrictamente necesarios para el mantenimiento de la vida. Dejando al hombre librado a sus reflexiones, se le quitan todos los estímulos para la resistencia. La noche en una celda solitaria abate el orgullo, y la sumisión se presenta pronto como el único partido posible.

Si esa coacción penal estuviese establecida, no es de creer que hubiese necesidad de recurrir frecuentemente a ella. La resistencia positiva a declarar ante los jueces se presenta raramente. El testigo involuntario se sirve mejor de las evasivas. Tiene muchos medios de ocultar lo que sabe, sin que se lo pueda convencer. Mas si se quita la pena legal, pronto ese mismo delito de desobediencia abierta, que hoy es tan excepcional, se haría corriente.

Esa ley exige muchas precauciones. Es necesario, ante todo, limitar la duración de la pena y sujetarla a ciertas reglas.

Primera condición: que el juez tenga la prueba del delito, es decir, de la capacidad del testigo para prestar el servicio que rehúsa.

Segunda condición: que dé al acto toda la publicidad posible y, especialmente, que el más alto magistrado de la justicia sea previamente informado.

La opresión, en todas sus formas, trata de rodearse del mayor secreto: no hay nada que tema tanto como a la luz del día. El magistrado más tiránico se hace moderado, el más audaz se convierte en circunspecto, desde el momento en que, expuesto a todas las miradas, advierte que no puede formular ningún juicio sin ser juzgado él mismo.

Capítulo XV

Medidas a tomar contra el perecimiento de las pruebas

Distinción. La cosa fuente de la prueba puede ser conservada y la prueba que de ella resulta puede ser destruida. Ejemplo. Prontitud en los procedimientos; medio más adecuado para prevenir la desaparición de las pruebas. Medidas *especiales* en casos particulares: 1) acelerar la causa en cuestión; 2) anticipar el examen de un testigo; 3) recoger las pruebas inmediatamente, incluso en forma inferior al procedimiento regular; 4) asegurarse las pruebas reales mediante secuestro o mediante inspección. Observaciones sobre un antiguo estatuto. *De ventre inspiciendo.* Digresión sobre la suspensión de la pena de muerte en las mujeres encintas; 5) interrogatorio a domicilio de los enfermos que guardan cama; 6) interrogatorio extraordinario por razón de un viaje indispensable; 7) interrogatorio en país extranjero, según las formas establecidas. Observación general; en un buen sistema procesal, raramente se necesitará recurrir a esos medios extraordinarios, ya que son remedios para un sistema defectuoso.

Hablando del perecimiento de las pruebas, hay que establecer previamente una distinción entre el objeto fuente de la prueba y la prueba que de él resulta. Si perece el objeto fuente de la prueba, es claro que la prueba que se habría podido obtener perece al mismo tiempo. Pero puede conservarse el objeto en su carácter natural y ordinario, y perecer en su carácter de prueba. Un ejemplo aclarará esta distinción. En un caso de homicidio, un vestido manchado de sangre, si se lava, queda mejor conservado como vestido, pero como fuente de prueba, en relación al hecho cuestionado, queda tan completamente destruido como si lo hubiera sido por el fuego.

Igual distinción se aplica al testimonio personal. El individuo propuesto como testigo, puede dejar de vivir, pero puede también vivir y no ser capaz de servir como testigo, sea por una enfermedad que altera su memoria o sus facultades intelectuales, o por un cambio de residencia que lo sustraiga a la acción de la justicia.

Las medidas a adoptar para prevenir la destrucción de las pruebas entran en su mayor parte en las que más arriba han sido explicadas para asegurar su producción. Cumplir aquel objeto es cumplir este. Desde que la prueba ha sido exhibida y su exhibición debidamente registrada, se ha realizado todo cuanto hace falta para ponerla al abrigo de la destrucción.

Hay, a veces, casos que requieren reglas especiales, según que la cosa fuente de la prueba sea de naturaleza más o menos perecedera.

Todavía una observación general: nada más adecuado para prevenir la destrucción de las pruebas que la rapidez y lo expeditivo del procedimiento. Pero no insisto en ese punto. Por muy fuerte que sea esa consideración, las razones directas para evitar toda dilación son más fuertes todavía. En efecto, siendo toda dilación una injusticia, aun cuando no haga peligrar la prueba, la conveniencia de evitar dicha injusticia es una razón suficiente.

Después de estos preliminares, podemos hablar de las medidas especiales que se deben adoptar en ciertos casos particulares para prevenir la desaparición de una prueba que periclita.

1) Acelerar, en vista de ese peligro, la causa en cuestión, es decir, darle la prioridad sobre otras causas que, en el orden regular de la rutina, habrían tenido precedencia.

2) Examinar al testigo de que se trate, antes del tiempo en que, en el curso ordinario y regular de la causa, habría sido examinado.

Esa prioridad dada a un testigo puede, con frecuencia, ser indiferente en si misma; pero puede tener inconvenientes y corresponde al juez compararlos con las ventajas. Por lo general, no habrá ninguna objeción que hacer en contra de dicha aceleración del testimonio, si está acompañada de todas las garantías requeridas y si la parte interesada puede repreguntar al testigo.

3) Emplear un procedimiento de examen inferior en seguridades, en lugar del procedimiento regular que se hubiese seguido en el curso ordinario.

Eso sucederá, por ejemplo, cuando se recibe un testimonio sin que sea posible el contra-examen de la parte interesada; y se está reducido a dicha opción cuando el peligro apremia, ya que se perdería el testimonio si se esperase a recibirlo en una forma más ventajosa.

Esto comprende todas las hipótesis de delito en las cuales se recogen las pruebas del hecho delictivo a medida que se presentan, antes de que se sospeche del delincuente o, si se sospecha, antes de que haya sido puesto en situación legal de acusado.

A esa finalidad tienden todas las precauciones que se adoptan, cuando se encuentra un cadáver en circunstancias que permiten suponer la existencia de un homicidio, para reunir y registrar cuanto represente pruebas reales, sea bajo la presencia inmediata del juez o escuchando las informaciones de todas las personas que tienen algún conocimiento del hecho.

4) En el caso de las pruebas reales de naturaleza perecedera, adoptar todas las medidas que el caso admita para conservarlas en su totalidad y en su carácter de prueba hasta que hayan sido presentadas al juez.

Las medidas adecuadas a tal fin son infinitamente diversas y por ello no es posible al legislador especificarlas detalladamente. Todo cuanto puede hacer se limita a una instrucción general.

De todos esos medios, el secuestro de la cosa, depositándola en manos seguras, es el más corriente y el más eficaz; pero hace falta advertir que el secuestro va con frecuencia acompañado de una vejación particular, a saber: la privación temporal del uso de la cosa, como sucede, por ejemplo, si se precinta y sella una habitación. El juez no debe ordenar tal medida si no está justificada por la necesidad.

Pueden referirse a esa misma finalidad las medidas que en ciertas ocasiones se han tomado, de acuerdo con las leyes, para comprobar si una mujer está encinta, o para asegurar que no habrá sustitución del hijo, en el supuesto de que el legítimo hubiese muerto poco después de su nacimiento. La antigua jurisprudencia empleaba contra esa clase de fraude un medio procesal que la delicadeza de los tiempos modernos ha hecho abandonar.

Bajo la ley inglesa, esa forma de investigación se usa todavía con motivo diferente, pero siempre para prevenir el fraude. Si una mujer es condenada por un delito a la pena capital, y alega estar embarazada, su ejecución se suspende hasta después del parto. Para comprobar el hecho mediante la inspección de las pruebas reales, se nombra un jurado de matronas. De ese modo, una persona que por su sexo tiene una sensibilidad más viva, sufre durante cinco o seis meses la visión de los horrores de la muerte, de los cuales un hombre en iguales circunstancias es liberado en cinco o seis días. Esa barbarie es, sin embargo, considerada como una merced y su objeto es garantizar de un presunto mal a un ser insensible, para hacerlo nacer bajo el cadalso destinado a la mujer que lo ha llevado en sus entrañas en las angustias de un largo suplicio. Los hombres pródigos en llevar a la muerte a quienes sienten sus golpes, tratan de compensar esa profusión de tormentos, dirigiendo su sensibilidad hacia seres que nada sienten.

5) En el caso de una enfermedad grave que no permita al testigo trasladarse ante el juez, prevenir la desaparición de la prueba mediante el interrogatorio en la habitación del enfermo, con las precauciones indicadas en el cap. III (visita por el juez).

6) A esos casos de interrogatorio extraordinario e irregular se puede añadir el que tendría lugar por causa *de emigración.* Este caso puede exigir el apartamiento de la regla ordinaria en razón al tiempo o al lugar, según las circunstancias. Porque puede ocurrir un caso súbito en que haya que examinar al testigo no solamente antes del tiempo en que el examen habría tenido lugar en el curso normal de los casos, sino también en un lugar alejado de la sede de la judicatura, por ejemplo, en un puerto de mar si el viajero está a punto de embarcarse, o dentro del navío mismo cuando está a punto de hacerse a la vela.

En tal caso, si, a menos de perder el testimonio, el interrogatorio debe hacerse en un período anterior al comienzo del proceso para el cual es necesario, la consecuencia es que el demandado pierde la ventaja de estar presente, faltando al examen la primera de sus garantías.

De ahí puede nacer el peligro de un fraude particular. La parte actora puede corromper o sobornar a un testigo para comprometerlo a emigrar con ese propósito, es decir, con intención de sustraerlo al curso regular de la justicia, haciendo que se lo interrogue conforme a esa norma extraordinaria que no permite a la otra parte ni repreguntar ni escrutar su testimonio. Un medio de fraude, así buscado, no es nada natural; más en casos de gran importancia no es imposible y hace falta prever todo.

Felizmente, en ese caso como en muchos otros, señalar el mal es señalar el remedio; poner en guardia al juez contra el fraude equivale a frustrarlo. El testimonio prestado en dicha forma, es decir, en circunstancias que disminuyen su valor, no será recibido sino como todas las demás pruebas de clase inferior a las cuales se ha de recurrir para evitar un mal mayor.

7) Antes de terminar esta cuestión, hace falta todavía recordar lo que en otra parte se ha dicho respecto al caso del testigo que, no teniendo su domicilio en la jurisdicción del tribunal, sino en algún otro departamento del mismo Estado, ha de ser interrogado por la autoridad de otro tribunal, *foro alio,* o también al caso en que tenga su domicilio en país extranjero y no pueda ser interrogado sino por un juez extranjero, *foro alieno.* En ese caso, en que el juez que ha de sentenciar no puede estar presente en el interrogatorio del testigo, no teniendo la prueba recogida por otro juez todas las garantías normales, ha de ser recibida como una prueba de clase inferior, una prueba de mal menor, a la cual se recurre por necesidad, como único medio de obviar un inconveniente mucho mayor, cual sería la destrucción de un elemento de prueba.

Concluyo con una observación general. A medida que un trámite procesal está mejor adaptado a todos los fines que se debe proponer, queda también mejor adaptado al fin particular de evitar la destrucción de las pruebas, de aprovecharlas conforme vayan apareciendo, de espiarlas por todas partes, y de asir la ocasión por los cabellos. Es verdad, asimismo, que cuanto más defectuoso es el sistema procesal en relación sus grandes finalidades, cuanto más abunda en intervalos de inacción y de somnolencia, por así decir, con mayor frecuencia también habrá necesidad de acudir a los medios extraordinarios de que acabo de hablar. Con un buen sistema procesal, habrá pocas ocasiones que obliguen a desviarse de la rutina ordinaria. Con un mal sistema, habrá muchas.

Capítulo XVI

De las informaciones anónimas

Una denuncia anónima jamás puede servir como prueba definitiva. No ofrece ninguna garantía. Lleva los caracteres de la malicia y la cobardía. Destruye la seguridad de los inocentes y la crea para los calumniadores. Puede servir en calidad de indicio. Por ejemplo, en un caso de robo, señalar al ladrón, etc. Una denuncia anónima no da ningún derecho de actuación a los particulares. Debe otorgarse al magistrado (según la gravedad del delito y la probabilidad de la imputación) el derecho a iniciar una investigación judicial. Tal derecho puede ser más amplio siempre que el autor de la información anónima, si es descubierto, quede expuesto a penas más severas en caso de temeridad o falsedad. Motivos de las acusaciones clandestinas: 1) espíritu público; 2) benevolencia hacia un individuo lesionado; 3) antipatía o venganza contra la persona acusada; 4) amor al poder; 5) deseo de figurar en un triunfo eventual. Motivos que determinan a la ocultación: 1) temor a las enemistades individuales; 2) temor a las enemistades de partido; 3) timidez. Efectos contradictorios, en apariencia, de ese principio. Su influencia sobre las mujeres en especial. Los particulares actúan según su prudencia ante las informaciones anónimas. Dentro de los límites de la ley, no hay reglas fijas que darles. El gobierno, si las acepta, debe hacerlo saber públicamente. Importancia de esa notoriedad. A qué delitos se refiere la utilidad de esas denuncias indicativas. 1) *Caso de contrabando:* razones articulares que en este caso hacen temer presentarse como acusador público. 2) *Abusos oficiales.* Las denuncias pueden provenir de los empleados subalternos y/o de los individuos que han sufrido vejaciones. Conducta a observar por el jefe de una oficina a quien se han denunciado actos de corrupción. El peligro de exceso en tales denuncias anónimas es menor de lo que se piensa en razón de las penalidades y de las posibilidades de descubrimiento. Acuerdo de los publicistas en la reproducción de ese medio. Sobre qué se funda. *Boca de león* en Venecia, justamente odiosa en razón del procedimiento secreto. Uso que se ha hecho en Inglaterra de las denuncias anónimas insertas en los documentos públicos. Correspondencia sostenida por el gobierno con los denunciantes anónimos. Precauciones a tomar para el empleo de un medio justamente impopular. Las denuncias anónimas se hacen menos necesarias y más raras en las Constituciones que crean tribunos públicos en una asamblea representativa y el derecho de petición.

Bajo la denominación de prueba anónima quedan comprendidos toda información o todo relato cuyo autor no es conocido por la persona que los utiliza en carácter de prueba, o es conocido únicamente como puede serlo un hombre al que solo se ha visto u oído y del que se ignoran todas las circunstancias de nombre, de domicilio o de las conexiones sociales mediante las cuales se puede llegar jurídicamente hasta él.

Una prueba de esa especie se presentará naturalmente en forma de prueba escrita, prueba escrita casual. Pero tal circunstancia no es absolutamente necesaria en la información anónima. No faltan ejemplos de vociferadores y murmuradores desconocidos. Se dice una palabra al oído y el denunciante se pierde entre la multitud.

Decir que una prueba anónima carece de condiciones para ser empleada en calidad de prueba definitiva, y que no puede constituir una base para la sentencia, es una proposición tan generalmente admitida que todo cuanto se dijese en su apoyo podría parecer superfluo. Pero si la persuasión general no ha tenido hasta ahora más base que el prejuicio —base que, incluso, da fuerza tanto a las opiniones más saludables como a las más perniciosas cuando se está influido por el sentimiento y la pasión más bien que por ideas claras y meditadas—, no es inútil discutir las verdaderas razones en que se funda esa proposición.

La prueba anónima puede ser considerada como una especie de prueba casual escrita, pero de composición particularmente débil y nada concluyente por carecer de todas las seguridades que caracterizan a lo verdadero. El fraude es tanto más de presumir cuanto que, bajo el velo del anónimo, la tentación de mentir no tiene freno inmediato, ni temor a las penas legales, ni temor a la vergüenza y a la deshonra ante la opinión publica. El acusador, oculto en las tinieblas, no teme a las revelaciones de un cómplice, ni los diversos accidentes que tan a menudo traicionan a los delitos secretos. Si semejante testimonio fuese alguna vez admitido como prueba definitiva, ya no habría seguridad para los inocentes; solo la habría para los cobardes calumniadores que quisiesen perderlos.

Pero si bien no hay casos en que la prueba anónima pueda servir de base para un bien, ¿no habrá alguno en que, sin inconvenientes, al menos sin inconvenientes grandes, pueda utilizársela en calidad de indicio?

Si la información anónima no tuviese otro efecto que poner a la parte interesada en posesión de una fuente de prueba perfectamente admisible (por ejemplo, si se trata de robo, indicando el lugar donde podrán encontrarse los efectos robados, o señalando a la persona que pueda prestar un testimonio judicial al ser examinada según las reglas del procedimiento), en tal supuesto, la información anónima podrá servir a los fines directos de la justicia.

Pero se presenta una cuestión: ante un indicio de tal naturaleza, tan sospechoso, ¿será conveniente emprender cualquiera de las operaciones preliminares del procedimiento, que siempre van acompañadas de una mayor o menor vejación para las personas objeto de las mismas? Con ese solo fundamento, por ejemplo, ¿puede autorizarse a los oficiales de justicia a que entren en una casa, con o sin consentimiento del propietario, para buscar algún elemento de prueba real indicado por el informante anónimo? Con ese solo fundamento, ¿se intimará a comparecer ante la justicia a un particular, aún antes de poseer una prueba más valedera de que dicho particular se halla en condiciones de declarar sobre el hecho cuestionado?

En el caso supuesto hay un inconveniente cierto que se arrostra con la esperanza de obtener una ventaja superior. Se trata, pues, de comparar entre dos valores respectivos: el del inconveniente y el del beneficio esperado. El beneficio en lo penal consiste en reprimir un delito: en lo civil, en proteger un derecho; así, pues, su valor dependería del daño del delito o de la importancia del derecho.

Tal investigación, basada en semejante indicio, no debe nunca ser lícita a un individuo sin autorización del magistrado. Todo lo más podría ser, en caso de manifiesta buena fe, un atenuante. Si fuese una justificación, una persona no tendría más que escribirse a sí misma, o hacerse escribir por un cómplice, una carta anónima, para turbar a su placer la residencia de un ciudadano, incluso sin otro objeto que el de vejarlo.

Si por un lado es necesario valorar el daño del delito, lo es también, por otro, estimar la magnitud del inconveniente. Una citación para comparecer desde una distancia de una o dos millas podría admitirse, pero desde una distancia de un día de camino sería arriesgarse demasiado.

Pretender trazar una línea fija entre los casos en que el permiso debiera darse o negarse al juez, sería intentar lo imposible. Está bien claro que si se otorgase semejante poder, el punto principal a considerar sería la probabilidad del hecho contenido en la información.

La conveniencia de utilizar ese medio dependería mucho del trato que diese la ley al informante anónimo si fuese descubierto y si su acusación resultase mal fundada. En caso de temeridad, debería obligárselo a una simple satisfacción a la parte lesionada: en caso de mala fe, debería ser castigado por falso testimonio. Con esta precaución, tratándose de delitos mayores (traición, asesinato, incendio, etc.) podría admitirse una denuncia anónima como base para una acción judicial como las que hemos dicho: visita domiciliaria o intimación a comparecer, a riesgo de un ligero inconveniente.

Pero, ¿por qué no rechazar de golpe toda información anónima? ¿Por qué? Pues porque de esta forma pueden obtenerse indicios que no se obtendrían de ninguna otra y porque así se da fuerza a derechos que de otro modo serían violados, se enmendarán injusticias que de otra manera no tendrían remedio. Se castigarán crímenes que de otro modo, quedarían impunes, se prevendrán malversaciones que de otro modo no se prevendrían.

¿Cuáles son, pues, esos casos en que las informaciones anónimas son las únicas que puedan obtenerse? Aquellos en que el conocimiento del hecho queda encerrado en un reducido número de personas que, en virtud de una posición particular, guardarían silencio siempre con tal de no hacer una comunicación pública. Los motivos incitantes no tienen la misma fuerza que los restrictivos.

Los motivos que inducen a un individuo por la senda de una acusación, generalmente son uno u otro de los siguientes, o varios de ellos juntos:

1) Espíritu público, patriotismo, es decir, la simpatía por la comunidad cuyos intereses parecen heridos por la conducta del individuo a quien denuncia.
2) Benevolencia en general o afección particular por un individuo o una clase de individuos a quienes quiere garantizar contra algún acto de injusticia o de opresión.
3) Antipatía, con o sin motivo especial, contra un individuo o una clase de individuos cuya impunidad se contempla con disgusto.
4) Amor al poder. Está en la naturaleza humana ese sentimiento que lleva a las personas a encontrar un goce en el espectáculo de los importantes efectos resultantes de su voluntad y de sus esfuerzos.
5) Amor a la reputación. Deseo de hallar una satisfacción lejana en el éxito de su denuncia, pese al velo con que, en el primer momento, se cubre el denunciante.

¿Cuáles son, en igual caso, los motivos de abstención más corrientes y más fuertes?

1) Temor a una enemistad individual. Enemistad por parte de quien o de quienes resultarían personalmente ofendidos por la denuncia.

2) Temor de una enemistad de partido. Enemistad por parte de una clase de hombres unidos entre sí por un motivo cualquiera de afecto o de interés, dispuestos a hacer causa común contra el denunciante.

3) Timidez. Sea por el temor de no lograr el propósito y comprometerse ante la opinión pública o por la repugnancia instintiva que experimentan muchos hombres cuando se trata de realizar una gestión pública, de presentarse en un gran escenario. Esa timidez es una modalidad del otro gran principio, el amor a la reputación, al que hemos atribuido anteriormente el aparente: de todos los motivos, no hay ninguno que esté tan sujeto como ése a actuar contra sí mismo. Por ese motivo un hombre publica sus acciones, y también por ese motivo otro hombre oculta las suyas. Por el deseo de obtener el favor público, un autor se entrega en la soledad a los trabajos más penosos: y por el temor a no verlos apreciados, él mismo oculta o destruye sus obras. La timidez es un motivo de abstención de gran fuerza; ejerce, en particular sobre el sexo más sensible y más delicado, una influencia tan natural como beneficiosa en sus efectos.

Cuando pregunto qué conducta se debe seguir con respecto a las informaciones anónimas, no es a los particulares a quienes me dirijo. Un particular que ha recibido una comunicación de esa clase puede hacer de ella el uso que la prudencia le dicte y que la ley autorice. Por su propio interés, se verá inducido a considerar todas las circunstancias del hecho, a seguir el hilo que se le proporciona, a remontarse de prueba en prueba y a reclamar la intervención de la justicia si el caso lo requiere.

Mi investigación se refiere únicamente al gobierno, porque es con relación a los departamentos superiores del Estado que interesa determinar el partido que se debe tomar con cuanto afecta a las informaciones anónimas, y hasta qué punto pueden aquéllos actuar como consecuencia de las mismas.

Para sacar la mayor ventaja posible, no basta con que los agentes del gobierno tengan por norma de conducta recibirlos a medida que lleguen y utilizarlos en su ocasión, sino que es necesario que su determinación al respecto sea lo más pública posible y que llegue a conocimiento de todo individuo que, por ese conocimiento, pueda contribuir a la eficacia de esa fuente de información.

Para dar una idea de las ventajas que pueden resultar de esa medida política, y sobre todo de su publicidad, voy a señalar sus efectos en dos clases muy comunes de delitos.

La primera se compone de todos aquellos delitos que los individuos pueden cometer contra las rentas públicas, conocidos con el nombre de *contrabando*.

El contrabando es una especie de delito en el cual los motivos de retraimiento, es decir, aquellos que inspiran el alejamiento de toda información pública, actúan con particular fuerza. Todos los contrabandistas profesionales forman una organización que tiene un interés común, unas pasiones también comunes y cuya sed de venganza es de las más ardientes y de las más fáciles de satisfacer. Así, pues, es lógico el temor a entrar en guerra abierta con ellos, así como a arrostrar su enemistad.

Y no es eso solo: quien osare atacar una liga tan formidable, se verá desviado de su propósito en consideración a las dificultades con que tropezará. En primer término, la pérdida del tiempo necesario para ir de oficina en oficina, dar las informaciones. Asediar a los empleados y sufrir dilaciones con detrimento de los asuntos personales. Pero lo que es más desalentador todavía es la insolencia oficial, la altivez y el desdén con que son acogidos quienes se presentan para denunciar delitos de esa naturaleza. El menor peligro es el de ser considerados como inoportunos: sus motivos parecen sospechosos, su papel odioso, y se diría que la delación del delito es peor que el delito mismo. Si, en fin, el denunciante se encuentra ante un tribunal de justicia, por todas partes verá allí señales del disfavor general, sus intenciones se someterán a una maliciosa investigación y rara vez escapará al insulto. Y si recibe la gratificación que la ley otorga a sus esfuerzos cuando han logrado éxito, esa gratificación es más bien un oprobio que una recompensa.

Cuanto menos pueda esperarse de las denuncias públicas en esa clase de delitos, más convendrá facilitar las informaciones anónimas.

Abusos oficiales. Son los diversos abusos que resultan perjudiciales, unos al interés público o a la gestión de negocios, y otros a los individuos que están obligados a transigir con los respectivos funcionarios.

¿De quiénes pueden esperarse las informaciones positivas contra esos abusos? 1) de los mismos empleados subalternos, que son testigos y cooperadores; 2) de los individuos que han sufrido alguna vejación oficial.

Con respecto a los primeros, es evidente que todas las consideraciones personales aúnan sus fuerzas para impedirles convertirse en informantes públicos: una información dada por un colega en perjuicio de otro se convierte, a criterio de todo el cuerpo, en un acto de perfidia, seguido naturalmente, y casi necesariamente, de una excomunión civil no menos formidable que lo que era en siglos pasados la excomunión eclesiástica. Y si se trata de aquellos abusos que son patrimonio de la hermandad entera, ¿quién tendrá valor para entregarse a una legión de enemigos?

Considérese la tarea de un informante declarado, si la persona principalmente comprometida en los abusos es un superior al que debe su puesto, o si se considera el protector de aquellos que le son denunciados. El informante se encontraría en la situación de un litigante cuyo juez resultase ser su propio adversario.

Pueden existir enemistades, resentimientos, que provoquen las informaciones de tal género; pero semejantes casos en que la pasión vence todas las reglas de prudencia, son siempre muy poco frecuentes.

Con respecto a los individuos que sufren vejaciones oficiales, la extorsión puede servir como ejemplo del uso que cabe hacer de las informaciones anónimas. Cuando un postulante ante algún funcionario comprende que, bajo la denominación de regalo, cumplido, propina u otros sinónimos, se espera de él alguna recompensa que la ley no exige, pero sin la cual su asunto no saldría adelante, la petición tendría que ser muy exorbitante para que considerase de su interés quejarse abiertamente; en los casos más corrientes, le resulta más provechoso someterse. Pero suponiendo que, después de haber pagado, enviase una información anónima, ¿qué haría el superior? Diría al empleado; "Deme una lista de todos los regalos que ha recibido usted de tal a tal día; si se omite alguno, quedará usted despedido." Si se confiesa el regalo, el superior obliga a restituirlo; si se niega, el autor del anónimo es llamado a desenmascararse para probar la acusación, cosa que puede hacer sin temor, seguro como está de la protección del jefe.

Si por una parte el gobierno admitiese ese medio de ataque sordo contra los abusos, la malversación, por la suya, no permanecería ociosa y, consistiendo su mejor defensa en desacreditar ese género de información, no dejaría de multiplicar las denuncias anónimas, no tendría consideración con nadie, trataría de cansar al gobierno con investigaciones inútiles, hasta que este, descorazonado por esas persecuciones inútiles, sintiese igual desprecio por cuanto proviniese de semejante fuente.

El género de falsedad a que necesariamente se expone tal medio no es tan fácil como podría creerse. Ya hemos visto que debía someterse a una pena casi igual a la del falso testimonio; ahora bien, cabe observar que las personas dispuestas por tal motivo a cometer dicho delito, al no poder disfrazar su letra, conocida por sus superiores, se verían casi en la necesidad de confiarse a manos extrañas, multiplicando así los peligros de ser descubiertos. Un reducido número de tentativas de esta especie no bastaría para producir el efecto deseado y para repetirlas a menudo se requerirían nada menos que un acuerdo entre un elevado número de cooperadores.

Si se quisiese consultar a los autores para saber qué piensan de las acusaciones anónimas, se vería que las han condenado en la forma más expresa, más fuerte y sin excepción. Estoy dispuesto a creer que, con referencia a los casos en que han aplicado tal censura, la misma se hallaba, generalmente, bien fundada; pero las razones con que se apoyan no se aplican al uso que propongo se haga de las mencionadas acusaciones anónimas.

Al hablar de informaciones anónimas, la imaginación se traslada de inmediato a Venecia; en seguida se ve la formidable *boca del león*. Pero en Venecia, el sistema del procedimiento penal era secreto, y en consecuencia arbitrario y resultaba, con razón, un espanto para la inocencia. En medio de aquellas tinieblas no podrá saberse en qué forma era utilizada tal prueba, si como indicaría simplemente o como definitiva. La sola posibilidad de que fuese utilizada en este último carácter destruye toda idea de justicia y todo sentimiento de seguridad.

Si hay un país cuyo procedimiento contrasta completamente con el que se seguía en Venecia, ese país es Inglaterra. Los avisos anónimos insertados en los documentos públicos, a menudo han servido a los superiores como indicios para descubrir malversaciones por parte de los empleados subalternos; pero hay una gran diferencia entre el uso accidental de un aviso anónimo y la determinación reconocida de admitirlos todos y examinarlos. En todos los tiempos se han dado grandes abusos entre ciertos funcionarios públicos: en tres circunstancias distintas el gobierno ha entrado en correspondencia con informantes anónimos, con objeto de obtener pruebas; pero si tal policía de informaciones secretas hubiese quedado establecida y llevada adelante, es probable que los abusos que se trataba de castigar no habrían existido nunca.

Esa institución, así modificada, tiene como característica la dulzura y no la severidad; y como efecto, no el castigo sino la prevención del delito.

Sin embargo, considerando que tal medida es impopular, y justamente impopular, no se debería establecer sin agregarle una advertencia positiva, en el sentido de que el único uso que se quiera hacer de una prueba de esa naturaleza sea el de servirse de ella como de una llave o de un hilo que permita llegar a una prueba legal que induzca al denunciante anónimo a descubrirse, asegurándole que será escuchado e invitándolo a proporcionar las pruebas inobjetables. Se puede añadir que todas las imputaciones generales contra la condición de un individuo, todas aquellas que no especifiquen ningún delito, las que no estén basadas en los hechos, serán rechazadas con el merecido desprecio.

Las informaciones anónimas, siempre sospechosas, serían muy raras con un gobierno que hubiese sabido crear un gran espíritu público y honrar al ciudadano que tiene el valor de atacar de frente los abusos y las violaciones de la ley. Una de las grandes ventajas del gobierno representativo es la de formar tribunos públicos para los cuales es un deber y un honor perseguir todas las malversaciones, al mismo tiempo que su posición social los eleva por encima de las enemistades privadas y que disminuye el peligro por la propia publicidad de la actuación y por la potencia de su asociación. Pero, incluso en los Estados que tienen abierta a todas las verdades esa gran claraboya, no se debe renunciar a las informaciones anónimas que frecuentemente suministran indicaciones aprovechables y no pueden resultar nocivas cuando se han adoptado las precauciones indicadas.

Tratado de las Pruebas Judiciales
de Jeremy Bentham
se imprimió en la República Argentina en enero de 2020.

www.ingramcontent.com/pod-product-compliance
Lightning Source LLC
LaVergne TN
LVHW082236051026
849532LV00012B/4003